Weiß
Recht in der Pflege

D1728029

Recht in der Pflege

Lernen, Verstehen, Anwenden

von

Prof. Dr. jur. Thomas Weiß

Rechtsanwalt und Fachanwalt für Arbeitsrecht, Kiel
Lehrbeauftragter an der FH Kiel
Vorsitzender der Schiedsstelle SGB XI Schleswig-Holstein

unter Mitarbeit von

Renate Kreitz

Rechtsanwältin und Fachanwältin für Arbeits- und Sozialrecht, Kiel

2. Auflage 2016

C.H.BECK

www.beck.de

ISBN 978 3 406 66517 2

© 2016 Verlag C.H. Beck oHG
Wilhelmstraße 9, 80801 München

Druck: Nomos Verlagsgesellschaft
In den Lissen 12, 76547 Sinzheim

Satz: Textservice Zink
Neue Steige 33, 74869 Schwarzach

Umschlaggestaltung: Kunst oder Reklame, München

Gedruckt auf säurefreiem, alterungsbeständigem Papier
(hergestellt aus chlorfrei gebleichtem Zellstoff)

Vorwort

Das Pflegerecht wird runderneuert und aktualisiert. Nachdem viele Jahre wenig passiert ist, sind die Gesetzgeber auf Bundes- und Landesebene nun in Schwung gekommen: Im Leistungsrecht sind u.a. zu nennen, die heimrechtlichen Regelungen der Länder und die Pflegestärkungsgesetze des Bundes (mit einer neuen Definition der Pflegebedürftigkeit), im Haftungsrecht das Patientenrechtegesetz und das Sterbehilfegesetz, im Berufsrecht das neue Pflegeberufegesetz (mit einer generalistischen Ausrichtung und Vorschriften zum Pflegestudium).

Hinzu kommen die Errichtung der ersten Pflegekammer in Rheinland-Pfalz und die Vorbereitung weiterer Pflegekammern (u.a. in Schleswig-Holstein) sowie die Entbürokratisierung der Pflegedokumentation, die nicht nur das Pflegerecht, sondern auch die Berufstätigkeit beeinflusst haben und verändern werden.

Diese und weitere Neuerungen haben eine umfangreiche Überarbeitung nötig gemacht. Damit enthält die Darstellung nun die aktuelle Rechtslage in allen Bereichen, einschließlich der wichtigsten Gerichtsentscheidungen, die seit der Erstauflage ergangen sind.

Mit der Neuauflage wird auch weiterhin das Ziel verfolgt, eine verlässliche Übersicht über die Vielfalt und Komplexität des Pflegerechts zu geben, um im pflegerischen Alltag und in der Aus-, Fort- und Weiterbildung Rechtssicherheit zu gewinnen.

Frau Kreitz und Herr Theden haben als Fachanwälte für Sozialrecht ebenso wie Frau Rechtsanwältin Völschow fachkundig mitgeholfen, die vielen rechtlichen Neuerungen zu berücksichtigen, Frau Wirsich hat mit ihrer Doppelqualifikation als Gesundheits- und Krankenpflegerin und stud. jur. dafür gesorgt, dass die Praxisnähe nicht verloren ging und Frau Egdmann und Frau Ludloff dafür, dass aus dem Manuskript die Neuauflage erstellt werden konnte.

Kiel im August 2016   *Thomas Weiß*

Vorwort zur 1. Auflage

Die Darstellung des Rechts in der Pflege soll, wie schon der Untertitel erkennen lässt, Lehr- und Lernbuch zugleich sein.

Geschrieben ist es für Studierende in Pflege- und Gesundheitsstudiengängen, Teilnehmer an Fort- und Weiterbildungsmaßnahmen, Auszubildende in den Pflegeberufen und zur Unterstützung der Lehrenden, ob als Hochschullehrer, Lehrbeauftragter, Lehrer oder Weiterbildungstrainer.

Nützlich kann das Buch auch leitenden Pflegekräften (von der Pflegedirektion bis zur Stationsleitung) und am Pflegerecht interessierten Beschäftigten in Krankenhäusern, Rehabilitationseinrichtungen, Heimen und in den ambulanten Pflegediensten sein.

Der Einstieg in die doch recht komplexe Materie mit ihren z.T. eigenen und eigenwilligen Begrifflichkeiten wird u.a. durch das Einfügen von Beispielen, Gerichtsurteilen und kleineren Arbeitsaufträgen erleichtert. Das ist manchmal zwar auf Kosten der Stringenz in der Darstellung gegangen, doch halte ich z.B. die Darstellung einer Gerichtsentscheidung im Originaltext für sinnvoll, weil dadurch ebenso wie auch anhand von konkreten Materialien, etwa von Dienstanweisungen, die theoretische Darstellung besser verständlich wird.

Aus denselben Gründen wurde im laufenden Text weitgehend auf einen wissenschaftlichen Apparat mit Fußnoten und eine ausführliche Auflistung von Quellen verzichtet. Bevorzugt habe ich dort Hinweise zum Nachlesen und zum Vertiefen von inhaltlichen Teilgebieten und die Benennung von Fundstellen im Internet. Nicht nur die Arbeit mit Studierenden, sondern auch in Fortbildungsveranstaltungen mit Pflegepraktikern, hat gezeigt, dass dieser schnelle Zugriff, der zumal weitgehend kostenlos ist, gegenüber dem Nachlesen in Büchern und Zeitschriften eindeutig bevorzugt wird. Um Letzteres gleichwohl zu ermöglichen, gibt es ein ausführliches Literaturverzeichnis.

Frau Rechtsanwältin Kreitz und Herr Rechtsanwalt Strunk haben mir bei Abfassung und Fertigstellung des Buches sachkundig und tatkräftig geholfen. Dafür danke ich ihnen sehr herzlich. Ebenso gilt mein Dank Frau Rickert und Frau Schallhorn für die Hilfe bei der Erstellung des Manuskripts.

Kiel im Dezember 2009   *Thomas Weiß*

Inhaltsverzeichnis

Einleitung und Überblick

Kapitel 1
Der Einfluss des Rechts auf die pflegerische Arbeit
und das Pflegemanagement

Kapitel 2
Das Berufsrecht als Grundlage der Berufsausübung

Inhaltsverzeichnis

Kapitel 3
Die Rahmenbedingungen des Pflegesozialrechts

Kapitel 4
Die Bedeutung ordnungsrechtlicher Vorschriften

Kapitel 5
Die Bestimmungen zum Schutz der Pflegebedürftigen und ihrer Interessen

Kapitel 6
Grundsätze zur Verantwortung und Haftung in der pflegerischen Arbeit

Kapitel 7
Berücksichtigung rechtlicher Vorgaben
in Pflegepraxis und -management

Kapitel 8
Zusammenfassung und Schlusswort

Abkürzungsverzeichnis

Abkürzungsverzeichnis

EUV . . . . Vertrag über die Europäische Union
evtl. . . . . eventuell
EWG . . . . Europäische Wirtschaftsgemeinschaft

f. . . . . folgende
FamFG . . . . Gesetz über das Verfahren in Familiensachen und in den Angelegenheiten der freiwilligen Gerichtsbarkeit
ff. . . . . fortfolgende

G-BA . . . . Gemeinsamer Bundesausschuss
GDG-SH . . . . . . Gesundheitsdienstgesetz Schleswig-Holstein
GG . . . . Grundgesetz
ggf. . . . . gegebenenfalls
GKV . . . . Gesetzliche Krankenversicherung
GKV-OrgWG . . . . . Gesetz zur Weiterentwicklung der Organisationsstrukturen in der gesetzlichen Krankenversicherung
GuKG . . . . Gesundheits- und Krankenpflegegesetz

h.M. . . . . herrschende Meinung
HeimG . . . . Heimgesetz
HeimMindBauV . . . Verordnung über bauliche Mindestanforderungen für Altenheime
HeimMitwirkungsV . . Heimmitwirkungsverordnung
HeimPersonalV . . . . Heimpersonalverordnung
HeimSicherungV . . . Heimsicherungsverordnung
Hrsg. . . . . Herausgeber
HSK . . . . Horizontalen Sozialklausel

incl. . . . . inklusive
i.m. . . . . intramuskulär
i.S.d. . . . . im Sinne des
i.v. . . . . intravenös
i.V.m. . . . . in Verbindung mit
IfSG . . . . Infektionsschutzgesetz
insb. . . . . insbesondere

KHG . . . . Krankenhausfinanzierungsgesetz
KHRG . . . . Krankenhausfinanzierungsreformgesetz
KPH . . . . Krankenpflegehelfer
KrankenV . . . . . . Krankenversicherung
KrPflAPrV . . . . . . Ausbildungs- und Prüfungsverordnung für die Berufe in der Krankenpflege
KrPflG . . . . Krankenpflegegesetz

LAG . . . . Landesarbeitsgericht

MDK . . . . Medizinischer Dienst der Krankenversicherung
mdl. . . . . mündlich
MDS . . . . Medizinischer Dienst des Spitzenverbandes Bund der Krankenkassen
MPG . . . . Medizinproduktegesetz
MTA . . . . Medizinisch-technische-Assistent/in
MTLA . . . . Medizinisch-technische Laboratoriumsassistent/in
MuG . . . . Gemeinsame Maßstäbe und Grundsätze zur Qualität und Qualitätssicherung
MVZ . . . . Medizinisches Versorgungszentrum

n.F. . . . . neue Fassung
NBA . . . . Neue Begutachtungsassessment
NJW . . . . Neue juristische Wochenschrift
Nr. . . . . Nummer

o.g.	oben genannt
PCT	Palliative-Care-Team
PDL	Pflegedienstleitung
PflegeV	Pflegeversicherung
Pflege-VG	Pflege-Versicherungsgesetz
PKV	Private Krankenversicherung
PNG	Pflegeneuausrichtungsgesetz
PSG	Pflegestärkungsgesetz
PsychKG	Psychisch-Kranken-Gesetz
PTVS	Pflege-Transparenzvereinbarung stationär
QPR	Qualitätsprüfungs-Richtlinien
RentenV	Rentenversicherung
RKI	Robert Koch Institut
Rn.	Randnummer
RTA	Röntgen-Technische-Assistenten
RVO	Reichsversicherungsordnung
S.	Satz
s.	siehe
s.c.	subcutan
SAPV	Spezialisierte ambulante Palliativversorgung
SGB	Sozialgesetzbuch
S-H	Schleswig-Holstein
sog.	sogenannte
StGB	Strafgesetzbuch
StR	Strafrecht
tel.	telefonisch
TFG	Transfusionsgesetz
TV-L	Tarifvertrag für den Öffentlichen Dienst der Länder
TVöD	Tarifverträge für den öffentlichen Dienst
u.a.	unter anderem
u.U.	unter Umständen
UnfallV	Unfallversicherung
usw.	und so weiter
VBVG	Gesetz über die Vergütung von Vormündern und Betreuern
vgl.	vergleiche
VwGO	Verwaltungsgerichtsordnung
WBVG	Wohn- und Betreuungsvertragsgesetz
WRV	Weimarer Verfassung
WTG	Wohn-und Teilhabegesetz
WTG-BAUV	Wohnteilhabe-Bauverordnung
z.B.	zum Beispiel
z.T.	zum Teil
Ziff.	Ziffer
ZPO	Zivilprozessordnung

Literaturverzeichnis

Andreas, Manfred, Delegation ärztlicher Tätigkeiten auf nichtärztliches Personal, in: Arztrecht 2008, S. 144 ff.

Arbeitsgemeinschaft Deutscher Schwesternverbände (AGS) und Deutscher Berufsverband für Krankenpflege, Stellungnahme zu berufsfremden Tätigkeiten in der Kranken- und Kinderkrankenpflege (Buch, 1990) [WorldCat.org] 1990.

Arbeitsgemeinschaft Deutscher Schwesternverbände (AGS) und Deutscher Berufsverband für Krankenpflege, Stellungnahme zu Injektionen, Infusionen, Transfusionen und Blutentnahmen durch das Krankenpflegepersonal, Bonn 1992.

Bachem, Jörn, Weniger ist mehr: Dank Strukturmodell: rechtssicher effizient dokumentieren, in: Heilberufe Spezial, 2016, S. 25 ff.

Barth, Lutz, Zu den Aufsichtspflichten einer Alten- und Pflegeeinrichtung über einen dementiell erkrankten Bewohner (1.Teil), in: Pflegerecht 2008, S. 3.

Barth, Lutz, Zu den Aufsichtspflichten einer Alten- und Pflegeeinrichtung über einen dementiell erkrankten Bewohner (2.Teil), in: Pflegerecht 2008, S. 53.

Barth, Lutz, Zu den Aufsichtspflichten einer Alten- und Pflegeeinrichtung über einen dementiell erkrankten Bewohner (3.Teil), in: Pflegerecht 2008, S. 103.

Beikirch, Elisabeth/Nolting, Hans Dieter/Schulz, Anke, Strategie Entbürokratisierung, in: Heilberufe Spezial 2016, S. 16 ff.

Bieback, Karl-Jürgen, Die Einbindung nichtärztlicher Leistungserbringer in das System der gesetzlichen Krankenversicherung (Teil 1 und 2), in: NZS 1997, S. 393 und 450.

Böhme, Hans, Haftungsrecht, 3. Aufl., Kohlhammer-Studienbücher Krankenpflege, Schwäbisch Gmünd, Stuttgart 1991.

Böhme, Hans, Pflege auf dem Prüfstand: Rechtsfragen der Delegation ärztlicher Tätigkeiten an Pflegende, Gutachten für die Staatsverwaltung für Gesundheit, Berlin 1992.

Böhme, Hans, Die Auswirkung der Gesundheitsreform auf Pflegeeinrichtungen, in: Pflege-und Krankenhausrecht 2007, S. 2 ff.

Böhme, Hans, Die wesentlichen Neuerungen des Gesetzes zur Änderung medizinprodukterechtlicher und anderer Vorschriften, in: Pflege-und Krankenhausrecht 2007, S. 69 ff.

Böhme, Hans, Das Gesetz zur strukturellen Weiterentwicklung der Pflegeversicherung, in: Pflege-und Krankenhausrecht 2008, S. 29 ff.

Böhme, Hans, Zum Stand der Palliativversorgung und der Versorgung Demenz-Erkrankter, in: Pflege-und Krankenhausrecht 2008, S. 57 ff.

Brenner, Günter, Rechtskunde für das Krankenpflegepersonal, 6. Aufl., Stuttgart, Jena, Lübeck, Ulm 1997.

Breuckmann, Michael, Das neue Pflegeberufegesetz, in: Heilberufe Spezial, 2016, S. 34 ff.

Brünner, Frank, Vergütungsvereinbarungen für Pflegeeinrichtungen nach SGB XI, Arbeits- und Sozialrecht, Baden-Baden 2001.

Deutsch, Erwin/Lippert, Hans-Dieter/Ratzel, Rudolf et al., Kommentar zum Medizinproduktegesetz (MPG), 2. Aufl., Berlin 2010.

Deutsch, Erwin/Spickhoff, Andreas, Medizinrecht, Arztrecht, Arzneimittelrecht, Medizinprodukterecht und Transfusionsrecht, 7. Aufl., Berlin 2014.

Deutsche Krankenhausgesellschaft, Empfehlungen zur Aufklärung von Krankenhauspatienten über vorgesehene ärztliche Maßnahmen, 7. Aufl., Arbeitshilfen der DKG, Düsseldorf 2015.

Dielmann, Gerd, Krankenpflegegesetz und Ausbildungs- und Prüfungsverordnung für die Berufe in der Krankenpflege, Text und Kommentar für die Praxis, 3. Aufl., Frankfurt a.M. 2014.

Fichte, Wolfgang/Plagemann, Hermann/Waschull, Dirk (Hrsg.), Sozialverwaltungsverfahrensrecht, Handbuch, 2. Aufl., Baden-Baden 2015.

Fleer, Bernhard, Der neue Pflegebedürftigkeitsbegriff, in: Heilberufe Spezial, 2016, S. 6 ff.

Gastiger, Sigmund, Freiheitsschutz und Haftungsrecht in der stationären und ambulanten Altenhilfe, 2. Aufl., Freiburg im Breisgau 1993.

Gratias, Ralf, Möglichkeiten zur Entlastung der Pflege von pflegefremden Tätigkeiten, Pflegezeitschrift, in: Pflegezeitschrift 1994, S. 512.

Greiner, Hans-Peter/Geiß, Karlmann, Arzthaftpflichtrecht, 7. Aufl., Aktuelles Recht für die Praxis, München 2014.

Griep, Heinrich/Renn, Heribert, Pflegesozialrecht, 5. Aufl., NomosPraxis, Baden-Baden 2013.

Großkopf, Volker/Klein, Hubert, Recht in Medizin und Pflege, 4. Aufl., Balingen 2012.

Literaturverzeichnis

Hahn, Bernhard, Zulässigkeit und Grenzen der Delegierung ärztlicher Aufgaben – Zur Übertragung von Blutentnahmen, Injektionen, Infusionen und Bluttransfusionen auf nichtärztliches Assistenzpersonal, in: NJW 1981, S. 1977.

Hahn, Bernhard, Zur Haftung des Arztes für nichtärztliches Hilfspersonal: Zulässigkeitsfragen ärztlicher Delegierung von Blutentnahmen, Injektionen, Infusionen und Bluttransfusionen an nichtärztliche Mitarbeiter, Forum Rechtswissenschaft, Königstein/Ts. 1981.

Halbe, Bernd/Schirmer, Horst Dieter (Hrsg.), Handbuch Kooperationen im Gesundheitswesen, Rechtsformen und Gestaltungsmöglichkeiten, Loseblatt, Heidelberg 2013.

Harsdorf, Herbert/Raps, Wolfgang, Krankenpflegegesetz und Ausbildungs- und Prüfungsverordnung für die Berufe in der Krankenpflege, [Kommentar], 2. Aufl., Köln, Berlin, Bonn, München 1991.

Henke, Friedhelm, Fixierungen in der Pflege, Rechtliche Aspekte und praktische Umsetzung, Stuttgart 2009.

Höfert, Rolf, Von Fall zu Fall – Pflege im Recht, Rechtsfragen in der Pflege von A – Z, 2. Aufl., Heidelberg 2009.

Höfling, Wolfram, Das neue Patientenverfügungsgesetz, in: NJW 2009, S. 2849 ff.

Hohmann, Jörg/Klawonn, Barbara, Das Medizinische Versorgungszentrum (MVZ) – die Verträge, Mit umfangreichen rechtlichen und steuerlichen Erläuterungen, 3. Aufl., Medizinrecht, Heidelberg, Hamburg 2013.

Holewa, Michael/Reinhart, Margerete, u. a., Stationsmanagement, Berlin 2003.

Holtmann, Heinz Josef, Einführung in die Krankenhausbetriebslehre, 5. Aufl., Hagen 1998.

Igl, Gerhard, Öffentlich-rechtliche Grundlagen für das Berufsfeld Pflege im Hinblick auf vorgehaltene Aufgabenbereiche, Rechtsgutachten für Pflegeverbände, Göttingen 1998.

Igl, Gerhard/Welti, Felix/Schulin, Bertram, Sozialrecht, Ein Studienbuch, 8. Aufl., Werner-Studien-Reihe, Düsseldorf 2007.

Jacobs, Peter, i.v.-Injektionen durch das Krankenpflegepersonal – erlaubt oder verboten?, Die Delegation ärztlicher Aufgaben im Spannungsfeld von Recht und Berufspolitik, 2. Aufl., Melsungen 1990.

Jürgens, Andreas/Lesting, Wolfgang/Marschner, Rolf et al., Betreuungsrecht kompakt, Systematische Darstellung des gesamten Betreuungsrechts, 7. Aufl., Aktuelles Recht für die Praxis, München 2011.

Klie, Thomas, Recht auf Verwirrtheit?, Das Betreuungsrecht für die Altenarbeit; eine Arbeitshilfe, Hannover 1993.

Klie, Thomas, Förderung von Mobilität und Sicherheit bei Menschen mit demenziellen Einschränkungen, in: Pflegerecht 2008, S. 366 ff.

Klie, Thomas, Rechtskunde. Das Recht der Pflege alter Menschen, 10. überarb. Ausg., Vincentz Network (Altenpflege),Hannover 2013.

Klie, Thomas/Student, Johann-Christoph, Die Patientenverfügung, Was Sie tun können, um richtig vorzusorgen, 9. Aufl., Herder-Spektrum, Freiburg im Breisgau 2008.

Krause, Annette, Haftung und Verantwortung in der ambulanten Pflege, Rechtliche Aspekte in 87 praxisnahen Fällen, Hannover 1997.

Kreitz, Renate, Bei Bedarf mehr Leistungen, in: Altenpflege 2002, S. 40 f.

Kreitz, Renate, Keine Rechtssicherheit, in: Altenpflege 2002, S. 52 f.

Kreitz, Renate, Perspektiven fürs Personal, in: Altenpflege 2003, S. 61 f.

Kreitz, Renate, Eingeschränkter Schutz, in: Altenpflege 2004, S. 48 f.

Kreitz, Renate, Erforderliches Zumutbares, in: Altenpflege 2005, S. 64 f.

Kreitz, Renate, Erfüllte Erwartungen, in: Altenpflege 2006, S. 70 f.

Kunz, Eduard/Butz, Manfred/Kunz/Butz/Wiedemann, Heimgesetz, Kommentar, 10. Aufl., München 2004.

Kurtenbach, Hermann/Golombek, Günter/Siebers, Hedi, Krankenpflegegesetz, Mit Ausbildungs- und Prüfungsverordnung für die Berufe in der Krankenpflege, 5. Aufl., Krankenhausrecht, Stuttgart 1998.

Landolt, Hardy, Rechtskunde für Gesundheits- und Pflegeberufe, Pflegerecht, Bern 2004.

Laufs, Adolf/Katzenmeier, Christian/Lipp, Volker, Arztrecht, 7. Aufl., NJW-Praxis, München 2015.

Laufs, Adolf/Kern, Bernd-Rüdiger/Clemens, Thomas, Handbuch des Arztrechts, 4. Aufl., München 2010.

Lingenberg, Erika/Reimann, Renate, Der Pflegedienst im Krankenhaus, Grundlagen zur Organisation einer Einheit, 5. Aufl., Hannover 1995.

Medizinischer Dienst der Spitzenverbände, Grundlagen der MdK- Qualitätsprüfungen in der stationären Pflege, Köln 2005.

Medizinischer Dienst der Spitzenverbände, Grundlagen der MdK-Qualitätsprüfungenin der ambulanten Pflege, Köln 2005.

Meißner, Thomas, Pflegestärkungsgesetz II und der neue Pflegebedürftigkeitsbegriff, in Heilberufe Spezial, 2016, S. 11 ff.

Meyer-Ladewig, Jens/Keller, Wolfgang, Sozialgerichtsgesetz, Kommentar, 11. Aufl., München 2014.

Ministerium für Arbeit, Gesundheit und Soziales des Landes Nordrhein- Westfalen, Strukturreform der Pflegeausbildung, Ahaus 1996.

Ministerium für Soziales, Gesundheit und Verbraucherschutz des Landes Schleswig-Holsteins, „Gleich nehme ich ihr die Klingel weg", Übergriffe, Vernachlässigung und Misshandlung – Gewalt als Thema in der Pflege, Kiel 2000.

Möwisch, Anja/Hons, Caren/Both, Claudia, Die Leistungs- und Qualitätsvereinbarung in der Pflege, Mit umfangreicher Einführung und ausführlichen rechtlichen Erläuterungen, Frankfurter Musterverträge, Heidelberg 2005.

Möwisch, Anja/Ruser, Corinne/Schwanenflügel, Matthias von, Pflegereform 2008, Änderungen und Verbesserungen für Pflegebedürftige und Leistungserbringer, Gesundheitsrecht in der Praxis, Heidelberg 2008.

Muckel, Stefan/Ogorek, Markus, Öffentliches Baurecht, 2. Aufl., Grundrisse des Rechts, München 2014.

Muckel, Stefan/Ogorek, Markus/Muckel-Ogorek, Sozialrecht, 4. Aufl., Grundrisse des Rechts, München 2011.

Neyheiser/Weiger, Die Novellierung des Krankenpflegegesetzes, in: Das Krankenhaus 2003, S. 534 f.

Norddeutsches Zentrum zur Weiterentwicklung der Pflege, Zug um Zug – Norddeutsche Handreichung zur Umsetzung des neuen Krankenpflegegesetz, Kiel 2004/2005.

Quaas, Michael/Zuck, Rüdiger, Medizinrecht, NJW Praxis, 3. Aufl., München 2014.

Ratzel, Rudolf/Lippert, Hans-Dieter, Kommentar zur Musterberufsordnung der deutschen Ärzte (MBO), 6. Aufl., Heidelberg 2015.

Roßbruch, Robert, Handbuch des PflegerechtsBand I-V Loseblattsammlung, Arbeits-, Zivil-, Straf- und Sozialrecht, Neuwied 1996.

Sass, Hans-Martin/Kielstein, Rita, Patientenverfügung und Betreuungsvollmacht, 2. Aufl., Ethik in der Praxis Kontroversen, Münster 2003.

Schell, Werner, Krankenpflegegesetz, 2. Aufl., Hagen 1994.

Schell, Werner, Injektionsproblematik aus rechtlicher Sicht, 5. Aufl., Hagen 2001.

Schell, Werner, Pflegerecht im Spiegel der Rechtsprechung, 3. Aufl., Hannover 2003.

Schell, Werner, Staatsbürger- und Gesetzeskunde für Pflegeberufe in Frage & Antwort, 12. Aufl., Stuttgart 2005.

Schell, Werner/Schell, Wolfgang, Kurzgefaßte Medizin- und Krankenpflegegeschichte, 2. Aufl., Hagen 2001.

Schmidt, Simone/Meißner, Thomas, Organisation und Haftung in der ambulanten Pflege, Praxisbuch, Berlin, Heidelberg 2009.

Schweizerische Gesellschaft für Gerontologie, Richtlinien zur Anwendung freiheitsbeschränkender Maßnahmen bei der Behandlung und Pflege betagter Personen 1999.

Siefarth, Thorsten, Handbuch Recht für die Altenpflege. Für Ausbildung und Praxis, 1.Aufl., Urban & Fischer, München 2015.

Siefarth, Thorsten, Rechtssicherheit bei der Sterbehilfe, in Heilberufe Spezial, 2016, S. 48 ff.

Storsberg, Annette/Neumann, Claudia/Neiheiser, Ralf, Krankenpflegegesetz, Mit Ausbildungs- und Prüfungsverordnung für die Berufe in der Krankenpflege. Kommentar, 7. Aufl., Stuttgart 2009.

Sträßner, Heinz, Das Recht in der Pflegeausbildung, Handbuch für Auszubildende und Lehrende in der Pflege, Kohlhammer Pflege Recht, Stuttgart 2004.

Sträßner, Heinz, Haftungsrecht für Pflegeberufe, Ein Leitfaden, Kohlhammer Pflege Recht, Stuttgart 2006.

Sträßner, Heinz/Ill-Groß, Manuela, Das Recht der Stationsleitung, Ein Leitfaden für Alten- und Krankenpflegepersonal, 2. Aufl., Kohlhammer Pflege Recht, Stuttgart 2002.

Taupitz, Jochen/Pitz, Andreas/Niedziolka, Katharina, Der Einsatz nicht-ärztlichen Heilpersonals bei der ambulanten Versorgung chronisch kranker Patienten, Insbesondere im Rahmen von Disease Management Programmen, Medizin – Recht – Wirtschaft, Berlin 2008.

Theilmann, Martin, Die Ausführung ärztlicher Aufgaben durch Nichtärzte: Neue Berufsbilder als Chance für einzelne Krankenhäuser, in: Pflege- & Krankenhausrecht, S. 35 ff.

Udsching, Peter, SGB XI, Soziale Pflegeversicherung; Kommentar, 4. Aufl., Beck-Online Bücher, München 2015.

Verband der Pflegedirektorinnen und Pflegedirektoren der Universitätsklinika in Deutschlands e.V., Leitfaden zur Delegation ärztlicher Tätigkeiten, Hamburg 2004.

Wiese, Ursula Eva, Pflegerecht. Grundlagen, Fälle, Praxis, Vahlen, München2014.

Weiß, Thomas, Abmahnung bis Zeugnis, Arbeitsrechtliche Stichworte, Praxiswissen Krankenpflegerecht (Hrsg. Großkopf), München.

Weiß, Thomas, Die Pflegedokumentation, in: Qualitätskolleg, S. 9 ff.

Weiß, Thomas, Die Zusammenarbeit ambulanter Dienste mit dem Hausarzt, in: Qualitätskolleg, S. 1 ff.

Weiß, Thomas, Stellung und Funktion leitender Pflegekräfte aus tarifrechtlicher Sicht, in: Pflegemanagement 1995, S. 37 ff.

Weiß, Thomas, Aufgaben im OP; Juristische Grundlagen, in: Heilberufe 1996, S. 28 f.

Weiß, Thomas, Die Pflegedienstleitung als Mitglied in der Geschäftsführung einer GmbH, in: Pflegemanagement 1996, S. 31 f.

Weiß, Thomas, Die Pflegedokumentation, in: Häusliche Pflege 1997a.

Literaturverzeichnis

Weiß, Thomas, Die Schulordnung, in: Pflegepädagogik 1997, S. 50 ff.

Weiß, Thomas, Die Übertragung von Röntgendurchleuchtungsuntersuchungen auf MTA, in: mta, Fachzeitschrift der med.-techn. Assistenten 1997, S. 913 ff.

Weiß, Thomas, Die Zusammenarbeit ambulanter Dienste mit dem Hausarzt, in: Häusliche Pflege 1997b.

Weiß, Thomas, Wann haftet der Hausarzt, wann der Pflegedienst?, in: Pflege intern 1997, S. 13 f.

Weiß, Thomas, Der Einsatz von Krankenpflegehelfern im Nachtdienst und deren Umsetzung in den Tagdienst, in: Pflegemanagement 1998, S. 53 ff.

Weiß, Thomas, Die Bedarfsmedikation: Rechtliche Möglichkeiten und Grenzen, in: Pflegemanagement 1998, S. 38 f.

Weiß, Thomas, Die Delegation ärztlicher Aufgaben an MTA, in: mta, Fachzeitschrift der med.-techn. Assistenten 1998, S. 50 ff.

Weiß, Thomas, Die Delegation ärztlicher Tätigkeiten, in: Häusliche PflegePraxis 1998, S. 18 ff.

Weiß, Thomas, Die Privatisierung von Krankenhäusern aus arbeitsrechtlicher Sicht, Teil 1 und 2, in: Die Schwester/ Der Pfleger 1998, S. 847 ff. und 1027 ff.

Weiß, Thomas, Europaweit pflegen – Der Europäische Gerichtshof und die „Europäisierung" der Pflegeversicherung, in: Häusliche Pflege 1998, S. 44 ff.

Weiß, Thomas, Gehören Insulininjektionen zur Behandlungspflege?, in: Häusliche PflegePraxis 1998a, S. 50 ff.

Weiß, Thomas, Gehören Insulininjektionen zur Behandlungspflege?, in: Häusliche PflegePraxis 1998b, S. 50 ff.

Weiß, Thomas, Restriktive Auslegung des SGB XI – Erste Entscheidung des Bundessozialgerichts zum Leistungsrecht der Pflegeversicherung, in: Häusliche Pflege 1998, S. 50 ff.

Weiß, Thomas, Wer haftet bei der ambulanten Wundversorgung?, in: Häusliche PflegePraxis 1998, S. 19 f.

Weiß, Thomas, Die Delegation ärztlicher Tätigkeiten an Krankenpflegekräfte, in: Pflege- & Krankenhausrecht 1999, S. 98 ff.

Weiß, Thomas, Rechtliche Aspekte bei der Gründung von Servicediensten in Form von Tochtergesellschaften der Krankenhäuser, in: Pflege- & Krankenhausrecht 2000, S. 69 ff.

Weiß, Thomas, Strafrechtliche Aspekte zur Gewalt in der Pflege, in: Arbeitshilfe für die Aus-, Fort- und Weiterbildung (Hrsgb. Min. f. Arbeit, Gesundheit und Soziales Schleswig-Holstein Juni 2000, S. 31 ff.

Weiß, Thomas, Rechtliche Rahmenbedingungen einer vereinfachten Pflegeplanung und – dokumentation, Modellprojekt des Min. f. Soziales, Gesundheit und Verbraucherschutz S-H 2004–2005, S. 17.

Weiß, Thomas, Risikomanagement in Pflegeeinrichtungen, Teil 1 und 2, in: Die Rotekreuzschwester 2005, S. 28 ff.

Weiß, Thomas, Wer bezahlt die Pflege?, in: Die Rotekreuzschwester 2006, S. 24 f.

Weiß, Thomas, Umkleidezeiten im Krankenhaus sind grundsätzlich nicht zu vergüten, Urteilsanmerkung zur Entscheidung des Landesarbeitsgerichts Baden-Württemberg vom 08.02.2010, in: Pflege- & Krankenhausrecht 2010, S. 40 f.

Weiß, Thomas, Ist Umkleidezeit Arbeitszeit oder Freizeit?, in: Pflege- & Krankenhausrecht 2012, S. 18 ff.

Weiß, Thomas, Wann beginnt und endet die Arbeitszeit?, in: Die Schwester/Der Pfleger 2012, S. 716 ff.

Weiß, Thomas, Haben Sie eine Patientenverfügung?, in: CNE.magazin 2013, S. 28 f.

Weiß, Thomas, Dokumentierungs-Wahn jetzt endlich beenden, in: Heilberufe/Das Pflegemagazin 2014, S. 50 f.

Weiß, Thomas, Notwendiger Umfang der Pflegedokumentation aus haftungsrechtlicher Sicht, in: Kasseler Erklärung Januar 2014.

Weiß, Thomas, Pflegedokumentation, Was sagt das Berufsrecht?, in: Die Schwester/Der Pfleger 2015, S. 81 ff.

Weiß, Thomas, Die berufsrechtlichen Vorschriften zur Pflegedokumentation, in: Pflege- & Krankenhausrecht 2015, S. 33 ff.

Weiß, Thomas, Rheinland-Pfalz und Schleswig-Holstein, Die Kammer kommt, in: Heilberufe/Das Pflegemagazin 2015, S. 50 f.

Weiß, Thomas/Kreitz, Renate, Den Übergang regeln: Tipps für Pflegedienste bei Kündigung der Rahmenverträge nach § 132 SGB V durch die Leistungsträger, in: Häusliche Pflege 1997, S. 26 ff.

Weiß, Thomas/Kreitz, Renate, Trennlinien – Die Verknüpfung von Leistungen nach dem SGB V und SGB XI bei Abschluss neuer Rahmenverträge gem. § 132 a SGB V, in: Häusliche Pflege 1998, S. 45 ff.

Wiedemann, Edgar, Neue Verordnung über personelle Anforderungen für Heime, in: NJW 1993, S. 2981 f.

Wiese, Ursula Eva, Soziale Sicherung im Spannungsfeld von Recht, Pflege und Ökonomie, Tagungsbericht, Osnabrück 2003.

Wiese, Ursula Eva, Rechtliche Qualitätsvorgaben in der stationären Altenpflege, 2. Aufl., München 2009.

Wiese, Ursula Eva, Pflegerecht, München 2014

Wilhelm, Dorothee, Verantwortung und Vertrauen bei Arbeitsteilung in der Medizin: Zu den Grenzen ärztlicher Sorgfalt, Stuttgart 1984.

Einleitung und Überblick

Pflegeleistungen müssen hohen Qualitätsansprüchen genügen und patientengerecht erbracht werden. In diesem Buch werden auf der Grundlage wissenschaftlicher Erkenntnisse und praktischer Erfahrungen die rechtlichen Anforderungen an Personen und Institutionen im Pflegebereich dargestellt und konkrete Ansätze für die Realisierung/Umsetzung durch Leitungskräfte in der Pflege aufgezeigt.

Das Buch richtet sich demgemäß an Pflegekräfte, an Pflegende, die sich für Leitungsaufgaben qualifizieren oder in solchen Tätigkeitsbereichen fundiert Entscheidungen treffen wollen bzw. müssen, und an diejenigen, die die rechtlichen Grundlagen der Pflege lehren und vermitteln.

Die thematischen Schwerpunkte des Buches sind

- das Berufsrecht der Pflegeberufe,
- die Verantwortungsbereiche in der Zusammenarbeit mit anderen Leistungserbringern,
- die rechtliche Verantwortlichkeit der Pflegenden sowie
- die besondere Stellung des Patienten/Pflegebedürftigen und sein Selbstbestimmungsrecht.

Hinzu kommen

- Grundlagen des Pflege- und Krankenversicherungsrechts und weiterer Regelungen, die die pflegerische Leistungserbringung selbst betreffen, so z.B. das Heimrecht.

Vervollständigt wird die Thematik durch

- spezifische berufliche Situationen und Tätigkeiten, die besonders der Beachtung rechtlicher Vorgaben bedürften, etwa die Pflegedokumentation.

Als wesentliches Ziel soll sich im Verlauf der Darstellung das Verständnis für die besondere Bedeutung von Recht als Bestimmungsfaktor in der pflegerischen Arbeit und im Management entwickeln. Und es sollen die notwendigen rechtlichen Kenntnisse und Anforderungen an die Arbeit der Pflegekräfte und Pflegedienste erlernt werden sowie die Fähigkeit, diese praktisch in die Berufstätigkeit einzubeziehen und umzusetzen.

Das Buch soll auch dazu beitragen, dass die Leser(innen) sich durch Entwicklung juristischer Methodenkompetenz trotz der sich zum Teil schnell wandelnden Inhalte der Vorschriften sichere Entscheidungsgrundlagen erarbeiten können und diese in praktischen Bezug zu ihrer Berufstätigkeit bringen.

Nicht dargestellt und erörtert wird das Arbeitsrecht, das zu umfangreich ist und als Rechtsgebiet einer eigenen Darstellung bedarf.

Auch können im Rahmen dieses Buches die Rechtsgebiete nur exemplarisch dargestellt und erörtert werden. Gleichwohl soll versucht werden, dass die Leser(innen) durch die Betrachtung dieser Rechtsgebiete und der Arbeit mit den einschlägigen Rechtsquellen die Fähigkeit erwerben, sich auch andere Rechtsgebiete und Rechtsquellen für ihre berufliche Tätigkeit zu erschließen.

Kapitel 1
Der Einfluss des Rechts auf die pflegerische Arbeit und das Pflegemanagement

Dieses Kapitel startet mit einer Betrachtung des Rechts als Grundlage und Rahmenbedingung pflegerischer Arbeit und des Pflegemanagements. Es werden Systematisierungsmöglichkeiten dargestellt, um aus dem komplexen Rechtssystem die für die beruflichen Anforderungen maßgebenden Gebiete erkennen zu können.

Überblick

- Sie werden Möglichkeiten kennen lernen, die komplexen Rechtsbereiche unter verschiedenen Blickwinkeln zu systematisieren.
- Recht wird nicht mehr nur als zu erfüllende Vorgabe anderer Institutionen betrachtet werden, sondern auch als Mittel der Gestaltung und Arbeit im Management begriffen.
- Die Darstellung der Rechtsbeziehungen im Pflegebereich wird Sie in die Lage versetzen, die Bedeutung der Rechtsbeziehungen in dem Zusammenwirken verschiedener Personen und Institutionen einordnen zu können.
- Sie lernen Rechtsvorschriften anzuwenden.

Lernziele

1. Bedeutung des Rechts für die berufliche Arbeit
2. Systematische Betrachtungsmöglichkeiten wesentlicher Rechtsgebiete
3. Die Rechtsbeziehungen in der pflegerischen Leistungserbringung
4. Die Arbeit mit Rechtsvorschriften
5. Zusammenfassung

Gliederung

1 Bedeutung des Rechts für die berufliche Arbeit

Rechtsvorschriften gelten als schwierig, unverständlich, schwer zu finden und vor allem (vermeintlich) weit, weit vom Berufsalltag entfernt. Der Aufbau der Rechtsordnung erscheint zu komplex, um ihn ohne Jurastudium durchschauen zu können, und die Sprache des Rechts ist zu abstrakt und bisweilen missverständlich, um Recht als Hilfe und Rechtsregeln als Leitlinien für das berufliche Handeln ansehen zu können.

Doch ebenso festzustellen ist, dass Recht auch in der Pflege und **im Berufsalltag** von Pflegekräften eine **zentrale Bedeutung** hat.

Durch gesetzliche Festschreibung wird die berufliche Grundlage der pflegerischen Arbeit vorgegeben: Rechtsvorschriften regeln die Zusammenarbeit mit anderen Leistungserbringern. Der Umfang des pflegerischen Leistungsbereichs wird ebenso gesetzlich bestimmt, wie auch die Kenntnis der einschlägigen Vorschriften für Führungskräfte notwendig ist, um Planungssicherheit für die jeweiligen Einrichtungen und Dienste zu erlangen und Spielräume bei der Gestaltung von Pflegeleistungen und Tätigkeitsfeldern zu erfassen.

Die Kenntnis von Recht ist aber **nicht nur** wichtig, um **rechtswidriges Verhalten** zu **vermeiden**. Darüber hinaus ist dieses Wissen für Führungskräfte in der Pflege von Bedeutung, weil Rechtsvorschriften nicht nur zu befolgen sind (und damit die Arbeit beeinflussen), **rechtliche Rahmenbedingungen** werden vielmehr auch von Führungskräften **selbst geschaffen** und umgesetzt, sind also Handwerkszeug der täglichen Arbeit.

Beispiel: Vertragsgestaltung, z.B. mit Pflegebedürftigen im ambulanten Bereich oder stationären Bereich, der Erlass von Ordnungen, z.B. der Haus-/Heimordnung, die Bestimmung der Arbeit durch Dienstanweisungen oder Standards, die Regelung der Zusammenarbeit mit anderen Leistungserbringern, etwa durch Kooperationsvereinbarungen, sind Beispiele für den konkreten Umgang mit und der Gestaltung von Recht, die mindestens genauso wichtig sind und Auswirkungen auf den Berufsalltag haben, wie die etwa vom Gesetzgeber vorgegebenen Regeln.

Pflegekräfte müssen deshalb neben anderen Qualifikationen auch den **Umgang mit Recht erlernen**, zum einen um Kenntnis von den maßgebenden Vorschriften zu haben und zum anderen um **Ziele** der eigenen Einrichtung **mit Hilfe** von **Rechtsgestaltung umzusetzen**.

Nicht unerwähnt bleiben soll auch, dass bei unterschiedlichen Interessenlagen und dadurch auftretenden Konflikten zwischen den Beteiligten im Pflegebereich Lösungen ohne Kenntnis der rechtlichen Grundlagen und Rechtsfolgen häufig schwierig bis unmöglich sind und tägliche Entscheidungen selbst im pflegefachlichen Bereich stets auf „richtiger", also rechtlicher Grundlage zu treffen sind.

Hierfür das notwendige Rüstzeug zu besitzen, bringt dabei nicht nur Sicherheit, es eröffnet auch Gestaltungsspielräume und verschafft der pflegerischen **Fachkraft** eine für ihre Aufgaben notwendige **Autonomie**. Denn dadurch wird sowohl die Abhängigkeit von externen Beratern verringert als auch die Möglichkeit der Beurteilung rechtlicher Auskünfte und rechtlicher Hinweise im Hinblick auf die eigene Interessenlage verbessert.

Eigene **Rechte** zu **erkennen**, die Rechte anderer zu **berücksichtigen** und Rechte **durchzusetzen**, diese Fähigkeit soll in diesem Buch vermittelt und erlangt werden.

2 Systematische Betrachtungsmöglichkeiten wesentlicher Rechtsgebiete

Wichtig ist zunächst, die Übersicht über die einschlägigen Gesetze und sonstigen Rechtsvorschriften zu gewinnen. Dies ist aufgrund der Vielfalt nicht einfach und die in der Rechtswissenschaft übliche Unterteilung der Rechtsgebiete fördert die Entwicklung des eigenen Verständnisses bei juristischen Laien nicht gerade. Dies ist auch nicht verwunderlich, weil die Systematik der Rechtsordnung aus Sicht der Rechtswissenschaft andere Ziele verfolgt, als vorrangig den Zugang zum Recht zu erleichtern.

Deshalb sollen nachfolgend einige Grundsätze benannt werden, die für die Arbeit im und mit dem Recht von Bedeutung sind.

2.1 Allgemeine Rechtsgrundsätze

Merksatz

Hauptrechtsquelle in Deutschland ist vor allem das geschriebene Recht.

In anderen Ländern ist dies z.T. anders, etwa in Großbritannien. Nur auf wenigen Rechtsgebieten sind in Deutschland wichtige Fragen nicht durch Gesetze, Verordnungen, Vereinbarungen oder ähnliches geregelt.

Hinweis: Zum geschriebenen Recht gehören Rechtssätze, die danach unterschieden werden können, von wem sie geschaffen wurden und wo bzw. für wen sie gelten.

Es gibt dabei unterschiedliche Rangstufen, die vor allem dann von Bedeutung sind, wenn der Inhalt einzelner Rechtsvorschriften nicht identisch ist.

Grundlage und Maßstab für das Deutsche Recht ist das Grundgesetz, das ist die Verfassung der Bundesrepublik Deutschland, und die Verfassungen der Länder.

In die darauf folgende Rangstufe gehören die Bundes- und Landesgesetze, die auf weiteren Rangstufen durch Verordnungen und Satzungen ergänzt werden.

Normpyramide

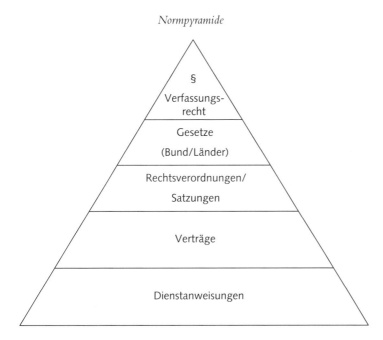

§
Verfassungs-
recht

Gesetze
(Bund/Länder)

Rechtsverordnungen/
Satzungen

Verträge

Dienstanweisungen

Merksatz

Grundsätzlich gilt dabei die Regel, dass vom Bund erlassene Rechtsvorschriften in der Regel Vorrang vor solchen der Länder haben, wobei die Gesetze des Bundes für das gesamte Bundesgebiet und die Regeln des jeweiligen Landesrechts nur für das entsprechende Bundesland gelten. Entsprechendes gilt für die Kommunen, also die Städte und Gemeinden.

Unter diesem Überbau finden sich dann weitere Rechtsquellen, vor allem Verträge, die die Rechtsbeziehungen der Bürger untereinander den praktischen Bedürfnissen entsprechend regeln. Auch einseitige Festlegung von Recht ist möglich, z. B. durch Dienstanweisungen.

Merksatz

Stets gilt das Prinzip, dass niederrangiges Recht nicht gegen höherrangiges Recht verstoßen darf.

Zu beachten ist auch, dass Rechtsvorschriften zum Teil formellen Voraussetzungen unterliegen, die ihre Geltung erst herbeiführen.

Beispiel: So müssen z. B. Gesetze in einem vorgeschriebenen Verfahren erlassen werden, Verträge können bestimmten Formen, z. B. der Schriftform, unterliegen und es können weitere Voraussetzungen erforderlich sein.

Wichtig

> Zum nationalen Recht kommt internationales, zwischenstaatliches und insbesondere das Europäische Recht als sog. überstaatliches Recht hinzu. Formal wird dieses durch internationale Vereinbarungen (z. B. Abkommen, Übereinkommen) gestaltet, die dann gem. *Art. 59 Abs. 2* Grundgesetz (GG) durch den deutschen Gesetzgeber als Gesetz beschlossen werden. Im Europäischen Recht gibt es Regelungen, die dem nationalen Recht der Mitgliedsstaaten vorgehen, weil die Mitgliedsstaaten der Europäischen Union (EU) einen Teil der Rechtssetzungskompetenz übertragen haben. Die Grundlagen des Europäischen Gemeinschaftsrecht werden bestimmt durch Verträge, insbesondere dem Vertrag über die Europäische Union (EU-Vertrag, EUV), dem Vertrag zur Gründung der Europäischen Gemeinschaft (EG-Vertrag, EGV) und dem Vertrag zur Gründung der Europäischen Atomgemeinschaft (EURATOM-Vertrag). Daneben wurden und werden weitere Verträge zur Aktualisierung und Änderung abgeschlossen.
>
> Für das Pflegerecht sind dabei z. B. von Bedeutung das Europäische Recht zur Anerkennung und Ausübung der Pflegeberufe und das Europäische Sozialrecht, die in den weiteren Kapiteln dargestellt werden.

Hinweis: Es empfiehlt sich, über das System und die Europäischen Grundlagen einen Überblick zu haben, da nicht nur die europäischen Normen sondern auch der Europäische Gerichtshof das nationale Recht zunehmend beeinflussen. Sie erfahren Näheres z. B. auf der Website der EU europa.eu/index_de.htm.

Ergänzt werden diese Rechtsquellen durch das sog. **Richterrecht**. Viele Probleme sind manchmal erst nach Erlass von Rechtsvorschriften erkennbar und oft entstehen auch neue Situationen, die noch nicht durch Rechtssätze ausdrücklich geregelt sind oder bei denen streitig ist, ob sie in den Anwendungsbereich bestimmter Rechtsregeln fallen.

Hier wird dann – im Normalfall aus Anlass eines konkreten Streites über die Interpretationen der Rechtsvorschriften zwischen den Beteiligten – das geltende Recht durch gerichtliche **Entscheidungen** präzisiert und weiter entwickelt.

Hinweis: Von besonderer Bedeutung sind die Entscheidungen des jeweiligen obersten Gerichts eines Gerichtszweiges, also z. B. des Bundesgerichtshofs oder des Bundessozialgerichts. Hinzu kommt das Bundesverfassungsgericht, das Rechtsvorschriften auf ihre Verfassungsmäßigkeit hin überprüft, und zunehmend auch Entscheidungen des Europäischen Gerichtshofes, dessen Maßstab die Einhaltung des Europarechts ist.

2.2 Berufs-/tätigkeitsbezogene Systematisierung von Rechtsquellen

Das Recht kann auch aus einer berufs- oder tätigkeitsbezogenen Betrachtungsweise geordnet werden. Dabei lassen sich verschiedene Ansätze verfolgen.

2.2.1 Rechtszuständigkeiten im Gesundheitsbereich

Grundsätzlich gilt:

Merksatz

Im **Gesundheitsbereich** erfolgt die Bestimmung von Leistungen im wesentlichen durch das **Sozialrecht**, welches vom Gesetzgeber geschaffen wird. Es wird organisiert durch Sozialversicherungsträger, Landesinstitutionen und Kommunen.

Maßgeblich verantwortlich für die **Leistungserbringung** sind dabei vor allem Teile der öffentlichen Verwaltung, die keine staatlichen Institutionen im engeren Sinne sind.

So haben z.B. die Sozialversicherungen eigene Strukturen der Selbstverwaltung und werden nicht durch die übliche staatliche Form der Finanzierung, also durch Steuern, sondern im wesentlichen durch Mitgliedsbeiträge finanziert (z.B. Pflege- und Krankenversicherungsbeiträge).

Der **Gesetzgeber gibt** insoweit nur die wesentlichen **Bedingungen vor**, insbesondere den **Leistungsumfang** und die **Leistungsvoraussetzungen**. Die Leistungen selbst werden dann aber durch diese sog. Leistungsträger selbst oder mithilfe anderer Einrichtungen erbracht.

Die Rechtsquellen dazu finden sich im Sozialrecht und dort vor allem im **Sozialgesetzbuch** (SGB), in **Satzungen** (z.B. der Krankenkassen), **Verordnungen** (z.B. Bundespflegesatzverordnung) und **Richtlinien** (z.B. Begutachtungsrichtlinien der Pflegeversicherung), aber auch in **Rahmenverträgen und Empfehlungen**.

Unterteilt werden kann das für die Pflege maßgebende Recht demnach in die verschiedenen Leistungsbereiche, also etwa in das Recht der Krankenversicherung, der Pflegeversicherung, usw.

2.2.2 Recht aus der Perspektive der Leistungserbringer

Einen Zugang zum Recht kann man aber ebenso durch eine Betrachtung der **Leistungserbringer** erhalten.

Zum Bereich der **öffentlich-rechtlichen Träger** gehören einerseits die unmittelbar staatlichen Institutionen und andererseits solche, die eine gewisse rechtliche und organisatorische Eigenständigkeit haben und daher nicht unmittelbar als staatliche Institution anzusehen sind.

Im **nichtstaatlichen Bereich** kann die Unterteilung in Privatpersonen, Verbände (vor allem Wohlfahrtsverbände) und Wirtschaftsunternehmen vorgenommen werden.

Beispiele für Leistungserbringer im Gesundheitsbereich

Öffentlich-rechtliche Träger		Privatrechtliche Träger		
unmittelbare staatl. Institutionen z.B. Bundeswehrkrankenhaus, Landeskliniken, Kreispflegeheim	andere z.B. Rehakliniken der Berufsgenossenschaften, Fachkliniken der Rentenversicherungsträger	Selbsthilfegruppen, Privatpersonen, Wohngemeinschaften, privater Pflegedienst, niedergelassene Ärzte	Wohlfahrtsverbände z.B. DRK Pflegeheim, Caritas Pflegeberatungsstelle, Diakoniestation	Wirtschaftsunternehmen, z.B. Rhönklinikum, Asklepios Kliniken

Hinweis: Eine besondere Rolle spielt dabei der Bereich der kirchlichen Sozialeinrichtungen (z.B. Caritas und Diakonie), die wiederum eigene Bestimmungen haben. Sie handeln nach kirchenrechtlichen Regeln, die vom Staat respektiert werden, auf der Grundlage des verfassungsrechtlich garantierten Selbstbestimmungsrechts der Kirchen.

Die Zuordnung ist dabei nicht nur wegen der unterschiedlichen Rechtsbereiche von Bedeutung, auch die Gestaltungsfreiheit ist unterschiedlich geregelt.

So können insbesondere die nichtstaatlichen Leistungserbringer ihre Entscheidungen sehr viel freier treffen, als dies die staatlichen Institutionen vermögen. Zudem ist auch die Organisation, die Leistungserbringung und das Verfahrensrecht rechtlich anders strukturiert.

2.2.3 Recht aus der Perspektive der Gesundheitseinrichtung

Ein anderer Ansatzpunkt zur Erfassung des Rechts ist die Betrachtung einer **Gesundheitseinrichtung**. Auch hier gibt es unterschiedliche Beteiligte, die mit unterschiedlichen Rechten und Pflichten versehen sind.

Rechtliche Vorgaben finden sich hierzu etwa im **Heimrecht** mit dem Wohn- und Betreuungsvertragsgesetz und den landesrechtlichen Bestimmungen, dem **SGB XI** (Pflegeversicherungsgesetz), dem **SGB V** (Krankenversicherungsgesetz), dem **Krankenpflegegesetz**, dem **Altenpflegegesetz** sowie dem **Bürgerliches Gesetzbuch** BGB).

Eine entsprechende Aufstellung könnte ungefähr so aussehen:

Altenheim

Heimaufsicht

Bewohner Pflegebedürftiger	Heimträger Heimleiter
Angehöriger	Pflegedienstleitung
Bevollmächtigter	Bereichsleitung
Betreuer	Pflegekraft
	Pflegehilfskraft

Pflegekasse Krankenkasse	niedergelassener Arzt
MDK	

2.2.4 Recht aus der Perspektive des Pflegebedürftigen

Die Einteilung des Rechts kann auch **aus Sicht des Pflegebedürftigen bzw. Patienten** erfolgen. Hier spielen besondere Lebenslagen, z.B. Krankheit, Pflegebedürftigkeit, Alter, Arbeitslosigkeit oder vor allem die betroffenen **Rechtsgüter** und ihr **Schutz** die zentrale Rolle:

Die Rechtsgüter von Pflegebedürftigen und ihr Schutz

Rechtsgut	Leben	Körper	Gesund-heit	Freiheit	Eigentum
GG (Grundgesetz)	Artikel 2 Abs. 2	Artikel 2 Abs. 2	Artikel 2 Abs. 2	Artikel 1, 2 Abs. 2, 104	Artikel 14
BGB (Bürgerliches Gesetzbuch)	§ 823 Abs. 1	§ 823 Abs. 1	§ 823 Abs. 1	§ 823 Abs. 1	§ 823 Abs. 1
StGB (Straf-gesetzbuch)	§§ 211, 212, 222	§§ 223–230	§§ 223–230	§ 239	§§ 242, 246
Zusätzlich gibt es diverse verwaltungsrechtliche Vorschriften, z.B. im Heimrecht, Arzneimittelgesetz, Medizinproduktegesetz.					

Hinweis: Dem Schutz von Patienten hat der Gesetzgeber 2013 durch das Patientenrechtegesetz Rechnung getragen und Vorschriften u.a. zum Behandlungsvertrag, zur Aufklärung, zu Informationspflichten, erlassen und in das BGB eingefügt (vgl. §§ 630 a BGB ff.)

2.2.5 Unterteilung nach Rechtsgebieten und Rechtsfolgen

Selbstverständlich kann die Systematik auch nach der in der Rechtswissenschaft üblichen Unterteilung nach Rechtsgebieten und auch nach

Rechtsfolgen – etwa bei einem Fehlverhalten von Pflegekräften – aufgelistet werden.

Ein Beispiel dafür sei der Bereich der **Haftung**:

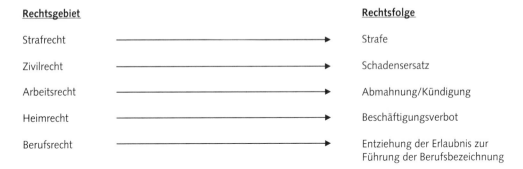

<u>Rechtsgebiet</u>		<u>Rechtsfolge</u>
Strafrecht	⟶	Strafe
Zivilrecht	⟶	Schadensersatz
Arbeitsrecht	⟶	Abmahnung/Kündigung
Heimrecht	⟶	Beschäftigungsverbot
Berufsrecht	⟶	Entziehung der Erlaubnis zur Führung der Berufsbezeichnung

In diesem Buch wird eine systematische Darstellung anhand einer Mischung aus **tätigkeits- und trägerbezogener Sichtweise** erfolgen, wobei die Rechtsbeziehungen der Beteiligten Grundlage der Darstellung sind.

3 Die Rechtsbeziehungen in der pflegerischen Leistungserbringung

Auszugehen ist im wesentlichen von **vier Beteiligten**:

Hinter den abstrakten Bezeichnungen Leistungsträger, rechtlicher Leistungserbringer, tatsächlicher Leistungserbringer und Leistungsempfänger verbergen sich **konkrete Beteiligte**:

```
                    ┌─────────────────┐
                    │  Leistungsträger │
                    └─────────────────┘
                       z.B. Kranken-,
                       Pflegekasse

┌──────────────┐                        ┌──────────────┐
│  Leistungs-  │                        │  rechtlicher │
│  empfänger   │                        │  Leistungs-  │
└──────────────┘                        │  erbringer   │
                                        └──────────────┘
 z.B. Patient/                           z.B. Krankenhaus-
 Pflegebedürftiger                       träger, Pflegedienst

                    ┌─────────────────┐
                    │  tatsächlicher   │
                    │  Leistungs-      │
                    │  erbringer       │
                    └─────────────────┘
                       z.B. Gesundheits-
                       und Krankenpfleger,
                       Altenpflegerin
```

Zusätzlich sind für die Berufspraxis weitere, **nicht unmittelbar** an der Leistungserbringung **beteiligte Institutionen** von Bedeutung:

```
                    ┌─────────────────┐         Heimaufsicht und MDK
                    │  Leistungsträger │
                    └─────────────────┘
                       z.B. Kranken-,
                       Pflegekasse

┌──────────────┐                        ┌──────────────┐
│  Leistungs-  │                        │  rechtlicher │
│  empfänger   │                        │  Leistungs-  │
└──────────────┘                        │  erbringer   │
                                        └──────────────┘
 z.B. Patient/                           z.B. Krankenhaus-
 Pflegebedürftiger                       träger, Pflegedienst

                    ┌─────────────────┐
                    │  tatsächlicher   │
                    │  Leistungs-      │
                    │  erbringer       │
                    └─────────────────┘
                       z.B. Gesundheits-
                       und Krankenpfleger,
                       Altenpflegerin

                       Verwaltungsbehörden
                       für Gesundheitsberufe
```

Alle Beteiligten stehen in **Rechtsbeziehungen** zueinander, aus denen sich Rechte und Pflichten herleiten lassen:

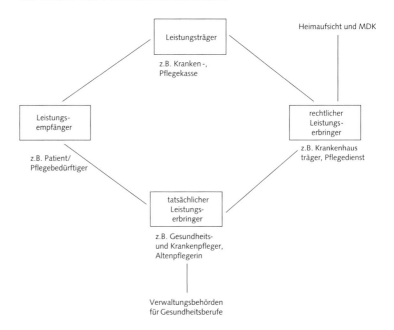

Beispiele für die konkreten Rechtsbeziehungen sehen Sie aus der nachfolgenden Grafik:

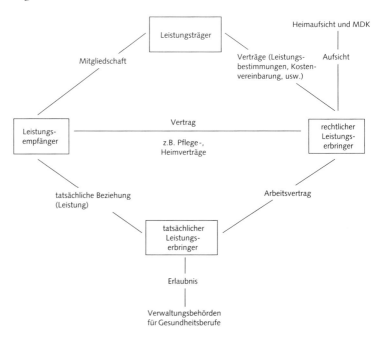

12

Diese Rechtsbeziehungen können im Wesentlichen folgenden Rechtsgebieten zugeordnet werden:

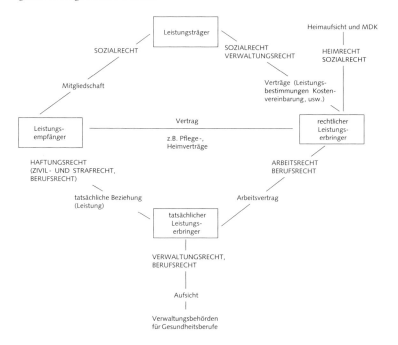

Die inhaltlichen Vorgaben finden sich dann in den einschlägigen Gesetzen:

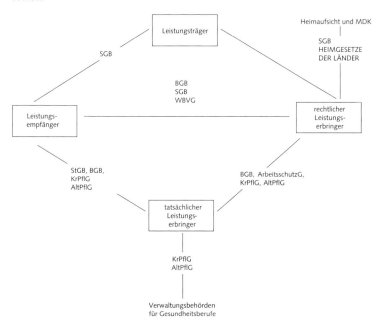

13

4 Die Arbeit mit Rechtsvorschriften

Zur Arbeit mit Rechtsvorschriften ist ein Verständnis über die Anwendung des juristischen Handwerkszeugs hilfreich.

Zur rechtlichen Vorgehensweise gehört zu einem wesentlichen Teil die Anwendung von Rechtsvorschriften auf vorgegebene Sachverhalte, die sog. Fälle, für die eine Lösung zu finden ist.

Wichtig

> Für eine juristische Lösung ist es zunächst erforderlich, eine **rechtliche Regelung** zu **finden** und diese zu **benennen**. Das genaue **Zitieren** der auf den jeweiligen Sachverhalt anwendbaren Rechtsbestimmung hat dabei eine **besondere Bedeutung**, weil nur dadurch die Auffassung des Beurteilers/Anwenders rechtlich nachvollziehbar und überprüfbar ist.

- Bei der Zitierung wird der jeweilige konkrete Rechtssatz stets vollständig angegeben.

Merksatz

Rechtssätze sind regelmäßig entweder in **Paragraphen** (§) oder in **Artikel** (Art.) gegliedert. Die weitere Untergliederung erfolgt nach **Absätzen** (Abs.), **Sätzen** (S.) und evtl. **Alternativen** (Alt.) oder **Nummern/Ziffern** (Nr.,/Ziff.).

Hinzu kommt stets die **Angabe des Gesetzes** (z.B. AltPflG).

Wichtig

> Es **reicht** also **nicht** aus, nur den Paragraphen zu benennen, wenn sich die konkrete Regelung in einem bestimmten Absatz und dort in einem bestimmten Satz befindet.
>
> Hier ist Genauigkeit unumgänglich, weil nur dadurch der Nachweis erbracht werden kann, dass die vertretene Auffassung oder Lösung auch rechtskonform ist.

- Ist die Rechtsvorschrift gefunden, sind die einzelnen Voraussetzungen dieses Rechtssatzes auf das Problem/den Fall anzuwenden.

Jede **Rechtsvorschrift** besteht inhaltlich aus zwei Teilen: Dem **Tatbestand**, der die tatsächlichen Voraussetzungen – die Juristen sprechen hier von Tatbestandsmerkmalen – aufzählt und der **Rechtsfolge**, mit der die (rechtlichen) Konsequenzen festgelegt sind, die sich ergeben, wenn der Tatbestand erfüllt ist.

- Bei der Rechtsanwendung geht man – vereinfacht ausgedrückt – üblicherweise die einzelnen in der Vorschrift genannten Voraussetzungen durch und stellt fest, ob der zu prüfende Sachverhalt jedem dieser einzelnen Merkmale entspricht.

Hinweis: Diese juristische Methode wird **Subsumtion** genannt.

Mit der Fähigkeit Lösungen aus gefundenen Rechtsvorschriften zu finden, wird zugleich auch die Fertigkeit vermittelt, Antworten, die bis dahin unbekannt waren, anhand von Rechtsvorschriften zu finden.

Damit wird die Abhängigkeit von der Kenntnis bestimmter Inhalte von Regelungen verringert, weil es bei Anwendung dieser Methode zunächst nicht darauf ankommt, alles zu wissen, sondern vor allem, die Lösung anhand der rechtlichen Regelung zu erarbeiten.

Der Glaube, dass man, um sich im Recht zurechtzufinden, nach Möglichkeit viele Gesetze quasi auswendig lernen bzw. kennen müsste, ist daher so falsch wie verbreitet.

Dies wird auch durch einen von Juristen häufig genannten Grundsatz deutlich: *Man muss nicht alles wissen, aber man muss wissen, wo es steht!*

Wichtig

> Wichtig ist, dass Sie wissen, wo die rechtliche Grundlage für die Lösung eines Rechtsproblems zu finden ist, um diese Grundlage dann – mit den richtigen methodischen Mitteln – auf den konkreten Fall anwenden zu können.

5 Zusammenfassung

Sie haben jetzt erfahren, dass es verschiedene Ausgangspunkte gibt, um die Rechtsbeziehungen im Pflegebereich systematisch zu erfassen.

Zudem haben Sie eine Übersicht über die rechtlichen Beziehungen zwischen den verschiedenen Beteiligten, die bei der Pflege mitwirken, erhalten, samt der Zuordnung zu den verschiedenen Rechtsgebieten.

Schließlich wissen Sie, dass rechtliche Beziehungen nicht nur durch Gesetze oder andere Rechtsnormen gekennzeichnet werden, sondern auch durch Verträge oder sogar einseitige Anordnungen und dass Sie u.U. auch selber rechtsgestaltend tätig werden können oder müssen. Daher ist es wichtig, den jeweiligen rechtlichen Rahmen zu kennen, innerhalb dessen Sie tätig werden können. Auch kennen Sie nun die Grundzüge der Rechtsanwendung.

15

Kapitel 2
Das Berufsrecht als Grundlage der Berufsausübung

Überblick

Pflegen darf in Deutschland zwar jeder, nicht aber als Gesundheits- und Krankenpfleger, als Altenpflegerin oder als Krankenschwester. Die professionelle Pflege mit bzw. unter einer Berufsbezeichnung ist gesetzlich normiert und darf nur von Personen erbracht werden, die unter anderem eine bestimmte Ausbildung absolviert und eine staatliche Erlaubnis zur Führung der Berufsbezeichnung erhalten haben.

Auch die Tätigkeit als Arzt ist berufsrechtlich reglementiert und ärztliche Tätigkeiten dürfen grundsätzlich nur durch Angehörige dieser Berufsgruppe ausgeübt werden. Ebenso gibt es rechtliche Vorgaben für die Zusammenarbeit der Berufsgruppen im Gesundheitswesen, insbesondere im Verhältnis von Pflegekräften und Ärzten. Diese erschließen sich jedoch nicht allein aus gesetzlichen Vorgaben und sind in manchen Detailfragen auch noch nicht endgültig geklärt.

In dieser Einheit des Buches werden diese berufsrechtlichen Grundlagen bearbeitet.

Lernziele

- Sie kennen die berufsrechtlichen Grundlagen der Tätigkeit von Pflegekräften und von Ärzten.
- Die Zusammenarbeit von Pflegekräften und Ärzten kann aus rechtlicher Sicht beurteilt werden.
- In der Berufspraxis können Möglichkeiten und Grenzen der Delegation ärztlicher Tätigkeiten an Pflegekräfte bestimmt werden.

Gliederung

1. Das Berufsrecht der Gesundheits- und Krankenpflege
2. Das Berufsrecht der Altenpflege
3. Die Zusammenarbeit der Gesundheitsberufe, insbesondere mit Ärzten
4. Die Delegation ärztlicher Tätigkeiten an Krankenpflegekräfte
5. Die Weiterentwicklung des pflegerischen Berufsrechts

1 Das Berufsrecht der Gesundheits- und Krankenpflege

1.1 Die berufsrechtliche Geschichte

1.1.1 Historie der Krankenpflege in Deutschland

Die **Krankenpflege** hat eine alte Tradition und entwickelte sich als berufliche Tätigkeit aus **zwei Quellen**:

- Zum einen gab es die **chirurgischen Dienstleistungen**, die ihrerseits in ärztliche und nichtärztliche Tätigkeiten unterteilt werden können. Dem verantwortlichen Arzt standen hierbei sog. Heilgehilfen oder Heildiener zur Seite.
- Daneben gab es die Dienstleistung in der **Krankenversorgung**. Hier kann man in die Bereiche der **berufsmäßig ausgeübten** Krankenpflege und den der **Ordenskrankenpflege** trennen.

Die nachfolgende Übersicht verdeutlicht diese traditionelle Zweiteilung:

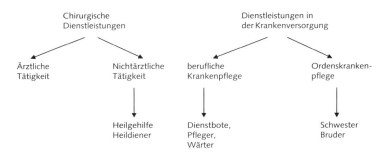

Die Wurzeln des Krankenpflegeberufes

Gerade durch christliche Ordensgemeinschaften oder religiöse Genossenschaften ist die **Krankenpflege als Form karitativen Wirkens** seit Jahrhunderten ausgeübt worden.

Sie wurde dort als Dienst am kranken Menschen begriffen.

Hinweis: Aus dieser Epoche stammen übrigens die bis heute geläufigen Berufsbezeichnungen wie „Schwester" oder „Bruder".

Im Folgenden zunächst ein kurzer Überblick über die weitere Entwicklung der Krankenpflege in Deutschland:

– Nachdem im 18. und noch im 19. Jahrhundert die Krankenpflege auf ein niedriges Niveau herabgesunken war, begann **im Laufe des 19. Jahrhunderts** eine Neuorientierung und **Erneuerung**:

So gründete z. B. Theodor Fliedner 1836 in Kaiserswerth das erste Diakonissenmutterhaus. Im Jahr 1866 gründete Großherzogin Luise von Baden die erste Rot-Kreuz-Schwesternschaft. Andere Schwesternschaften folgten und schlossen sich 1882 zu einem Verband zusammen.

Aber auch die Zahl der **Frauen**, die die Krankenpflege **privat** als Beruf ausübten, nahm stetig zu. Sie waren meist wenig oder gar **nicht** fachlich **ausgebildet** und hatten **keine Lobby**.

Agnes Karll gründete für diese Gruppe im Jahr 1903 die erste Berufsorganisation der Krankenpflegerinnen Deutschlands, die den privaten Krankenpflegerinnen bei der Stellenvermittlung, Beratung von Arbeits- und Rechtsfragen oder Abschluss von Versicherungsverträgen unterstützend zur Seite stand.

– Anfang des 20. Jahrhunderts, im Jahr **1906**, gab es dann auch die **erste staatliche Regelung**. Möglich wurde dies durch einen Bundesratsbeschluss vom 22. März 1906, auf dessen Grundlage in einzelnen Bundesstaaten des Deutschen Reiches Vorschriften über eine staatliche Prüfung von Krankenpflegepersonen geschaffen wurden. Die Ausbildung sollte nach dem Willen des Bundesrates ein Jahr dauern.

– Die **erste deutschlandweite Regelung** kam im Jahr **1938** durch den **Erlass des Krankenpflegegesetzes** und der **Krankenpflegeverordnung** vom 28. September 1938.

Letztere sah im Wesentlichen vor, dass ein Lehrgang von 1,5 Jahren Dauer sowie ein einjähriges Praktikum zu absolvieren waren. Voraussetzung für die Ausbildung war die Vollendung des 18. Lebensjahres und ein Volksschulabschluss.

- Durch das **Krankenpflegegesetz vom 15. Juni 1957** *(Bundesgesetzblatt (BGBl. I 1957, S. 716)* wurde nach Ende des Nationalsozialismus **das erste Gesetz für die Bundesrepublik Deutschland** geschaffen. Darin wurde die **Krankenpflegeausbildung** auf **zwei Jahre** verlängert.
- Auch diese Ausbildungsdauer wurde allerdings bald als noch nicht ausreichend empfunden und durch das **Krankenpflegegesetz vom 20. September 1965** *(BGBl. I 1965, S. 1443)* auf **drei Jahre** verlängert. Darüber hinaus wurde als Voraussetzung für den **Zugang** zur **Krankenpflegeausbildung** der **Realschulabschluss** eingeführt.
- Es gab dann im Jahr **1968** *(3. September 1968, BGBl. I 1968, S. 980)* und **1972** *(4. Mai 1972, BGBl. I 1972, S. 753)* noch einige kleinere Änderungen.
- Die nächste große **Reform des Krankenpflegegesetzes** vollzog sich erst **1985** als **Folge europarechtlicher Vorgaben** in Form des Krankenpflegegesetzes vom 4. Juni 1985 *(BGBl. I 1985, S. 893)*.
- **Anfang der 1990er Jahre** wurden noch einmal Änderungen wegen des Zusammenschlusses der alten und der neuen Bundesländer notwendig.

1.1.2 Zur derzeitigen gesetzlichen Fassung des Krankenpflegerechts

Die **derzeitige gesetzliche Fassung** stammt aus dem Jahr **2003** *(Gesetz vom 16. Juli 2003, BGBl. 2003, Teil I, Seite 1442 f.)*, ist **seit dem 01.01.2004 in Kraft** und wurde zuletzt durch Art. 9 des Gesetzes vom 16.07.2015 *(BGBl. 2015, Teil I, S. 1211)* geändert.

Im Jahr **2003** wurde eine **umfangreiche Novellierung** vorgenommen, um die **Ausbildung** für die Berufe der Krankenpflege den veränderten Rahmenbedingungen und den neuesten Erkenntnissen der Pflegewissenschaft anzupassen. Darüber hinaus sollte auch der stärkeren Professionalisierung des Pflegeberufes Rechnung getragen werden.

Kernpunkte der Änderungen, die zum 01.01.2004 in Kraft traten, waren die **Herausnahme der Krankenpflegehilfeausbildung** aus dem Gesetz, die **Änderung der Berufsbezeichnung** vom Krankenpfleger bzw. der Krankenschwester hin zum „Gesundheits- und Krankenpfleger/in", eine **Neufassung des Ausbildungsziels** sowie Änderungen zur **Dauer und Struktur** der Ausbildung.

Die Einzelheiten der durch die Novelle geschaffenen rechtlichen Rahmenbedingungen werden im nächsten Abschnitt genauer dargestellt.

Wichtig

> Das Berufsrecht steht vor weiteren einschneidenden Änderungen und hat durch einige Änderungen zur Aus- und Weiterbildung schon Vorläufiges im aktuellen Krankenpflegegesetz. Diese wurden aus inhaltlichen und didaktiven Gründen unter Nr. 5 dargestellt.

Hinweis: Nahezu das gesamte aktuelle Bundesrecht findet man unter dem vom Bundesjustizministerium verantworteten Angebot www.gesetze-im-internet.de

Aktuelle Verkündungen im **Bundesgesetzblatt** können Sie online über das Internetangebot www.bundesgesetzblatt.de recherchieren und im Originaltext nachlesen.

Hier finden Sie auch alle zurückliegenden Veröffentlichungen im **Teil I.** Nur dieser ist für Sie von praktischer Bedeutung. Er enthält u. a. alle neu erlassenen Bundesgesetze sowie alle Verordnungen von wesentlicher oder dauernder Bedeutung.

Auch auf der o. g. Seite www.gesetze-im-internet.de gibt es einen „Aktualitätendienst". Hier sehen Sie die neuesten Verkündungen im **BGBl. I** chronologisch angezeigt.

1.2 Das Krankenpflegegesetz 2004

Das Auffinden von und der Umgang mit Normen soll uns nun am praktischen Beispiel eines der für die Pflege praktisch sehr bedeutsamen Gesetzeswerkes erläutert werden.

Hinweis: Für die Arbeit in diesem Abschnitt benötigen Sie die einschlägigen Rechtsquellen, also den Text des Krankenpflegegesetzes nebst der dazugehörigen Ausbildungs- und Prüfungsverordnung. Den Text des aktuellen Krankenpflegegesetzes (KrPflG) sowie der Ausbildungs- und Prüfungsverordnung für die Berufe in der Krankenpflege (KrPflAPrV) finden Sie z.B. im Internet unter http://bundesrecht.juris.de

Alternativ, bzw. zur Offline-Nutzung können Sie den gesamten Text von KrPflG und KrPflAPrV auch im pdf-Format downloaden. Rechtsquellen – nicht nur – zum Pflegerecht finden Sie auch auf den Seiten des Bundesministeriums für Gesundheit und Soziales, hier etwa speziell zu den Gesundheitsberufen. Nahezu das gesamte aktuelle Bundesrecht findet man darüber hinaus unter dem vom Bundesjustizministerium verantworteten Angebot www.gesetze-im-internet.de

1.2.1 Die rechtlichen Grundlagen der Tätigkeit als Gesundheits- und Krankenpfleger/in, Gesundheits- und Kinderkrankenpfleger/in

§ 1 und § 2 KrPflG

Das Krankenpflegegesetz wurde – wie Sie inzwischen erfahren haben – 2003 vom Gesetzgeber reformiert, weil sich die Rahmenbedingungen für die Pflege gewandelt hatten.

Vorrangige Ziele der Neufassung waren die Modernisierung der Krankenpflege und vor allem Schritte zur **Vereinheitlichung der Ausbildung in der Pflege**.

Vor diesem Hintergrund wollte der Gesetzgeber auch mithilfe einer an gesetzlich vorgeschriebene und daher **allgemeingültige Befähigungs- und Leistungsnachweise** gebundenen Berufsbezeichnung die Voraussetzungen für ein z. T. neu definiertes **abgrenzbares Berufsbild** schaffen, das die **Gewähr für einen fachlichen Mindeststandard** bietet.

Das wichtigste Instrument zur Erreichung dieser Zielsetzung hat der Gesetzgeber seiner Regelung gleich zu Beginn vorangestellt:

- *§ 1 KrPflG* legt fest, dass jemand, der sich als „Gesundheits- und Krankenpfleger" oder „Gesundheits- und Kinderkrankenpflegerin" bezeichnen will, einer **Erlaubnis** bedarf.

> Das Krankenpflegegesetz regelt und schützt nicht die Berufsausübung als solche, sondern lediglich die Berufsbezeichnung.

Unter welchen tatsächlichen **Voraussetzungen** – juristisch spricht man hier von sog. „**Tatbestandsmerkmalen**" – man diese Erlaubnis bekommt, ergibt sich aus *§ 2 KrPflG:*

Danach **ist** sie **zu erteilen**, wenn der Antragsteller oder die Antragstellerin

- die Ausbildung zum Gesundheits- und Krankenpfleger/in oder Gesundheits- und Kinderkrankenpfleger/in erfolgreich bestanden hat
- zuverlässig und
- gesundheitlich geeignet ist
- über die für die Ausübung der Berufstätigkeit erforderlichen Kenntnisse der deutschen Sprache verfügt.

Definition: Die Formulierung *„ist"* in einer Norm begründet stets einen **Anspruch** auf eine entsprechende Tätigkeit der Behörde. Diese sog. **Rechtsfolge** ist also **zwingend** vorgeschrieben, bei Vorliegen der gesetzlichen Voraussetzungen muss sie von der Behörde herbeigeführt werden.

Dagegen besteht bei der Formulierung *„kann"* immer ein **Entscheidungsspielraum** der Behörde, das sog. Ermessen. Ein Anspruch besteht in solchen Fällen grundsätzlich nur darauf, dass eine **ermessensfehlerfreie Entscheidung** getroffen wird, im Normalfall aber nicht darauf, welchen Inhalt sie hat.

> Eine einmal erteilte Erlaubnis kann **widerrufen** werden, insbesondere dann, wenn eine Pflegekraft sich eines Verhaltens schuldig macht, aus dem sich ihre **Unzuverlässigkeit** ergibt. In diesen Fällen **ist** die Erlaubnis **zwingend** zu widerrufen *(§ 2 Abs. 2 Satz 2 KrPflG).*

Sollte sich der Gesundheitszustand der Pflegekraft so verschlechtern, dass sie **zur Ausübung** des Berufs **ungeeignet** wird, **kann** die Erlaubnis zur Führung der Berufsbezeichnung im Nachhinein ebenfalls noch widerrufen werden *(§ 2 Abs. 2 Satz 3 KrPflG).*

Hinweis: Hier ist der Widerruf also nicht zwingend, es besteht ein Ermessensspielraum der Behörde.

> Ohne Erlaubnis darf die pflegerische Arbeit nicht unter den o.g. Berufsbezeichnungen ausgeübt werden!

Hinweis: Fachpflegekräfte, die ihre Ausbildung im Ausland absolviert haben, bedürfen der Anerkennung. Auch hierfür trifft das Krankenpflegegesetz Regelungen und es werden insbesondere europarechtliche Vorgaben umgesetzt, vgl. *§ 2 Abs. 3 ff., §§ 25, 2 a KrPflG.*

Hinweis: Beim Recht der Europäischen Union ist zu unterscheiden zwischen Rechtsquellen, die unmittelbar in den Mitgliedstaaten gelten, und solchen, die vom Mitgliedstaat umgesetzt werden müssen. So handelt es sich z.B. bei einer (europäischen) Verordnung um einen einstufigen Rechtsakt, der mit Inkrafttreten in Deutschland verbindlich ist und allgemeine Geltung hat. Eine Richtlinie ist als zweistufiger Rechtsakt für jeden Mitgliedsstaat zwar hinsichtlich ihres Ziels verbindlich (1. Stufe), muss aber im nationalen Recht umgesetzt werden (2. Stufe).

Dies ist geregelt in Art. 288 im Vertrag über die Arbeitshinweise der Europäischen Union (AEUV).

Das Krankenpflegegesetz dient der Umsetzung mehrerer Richtlinien zur Anerkennung beruflicher Befähigungsnachweise und zur Anerkennung der Hochschuldiplome, die mit einer mindestens dreijährigen Berufsausbildung abschließen (z.B. Richtlinie 92/51/EWG, 89/48/EWG sowie 2001/19/EWG und 2005/36/EWG).

Dadurch gelten in EU-Staaten erworbene berufliche Qualifikationen entweder nach dem sog. Prinzip der Gleichwertigkeit „automatisch" als anerkannt oder nach dem sog. Prinzip der Gleichartigkeit im Einzelfall („individuell").

1.2.2 Ausbildungsziel, Qualifikation und Tätigkeitsbereiche

> ## § 3 KrPflG
> ## Anlage 1 zu § 1 Abs. 1 KrPflAPrV

Auch wenn der Gesetzgeber vor allem das Ausbildungsziel festlegt, ist dessen Beschreibung im Gesetz auch bedeutend für die Tätigkeit. Denn das Ziel der Ausbildung ist letztlich identisch mit der beruflichen Aufgabe.

Von **zentraler Bedeutung** ist die Vorschrift des § 3 KrpflG.

Hier werden die grundlegenden Zielsetzungen und Anforderungen des Gesetzes formuliert und zwar auf mehrfache Weise:

– So definiert das Gesetz im 1. Absatz, Satz 1 der Vorschrift zunächst die **fachliche Zielsetzung** für die **Qualifikation** der Pflegekraft, indem es etwa die *„fachliche, personale, soziale und methodische Kompetenzen zur verantwortlichen Mitwirkung insbesondere bei der Heilung, Erkennung und Verhütung von Krankheiten"* als Ausbildungsziel nennt. Und es nennt auch zugleich den **objektiven Maßstab** der Qualifikation, nämlich den *„allgemein anerkannten Stand pflegewissenschaftlicher, medizinischer und weiterer bezugswissenschaftlicher Erkenntnisse"*.

– Darüber hinaus stellt das Gesetz objektiv ein allgemeines **gesetzliches Leitbild** auf, wenn es im 1. Absatz, Sätze 2 und 3 der Vorschrift verlangt, dass die Pflege unter *Einbeziehung präventiver, rehabilitativer und palliativer Maßnahmen auf die Wiedererlangung, Verbesserung, Erhaltung und Förderung der physischen, psychischen Gesundheit der zu pflegenden Menschen auszurichten* ist, und dabei u.a. *die unterschiedlichen Pflege- und Lebenssituationen sowie Lebensphasen* der Menschen zu berücksichtigen hat.

– Und schließlich definiert das Gesetz im 2. Absatz der Vorschrift auch den mit der Ausbildung angestrebten konkreten Anwendungsbereich in der Praxis. Es sagt, anders ausgedrückt, was es von den Pflegekräften nach Abschluss der Ausbildung erwartet.

§ 3 Abs. 2 KrPflG unterscheidet dabei zwischen Aufgaben, die eigenverantwortlich getätigt werden sollen, solchen, bei denen die Pflegekraft lediglich mitwirken soll, solchen der interdisziplinären Zusammenarbeit und solchen der multidisziplinären und berufsübergreifenden.

Anhand der bisherigen Befassung mit dem Krankenpflegegesetz ist möglicherweise bereits etwas deutlich geworden, was wir als Erkenntnis für die Arbeit mit Gesetzestexten festhalten wollen:

Merksatz

Alles, was dem Gesetzgeber grundsätzlich wichtig ist, schreibt er ganz vorne ins Gesetz hinein!

Für wen das Gesetz gilt, welchen sachlichen und räumlichen Anwendungsbereich es hat, was das Ziel ist und wie es erreicht werden soll – alle diese Informationen finden sich in aller Regel in den ersten (und evtl. noch in den letzten) Normen eines Gesetzeswerks (oder einer Verordnung) wieder.

Hinweis: In der Anlage 1 zu *§ 1 Abs. 1 KrPflAPrV* wird das Gesetzesziel dann unter Aufteilung in Unterrichts- und praktische Ausbildungsinhalte aufgefächert und im Detail bestimmt.

1.2.3 Dauer und Struktur der Ausbildung

> **§ 4 KrPflG**
>
> **§ 7 KrPflG**
>
> **§ 1 KrPflAPrV**

Sehen wir uns als nächstes einmal an, was das Gesetz zum äußeren Ablauf der Ausbildung sagt:

- Die Ausbildung dauert gem. *§ 4 Abs. 1 KrpflG* unabhängig vom Zeitpunkt der staatlichen Prüfung **3 Jahre**, wenn sie in **Vollzeit** absolviert wird.
- Die Ausbildung kann auch in **Teilzeit** durchgeführt werden und darf dann **bis zu 5 Jahre** dauern.

    Fehlzeiten verlängern die Ausbildung in der Regel nicht. So sind nach § 7 Abs. 1 KrPflG Urlaubszeiten auf die Dauer der Ausbildung anzurechnen, ebenso wie Unterbrechungen, z. B. durch Krankheit, oder wegen Schwangerschaft, die den im Gesetz genannten zeitlichen Rahmen nicht überschreiten. Längere Krankheitsphasen oder sonstige Unterbrechungen werden dagegen nicht auf die Ausbildungsdauer angerechnet und können die Ausbildung mithin verlängern.

- Die Ausbildung ist so aufgebaut, dass sie aus **Unterricht** und **praktischer Ausbildung** besteht. Der Unterricht seinerseits ist in **theoretischen und praktischen Unterricht** untergliedert *(§ 4 Abs. 1 Satz 2 KrPflG)*.
- Der **Unterrichtsblock** hat einen Umfang von **2100 Stunden** und die **praktische Ausbildung** einen Umfang von insgesamt **2500 Stunden**.

Wenn Sie die bisherigen Informationen zur Ausbildung anhand des entsprechenden Gesetzestextes im Krankenpflegegesetz nachvollzogen haben, müsste sich Ihnen bei der letzten Aufzählung ein Problem gestellt haben: Wo steht das denn?

Das KrPflG selbst macht dazu keine Angaben. Es befasst sich nicht mit derartigen Detailfragen.

Aber die hierzu erlassene **Ausbildungs- und Prüfungsverordnung** für die Berufe der Krankenpflege (**KrPflAPrV**) regelt sie.

Sie enthält in *§ 1 Abs. 1 Satz 1* diese und weitere Angaben. Zur Aufteilung der Unterrichtsstunden etwa und vor allem eine dezidierte Aufstellung von Einzelthemen, die während der Ausbildung zu vermitteln sind, einschließlich der Zuordnung der Stundenzahlen.

Wichtig

> Das Zusammenspiel von Gesetz und (ausführender) Verordnung ist häufig und wird vom Gesetzgeber auch in anderen Regelungszusammenhängen bewusst so gestaltet.

An dieser Stelle ist als grundsätzliche Erkenntnis festzuhalten, dass ein Sachverhalt – vor allem, wenn es sich um eine komplexe Rechtsmaterie handelt – häufig nicht durch ein Gesetz allein abschließend geregelt ist.

Merksatz

Die vollständige gesetzliche Regelung eines Sachverhaltes erschließt sich meist erst durch die Zusammenschau mehrerer Normen!

Wichtig

> Es kommt oft vor, dass in einer Norm (einem Paragraphen) direkt auf eine andere Norm verwiesen wird. Das ist jedoch nicht zwingend immer so! In vielen Fällen findet sich der Hinweis darauf, dass eine andere Rechtsquelle zusätzlich zu berücksichtigen (oder auch gerade ausnahmsweise nicht zu berücksichtigen!) ist, an ganz anderer Stelle des Gesetzeswerks – häufig am Anfang oder aber in den Schlussbestimmungen, zuweilen aber auch regelrecht versteckt.

Beispiel: Dass etwa im Anwendungsbereich des KrPflG das Berufsbildungsgesetz keine Anwendung findet, steht – einigermaßen unscheinbar – in *§ 22 KrPflG*.

Hinweis: Häufig enthält ein Gesetz auch lediglich die sog. Ermächtigung, einen bestimmten Sachverhalt durch weitere Normen, also z.B. eine Verordnung näher zu regeln. In diesen Fällen muss man sich erst einmal Gewissheit darüber verschaffen, ob von dieser Ermächtigung tatsächlich Gebrauch gemacht wurde – mit anderen Worten: Ob es überhaupt eine weitere Rechtsquelle gibt.

Beispiel: *§ 8 KrPflG* ermächtigt die zuständigen Ministerien zum Erlass einer Ausbildungs- und Prüfungsverordnung für die Krankenpflege.

Einen Überblick über die sich aus der Zusammenschau von **KrPflG** und **KrPflAPrV** ergebenden Anforderungen an den Aufbau der Krankenpflegeausbildung gewährt nachstehendes Schaubild:

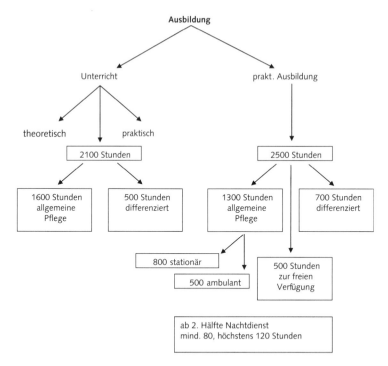

Mit dieser Regelung des Umfangs der Ausbildung ist europäischen Rechtsvorgaben Rechnung getragen worden.

Vgl. Europäisches Übereinkommen vom 25. Oktober 1967 über die theoretische und praktische Ausbildung von Krankenschwestern und Krankenpflegern (BGBl. II 1972, Seite 629 f.); Richtlinie 77/453/EWG des Rates vom 27. Juni 1977 zur Koordinierung von Rechts- und Verwaltungsvorschriften für die Tätigkeiten der Krankenschwestern und der Krankenpfleger, die für die allgemeine Pflege verantwortlich sind; Bericht und Empfehlung zur Ausbildung der für die allgemeine Pflege verantwortlichen Krankenschwestern und Krankenpfleger in der Europäischen Union (XV/E/9432/7/96-DE); Bericht und Empfehlung zur verlangten Fachkompetenz der für die allgemeine Pflege verantwortliche Krankenschwestern und Krankenpfleger in der Europäischen Union (XV/E/8481/4/97-DE) des beratenden Ausschusses für die Ausbildung in der Krankenpflege der Europäischen Kommission.

Da in dem Gesetz sowohl die Ausbildung zum Gesundheits- und Krankenpfleger/in als auch die zur **Ausbildung des Gesundheits- und der Kinderkrankenpfleger/in** geregelt ist, sehen die Ausbildungen einen **gemeinsamen Grundstock** für beide Bereiche vor und eine insgesamt **1200 Stunden** umfassende **Differenzierungsphase.**

1.2.4 Die Beteiligten der Ausbildung – Eine Übersicht

Merksatz

Die Ausbildung ist eine Ausbildung eigener Art mit verschiedenen Beteiligten. Neben dem Auszubildenden, der hier Schüler bzw. Schülerin heißt, gibt es einen Schulträger und einen Ausbildungsträger. Zudem gibt es noch Ausbildungsstätten, das sind diejenigen, bei denen die praktische Ausbildung stattfindet.

Die nachfolgende Grafik verdeutlicht, welche Beteiligten hier in rechtlicher und tatsächlicher Beziehungen zueinander stehen. Die geraden Linien kennzeichnen Vertragsbeziehungen, die gestrichelten verdeutlichen die Wissensvermittlung im Rahmen der Ausbildung.

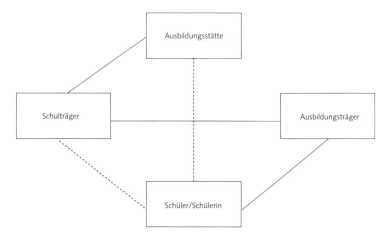

Die gesetzliche Ausgestaltung der Ausbildung im Detail erfolgt durch mehrere Vorschriften:

Ausbildungsträger
§ 9 KrPflG
§ 10 KrPflG
§ 12 KrPflG

- Mit dem **Ausbildungsträger** schließt der **Schüler** den **Ausbildungsvertrag**.

Wichtig

Der Ausbildungsträger hat die Pflicht, die Ausbildung so durchzuführen, dass das Ausbildungsziel in der vorgesehenen Ausbildungszeit erreicht werden kann *(§ 10 Abs. 1 Nr. 1 KrPflG)*. Er darf Schülerinnen und Schülern nur die Verrichtungen übertragen, die dem Ausbildungszweck und dem Ausbildungsstand entsprechen und sie physisch wie psychisch nicht überfordern *(§ 10 Abs. 2 KrPflG)*.

Dabei ist der Ausbildungsträger auch verpflichtet, den Schülerinnen und Schülern die **Ausbildungsmittel kostenlos** zur Verfügung zu stellen. *(§ 10 Abs. 1 Nr. 2 KrPflG).*

Selbstverständlich gehört es auch zu den Pflichten des Ausbildungsträgers, den Auszubildenden die vereinbarte Ausbildungsvergütung zu zahlen *(§ 12 Abs. 1 KrPflG).*

- Ausbildungsträger können öffentlich-rechtliche Körperschaften sein, aber auch private bzw. privatrechtlich organisierte Institutionen oder gemeinnützige Vereine.

Beispiele: Das Land Schleswig-Holstein, der Kreis Rendsburg-Eckernförde, die Stadt Flensburg, Zweckverbände, Wohlfahrtsverbände, DRK-Schwesternschaften.

Schulträger

§ 4 Abs. 2 S. 1, 2, 3 KrPflG

§ 4 Abs. 5 S. 1 KrPflG

§ 4 Abs. 5 S. 2 KrPflG,

§ 2 Abs. 3 KrPflAPrV

Wichtig

Vom Ausbildungsträger zu unterscheiden ist der Schulträger.

Wie bereits ausgeführt gliedert sich die Ausbildung in Unterrichte und eine praktische Ausbildung.

Die **Unterrichte** finden gem. *§ 4 Abs. 2 Satz 1 KrPflG* an staatlich anerkannten Schulen, an Krankenhäusern oder an staatlich anerkannten Schulen, die mit Krankenhäusern verbunden sind, statt.

Merksatz

Die **Schule** bzw. der Schulträger hat gem. *§ 4 Abs. 5 KrPflG* die **Gesamtverantwortung** für die Organisation und Koordination des theoretischen und praktischen Unterrichts wie auch der praktischen Ausbildung entsprechend dem Ausbildungsziel.

Hinweis: Die praktische Ausbildung wird unterstützt und beeinflusst durch die sog. **Praxisbegleitung.** Hierauf wird im weiteren Verlauf noch näher eingegangen.

- In *§ 4 Abs. 3 KrPflG* sind die **Voraussetzungen** für eine **staatliche Anerkennung** der Schule aufgeführt. Als gesetzliche Mindestanforderung ist dort bestimmt, dass
- die Schule einen **Leiter** haben muss, der **hauptberuflich** tätig und **fachlich qualifiziert** mit abgeschlossener Hochschulausbildung ist,
- eine ausreichende Anzahl an **fachlich und pädagogisch qualifizierten Lehrkräften** mit abgeschlossener Hochschulausbildung für den theoretischen und praktischen Unterricht zur Verfügung steht,
- die erforderlichen **Räume**, **Einrichtungen** und das Lehrmaterial und **Lehrmittel** zur Verfügung stehen und
- die Schule die praktische Ausbildung durch **Verträge mit geeigneten Ausbildungsstätten** sichergestellt hat.

Wichtig

> Durch eine **Übergangsvorschrift** in *§ 24 KrPflG* ist geregelt, dass **Schulen**, die vor In-Kraft-Treten des Gesetzes bereits anerkannt waren, auch **weiterhin anerkannt** sind.
>
> Dort wird auch bestimmt, dass vom Erfordernis eines Hochschulabschlusses für die Leitung und die Lehrkräfte unter bestimmten, dort näher genannten Voraussetzungen abgesehen werden kann.
>
> Hierdurch wird dem rechtsstaatlichen Vertrauensschutz Rechnung getragen. Denn nach altem Recht war ein Hochschulabschluss nicht nötig, sondern es reichte, wenn man eine Fortbildung zur Unterrichtsschwester oder zum Unterrichtspfleger hatte. Diese Personen konnten alleine oder gemeinsam mit Ärzten/-innen oder leitenden Pflegefachkräften eine Schule leiten.

Merksatz

Wer nach altem Recht Schulleitung sein durfte bzw. unterrichten durfte, soll dies auch in Zukunft tun können.

Zu den **Aufgaben der Schule** gehört auch, dass sie neben dem Unterricht die **Begleitung** der Schülerinnen und Schüler **in der Praxis**, d. h. in den Einrichtungen der praktischen Ausbildungen **sicherzustellen** hat.

Dabei haben die **Lehrkräfte** die Schülerinnen und Schüler sowie die für die Praxisanleitung zuständigen Fachkräfte zu **beraten** und auch regelmäßige **persönliche Anwesenheit sicherzustellen** *(§ 2 Abs. 3 KrPflAPrV)*.

> **Ausbildungsstätte**
>
> **§ 4 Abs. 2 S. 3 KrPflG**
>
> **§ 4 Abs. 5 S. 3 KrPflG**
>
> **§ 2 Abs. 1, 2 KrPflAPrV**
>
> **Anlage 1 Abschnitt B zu § 1 Abs. 1 KrPflAPrV**

Die **praktische Ausbildung** findet in den sog. **Ausbildungsstätten** statt.

Merksatz

Ausbildungsstätten können Krankenhäuser, ambulante Pflegeeinrichtungen sowie andere geeignete Einrichtungen insbesondere stationäre Pflege- oder Rehabilitationseinrichtungen sein. Aufgabe der Ausbildungsstätten ist es, die sog. **Praxisanleiter** zu stellen *(§ 4 Abs. 5 Satz 3 KrPflG)* und natürlich die praktische Ausbildung durchzuführen.

- Wie das im Einzelnen geschehen soll ist in der **Ausbildungs- und Prüfungsverordnung** näher dargelegt und zwar unter *§ 2 KrPflAPrV*:

Diese Regelung besagt in **Abs. 1**, dass während der praktischen Ausbildung **Kenntnisse und Fertigkeiten vermittelt** werden sollen, die zur Erreichung des Ausbildungsziels **erforderlich** sind.

Dabei muss den Schülerinnen und Schülern Gelegenheit gegeben werden, die im Unterricht erworbenen Kenntnisse zu vertiefen und zu lernen, sie auch in der Praxis anzuwenden.

Hinweis: Durch die Vorschrift wird also zwingend eine zeitliche Reihenfolge vorgegeben:
Die Kenntnisse sollen zuerst im Unterricht, d.h. durch die Schule, vermittelt werden. Erst danach wird in der praktischen Ausbildung das erworbene Wissen vertieft und praktisch angewandt. Das bedeutet in der Konsequenz, dass den Schülern in der Praxis keine Aufgaben übertragen werden dürfen, die sie in der Schule noch nicht gelernt haben!

Bei der praktischen Ausbildung ist ein angemessenes Verhältnis zwischen der Anzahl der Schüler und den Praxisanleitern sicherzustellen *(§ 2 Abs. 2 KrPflAPrV)*.

- Die praktische Ausbildung wird unterteilt in den **allgemeinen** und den **Differenzierungsbereich**:

Definition: Im Differenzierungsbereich werden die Inhalte vermittelt, die speziell die Bereiche der Erwachsenen- oder der Kinderkrankenpflege betreffen.

Die praktische Ausbildung findet **nicht** mehr **nur im kurativen Bereich**, sondern auch auf **rehabilitativen** und **palliativen** Gebieten statt.

Die **Ausbildungs- und Prüfungsverordnung** benennt darüber hinaus auch die verschiedenen **medizinische Gebiete**, in denen Kenntnisse erworben werden sollen.

Hinweis: Dabei kommt es aber nicht darauf an, dass die Schüler auf entsprechenden Stationen eingesetzt werden, sondern darauf, dass Patienten mit entsprechendem Krankheitsbild behandelt werden!

Wichtig

> Beachtenswert ist im praktischen Bereich zudem, dass zu einem erheblichen Anteil, nämlich **mindestens 500 Stunden, praktische Ausbildung** in der **ambulanten Versorgung** vorgesehen ist.

Der nachfolgenden Tabelle können Sie die nach der **KrPflAPrV** geforderten Stundenzahlen und Gebietszuordnungen entnehmen:

I.	Allgemeiner Bereich	Stundenzahl
1.	Gesundheits- und Krankenpflege von Menschen aller Altersgruppen in der stationären Versorgung in kurativen Gebieten in den Fächern Innere Medizin, Geriatrie, Neurologie, Chirurgie, Gynäkologie, Pädiatrie, Wochen- und Neugeborenenpflege sowie in mindestens zwei dieser Fächer in rehabilitativen und palliativen Gebieten	800
2.	Gesundheits- und Krankenpflege von Menschen aller Altersgruppen in der ambulanten Versorgung in präventiven, kurativen, rehabilitativen und palliativen Gebieten	500
II.	Differenzierungsbereich	
1.	Gesundheits- und Krankenpflege Stationäre Pflege in den Fächern Innere Medizin, Chirurgie, Psychiatrie	

I.	Allgemeiner Bereich	Stundenzahl
Oder		700
2.	Gesundheits- und Krankenpflege Stationäre Pflege in den Fächern Pädiatrie, Neonatologie, Kinderchirurgie, Neuropädiatrie, Kinder- und Jugendpsychiatrie	
III.	Zur Verteilung auf die Bereiche I. und II.	500

Praxisanleiter

Anstellung
§ 4 Abs. 5 S. 3 KrPflG

Unterstützung
§ 4 Abs. 5 S. 2 KrPflG
§ 2 Abs. 3 S. 2, 3 KrPflAPrV

Aufgaben
§ 10 Abs. 2 KrPflG
§ 2 Abs. 1, 2 KrPflAPrV
§ 4 Abs. 1 Nr. 4 KrPflAPrV
§ 15 Abs. 3 S. 1, 2 KrPflAPrV
§ 18 Abs. 2 KrPflAPrV

Qualifikation
§ 2 Abs. 2 S. 1, 4, 5, 6 KrPflAPrV

Die **praktische Ausbildung** der Schüler wird durch besondere Personen, die sog. Praxisanleiter, begleitet. Das ist von den **Ausbildungsstätten** sicher zu stellen *(§ 4 Abs. 5 Satz 3 KrPflG)*.

– Die Praxisbegleitung ist **Aufgabe der Schule** *(§ 4 Abs. 5 Satz 2 KrPflG und § 2 Abs. 3 Satz 1 KrPflAPrV)* und hat das Ziel, Praxisanleiter und Ausbildungsstätten zu unterstützen.

Die Praxisbegleitung erfolgt **durch Lehrkräfte der Schulen**, die auch eine **Betreuung vor Ort** gewährleisten müssen *(§ 2 Abs. 3 Satz 3 KrPflAPrV)*.

– Die **Kernaufgabe** der Praxisanleiter besteht darin, die Schüler und Schülerinnen an die beruflichen Aufgaben heranzuführen und die Verbindung zur Schule zu gewährleisten. Sie **organisieren** also die praktische Ausbildung.
– Darüber hinaus nehmen Praxisanleiter an den Prüfungen teil *(§ 4 Abs. 1 Nr. 4, § 15 Abs. 3 Satz 1 und 2, § 15 Abs. 2 KrPflAPrV)*.

Merksatz

Praxisanleiter kann werden, wer **geeignet** ist. Geeignet sind **examinierte Krankenpflegekräfte**, die eine **Berufserfahrung** von mindestens einem Jahr haben sowie eine **berufspädagogische Zusatzqualifikation** im Umfang von mindestens 200 Stunden.

Hinweis: Falls die Ausbildung in Einrichtungen nach *§ 71 SGB XI* stattfindet (das sind Pflegeeinrichtungen, die von der Pflegeversicherung zugelassen sind), kann Praxisanleiter auch eine examinierter Altenpfleger bzw. eine Altenpflegerin sein, mit mindestens 2-jähriger Berufserfahrung in der Altenpflege und der Fähigkeit zur Praxisanleitung, die in der Regel durch eine berufspädagogische Fortbildung oder Weiterbildung nachzuweisen ist *(§ 2 Abs. 2 Satz 6 KrPflAPrV i.V.m. § 2 Abs. 2 Satz 2 der AltPflAPrV)*.

Die Praxisanleiter sind damit die **direkten Ansprechpartner** der Schülerinnen und Schüler während der praktischen Ausbildungszeit und halten den Kontakt zur Schule, die die Gesamtverantwortung für die Ausbildung hat. Dadurch wird eine Verknüpfung zwischen schulischen und praktischen Teilen sichergestellt, die notwendig ist, um dem Ausbildungsverlauf gerecht zu werden.

Das Zusammenwirken der verschiedenen Beteiligten bei der Ausbildung lässt sich durch die nachfolgende Grafik veranschaulichen:

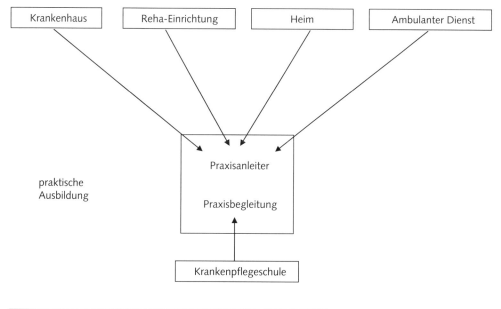

Voraussetzung für den **Zugang zur Ausbildung** ist gem. *§ 5 KrPflG*, dass der Bewerber oder die Bewerberin **gesundheitlich geeignet** ist und einen **Realschulabschluss** hat.

Wenn nur ein **Hauptschulabschluss** besteht, kann die Ausbildung trotzdem angetreten werden, wenn darüber hinaus eine erfolgreich abgeschlossene Berufsausbildung von mindestens 2 Jahren besteht oder eine erfolgreich abgeschlossene Ausbildung von mindestens einjähriger Dauer in der Alten- oder Krankenpflegehilfe.

Wichtig

> Das Erfordernis eines Mindestalters, wie es in den früheren Gesetzen vorgesehen war, besteht mittlerweile nicht mehr.

- Die **Pflichten** des Schülers bzw. der Schülerinnen ergeben sich aus *§ 11 KrPflG*.

Oberstes Ziel ist danach, dass der Schüler bzw. die Schülerin sich bemühen muss, die erforderliche Kompetenz zu erwerben, um das Ausbildungsziel erreichen zu können.

Hierzu muss sie/er vor allem an den Ausbildungsveranstaltungen **teilnehmen**, die übertragenen **Aufgaben** sorgfältig **ausführen** und die **Schweigepflichten** einhalten.

1.2.5 Der Ausbildungsvertrag

Vor der Ausbildung ist ein Ausbildungsvertrag abzuschließen. Soweit der Schüler **bei Antreten** der Ausbildung noch **minderjährig** ist, muss der Vertrag von den **gesetzlichen Vertretern** unterzeichnet werden *(§ 9 Abs. 3 KrPflG)*.

Der Ausbildungsvertrag ist gem. *§ 9 Abs. 1 KrPflG* zwischen dem Ausbildungsträger und dem Schüler bzw. der Schülerin **schriftlich** zu schließen.

- Er hat einen bestimmten Mindestinhalt, den *§ 9 Abs. 2 KrPflG* im Einzelnen benennt.

Hierzu zählen insbesondere die **Bezeichnung der Ausbildung, Beginn und Dauer** der Ausbildung, Angaben zum **Inhalt** und zur zeitlichen **Gliederung** der **praktischen Ausbildung**, die Dauer der täglichen und wöchentlichen **Ausbildungszeit**, die Dauer der **Probezeit**, Angaben zum **Urlaub**, zur **Vergütung** und zur **Beendigung** des Vertrages.
- Die Ausbildung **beginnt** gem. *§ 13 KrPflG* mit einer **Probezeit** von 6 Monaten.

Wichtig

> Während dieser Probezeit kann das Ausbildungsverhältnis von jedem Vertragspartner jederzeit ohne Einhaltung einer Kündigungsfrist gekündigt werden *(§ 15 Abs. 1 KrPflG)*.

Nach dem Ende der Probezeit kann das Ausbildungsverhältnis **vom Schüler** mit einer **Frist** von **4 Wochen** gekündigt werden.

Wichtig

> Eine ordentliche Kündigung **für den Ausbildungsträger** ist ab diesem Zeitpunkt **nicht mehr** möglich!

Dem Ausbildungsträger bleibt **nur noch** eine **fristlose** Kündigung. Diese setzt allerdings voraus, dass es dafür einen **wichtigen Grund** gibt.

Was ein wichtiger Grund ist, ist durch das Krankenpflegegesetz nicht näher definiert, sodass auf den allgemeinen juristischen Sprachgebrauch zurückzugreifen ist:

Definition: Unter dem Tatbestandsmerkmal „wichtiger Grund" sind (nur) solche Umstände zu verstehen, die so schwer wiegen, dass dem Vertragspartner ein Festhalten am Vertrag bis zum Vertragsende

– durch Fristablauf oder
– ordentliche Kündigung
– nicht zumutbar ist.

Beispiel: Dies könnte z.B. der Fall sein, wenn eine Schülerin Straftaten begeht oder z.B. die Patienten vorsätzlich oder grob fahrlässig gefährdet. Auch wenn ein Schüler sich grob falsch verhält und als nicht mehr zuverlässig im Sinne des Gesetzes anzusehen ist oder erkrankt und aus gesundheitlichen Gründen nicht mehr in der Lage ist, die Ausbildung bzw. den Beruf auszuüben, kann aus wichtigem Grund gekündigt werden.

• Jede Kündigung muss **schriftlich** erfolgen und bei einer **fristlosen** Kündigung ist zudem der **Kündigungsgrund** anzugeben *(§ 15 Abs. 3 KrPflG).*

Darüber hinaus ist bei fristlosen Kündigungen zu beachten, dass ebenso wie bei sonstigen Dienstverhältnissen die fristlose Kündigung nur **binnen zwei Wochen nach Kenntnis** des wichtigen Grundes zulässig ist *(§ 15 Abs. 4 KrPflG).*

Wichtig

Sofern das **Ausbildungsverhältnis** nicht durch Kündigung beendet wird, **endet** es regelmäßig mit dem **Ende der Ausbildungszeit**. Es kann aber auch **vorzeitig** enden, nämlich mit Ablegen der **Prüfung**, wenn zu diesem Zeitpunkt schon die vorgeschriebenen 4600 **Ausbildungsstunden** vollständig **erbracht** worden sind *(§ 14 Abs. 1 KrPflG).*

Sollte ein Schüler die **Prüfung nicht bestehen oder** gar nicht erst **ablegen** können, **ohne** dass ihn hieran ein **Verschulden** trifft, so **verlängert** sich auf seinen **Antrag** hin das Ausbildungsverhältnis bis zum **nächstmöglichen Wiederholungsversuch**, längstens jedoch um ein Jahr *(§ 14 Abs. 2 KrPflG).*

Schließlich enthält das Krankenpflegegesetz auch noch eine Bestimmung für Fälle der Weiterbeschäftigung nach Ende des Ausbildungsverhältnisses. In diesem Fall gilt ein Arbeitsverhältnis auf unbestimmte Zeit begründet, wenn nichts anderweitiges vereinbart wurde *(§ 16 KrPflG).*

Hinweis: Eine solche anderweitige Vereinbarung kann z.B. auch in einer befristeten Weiterbeschäftigung liegen. Diese muss allerdings stets schriftlich erfolgen, da die Vereinbarung der Befristung eines Arbeitsverhältnisses ebenfalls schriftformbedürftig ist *(§ 14 Abs. 4 Teilzeit- und Befristungsgesetz).*

2 Das Berufsrecht der Altenpflege

2.1 Aus der Geschichte

Die Altenpflege war seit je her **von der Krankenpflege getrennt**. Dies wirkte sich bis hin zur Gesetzgebung aus:

• Die Krankenpflege wurde herkömmlich als Heilberuf verstanden. Die Gesetzgebungskompetenz für diesen Bereich lag beim Bund. Anders war es bei der Altenpflege. Sie wurde **in der Vergangenheit** als **Ländersache** behandelt. Dies hatte auch historische Gründe.

Wir werfen zum Einstieg zunächst einen kurzen Blick auf die Entwicklung der Altenpflege in Deutschland in der jüngeren Vergangenheit:

– In den **50er Jahren** des 20. Jahrhunderts gab es zunächst Lehrgänge für Frauen für die Pflege in sog. Alten- und Siechenheimen.
Es kamen in dieser Zeit **erste einrichtungsinterne Ausbildungen** auf bei kirchlichen Trägern oder Schwesternschaften.
– In den **60er Jahren** wurde dann ein **erstes Ausbildungskonzept für die Altenpflege** entworfen, das 46 Unterrichtswochen vorsah mit insgesamt 2070 Unterrichtsstunden. Die Inhalte sollten von den Ländern in Ausbildungs- und Prüfungsverordnungen festgelegt werden.
– Zwischen **1970** und **1980** **vereinheitlichte** sich die **Ausbildung** und wurde in fast allen Bundesländern als zweijährige Ausbildung angeboten.

> *Zu dieser Zeit wurde auch der Deutsche Berufsverband für Altenpflege gegründet. Dieser machte sich für die Belange der Altenpflege stark und arbeitete an der Entwicklung eines Berufsbildes und einer Erweiterung des Ausbildungskonzeptes.*

– In den **80er Jahren** wurde eine **Rahmenvereinbarung** über die Ausbildung getroffen und manche Bundesländer (z. B. Baden-Württemberg und Hamburg) weiteten die Ausbildung zu einer dreijährigen aus.

Hinweis: Die zunehmende Bedeutung und Anerkennung des Berufes zeigte sich auch darin, dass die Altenpfleger in den seinerzeitigen Vergütungstarifvertrag des Öffentlichen Dienstes, dem Bundesangestelltentarifvertrag (BAT) einbezogen wurden.

In den **90er Jahren** gab es noch eine **Novellierung der Ausbildungs- und Prüfungsverordnungen** in einigen Bundesländern, bevor dann im Jahr **2000** eine **bundesweite Regelung** erfolgte: Das Altenpflegegesetz.

2.2 Das Altenpflegegesetz

Bereits seit Mitte der 1980er-Jahre wurde auch im Bereich der Altenpflege eine Neuordnung und Vereinheitlichung politisch diskutiert. Die tatsächliche Umsetzung durch ein von Bundestag beschlossenes Gesetz dauerte dann allerdings noch eine ganze Weile.

• Die **bundesweite Vereinheitlichung** wurde erstmals mit dem **Gesetz über die Berufe in der Altenpflege** vom 17. Oktober **2000** erreicht.

Das Gesetz trat jedoch zunächst nicht in Kraft, sondern wurde erst noch vom Bundesverfassungsgericht (BVerfG) auf seine Verfassungsgemäßheit hin überprüft.

> *Diese wurde angezweifelt, weil einige Länder meinten, dass für die Gesetzgebung im Bereich der Altenpflege nicht der Bund, sondern die Länder zuständig sind.*

Der Streit wurde durch das **Bundesverfassungsgericht** mit **Urteil vom 24.10.2002** *(BGBl. I 2002, S. 4410)* entschieden:
Das BVerfG hat in dieser Grundsatzentscheidung den **Altenpflegeberuf als Heilberuf eingestuft**, was die Gesetzgebungskompetenz des

Bundes begründete. Somit war das Gesetz verfassungsgemäß zu Stande gekommen.

- Diese Einschätzung der Verfassungsrichter galt allerdings nur für die Ausbildung zum Altenpfleger bzw. zur Altenpflegerin und **nicht für den Beruf des Altenpflegehelfers/der Altenpflegehelferin**.

Da diese Berufsgruppe nicht unter die Heilberufe fällt, sind für entsprechende Gesetze die Länder zuständig. Aus diesem Grunde wurden die Regelungen in dem Gesetz, die sich mit der Ausbildung der Altenpflegehelfer befaßten, für verfassungswidrig und damit nichtig erklärt.

Das Altenpflegegesetz wurde in der Folge entsprechend bereinigt und im August 2003 neugefasst.
Die **Altenpflegehelferausbildung** ist **hierin nicht mehr geregelt**, sondern bleibt den einzelnen Ländern überlassen.

Hinweis: Entsprechendes gilt übrigens auch für die Krankenpflegehelferausbildung!

Die derzeitige Fassung des Gesetzes stammt aus dem Jahr **2003** *(BGBl. I 2003, S. 1690)*. Sie wurde am 04.09.2003 verkündet, ist **seit dem 01.08.2003 in Kraft** und wurde zuletzt durch *Art. 10 des Gesetzes vom 16.07.2015 (BGBl. I S. 1211)* geändert.

Hinweis: Erinnern Sie sich noch an das im 1. Kapitel im Zusammenhang mit den Erläuterungen zum geschriebenen Recht vorgestellte Prinzip, dass nachrangiges Recht nicht gegen höherrangiges Recht verstoßen darf („Normpyramide")? Dies hier ist ein gutes praktisches Beispiel:
Die Vorschriften über die Gesetzgebungskompetenzen von Bund und Ländern sind im Grundgesetz verankert, also Verfassungsrecht und stellen damit gegenüber dem „einfachen" Gesetzesrecht zu beachtendes höherrangiges Recht dar. Ein Altenpflegegesetz, das mit seinen Bestimmungen in Bereiche eingreift, deren Regelung den Ländern vorbehalten ist, verstößt gegen höherrangiges Recht.

Die erwähnte Entscheidung des Bundesverfassungsgerichts befasst sich aus Anlass der grundsätzlich zu entscheidenden Frage, ob die Altenpflege ein Heilberuf ist, sehr umfassend mit den rechtlichen und tatsächlichen Rahmenbedingungen, unter denen Pflege erbracht wird. Anhand der dortigen Ausführungen lässt sich exemplarisch auch sehr gut nachvollziehen, wie bei der Gewinnung juristischer „Ergebnisse" Normen zueinander in Beziehung gesetzt und interpretiert werden.

Hinweis: Die Entscheidung des **BVerfG zum Altenpflegegesetz** (Urteil vom 24.10.2002, Az. 2 BvF 1/01) finden Sie wie alle ab 1998 veröffentlichte Entscheidungen des BVerfG im Internet am einfachsten auf der gerichtseigenen Internetseite: www.bundesverfassungsgericht.de
Unter dem Menüpunkt „Entscheidungen" haben Sie die Möglichkeit, eine Entscheidung durch Eingabe von Suchbegriffen – wie etwa Aktenzeichen oder einem Stichwort – gezielt zu recherchieren.

Wichtig

> Das Berufsrecht der Altenpflege steht vor weitreichenden Änderungen. Diese werden aus inhaltlichen und didaktischen Gründen unter Nr. 5 behandelt.

2.3 Die Struktur der Ausbildung

Im Rahmen der Ausführungen zu Aufbau und Inhalten der Kranken-pflegeausbildung im Abschnitt 1 dieses Kapitels haben Sie exemplarisch nachvollziehen können, wie man sich anhand des Gesetzestextes Rechts-vorschriften und Normzusammenhänge erschließt.

Wir wollen uns nun mit Hilfe grafischer Darstellungen die Ausbildungs-regelungen und die Ausbildungsstruktur in der Altenpflege verdeutlichen. Die entsprechenden gesetzlichen Regelungen sind ähnlich aufgebaut wie in der Krankenpflege.

Sehen wir uns nun die Ausbildung im Einzelnen an:

Die Ausbildung in der Altenpflege

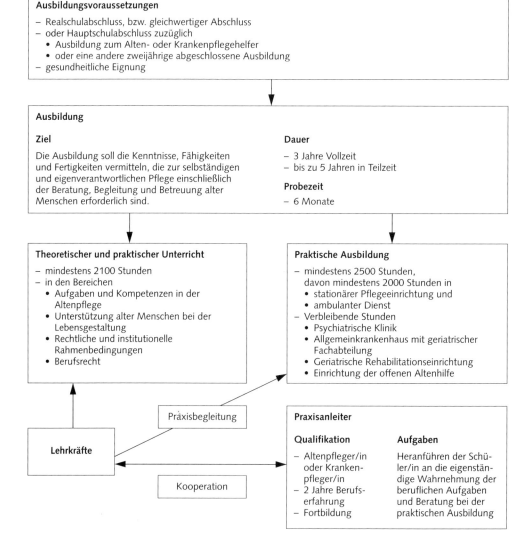

Ausbildungsvoraussetzungen

– Realschulabschluss, bzw. gleichwertiger Abschluss
– oder Hauptschulabschluss zuzüglich
  • Ausbildung zum Alten- oder Krankenpflegehelfer
  • oder eine andere zweijährige abgeschlossene Ausbildung
– gesundheitliche Eignung

Ausbildung

Ziel

Die Ausbildung soll die Kenntnisse, Fähigkeiten und Fertigkeiten vermitteln, die zur selbständigen und eigenverantwortlichen Pflege einschließlich der Beratung, Begleitung und Betreuung alter Menschen erforderlich sind.

Dauer

– 3 Jahre Vollzeit
– bis zu 5 Jahren in Teilzeit

Probezeit

– 6 Monate

Theoretischer und praktischer Unterricht

– mindestens 2100 Stunden
– in den Bereichen
  • Aufgaben und Kompetenzen in der Altenpflege
  • Unterstützung alter Menschen bei der Lebensgestaltung
  • Rechtliche und institutionelle Rahmenbedingungen
  • Berufsrecht

Praktische Ausbildung

– mindestens 2500 Stunden, davon mindestens 2000 Stunden in
  • stationärer Pflegeeinrichtung und
  • ambulanter Dienst
– Verbleibende Stunden
  • Psychiatrische Klinik
  • Allgemeinkrankenhaus mit geriatrischer Fachabteilung
  • Geriatrische Rehabilitationseinrichtung
  • Einrichtung der offenen Altenhilfe

Praxisbegleitung

Lehrkräfte

Kooperation

Praxisanleiter

Qualifikation

– Altenpfleger/in oder Kranken-pfleger/in
– 2 Jahre Berufs-erfahrung
– Fortbildung

Aufgaben

Heranführen der Schü-ler/in an die eigenstän-dige Wahrnehmung der beruflichen Aufgaben und Beratung bei der praktischen Ausbildung

Hinweis: Unter www.gesetze-im-internet.de finden Sie den aktuellen Text des Altenpflegegesetzes **(AltPflG)** und der Altenpflegeausbildungs- und Prüfungsverordnung **(AltPflAPrV)**.

Unter dem Menüpunkt *„Gesetze und Verordnungen"* können Sie eine alphabetische Sortierung aufrufen. Unter „A" werden alle Gesetze und Verordnungen mit diesem Anfangsbuchstaben aufgelistet. Alternativ können Sie unter dem Menüpunkt *„Titelsuche"* die Bezeichnung des gesuchten Gesetzes eingeben.

Übrigens: Für die Suche nach Gesetzen, die zu einem (oder mehreren) beliebigen Stichwort(en) passen, können Sie den Menüpunkt *„Volltextsuche"* nutzen.

Zur Offline-Nutzung können Sie den gesamten Text von AltPflG und AltPflAPrV auch im pdf-Format downloaden, z. B. unter http://bundesrecht.juris.de.

Rechtliche Strukturen der Ausbildung in der Altenpflege

3 Die Zusammenarbeit der Gesundheitsberufe, insbesondere mit Ärzten

3.1 Abgrenzung der pflegerischen Berufsgruppen untereinander

Die pflegerische Arbeit und allgemein die Tätigkeit im Gesundheitswesen sind geprägt von **Arbeitsteilung**.

Dabei müssen die Möglichkeiten und Grenzen der Zusammenarbeit in und zwischen den Berufsgruppen beachtet werden und **es bedarf klarer Abgrenzungen** im Zusammenwirken, damit Pflegebedürftige und Patienten durch die Zusammenarbeit nicht zusätzlichen Risiken ausgesetzt sind.

3.1.1 Klare Zuständigkeiten in der Kranken- und Altenpflege?

Wie bereits dargestellt, sind weder im KrPflG noch im AltPflG bestimmte Tätigkeiten für die jeweiligen Berufsgruppen vorgeschrieben oder festgelegt. Das KrPflG grenzt im Detail nicht einmal die Krankenpflege von der Kinderkrankenpflege ab.

Nur **durch** die **Ausbildungsinhalte** und **-anforderungen** kann man **mittelbar Grenzen** herleiten, wobei sich diese auch nur zum Teil unterscheiden.

Andere Vorschriften, etwa die noch zu erörternden heimrechtlichen Regelungen oder Vorschriften des SGB V nebst ergänzenden Regelungen, enthalten zwar weitere Vorgaben, jedoch nur zu einzelnen Punkten.

Eine genaue Abgrenzung der Berufe oder Zuständigkeitszuteilung enthalten auch sie ebenfalls nicht.

Merksatz

Letztlich darf daher sowohl eine Altenpflegekraft auch Krankenpflege betreiben wie auch Kinderkrankenpflegekräfte nicht von der Erwachsenenpflege ausgeschlossen sind.

Auch in der Praxis, in der z.B. im Altenpflegeheim Kranken- und Altenpflegekräfte ebenso zusammenarbeiten wie auf Stationen der Geburtshilfe im Krankenhaus Kranken- und Kinderkrankenpflegekräfte, gibt es **keine klaren Abgrenzungen**.

Praktisch ergeben sich zwar durchaus Schwerpunkttätigkeiten aber keine Vorbehaltsaufgaben für die einzelnen Pflegeberufe.

Dem steht auch das Haftungsrecht nicht entgegen, insbesondere verbietet es die Übernahme von Aufgaben anderer pflegerischer Berufsgruppen nicht.

Wichtig

> **Haftungsrechtlich** von Bedeutung ist dies bei der Frage, ob ein **Verstoß** gegen oder die **Verletzung** von **(Sorgfalts-) Pflichten** vorliegt.

Zur Beurteilung dieser Frage kommt es wesentlich auf die **Fähigkeiten** und die **Eignung** der Pflegekraft an, die einen Schaden verursacht hat. Diese beurteilen sich aber nicht allein nach der erworbenen Berufsbezeichnung bzw. dem Berufsrecht.

Vielmehr ist zwischen der sog. **formalen** und **materiellen Qualifikation** zu unterscheiden:

Merksatz

Die **formale Qualifikation** richtet sich nach der staatlich anerkannten Ausbildung bzw. dem Abschluss, den der oder die Betreffende erworben hat.

Dabei kann normalerweise davon ausgegangen werden, dass mit Bestehen der Prüfung und Zulassung zu einem Beruf die in den Ausbildungs- und Prüfungsordnungen festgelegten fachlichen Fähigkeiten und Kompetenzen erworben wurden.

Merksatz

Als **materielle Qualifikation** bezeichnet man dagegen die tatsächlich vorhandene Qualifikation, die sowohl von der einzelnen Pflegekraft, als auch von der jeweiligen Situation abhängt.

Beispiel: Eine Krankenpflegerin, die vor 20 Jahren ihre Ausbildung absolviert hat, danach zwei Jahre in ihrem Beruf gearbeitet hat und anschließend 18 Jahre nicht erwerbstätig war, weil sie ihre Kinder erzogen hat, hat bei Wiedereintritt in den Beruf zwar die formale Qualifikation für die Arbeit in der Krankenpflege. An der materiellen Qualifikation kann es aufgrund der langen Pause aber fehlen.

Auch durch das **Haftungsrecht** werden den Berufsgruppen also **weder** klare **Grenzen** noch vorbehaltene **Tätigkeiten** zugewiesen.

Merksatz

Es gibt keine Aufgaben, die nach den rechtlichen Vorgaben generell dem einen oder anderen pflegerischen Beruf zugewiesen sind und nur von Alten- oder nur von Kranken- oder Kinderkrankenpflegern durchführt werden dürfen.

3.1.2 Die Grenzen der Tätigkeit von Pflegehilfskräften

Anders sieht die Situation in der Zusammenarbeit zwischen 3-jährig **examinierten** Pflegefachkräften und Kranken- oder Altenpflegehelfern und anderen **Pflegehilfskräften** aus. Die Arbeitsteilung ist hier eher **abzugrenzen**.

Das **Berufsrecht** ist allerdings inzwischen **nicht** mehr ganz so **eindeutig**, weil es abgesehen von Personalregelungen im Heimrecht der Länder, die Pflegehilfskräfte nicht als Fachkräfte einstuft und es keine einheitlichen Regelungen für die Alten- und Krankenpflegehelfer mehr gibt.

Die **Ausbildungen** zum/zur Alten- oder Krankenpflegehelfer/in sind nämlich **nicht mehr** in den **bundeseinheitlich** geltenden KrPflG und AltenPflG **geregelt**, sondern auf Länderebene. Daher kann es in jedem Bundesland unterschiedliche Anforderungen und Ausbildungsinhalte geben. Das gilt inzwischen im Detail auch für das Heimrecht, wofür die Bundesländer ebenfalls die Kompetenz bekommen haben.

Gleichwohl gibt es **aufgrund** der **Rechtsprechung** eine nachvollziehbare **Abgrenzung** der Tätigkeitsfelder.

Exkurs

An dieser Stelle soll noch einmal auf die Bedeutung von Gerichtsentscheidungen hingewiesen werden. Gerichte klären Auslegungs- und Zweifelsfragen im Einzelfall und bisweilen auch grundsätzlich.

Vor allem die Entscheidungen der obersten Gerichte sind von Bedeutung. Denn sie enthalten Ausführungen oder Grundsätze, die den jeweiligen Rechtsbereich prägen, bisweilen ohne und manchmal sogar gegen den Wortlaut geschriebenen Rechts.

Letzteres nennt man die sog. **richterliche Rechtsfortbildung**, die zwar aus Anlass und zur Klärung eines konkreten Problems erfolgt, aber darüber hinaus als Rechtsgrundsatz allgemeine Gültigkeit beansprucht.

Es ist daher hilfreich und manchmal erforderlich, sich die einschlägigen Gerichtsurteile zu einem Rechtsbereich anzusehen.

Beispiel: Wenn Sie z. B. herausfinden wollen, ob Ihre Bemühungen in einem Heim ausreichen, um die Bewohner vor Stürzen zu bewahren, können Sie dies anhand der Rechtsprechung zu dieser Problematik bewerten (so etwa in den Entscheidungen des Bundesgerichtshofs vom 28.04.2005 – III ZR 399/04 – und vom 14.07.2005 – III ZR 391/04 –).

Beispiel: Ob der Zeitaufwand für das Begleiten eines pflegebedürftigen Kindes zur Frühförderung bei der Ermittlung des Hilfebedarfes nach dem Pflegeversicherungsgesetz berücksichtigungsfähig ist, können Sie dem Pflegeversicherungsgesetz nicht direkt entnehmen. Die Rechtsprechung hat diese Lücken gefüllt und entschieden, dass dies nicht der Fall ist (-> Bundessozialgericht, Urteil vom 26.11.1998 – Az.: B 3 P 20/97 R).

Aber wie finden Sie die einschlägigen Gerichtsentscheidungen?

Die für Ihren Arbeitsbereich wichtigen Entscheidungen sind in den Fachzeitschriften veröffentlicht. Beispielhaft zu nennen sind im Pflegebereich die Zeitschriften

– Pflege- und Krankenhausrecht
– Pflegerecht
– Führen und Wirtschaften
– Das Altenheim
– Pflege ambulant
– und Häusliche Pflege.

Wenn Sie dort nach Urteilen suchen, empfiehlt es sich, in den Jahresregistern nach einschlägigen Stichworten zu schauen, die dann auf Fundstellen hinweisen.

Hinweis: Der **Vorteil** der Rechtsprechungsrecherche in Zeitschriften liegt zum einen darin, dass **nicht nur höchstrichterliche Entscheidungen** aufgeführt werden, sondern auch solche der ersten und zweiten Instanz. Zum anderen – und dies ist besonders hilfreich – werden die **Entscheidungen** für den Leser in der Regel **aufbereitet**. D.h., sie werden wiedergegeben und kommentiert oder erläutert.

Eine Alternative zu der Zeitschriftenrecherche bietet – wie wir bereits gesehen haben – das **Internet**.

Es ermöglicht einen sehr viel **schnelleren** und **umfassenderen Zugang** zur Rechtsprechung, allerdings mit dem **Nachteil**, dass Sie die Urteile **selbst finden** müssen und diese in der Regel auch **nicht aufbereitet** sind.

Ein erster und einfacher Weg zur Entscheidungsfindung ist die Stichwortsuche über eine der gängigen Suchmaschinen, etwa „Google", „Yahoo" oder „bing" – um nur einige der bekanntesten zu nennen.

Dieser Weg birgt jedoch auch Tücken: Wenn Sie – wie die meisten Nutzer – nicht so gut mit den syntaktischen „Spielregeln" für die effektive Gestaltung einer detaillierten Suchanfrage vertraut sind, erhalten Sie im ungünstigen Fall eine sehr hohe Menge an größtenteils völlig unbrauchbaren, da irrelevanten Treffern angezeigt, durch die Sie sich erst mühevoll „durchkämpfen" müssen.

Will man dies vermeiden, bietet sich die Nutzung von Rechtsprechungsdatenbanken an. Nachteil ist hierbei allerdings, dass die Nutzung guter, aktueller und einigermaßen vollständiger Angebote meist kostenpflichtig ist, zumal, wenn es sich um eine spezielle Materie handelt.

Es gibt allerdings auch Angebote, bei denen zwar der Abruf eines gefundenen Urteils kostenpflichtig ist, mit denen sich jedoch uneingeschränkt recherchieren lässt. Dies kann für einen ersten Überblick, ob es zu einer bestimmten Problematik bereits gerichtliche Entscheidungen gibt, durchaus von Nutzen sein. Beispiele sind:

– juris
– Deutsche Rechtsprechung Online (via Deubner-Verlag)

Es gibt allerdings auch einige – teilweise recht gut nutzbare – kostenlose Möglichkeiten. Als Beispiele lassen sich etwa nennen:

– Jurion.de
– Judicialis
– MedizinRecht.de
– Lexetius

Und inzwischen finden Sie zunehmend auch auf den Internetseiten von Instanzgerichten Sammlungen eigener Entscheidungen. Diese sind allerdings häufig nicht vollständig und leider ebenso oft auch noch nicht regelmäßig veröffentlicht.

Die neuere höchstrichterliche Rechtsprechung, d.h. die Rechtsprechung der Bundesgerichte, ist im Volltext etwa ab dem Jahr 2000 auf den jeweiligen Homepages der Gerichte veröffentlicht. Sie wird auch meistens recht zeitnah nach Verkündung der Entscheidung publiziert.

Entsprechende Entscheidungssammlungen gibt es z.B. für

– das Bundesverfassungsgericht (BVerfG)
– den Bundesgerichtshof (BGH)
– das Bundessozialgericht (BSG)
– das Bundesarbeitsgericht (BAG)
– das Bundesverwaltungsgericht (BVerwG)
– den Bundesfinanzhof (BFH)

und auch für

– den Europäischen Gerichtshof (EuGH)

Um Urteile zu recherchieren, klicken Sie im Menü auf den Eintrag *„Entscheidungen"* oder *„Entscheidungstexte"*. Dann werden Sie zu einer Suchmaske weitergeleitet. Hier können Sie Datum, Aktenzeichen oder Stichworte eingeben und werden darauf hin (hoffentlich) fündig.

Hinweis: Sollte es Hinweise auf Pressemitteilungen geben, lesen Sie diese am besten als Erstes. Sie sind eine Kurzdarstellung und Zusammenfassung des Urteils und viel einfacher zu verstehen.

Auf manchen Gerichtsseiten können Sie direkt *„Pressemitteilungen"* anklicken und über eine Suchmaske suchen. Zum Teil finden Sie die Pressemitteilungen aber auch unter der Rubrik *„Öffentlichkeitsarbeit"* oder *„Presse"*.

Kommen wir nun aber noch einmal zurück zur Abgrenzung der Zuständigkeiten zwischen examiniertem und nicht examiniertem Pflegepersonal.

Die Rechtsprechung hat hier in der Vergangenheit deutliche Grenzen gezogen:

So hat das **Bundesarbeitsgericht** *(Urteile vom 02.09.1983 in: DKZ 1984, S. 704 und vom 05.03.1997, Az. 4 AZR 392/95)* bereits vor geraumer Zeit entschieden, dass **Krankenpflegehelfer** den Krankenschwestern und -pflegern lediglich zur Seite stehen (und deshalb nicht etwa die gleiche Eingruppierung verlangen können).

Das **Landesarbeitsgericht** (LAG) **Bremen** *(Entscheidung vom 13.08.1999, Pflegerecht 2000, S. 19 ff.)* wiederum hat festgestellt, dass bei Krankenpflegehelfern gewichtige *„**Differenzen in der Qualifikation**, der **Zuständigkeit** im Pflegedienst und der **Verantwortung bestehen**"* und diese *„z. B. weder als Schichtführung noch als alleinverantwortliche Nachtwache eingesetzt werden"* können.

Und der **Bundesgerichtshof** (BGH) *(Urteil vom 08.05.1979, Az. VI ZR 58/78)* hat bei einer durch eine Krankenpflegehelferin vorgenommenen i.m. Injektion, die zu einer sog. Spritzenlähmung führte, Schadensersatzansprüche des Patienten bejaht.

Der BGH hatte nicht erkennen können, dass i.m. Injektionen generell zum Aufgabenbereich der Krankenpflegehelfer gehören und verlangt, dass allenfalls über das übliche Maß hinaus besonders qualifizierte und erfahrene Krankenpflegehelfer damit betraut werden dürfen.

Merksatz

Krankenpflegehelfer können kaum eigenständig und alleinverantwortlich in der Pflege eingesetzt werden und sind nur für einige Pflegetätigkeiten zumeist im Bereich der allgemeinen Pflege (Grundpflege) qualifiziert.

3.2 Die Zusammenarbeit mit anderen nichtärztlichen Berufsgruppen

Die Versorgung von Patienten und Pflegebedürftigen erfolgt nicht allein durch Pflegekräfte. Auch hier erfolgt ein **arbeitsteiliges Vorgehen**, z.B. mit technischen Gesundheitsassistenten also den Medizinisch-Technische-Assistenten (MTAs), Medizinisch-technischen-Radiologieassistent (RTAs) sowie mit Hebammen, Physiotherapeuten, Arzthelferinnen, usw.

Diese **nichtärztlichen** Gesundheitsberufe arbeiten ebenfalls auf Grundlage **berufsgesetzlicher** Regelungen, wobei sich ihre Tätigkeitsfelder entweder aus den Ausbildungszielen ableiten lassen oder **ausdrücklich** geregelt sind:

So sind z.B. den **Hebammen** und **Entbindungspflegern** gesetzlich bestimmte **Aufgaben** und Tätigkeiten der Geburtshilfe **vorbehalten**.

Medizinisch-technische Leistungen und **Arbeiten**, die **gefährlich** sind oder sein können und auch Tätigkeiten bei der Anwendung von bestimmten Strahlungen obliegen allein den entsprechend qualifizierten Mitarbeitern der **technischen Assistenzberufe**.

Die **Vorbehaltsaufgaben** von Berufsgruppen sind grundsätzlich bei der Zusammenarbeit zu **beachten**, auch wenn sich in vielen Bereichen die

Tätigkeitsfelder der Pflege mit denen der anderen Gesundheitsberufe überschneiden.

Wichtig

> Die Vorbehalte der nichtärztlichen Gesundheitsberufe gelten regelmäßig nicht gegenüber Ärzten.

In der Zusammenarbeit von Ärzten und solchen sog. Heil- oder Heilhilfsberufen darf häufig sogar erst aufgrund ärztlicher Anordnung oder Anforderung eine Leistung erbracht werden.

Beispiel: Röntgenaufnahmen dürfen die Röntgen-Technischen-Assistenten z. B. nicht ohne ärztliche Anordnung anfertigen.

Lediglich in der Geburtshilfe können **Hebammen und Entbindungspfleger** weitgehend **eigenständig** arbeiten. Ärzte haben sogar dafür Sorge zu tragen, dass die Geburt durch eine Hebamme oder einen Entbindungspfleger begleitet wird.

3.3 Die Stellung des Arztes

3.3.1 Die Rechtsquellen

Der Arzt übt als Beruf die **Heilkunde** aus. Aufgrund seiner besonderen Stellung **dominiert** der **Arzt** das **Deutsche Gesundheitswesen**.

Die rechtlichen Grundlagen der ärztlichen Tätigkeit sind recht unübersichtlich.

So ist ein Arzt selbstverständlich nicht nur auf der Grundlage des berühmten Hippokratischen Eides tätig, sondern unter Geltung vieler verschiedener Rechtsvorschriften.

Exkurs

Der hippokratische Eid

Ich schwöre bei Apollon dem Arzt und Asklepios und Hygieia und Panakeia und allen Göttern und Göttinnen, indem ich sie zu Zeugen rufe, daß ich nach meinem Vermögen und Urteil diesen Eid und diese Vereinbarung erfüllen werde:
Den, der mich diese Kunst gelehrt hat, gleichzuachten meinen Eltern und ihm an dem Lebensunterhalt Gemeinschaft zu geben und ihn Anteil nehmen zu lassen an dem Lebensnotwendigen, wenn er dessen bedarf, und das Geschlecht, das von ihm stammt, meinen männlichen Geschwistern gleichzustellen und sie diese Kunst zu lehren, wenn es ihr Wunsch ist, sie zu erlernen, ohne Entgelt und Vereinbarung und an Rat und Vortrag und jeder sonstigen Belehrung teilnehmen zu lassen meine und meines Lehrers Söhne sowie diejenigen Schüler, die durch Vereinbarung gebunden und vereidigt sind nach ärztlichem Brauch, jedoch keinen anderen.
Die Verordnungen werde ich treffen zum Nutzen der Kranken nach meinem Vermögen und Urteil, mich davon fern halten, Verordnungen zu treffen zu verderblichem Schaden und Unrecht.
Ich werde niemandem, auch auf eine Bitte nicht, ein tödlich wirkendes Gift geben und auch keinen Rat dazu erteilen; gleicherweise werde ich keiner Frau ein fruchtabtreibendes Zäpfchen geben: Heilig und fromm werde ich mein Leben bewahren und meine Kunst.

> *Ich werde niemals Kranke schneiden, die an Blasenstein leiden, sondern dies den Männern überlassen, die dies Gewerbe versehen.*
>
> *In welches Haus immer ich eintrete, eintreten werde ich zum Nutzen des Kranken, frei von jedem willkürlichen Unrecht und jeder Schädigung und den Werken der Lust an den Leibern von Frauen und Männern, Freien und Sklaven.*
>
> *Was immer ich sehe und höre, bei der Behandlung oder außerhalb der Behandlung, im Leben der Menschen, so werde ich von dem, was niemals nach draußen ausgeplaudert werden soll, schweigen, indem ich alles Derartige als solches betrachte, das nicht ausgesprochen werden darf.*
>
> *Wenn ich nun diesen Eid erfülle und nicht breche, so möge mir im Leben und in der Kunst Erfolg beschieden sein, dazu Ruhm unter allen Menschen für alle Zeit; wenn ich ihn übertrete und meineidig werde, dessen Gegenteil.*

Regelungen zur Ausübung des Arztberufs finden sich sowohl im Bundes- als auch Landesrecht, aber auch in Satzungen und Ordnungen der Berufskammern.

Ursache für diese „verstreute" Gesetzeslage ist die grundgesetzlich vorgesehene Aufteilung der Gesetzgebungskompetenzen zwischen Bund und Ländern und die Errichtung und Übertragung von Aufgaben auf die Ärztekammern:

Merksatz

Grundsätzlich obliegt dem **Bund** die Regelung der **Zulassung** von Ärzten und den **Ländern** die nähere **Ausgestaltung der Berufsausübung**.

Die wichtigsten **bundesweiten** Regelungen sind

- das SGB V und die hierzu erlassenen Verordnungen, z.B. die Zulassungsverordnung für Vertragsärzte, in der das gesamte Vertragsarztrecht geregelt ist,
- die Bundesärzteordnung,
- die Approbationsordnung für Ärzte,
- die Gebührenordnung für Ärzte.

Hinzu kommen viele spezielle Gesetze, die der Bundesgesetzgeber aufgrund verfassungsrechtlicher Vorgaben erlassen hat und die auch den Arzt betreffen.

Beispiel: Dazu zählen etwa das Transfusionsgesetz, das Medizinproduktegesetz und das Embryonenschutzgesetz.

Durch die **Länder** wird die **Berufsausübung** in den sog. **Heilberufs- oder Kammergesetzen** geregelt.

Sie sind zugleich rechtliche Grundlage der Landesärztekammern, die durch den Erlass von Satzungen und Ordnungen, z.B. den Berufs- und Weiterbildungsordnungen, die nähere Ausgestaltung der ärztlichen Tätigkeit vornehmen.

3.3.2 Aufgaben und Pflichten des Arztes

Der zersplitterten Rechtslage entsprechend sind die Aufgabenbereiche der Ärzte nicht einer Regelung zu entnehmen und auch nicht abschließend geregelt.

Der Kern der **ärztlichen Tätigkeit** ist in *§ 1 Abs. 1 der Bundesärzteordnung* so beschrieben:

Merksatz

> „Der **Arzt dient der Gesundheit** des einzelnen Menschen und des gesamten Volkes". *§ 1 Abs. 2 Satz 1 der Schleswig-Holsteinischen Berufsordnung für Ärzte* konkretisiert dies auf die Patienten bezogen so:
>
> *„Aufgabe des Arztes ist es, das Leben zu erhalten, die Gesundheit zu schützen und wiederherzustellen, Leiden zu lindern, Sterbenden Beistand zu leisten".*

Diese Aufgabe ist nach den anerkannten Regeln ärztlicher Kunst, d. h. **„lege artis"** zu erfüllen.

• Hierzu gehören die **Untersuchungs-** und **Behandlungspflicht**, die **Aufklärung** des Patienten und die Einholung seiner **Einwilligung**, die Erfüllung von **Dokumentationspflichten**, die Einhaltung der **Schweigepflichten** sowie die Teilnahme an **Fortbildungen**.

3.3.3 Die Abgrenzung ärztlicher und krankenpflegerischer Aufgabenbereiche

Die Grenzziehung zwischen ärztlichen und pflegerischen Tätigkeitsbereichen ist schwierig. Wie häufig steckt dabei die Tücke im Detail.

– Generell kann nach einer Gegenüberstellung der berufsrechtlichen Regelungen festgestellt werden, dass es aus ärztlicher Sicht zur **Kernaufgabe** des **Arztes** gehört, **medizinische Entscheidungen**, insbesondere über Diagnostik und Therapie **eigenverantwortlich** und **selbständig** zu treffen, auch bei Kooperationen mit anderen Berufsgruppen des Gesundheitswesens.

– Dem gegenüber zielt das Berufsrecht der **Krankenpflegekräfte** zwar im allgemeinen auf die **verantwortliche Mitwirkung** insbesondere bei der Heilung, Erkennung und Verhütung von Krankheiten, aber mit selbständigen Tätigkeitsbereichen.

Tätigkeiten mit eigenen Verantwortlichkeiten sind z. B. die in § 3 KrPflG benannten: Eigenverantwortliche Erhebung und Feststellung des Pflegebedarfs, Planung, Organisation, Durchführung, Dokumentation und Evaluation der Pflege, Beratung, Anleitung und Unterstützung von zu pflegenden Menschen und ihrer Bezugspersonen sowie Einleitung lebenserhaltender Sofortmaßnahmen bis zum Eintreffen des ärztlichen Dienstes.

Auch die interdisziplinäre Zusammenarbeit und die dabei zu entwickelnden multidisziplinären berufsübergreifenden Lösungen für Gesundheitsprobleme hat der Gesetzgeber den Krankenpflegekräften zugeordnet.

Die konkrete **Abgrenzung** in der **Zusammenarbeit** mit dem ärztlichen Dienst ergibt sich aus der gesetzlichen Erläuterung der Mitwirkung, wonach die einerseits zwar eigenständige Durchführung aber gleichwohl ärztlich veranlasster Maßnahmen, Maßnahmen der medizinischen Diagnostik, Therapie oder Rehabilitation und Maßnahmen in Krisen- und Katastrophensituationen zur pflegerischen Tätigkeit zählen.

Weiter konkretisiert wird dies in der **Anlage 1 zu** *§ 1 Absatz 1 der KrPflAPrV,* wonach es zu den Aufgaben der Krankenpflegekräfte gehört, bei der medizinischen Diagnostik und Therapie mitzuwirken, in dem sie in Zusammenarbeit mit dem ärztlichen Dienst die für die jeweiligen medizinischen Maßnahmen erforderlichen **Vor- und Nachbereitungen** treffen, bei der Durchführung der Maßnahmen **mitzuwirken**, Patienten bei Maßnahmen der medizinischen Diagnostik und Therapie zu **unterstützen** und die **ärztlich veranlassten** Maßnahmen im Pflegekontext **eigenständig durchzuführen** und die dabei relevanten rechtlichen Aspekte zu berücksichtigen.

Hinweis: Im Krankenversicherungsrecht gelten **Pflegeleistungen**, die vom Arzt veranlasst sind, gem. *§ 28 Abs. 1 Satz 2 SGB V* sogar als **Teil der ärztlichen Behandlung** vor allem im Krankenhaus (vgl. *§ 39 Abs. 1 Satz 3 SGB V*).

In Krankenhäusern und der von 1992 bis 1997 für Krankenhäuser geltenden Pflegepersonalregelung (PPR) hat sich darüber hinaus die Unterteilung der krankenpflegerischen Arbeit in **Grund-** und **Behandlungspflege** oder (besser) in **allgemeine** und **spezielle Pflege** etabliert:

- Die **Grund-** oder **allgemeine Pflege** soll zu den (eigenständigen) **Kernaufgaben** des pflegerischen Dienstes gehören, während die **Behandlungs-** oder **spezielle Pflege** im **Verantwortungsbereich des Arztes** liegt. Die Pflegemaßnahme wird dabei als mitwirkende und unterstützende Tätigkeit der ärztlichen Maßnahme erbracht.

Auch mit diesen Abgrenzungsansätzen ist eine klare Trennung der Aufgaben und Zuständigkeiten nicht in allen Details möglich.

Daher hat die **Rechtsprechung** zwischenzeitlich versucht, durch Betrachtung der Verantwortlichkeit eine hinreichende Präzisierung zu erreichen: Durch Betrachtung fehlerhafter Pflege werden Rückschlüsse auf die Zuständigkeit gezogen.

Allerdings ist auch dies kein verlässlicher Weg, denn es gibt im Haftungsrecht, wie dort erläutert wird, dazu keine berufsbezogenen Regelungen, sondern lediglich die Bezugnahme auf die sog. Sorgfaltspflichten.

Und diese sind nicht unbedingt berufsbezogen und somit auch nicht immer hilfreich:

Beispiel: So ist einerseits durch eine Entscheidung des BGH zur fehlerhaften Dekubitus-Prophylaxe (eigentlich nach Auffassung vieler Pflegekräfte eine Kernaufgabe der pflegerischen Arbeit) eine Verantwort des Arztes angenommen worden (vgl. die *Entscheidung vom 18.03.1986, NJW 1986, S. 2365).*

Andererseits wurde die Verantwortlichkeit beim Lagern (und Betten) generell dem pflegerischen Dienst zugeordnet *(Entscheidung des BGH vom 18.12.1990, NJW 1991, S. 1540).* Dekubitus-Prophylaxe wird aber vor allem durch das Lagern betrieben.

Hinweis: Dies ist ein Beispiel für den in Kapitel 1 benannten Einfluss des Rechts auf die pflegerische Arbeit und das Management. Durch solche (richterlichen) Vorgaben können bzw. müssen betriebliche Ziele mit Hilfe von Rechtsgestaltung umgesetzt werden.

3.3.4 Die Heilkundeübertragungsrichtlinie

– Etwas mehr Klarheit gibt es nunmehr durch einen Beschluss des Gemeinsamen Bundesausschusses (G-BA) (Näheres zu diesem Gremium in Kapitel 3 unter 3.2.3). Dieser hat 2011 eine „Festlegung ärztlicher Tätigkeiten zur Übertragung auf Berufsangehörige der Alten- und Krankenpflege zur selbstständigen Ausübung von Heilkunde im Rahmen von Modellvorhaben nach § 63 Absatz 3 c SGB V" (www.g-ba.de/informationen/richtlinien/77/) vorgenommen:

– „Bei den im Folgenden aufgeführten ärztlichen Tätigkeiten kann im Rahmen von Modellvorhaben eine Übertragung auf Berufsangehörige der Kranken- und Altenpflege zur selbstständigen Ausübung von Heilkunde erfolgen.

– Die selbstständige Ausübung von Heilkunde setzt voraus, dass die jeweils erforderliche Qualifikation gemäß § 4 Absatz 7 des Krankenpflegegesetzes (KrPflG) bzw. § 4 Absatz 7 des Altenpflegegesetzes (AltPflG) erworben wurde."

– Es werden dann 31 Tätigkeiten genannt, die Pflegefachkräfte eigenständig und dauerhaft übernehmen dürfen, die bisher Ärzten vorbehalten waren und ggf. delegiert werden konnten.

– Interessant an dieser Vorgehensweise ist auch, dass eine solche Regelung im Leistungserbringungsrecht getroffen worden ist, weshalb dieser Rechtsbereich auch als indirektes Berufsrecht bezeichnet wird.

– Bedeutung hat diese Neuregelung vor allem in der ambulanten Pflege. Modellvorhaben im stationären Bereich sind, soweit ersichtlich, bisher nicht gegeben.

3.3.5 Die Notwendigkeit betrieblicher Regelungen

Abgesehen von dieser Besonderheit, ist die **Abgrenzung** pflegerischer und ärztlicher Tätigkeiten im Einzelnen nach wie vor **nicht einfach**. Zudem lassen **Spezialisierung** und **Fortentwicklung** in der Medizin vielfach nur noch **arbeitsteiliges Arbeiten** zu.

Deshalb bedarf es konkreter Regeln zur Zusammenarbeit, um die Leistung gegenüber dem Patienten/Pflegebedürftigen fachgerecht zu erbringen und **Risiken**, die durch arbeitsteiliges Vorgehen entstehen, soweit als möglich zu **minimieren** oder **auszuschalten**. Dass solche Regeln nicht nur auf Grundlage eines Rechtsgebiets bzw. einer rechtlichen Ebene erstellt werden können, wurde bereits dargestellt.

• Somit sind **betriebliche Regeln** fast **unvermeidlich**. Um Handlungssicherheit für die Berufsgruppen zu erlangen empfiehlt es sich deshalb jeweils **einrichtungsbezogene Bestimmungen** zu **schaffen**.

Dabei sollte beachtet werden, dass es bei der Zusammenarbeit vom ärztlichen und pflegerischen Dienst sowohl um die **Abgrenzung** der **Organisationszuständigkeiten** geht (diese betrifft die Einrichtung und deren Funktionsträger, z.B. die Pflegedienstleitung und die ärztliche Leitung) als auch um die Abgrenzung der **berufsständischen Aufgabenbereiche** (sie betreffen die Berufsausübung am Patienten durch Pflegekraft und Arzt sowie Möglichkeit zur Delegation ärztlicher Tätigkeiten an Pflegekräfte).

Zur Orientierung könnte die in Österreich im Gesetz über Gesundheits- und Krankenpflegeberufe (GuKG) vorgenommene Einteilung von Pflegemaßnahmen hilfreich sein.

Das dortige Gesetz unterscheidet **eigenverantwortliche, mitverantwortliche** und **interdisziplinäre** Tätigkeit der Krankenpflegekräfte:

- *§§ 13 ff. GuKG*

4 Die Delegation ärztlicher Tätigkeiten an Krankenpflegekräfte

Neben der Abgrenzung der Aufgabenbereiche ist ein weiterer häufig auftretender Konfliktbereich die Übertragung von Aufgaben aus einem Berufsbereich auf einen anderen im Einzelfall oder generell in einer Einrichtung.

Konkret geht es um ärztliche Anweisungen an Pflegekräfte und vor allem um die **Delegation ärztlicher Tätigkeiten**.

Ausgangspunkt der Klärung ist die Unterscheidung zwischen ärztlichen Anweisungen bei bzw. zu originären Tätigkeiten der Krankenpflegekräfte und der Übertragung ärztlicher Tätigkeiten an Pflegekräfte.

- Für den ersten Fall ist festzuhalten, dass die eigenverantwortliche Tätigkeit der Krankenpflegekräfte ärztliche Anweisungen nicht ausschließt.

Hinweis: Auch im Bereich der Allgemeinen oder Grundpflege, die grundsätzlich ohne ärztliche Anweisungen eigenständig und eigenverantwortlich von Krankenpflegekräften erbracht wird, ist eine ärztliche Intervention möglich, wenn sich diese aus der Notwendigkeit für Diagnostik oder Therapie ergibt.

Beispiel: Maßnahmen der Körperpflege gehören zur Grundpflege. Dennoch kann der behandelnde Arzt auch hierfür Anweisungen geben, wenn dies aufgrund einer Hauterkrankung erforderlich sein sollte.

Allerdings bedarf es dazu keiner zusätzlichen rechtlichen Regelungen.

- Der zweite Bereich betrifft die Übertragung **(Delegation)** an sich **ärztlicher Tätigkeiten auf Nicht-Ärzte**, insbesondere auf Krankenpflegekräfte.

Ob und in welchem Umfang solche Übertragungen möglich und zulässig sind, ist als Spezialfall der Zusammenarbeit regelungsbedürftig, was im nachfolgenden genauer erläutert werden soll.

4.1 Der Rahmen des Berufsrechts

Rechtlicher **Ausgangspunkt** ist das **Berufsrecht**. Dies enthält zwar **keine** abschließende **Regelung** von **Vorbehaltsaufgaben** der jeweiligen Berufsgruppen und gibt zum Teil sogar nur Ausbildungsziele vor. Es bietet aber wegen der **formellen** Voraussetzungen zum Tätigwerden der einzelnen Gesundheitsfachberufe unter einer bestimmten Berufsbezeichnung und wegen der Darstellung der jeweiligen **Basis-Qualifikation** gleichwohl einen **Maßstab** für die **Zulässigkeit** und Regelung solchen Zusammenwirkens.

4.1.1 Das ärztliche Berufsrecht

Nach dem Berufsrecht der Ärzte ist es möglich, dass **Pflegekräfte in** die ärztliche **Behandlung eingebunden** werden.

Merksatz

> Die grundsätzliche Pflicht des Arztes, selbst tätig zu werden, bedeutet nicht, dass alle Leistungen durch den Arzt höchstpersönlich erbracht werden müssen!

In einer Stellungnahme des **Bundesvorstandes der Bundesärztekammer** vom 16.02.1974 wird bereits ausgeführt, dass der Arzt mit der **Durchführung** von ihm angeordneter Maßnahmen sein **medizinisches Assistenzpersonal** beauftragen kann, jedenfalls **soweit nicht** die **Art** des **Eingriffs** sein **persönliches Handeln erfordert**.

Für die kassenärztliche Versorgung haben die Spitzenverbände der Krankenkassen und die kassenärztliche Bundesvereinigung in Verbindung mit der Bundesärztekammer 1988 gemeinsam erklärt, dass im Zweifel ärztliche Tätigkeiten zwar durch den Arzt selbst zu erbringen sind.

Die Pflicht zur persönlichen Leistungserbringung schließt aber auch danach nicht aus, dass der Arzt bestimmte Leistungen delegieren darf.

Herausgebildet hat sich dann im Weiteren eine **Dreiteilung** der Möglichkeiten:

Delegationsfähige Leistungen

Delegationsfähige Leistungen

Im Einzelfall übertragbare Aufgaben

Nicht delegationsfähige Leistungen

Delegationsfähige Leistungen

Folgende Leistungen **dürfen grundsätzlich übertragen** werden (Katalog nicht abschließend):

- allgemeine Laborleistungen
- physikalisch-medizinische Leistungen
- Ton- und Sprachaudiometrie
- Wechseln von Dauerkathetern
- einfacher Verbandswechsel

Bei allen genannten Leistungen muss der Arzt aber bei Bedarf für den Fall eines Notfalls erreichbar sein.

Im Einzelfall übertragbare Aufgaben

Leistungen wie z.B.

- Injektionen,
- Infusionen,
- Blutabnahme,

wenn die/der Ausführende die erforderliche **Zuverlässigkeit** hat, **Berufserfahrung** und **Qualifikation** aufweist sowie das persönliche **Tätigwerden des Arztes** nach Art und Schwere des Krankheitsbildes oder des Eingriffes **nicht erforderlich** ist.

Beispiel: Erforderlich ist das persönliche Tätigwerden des Arztes z.B. bei Einspritzungen in implantierte und sonstige liegende Kathetersysteme, insbesondere bei der Injektion eines Lokalanästhetikums in einen liegenden Periduralkatheter, da bereits eine leichte Verschiebung des Periduralkatheters zu erheblichen Komplikationen führen kann.

Nicht delegationsfähige Leistungen

Auf keinen Fall an nichtärztliche Mitarbeiter übertragbare Leistungen sind solche, die aufgrund von Rechtsvorschriften den Ärzten vorbehalten sind: *§ 218 a StGB* (Schwangerschaftsabbruch), *§§ 9, 11 Embryonenschutzgesetz* (künstliche Befruchtung), *§ 24 Infektionsschutzgesetz* (Behandlung übertragbarer Krankheiten), *§§ 13 BtMG, 48 AMG* (Verschreibung von Betäubungs-/Arzneimitteln), Tätigkeiten im Transplantations-, Transfusions-, Gendiagnostikrecht, usw. Generell gilt dies auch für

- sämtliche operativen Eingriffe,
- ärztliche Untersuchungen und ärztliche Beratung des Patienten,
- invasiv diagnostische Eingriffe, wie beispielsweise Szintigramme oder Kernspin-Untersuchungen mit Kontrast-Injektionen,
- ärztliche Entscheidungen über therapeutische Maßnahmen.

Solche Leistungen, die der Arzt persönlich erbringen muss, können aber zum Teil an einen **ärztlichen Mitarbeiter** übertragen werden, abhängig von

- Zuverlässigkeit;
- Berufserfahrung;
- Qualifikation des Kollegen.

Stets muss sich bei einer Übertragung der anweisende Arzt von der spezifischen **Qualifikation** der ausführenden Kraft zuvor **überzeugt** haben.

Bei Feststellung der **Qualifikation** der Krankenpflegekräfte für die an sich ärztlichen Tätigkeiten unterscheidet man generell, wie auch sonst, zwischen **formaler** und **materieller Qualifikation**.

In der *Entscheidung des BGH vom 28.09.1994 (Az. 4 StR 280/94)*, in der es um Abrechnung von Leistungen ging, wurde auf diese Prüfungspflicht Bezug genommen und zudem **darauf hingewiesen**, dass der **Arzt** die im **Einzelfall erforderliche Anweisung** zu geben hat, was voraussetzt, dass er sich zuvor **selbst** auch noch vom **Gesundheitszustand** des Patienten **überzeugt** hat.

Hinweis: Generelle Anweisungen durch einen Arzt, ohne Berücksichtigung der Ausführenden und des Patienten, **genügen** nach Ansicht des BGH **nicht** einer ordnungsgemäßen Übertragung von Aufgaben. Es bedarf vielmehr der **konkreten Einzelanordnung**.

Wichtig

Am 01.01.2013 wurde für die ambulante ärztliche Versorgung durch die kassenärztliche Bundesvereinigung und den Spitzenverband der Krankenkassen (GKV-Spitzenverband) eine Vereinbarung über die Delegation ärztlicher Leistungen an nicht ärztliches Personal als Anlage 24 zum Bundesmanteltarifvertrag (vgl. dazu auch Kapitel 3 Nr. 3.2.3) abgeschlossen. Dort wird zum einen festgelegt wie eine ordnungsgemäße Delegation erfolgen soll und zum anderen sind in einem Beispielkatalog Leistungsbereiche genannt. Allerdings gilt diese Vereinbarung **nicht** ausdrücklich für Pflegekräfte, sondern vor allem für med. Fachangestellte und Assistenten/innen.

4.1.2 Das Berufsrecht der Krankenpflegekräfte

Nach dem KrPflG wird die **Krankenpflegekraft** unter anderem **zur verantwortlichen Mitwirkung** bei der ärztlichen Tätigkeit **ausgebildet**.

Dementsprechend haben die **Arbeitsgemeinschaft Deutscher Schwesternverbände** (ADS) und der **Deutsche Berufsverband für Krankenpflege** (DBfK) bereits 1988 **die Delegation von Injektionen an Krankenpflegekräfte als möglich** erachtet, wenngleich diese in erster Linie zum Aufgaben- und Verantwortungsbereich des Arztes gehören.

Subkutane und i.m.-Injektionen sollen Krankenpflegekräften generell übertragen werden können, während i.v.-Injektionen allenfalls im Einzelfall an besonders befähigte Krankenpflegekräfte übertragen werden sollen.

Das Anlegen von **Infusionen, Einspritzungen** in implantierte und sonstige liegende Kathetersysteme sowie **Transfusionen** und **Blutentnahmen** sind danach ausschließlich dem **Arzt** vorbehalten. Nur soweit es sich um die Gewinnung von Kapillarblut sowie Venenblut handelt, können sie delegiert werden.

Wichtig

Für die Delegation muss jeweils die **Einwilligung** der **Patienten** und der **Krankenpflegekraft** gegeben sein und es soll eine schriftliche **Anordnung des Arztes** vorliegen.

Selbständige **Injektionen** durch **Krankenpflegehelfer** (KPHs) sind grundsätzlich **nicht zulässig**.

Die Einrichtung und die Fachvorgesetzten dürfen insbesondere schon die Verabreichung von i.m.-Injektionen durch KPHs nicht dulden (*BGH, VersR S. 1979, S. 1937*; vgl. auch *BGH, VersR 1957, S. 278, 336; 1958, S. 847; 1959, S. 760*).

Während nämlich die 3-jährig ausgebildete und **examinierte Krankenpflegekraft** unter den nichtärztlichen Berufsgruppen hinsichtlich ihrer Qualifikation das **„berufene Exekutivorgan für Anordnungen des Arztes"** ist *(Hahn, Die Haftung des Arztes für nichtärztliches Hilfspersonal, S. 34)*, zeigt die Ausbildung von **KPH**s, dass die theoretische und praktische Wissensvermittlung im Hinblick auf die geringere Mindeststundenzahl nicht damit gleichgesetzt werden kann.

Daraus folgt, dass diese Berufsgruppe „nicht im unmittelbaren ärztlichen Leistungsbereich" einzusetzen ist, sondern im Wesentlichen die **Aufgabe** hat, „**Hilfestellung** zur **Entlastung** der **Krankenschwester** bzw. des Krankenpflegers" zu leisten *(Hahn, aaO., S. 30; Böhme, S 227, Das Recht des Krankenpflegepersonals, Teil 2: Haftungsrecht)* und auch unter berufsrechtlichen Gesichtspunkten nur **unter Aufsicht und Anleitung** der Krankenschwestern und Kinderkrankenschwestern **eingesetzt** werden *(Brenner, Rechtskunde für das Krankenpflegepersonal, S. 263; vgl. auch die Richtlinien der DKG für den Beruf und die Ausbildung der Pflegehelferin vom 22.06.1963 und die Regelungen der Länder zur Ausbildung von KPHs)*.

4.2 Die Möglichkeiten des Arbeitsrechts

Der Arbeitgeber hat das Recht, **Art** und **Umfang** der Tätigkeit der Pflegekraft im Einzelnen **zu bestimmen** sowie diejenigen **Anordnungen** zu treffen, die zur **Aufrechterhaltung** der **Ordnung** im Betrieb erforderlich sind.

Hinweis: Das sog. arbeitsrechtliche **Direktionsrecht** wird in der Regel auf die ebenfalls beim Krankenhausträger angestellten leitenden Pflegekräfte und leitenden Ärzte **übertragen**. Konkretisiert wird dies durch tarifrechtliche Bestimmungen.

So kann z.B. im Geltungsbereich der Tarifverträge für den öffentlichen Dienst (TVöD, TV-L) der Pflegekraft grundsätzlich jede Tätigkeit zugewiesen werden, die den Merkmalen ihrer Vergütungsgruppe entspricht.

Eingeschränkt wird die Zuweisungsmöglichkeit von Tätigkeiten durch die **Kräfte** und **Fähigkeiten** der Pflegekraft, so dass ihr nur solche Tätigkeiten übertragen werden können, die ihr gem. *§ 106 GewO, § 315 BGB* **billigerweise zugemutet** werden können.

Darüber hinaus ist eine Pflegekraft aufgrund ihrer sog. **Treuepflicht** verpflichtet, auch andere Tätigkeiten zu übernehmen, allerdings auch nur dann, wenn sie hierzu fachlich und persönlich in der Lage ist.

Hinweis: Der **Arzt** hat in der Zusammenarbeit mit den Pflegekräften neben dem berufsrechtlich begründeten in der Regel auch ein vom Arbeitgeber übertragenes **fachliches Weisungsrecht**, soweit die Pflegekräfte im Bereich der Diagnostik und Therapie den Patienten pflegen.

> Es ist zu beachten, dass das Verhältnis Arzt-Pflegekraft in der stationären Krankenpflege im Krankenhaus anders zu beurteilen ist, als das Verhältnis Arzt- Krankenpflegekraft in der ambulanten Pflege und im Pflegeheim ohne angestellte Ärzte.

Sinn und Zweck der Aufgabenerfüllung des **Krankenhauses** ist die **Erbringung ärztlicher Leistungen** neben den dafür erforderlichen Assistenztätigkeiten.

Doch ob die Pflegekräfte verpflichtet sind, **ärztliche** Tätigkeiten zu übernehmen, ist damit noch nicht festgelegt. Diese Frage ist vorrangig anhand der **Organisation** des Hauses, der Aufgabenverteilung sowie der Weisungsbefugnisse der leitenden Mitarbeiter zu beantworten (und durch die Krankenhausleitung festzulegen).

4.3 Die Grenzen des Haftungsrechts

- Ein ärztlicher Heileingriff verpflichtet einen Arzt **grundsätzlich** zur **persönlichen** Durchführung.

Dies ergibt sich nicht zuletzt daraus, dass der **Patient** seine **Zustimmung** zu einer solchen Maßnahme regelmäßig einem bestimmten Arzt gibt. Dieser ist nicht berechtigt, die Maßnahme ohne weitere **Aufklärung** des Patienten und ohne dessen Zustimmung durch eine nichtärztliche Kraft durchführen zu lassen.

- Ob **aus haftungsrechtlicher Sicht** eine Maßnahme an eine Pflegekraft delegiert werden kann, richtet sich nach der Einwilligung des Patienten und darüber hinaus auch noch nach dem **Grad der Gefährdung** für ihn.

Dabei darf eine Gefahr **nicht vorschnell bejaht** werden, weil naturgemäß jeder Heileingriff, sei es in der Diagnostik, sei es in der Therapie, mit einer (gewissen) Gefahr für den Patienten verbunden ist.

Es muss vielmehr eine Gefährdung vorliegen, die **nur durch ärztliches Fachwissen und Können beherrschbar** ist.

Merksatz

> Von einer **Delegationsmöglichkeit kann** ausgegangen werden, **wenn** die **Maßnahme** in Relation zum Kenntnisniveau des nichtärztlichen Mitarbeiters **einfach** ist, für den Behandelnden eine relative **Gefährdungsferne** vorliegt und eine **Überwachung** durch den Arzt gewährleistet ist.

Die **bisher übliche Leitlinie**, dass die Möglichkeit zur Delegation im Bereich der allgemeinen Pflege/Grundpflege stets und im Bereich der speziellen Pflege/Behandlungspflege nur im Einzelfall gegeben ist, ist aufgrund der neueren Entwicklung und Rechtsprechung im Sozialrecht **kaum noch hilfreich**.

Das **Bundessozialgericht** (BSG) unterscheidet nämlich noch weiter zwischen der sog. einfachen und qualifizierten Behandlungspflege *(Entscheidung vom 17.04.1996, Az. 3 RK 28/95)*. Es versteht unter **einfa-**

cher Behandlungspflege solche behandlungspflegerischen Maßnahmen, die leicht und ohne besondere Fachkenntnisse auszuführen sind und nicht selten sogar von Laien und Familienangehörigen erbracht werden (können).

Beispiel: Als Beispiele sind die Medikamentenvergabe und die Verabreichung von Insulin-Injektionen zu nennen.

Wann eine einfache oder qualifizierte Behandlungspflege vorliegt, ist bei dieser Differenzierung davon abhängig, welche Hilfsmittel zur Verfügung gestellt werden. Einfache Behandlungspflege läge z.B. auch dann vor, wenn bei Verwendung der Hilfsmittel Tätigkeiten stark vereinfacht werden und hierfür eine besondere Fachkunde des Anwenders nicht (mehr) erforderlich ist.

Wichtig

> Die generellen Unterscheidungen zwischen Grund- und Behandlungspflege als Leitlinie sind nicht (mehr) hilfreich. Es sollte deshalb künftig **darauf verzichtet** werden, zumal ohnehin ganz entscheidend die Beherrschbarkeit des Eingriffs für die haftungsrechtliche Zulässigkeit einer Delegation maßgebend ist.

Es kommt auch nicht allein auf die Kenntnis der Injektionstechnik an, denn diese ist auch erlernbar, ohne in einem Heil- oder Heilhilfsberuf ausgebildet zu sein, sondern auf die **Beherrschbarkeit des Eingriffs** in der Arbeitsteilung insgesamt.

Die Art der **Erkrankung**, Alter und Zustand des **Patienten** sind dafür ebenso von Bedeutung wie festgestellte **Gefährdungsmomente** und Art und Umfang der **Überwachung** des Patienten, während der Maßnahme.

• Der Arzt ist dabei verpflichtet, den Patienten auch auf ungewöhnliche Reaktion hin zu überwachen.

Ob diese **Voraussetzungen** durch einen Arzt erfüllt werden können, der nicht vor Ort ist, während eine Pflegekraft die Maßnahmen vornimmt, ist **im Einzelfall zu prüfen.**

Hinweis: Es sollte sichergestellt sein, dass die ausführende Pflegekraft aufgrund ihres fachlichen Wissens in der Lage ist, entsprechende **Veränderungen**, z.B. während der i.v.-Injektionen beim Patienten frühzeitig genug zu erkennen, um ggf. **Gegenmaßnahmen** unverzüglich **einzuleiten** bzw. durch den ggf. herbeizurufenden Arzt einleiten zu lassen.

In seiner *Entscheidung vom 27.11.1973 (Az.: VI ZR 167/72, veröffentlicht in: NJW 1974, S. 604 f.)* hat der BGH Zweifel gehabt, ob die Übertragung einer i.v.-Injektion an eine ausgebildete MTA zulässig war, weil der anweisende Arzt sich nicht in unmittelbarer Nähe aufgehalten hatte. Der BGH berief sich seinerzeit auch auf eine Stellungnahme der Bundesärztekammer und der bayerischen Ärztekammer, die dieses allerdings für zulässig erachtet hatte.

Hinzu kommt, dass an die **Leitung** (Weisungen) und die **Überwachung** (Kontrolle) durch den Arzt (als Behandlungsführer) **strenge Anforderungen** gestellt werden.

Wichtig

Bei der Delegation ärztlicher Tätigkeiten an nichtärztliche Mitarbeiter wird aufgrund der sog. **allgemeinen Organisationspflicht** die sachgerechte **Auswahl**, **Anweisung** und **Überwachung** mit klaren und **eindeutigen Regelungen** hinsichtlich des Verantwortungsbereiches und der Zusammenarbeit verlangt.

Deshalb ist eine generelle einrichtungsübergreifende Aussage kaum rechtssicher zu treffen und eine betriebliche Regelung notwendig.

Hierfür ist dann noch auf die Festlegung der Verantwortlichkeit in Abhängigkeit von der Arbeitsteilung hinzuweisen:

Merksatz

Es gibt aus haftungsrechtlicher Sicht grundsätzlich zwei Formen, nämlich die **vertikale** und **horizontale Arbeitsteilung**.

Vertikale Arbeitsteilung

Die vertikale Arbeitsteilung ist durch ein **hierarchisches Prinzip** geprägt.

Hier erfolgt im Krankenhaus eine **Aufgabenteilung in** der **Rangfolge** vom ärztlichen Chefarzt über die anderen Ärzte bis hin zu dem sonstigen auch nicht ärztlichen Personal

Die Zuständigkeit und Verantwortlichkeit ergibt sich in Form eines Dreiecks, an deren Spitze in der Regel der jeweilige Chefarzt steht.

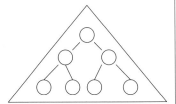

Entsprechendes gilt für den Pflegedienst.

Horizontale Arbeitsteilung

Gleichordnung und **Weisungsfreiheit** der Beteiligten kennzeichnen die **horizontale Arbeitsteilung**.

Hier gibt es **keine Über-** und **Unterordnung**, sondern ein Zusammenwirken von Fachabteilungen oder Mitarbeitern **derselben Qualifikationsebene**, z.B. die Zusammenarbeit zwischen Hausarzt und Klinikarzt, die Zusammenarbeit zwischen Klinikarzt und Klinikarzt, die Zusammenarbeit von Pflegefachkräften.

Wichtig

Für diese Form wurde durch die Gerichte der sog. Vertrauensgrundsatz anerkannt.

Dieser Grundsatz besagt, dass im Interesse eines geordneten Ablaufs (z.B. bei einer Operation) sich die dabei beteiligten Fachärzte grundsätzlich auf die fehlerfreie Mitwirkung des Kollegen aus der anderen Fachrichtung verlassen können.

> Entsprechendes gilt für den Pflegedienst. Auch hier kann etwa die Krankenschwester grundsätzlich der Maßnahmen der Kollegin vertrauen, z.B. wenn es um die Gabe von Medikamenten vor der Operation oder postoperative Maßnahmen geht.

Bei der **Delegation ärztlicher Tätigkeiten** handelt es sich um eine **Form** der **vertikalen Arbeitsteilung**.

Bei einer Regelung der Zuständigkeit und Verantwortungsbereiche ist es zur Präzisierung dabei üblich geworden, eine weitere Aufteilung in die sog. **Führungs- bzw. Anordnungsverantwortung** und die **Handlungs- bzw. Durchführungsverantwortung** vorzunehmen:

Führungs- und Anordnungsverantwortung	**Handlungs- und Durchführungsverantwortung**
Im Einzelnen bedeutet diese die Verantwortung für – Richtige Anordnung, – Notwendige Anordnung (Haftung für ein pflichtwidriges Unterlassen, wenn Anordnung an sich notwendig gewesen wäre), – Richtige Übermittlung der Anordnung (Schriftlichkeit und Bestätigung, soweit notwendig), – Richtige Auswahl des Mitarbeiters bzw. der Mitarbeiterin (sonst: Auswahlverschulden), – Richtige Anleitung des Mitarbeiters, der Mitarbeiterin – Ausreichende Überwachung des Mitarbeiters, der Mitarbeiterin (sonst: Überwachungsverschulden).	Diese umfasst die – Übernahmeverantwortung eigene Qualifikation in Relation zur gestellten Aufgabe beachten, (sonst: Übernahmeverschulden), – Durchführungsverantwortung beinhaltet die qualitativ richtige Durchführung der Maßnahme; aufgrund des Behandlungsstandards (neue fachliche Erkenntnisses sind zu berücksichtigen), unter Einbeziehung der eigenen Fortbildungsverpflichtungen.

4.4 Die praktische Umsetzung der rechtlichen Vorgaben

Daraus ergibt sich folgendes **Prüfungsschema** (in Anlehnung an *Böhme*):

1. Der **Patient** muss mit der Maßnahme und der Durchführung durch Pflegekräfte **einverstanden** sein (Einwilligung des Patienten nach ärztlicher Aufklärung).

2. Die Art des Eingriffes darf nicht das **persönliche Handeln** des Arztes **erfordern**.
3. Es muss zwischen der Pflegedienstleitung und dem ärztlichen Dienst **abgestimmt** sein, **welche Pflegekräfte welche Tätigkeiten** übernehmen sollen.
4. Der Arzt muss die Maßnahme **konkret anordnen/verordnen** (keine „Bedarfsanordnung", sondern konkrete Benennung von Patient, Medikament, Dosierung, Applikationsform, Zeitpunkt usw.). Die Anordnung sollte **schriftlich** sein.
5. Die ausführende **Pflegekraft** muss zur Durchführung der Maßnahme **befähigt** sein. Die Befähigung ergibt sich nicht nur aus der Ausbildung oder Weiterbildung. Es kommt vielmehr auf den zum Zeitpunkt des Tätigwerdens konkreten Kenntnisstand und die dann vorhandene Fähigkeit an.
6. Die angewiesene Pflegekraft muss zur Ausführung der ärztlichen Aufgabe **bereit sein**, sofern nicht ausnahmsweise eine entsprechende Verpflichtung besteht. **Verweigern** kann die Pflegekraft die Tätigkeit dann, **wenn** sie sich zur Ausführung **nicht in der Lage** sieht. Die ausreichend qualifizierte Pflegekraft kann die Übernahme einer solchen Tätigkeit aber nicht mit der Begründung verweigern, dass sie nicht ihre Aufgabe sei. Einen solchen Konflikt von vornherein zu vermeiden, ist gem. Nr. 3 Aufgabe der Pflegedienstleitung.
7. Die Ausführung muss der Pflegekraft **zumutbar** sein; sie muss also ggf. **rechtzeitig ärztliche Hilfe** bei nicht mehr zu bewältigenden Situationen **erhalten** (herbeirufen, organisieren) können, was vor Übertragung abzuklären ist (z. B. durch Rückfrage beim anordnenden Arzt, wie schnell ggf. ärztliche Hilfe vor Ort sein muss).
8. Die **Anordnung** und **Durchführung** muss sorgfältig **dokumentiert** werden *(dazu gehört insbesondere der Name des anordnenden Arztes, die Form der Anordnung, zum Beispiel „tel.", „mdl." oder durch eigenen Eintrag des Arztes im Anordnungsblatt, Name der ausführenden Pflegekraft, Bezeichnung von evtl. vorliegenden Auffälligkeiten und Sicherungsmaßnahmen, z. B. Rücksprache der Pflegekraft beim Arzt usw.)*
9. In **Notfällen** kommt es nicht auf die o. g. Voraussetzungen für die Delegation ärztlicher Tätigkeiten an. Dann gibt es eine **Pflicht** der Pflegekraft, den ihrer Obhut unterstehenden Patienten/Pflegebedürftigen Hilfe zu leisten, als sog. **Garantenpflicht** und darüber hinaus für jedermann gem. *§ 323 c StGB* **(Unterlassene Hilfeleistung)**.

Beispiel: Ein Notfall liegt z. B. dann vor, wenn der Patient ärztlicher Hilfe bedarf und diese Hilfe nicht sofort erreichbar ist.

Es ist dann in dem Umfang Hilfe zu leisten, wie dies erforderlich und dem Helfer den Umständen nach zuzumuten ist.

Die Pflegekraft muss dabei aufgrund ihrer sog. **Notkompetenz** tätig werden und die aufgrund ihres Kenntnisstandes bestmögliche und wirksamste Hilfe leisten. Auch deshalb wird eine Krankenpflegekraft in der Einleitung lebensnotwendiger Sofortmaßnahmen bis zum Eintreffen des Arztes ausgebildet.

• Diese unter Nr. 1 bis 9 benannten Vorgaben in der Einrichtung umzusetzen, kann z. B. in einer Dienstanweisung nebst notwendig zu organisierender Schulungen/Fortbildungen erfolgen.

Beispiel: *Ein Auszug aus einer entsprechenden Arbeitsanweisung:*

– 2 –

4. Delegation von Maßnahmen

4.1 Allgemeine Voraussetzungen
Die Durchführung der entsprechenden Maßnahmen darf nur dann durch den Arzt delegiert werden, wenn wegen besonderer Umstände keine ärztlichen Kenntnisse und Erfahrungen notwendig sind. Dies gilt insbesondere nicht für die Verordnung von Medikamenten, die eine sofortige Gefährdung der Patienten herbeiführen können (z.B. Kalium, Narkotika usw.) oder bei denen entsprechende Nebenwirkungen erwartet werden können.

4.2 Delegationsfähige Maßnahmen
Unter Beachtung der Vorgabe der Ziffer 4.1 **und der** persönlichen fachlichen Voraussetzungen dürfen nachfolgende ärztliche Tätigkeiten ausgeführt werden
- von Krankenschwestern/-pflegern
  s.c. und i.m. Injektionen
  i.v. Blutentnahmen in Ausnahmefällen (Notfällen)
  Anhängen und Wechseln von Infusionen bei liegendem Verweilkatheter
- von Krankenpflegehelferinnen/-helfern
  s.c. Injektionen
- von MTLA's
  kapillare Blutentnahmen

4.3 Nicht delegationsfähige Maßnahmen
Das Anlegen und Wechseln von Bluttransfusionen und direkte i.v. Injektionen von Medikamenten und Diagnostika sind vorn Arzt nicht übertragbar. Hier ist allenfalls eine Mitwirkung bei der technischen Durchführung im Beisein des Arztes möglich.

4.4 Persönliche fachliche Voraussetzungen

4.4.1 Die Qualifikation zur Ausübung der delegierfähigen Tätigkeiten/Maßnahmen erfordert, daß während der Ausbildung oder später die Technik erlernt und geübt wurde und ausreichende Kenntnisse über Gefahren und evtl. Komplikationen bekannt sind.

4.4.2 Die Qualifikation ist durch den Chefarzt oder Oberarzt der jeweiligen Klinik festzustellen und zu dokumentieren (s. Anlage 1).

4.4.3 Die Qualifikation ist in Abständen von zwei Jahren zu überprüfen und zu dokumentieren.

4.4.4 Krankenpflegeschülerinnen und -schüler dürfen zum Zwecke ihrer Ausbildung nach den Vorgaben der Ausbildungs- und Prüfungsverordnung nur unter unmittelbarer Aufsicht eines Arztes oder von besonders erfahrenen und extra beauftragten Krankenpflegekräften, die die genannten Voraussetzungen erfüllen, i.m. und s.c. Injektionen vornehmen. Die Durchführungsverantwortung trägt dann die/der anleitende Ärztin/Arzt, die/der anleitende Krankenschwester/-pfleger.

5. Verweigerungsrecht

5.1 Die angeordneten Tätigkeiten/Maßnahmen können von beauftragten und qualifizierten Mitarbeiterinnen und Mitar-

beitern (vgl. insb. Ziffer 4.4.2) nur wegen Unzumutbar-
keit verweigert werden.

5.2 Liegt eine rechtmäßige Verweigerung vor, tritt ein arbeitsrechtlicher oder ein sonstiger Nachteil dadurch
nicht ein.

6.   Haftpflichtschutz

Mitarbeiterinnen und Mitarbeiter, die ordnungsgemäß beauftragt sind, genießen Haftpflichtschutz im Rahmen der
Berufs- und sonstigen Haftpflichtversicherungen des
Kreiskrankenhauses. Der Träger erkennt die delegierten
Tätigkeiten als sog. gefahrgeneigte Tätigkeiten an und
beschränkt sein evtl. Rückgriffsrecht auf grobe Fahrlässigkeit und Vorsatz.

7.   Geltungsbereich

7.1 Die Dienstanweisung gilt einschließlich der oben benannten Qualifikationsnachweise in allen Kliniken sowie den
Belegabteilungen des Kreiskrankenhauses _____ .

7.2 Ausgenommen sind Krankenschwester/-pfleger, die aufgrund
einer vom Krankenhaus anerkannten Weiterbildung und Prüfung die Anerkennung als Fachkrankenpflegekraft für An-
ästhesie, Intensivpflege oder OP besitzen, sowie für
Hebammen. Für diese Mitarbeiterinnen und Mitarbeiter
gelten besondere Regelungen.

8.   Schlußbestimmungen

8.1 Die Arbeitsanweisung ist allen Ärztinnen/Ärzten, Belegärzten, Pflegekräften und MTLA's sowie den angegliederten Ausbildungsstätten bekannt zu geben.

- Mit Einschränkungen hinsichtlich einzelner Tätigkeitsfelder und rechtlicher Bewertungen ist auch ein vom Verband der Pflegedirektorinnen
  und Pflegedirektoren der Universitätsklinika in Deutschland e. V. erar-
  beiteter Leitfaden als Vorlage geeignet, der eine weitergehende Differenzierung der einzelnen pflegerischen Tätigkeitsfelder berücksichtigt
  und konkrete Übertragungstätigkeiten detailliert aufführt:

2 Tätigkeitsfelder für die verschiedenen Bereiche
2.2 Allgemeinpflege/Spezielle Krankenpflege
2.2.1 Tabelle 1: Tätigkeitsfelder Allgemeinpflege/Spezielle Krankenpflege

Die Tabelle stellt mögliche Tätigkeitsfelder für den Bereich Allgemeinpflege/Spezielle Krankenpflege vor. Auf eine Erläuterung der einzelnen Maßnahmen wird verzichtet, um Einschränkungen zu vermeiden und den Kliniken eine individuelle Auslegung zu ermöglichen.

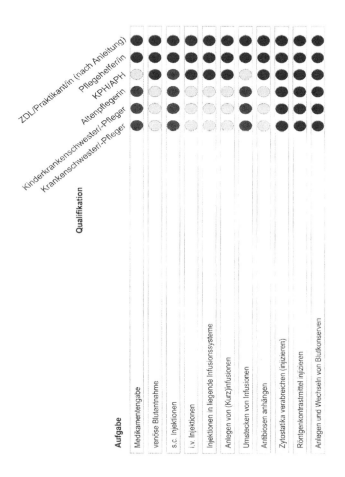

LEITFADEN ZUR DELEGATION ÄRZTLICHER TÄTIGKEITEN
Herausgeber: Verband der Pflegedirektorinnen und Pflegedirektoren der Universitätsklinika in Deutschland e.V.

= nein   ● = ja   **Abbildungen entnommen aus:** *Leitfaden zur Delegation ärztlicher Tätigkeiten, Hrsg.: Verband der Pflegedirektorinnen und Pflegedirektoren der Universitätsklinika in Deutschland.*
[Bezug via: Universitätsklinikum Münster, Pflegedirektor, Albert-Schweitzer Strasse 33, 48129 Münster]

2 Tätigkeitsfelder für die verschiedenen Bereiche

2.3 Intensiv- und Anästhesiepflege

2.3.1 Tabelle 2: Tätigkeitsfelder Intensiv- und Anästhesiepflege

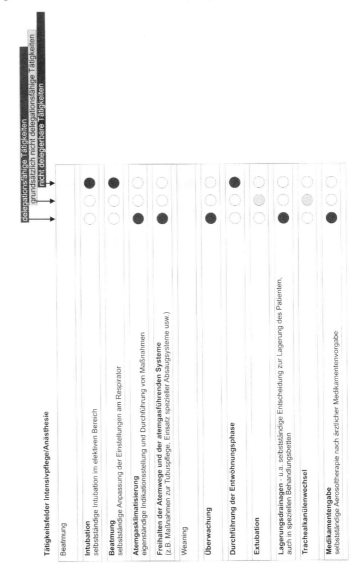

LEITFADEN ZUR DELEGATION ÄRZTLICHER TÄTIGKEITEN
Herausgeber: Verband der Pflegedirektorinnen und Pflegedirektoren der Universitätsklinika in Deutschland e.V.

Hinweis: Dieser Leitfaden ist zwischenzeitlich überarbeitet worden, hier als Beispiel in dieser Fassung gleichwohl geeignet.

Eine bloße Übernahme solcher Regelungen für andere Einrichtungen ist jedoch nicht ausreichend. Es muss eine konkret auf die Verhältnisse der jeweiligen Einrichtung bezogene Bestimmung erfolgen!

5 Die Weiterentwicklung des pflegerischen Berufsrechts

5.1 Die sich verändernde Ausbildungsstruktur der Pflegefachberufe

Durch die Professionalisierung der beruflich ausgeübten Pflege, die zunehmende Bedeutung der europäischen Zusammenarbeit und die notwendige Steigerung der Attraktivität der Pflegeberufe sowie die demografische Entwicklung wird das Berufsrecht ständig weiterentwickelt. Dadurch steigen die Anzahl und der Umfang der rechtlichen Regelungen. So muss derjenige, der einen vollständigen Überblick über das Berufsrecht haben will auf inzwischen 3 Ebenen sich auf dem Laufenden halten:

Im **EU-Recht** sind im Wesentlichen Vorschriften zur **Niederlassungsfreiheit** und zur gegenseitigen **Anerkennung von Berufsqualifikationen** zu finden. In der neuen Fassung der Richtlinie über die Anerkennung von Berufsqualifikationen (*2005/36/EG*, der Text findet sich im Internet unter http://ec.europa.eu/growth/single-market/services/qualifications/ policy-developments/legislation/index_de.htm), die das Europäische Parlament in seiner Sitzung am 09.10.2013 verabschiedet hat, finden sich Regelungen zur Zulassung für die Ausbildung von Pflegekräften, die für die allgemeine Pflege verantwortlich sind, und es wird die Ausbildungsdauer dahingehend präzisiert, dass diese nunmehr drei Jahre lang und aus mindestens 4600 Stunden theoretischer und klinisch-praktischer Ausbildung bestehen muss. Auch wird dort nunmehr festgelegt, auf welchem Wege die Ausbildung erfolgen darf, z.B. in einer Hochschule oder in einer Berufsschule für Krankenpflege.

Im Bundesrecht Deutschlands sind Regelungen aufgenommen worden, die eine zukunftsfähige Pflegeausbildung vorbereiten und später ermöglichen sollen. Dazu wurden sowohl Vorschriften im Leistungsrecht der Pflege als auch im Berufsrecht neu geschaffen.

Die Änderung des *§ 63 SGB V*, die mit dem **Pflegeweiterbildungsgesetz** eingeführt wurde, soll die originären Aufgaben der Pflege (ohne vorherige Veranlassung durch Ärzte) erweitern. Hierzu gibt es zwei Varianten:

Zum einen sollen zukünftig Tätigkeiten durch Pflegekräfte wahrgenommen werden, die vorher von Ärzten erfüllt worden sind (vor allem im Hinblick auf abrechenbare Leistungen) als sog. nichtselbstständige Ausübung von Heilkunde (*§ 63 Abs. 3 c SGB V*). Letztere Tätigkeit hat, wie erwähnt, der G-BA zu bestimmen, was er in seiner am 20.10.2011 erlassenen und am 22.03.2012 in Kraft getretenen sog. **Heilkundeübertragungsrichtlinie** getan hat.

Demgemäß wurden für diese Verrichtungen, die über die bisherigen Aufgaben und Tätigkeiten hinausreichen und zusätzliche Anforderungen stellen, auch das Krankenpflege- und das Altenpflegegesetz geändert, wonach solche erweiterten Kompetenzen erworben werden müssen.

Zum anderen können Modellvorhaben vorsehen, dass Pflegekräfte die Verordnung vom Verbandsmitteln und Pflegehilfsmitteln sowie die inhaltliche Ausgestaltung der häuslichen Krankenpflege einschließlich deren Dauer vornehmen, u.a. soweit es sich nicht um selbstständige Ausübung von Heilkunde handelt *(§ 63 Abs. 3 b SGB V)*.

Hinweis: Bei Modellvorhaben nach *§ 63 Abs. 3 b SGB V* können Berufsverbände mit den Krankenkassen vereinbaren, das sie zur Weiterentwicklung der Versorgung wissenschaftlich begleitete Projekte durchführen, die nicht länger als 8 Jahre dauern dürfen. Damit soll herausgefunden werden, welche ärztlichen Aufgaben in welcher Weise neu verteilt werden können, ohne die Patientensicherheit zu gefährden und die Kosten kontrolliert steigen zu lassen.

Wichtig

> *„Zur zeitlich befristen Erprobung von Ausbildungsangeboten, die der Weiterentwicklung der Pflegeberufe unter Berücksichtigung der berufsfeldspezifischen Anforderungen dienen sollen, können die Länder von (…) den Ausbildungsinhalten und -vorgaben, (d. Verf.) abweichen, sofern das Ausbildungsziel nicht gefährdet ist (…)"* (*§ 4 Abs. 6 KrPflG; § 4 Abs. 6 AltPflG*)
>
> § 4 Abs. 7 KrPflG:
> „Zur zeitlich befristeten Erprobung von Ausbildungsangeboten, die der Weiterentwicklung der nach diesem Gesetz geregelten Berufe im Rahmen von Modellvorhaben nach § 63 Abs. 3 c des Fünften Buches Sozialgesetzbuch dienen, können über die in § 3 Abs. 1 und 2 beschriebenen Aufgaben hinausgehende erweiterte Kompetenzen zur Ausübung heilkundlicher Tätigkeiten vermittelt werden. Dabei darf die Erreichung des Ausbildungsziels nicht gefährdet sein. Die Vereinbarkeit der Ausbildung mit der Richtlinie 2005/36/EG ist zu gewährleisten. Abweichend von Absatz 2 Satz 1 kann die Ausbildung, die zum Erwerb der erweiterten Kompetenzen führt, an Hochschulen erfolgen. Soweit die Ausbildung nach Satz 1 über die in diesem Gesetz und die in der Ausbildungs- und Prüfungsverordnung für die Berufe in der Krankenpflege geregelten Ausbildungsinhalte hinausgeht, wird sie in Ausbildungsplänen der Ausbildungsstätten inhaltlich ausgestaltet, die vom Bundesministerium für Gesundheit im Einvernehmen mit dem Bundesministerium für Familie, Senioren, Frauen und Jugend zu genehmigen sind. Die Genehmigung setzt voraus, dass sich die erweiterte Ausbildung auf ein vereinbartes Modellvorhaben nach § 63 Abs. 3 c des Fünften Buches Sozialgesetzbuch bezieht und die Ausbildung geeignet ist, die zur Durchführung dieses Modellvorhabens erforderliche Qualifikation zu vermitteln. § 4 Abs. 1 Satz 1 erster Halbsatz gilt mit der Maßgabe, dass die staatliche Prüfung sich auch auf die mit der zusätzlichen Ausbildung erworbenen erweiterten Kompetenzen zu erstrecken hat."

5.2 Die neue Qualifikation und Qualifizierung der Pflegeberufe

Im Dezember 2015 wurde dann ein **Gesetzentwurf zur Reform der Pflegeausbildungen** durch das Bundesministerium für Gesundheit vorgelegt und vom Kabinett Anfang 2016 verabschiedet (ausführliche Information und Text: www.bmg.bund.de/ministerium/meldungen/2016/160113-pflegeberufsgesetz.html).

Der Entwurf des Pflegeberufsgesetzes beinhaltet eine **neue generalistische berufliche Pflegeausbildung** mit einem einheitlichen Berufsabschluss, eine **einheitliche Finanzierung** mit Schulgeldfreiheit und Ausbildungsvergütung und die erstmalige Einführung eines **Pflegestudiums** als Ergänzung zur beruflichen Pflegeausbildung.

Die neue Berufsbezeichnung soll „**Pflegefachfrau**" oder „**Pflegefachmann**" lauten.

Die neue Pflegeausbildung ist **eine dreijährige Fachkraftausbildung** mit Unterricht an Pflegeschulen und praktischer Ausbildung bei einem Ausbildungsträger und weiteren Einrichtungen. Sie schließt mit einer **staatlichen Abschlussprüfung** ab. Die Auszubildenden wählen im Rahmen der praktischen Ausbildung einen Vertiefungseinsatz, der im Zeugnis ausgewiesen wird.

Im Entwurf ist die einheitliche Finanzierung der neuen beruflichen Pflegeausbildung geregelt. Die neue berufliche Pflegeausbildung ist für die **Auszubildenden kostenfrei**. Sie erhalten eine **angemessene Ausbildungsvergütung**. Dazu sollen alle der bisher beteiligten Kostenträger an der Finanzierung der neuen Pflegeausbildung **über Landesausbildungsfonds** beteiligt werden.

Zu der dann zwar vereinheitlichten aber nach wie vor beruflichen Ausbildung soll es dann auch die Möglichkeit eines berufsqualifizierenden **Pflegestudiums** geben.

Das Studium wird mindestens drei Jahre dauern und mit der Verleihung des akademischen Grades abschließen; **die staatliche Prüfung zur Erlangung der Berufszulassung wird Bestandteil der hochschulischen Prüfung**. Die **Berufsbezeichnung „Pflegefachfrau" bzw. „Pflegefachmann" wird in Verbindung mit dem akademischen Grad geführt**. Die Finanzierung soll – allgemeinen Grundsätzen der Studienfinanzierung entsprechend – den Ländern obliegen.

Ziel des Gesetzgebers ist es auch, die Pflegeausbildung **durchlässig** zu gestalten: von den landesrechtlich geregelten Helferausbildungen über die berufliche Pflegeausbildung bis hin zum Pflegestudium.

Hinweis: Das Gesetz soll gestuft in Kraft treten und am 01.01.2018 der erste Ausbildungsjahrgang starten.

Die Bundesministerien für Gesundheit sowie für Familie haben auch schon die Eckpunkte einer Ausbildungs- und Prüfungsverordnung vorgelegt. Diese regeln Inhalte, Dauer und Struktur der Pflegeausbildung einschließlich des praktischen Teils sowie Einzelheiten zum berufsqualifizierenden Pflegestudium und zu den Prüfungen. www.bmg.bund.de/ministerium/meldungen/2016/ausbildungs-und-pruefungsverordnungen-zum-pflegeberufegesetz.html

5.3 Landesrechtliche Entwicklungen

Zudem haben 4 Bundesländer (Saarland, Hamburg, Bremen, Sachsen) **Berufsordnungen für Pflegefachkräfte** erlassen. Damit sind unter anderem entsprechend den akademischen Heilberufen auf gesetzlicher

Grundlage Regelungen geschaffen worden, in denen Aufgaben, Pflichten und angemessenes Verhalten der jeweiligen Berufsgruppe beschrieben wird.

Auch werden derzeit in 2 Bundesländern (Rheinland-Pfalz und Schleswig-Holstein) **Pflegekammern** gebildet. Eine Aufgabe dieser Institution der beruflichen Selbstverwaltung wird es sein, selbst eine Berufsordnung für die Berufsangehörigen zu erlassen, die ebenso wie die zuvor genannte Berufsordnungen die berufliche Tätigkeiten regeln. Auch Berlin und weitere Bundesländer sind entsprechend im Planungsstadium.

Hinweis: Auch jetzt gibt es schon **vielfältige Pflege-Studiengänge**, zum Teil in Form des **dualen Studiums**, also Ausbildung und Studium nebeneinander. Es gibt auch schon Erkenntnisse über Einsatzgebiete und Tätigkeiten studierter Pflegekräfte, wie z.B. die nachfolgende Übersicht des Deutschen Krankenhausinstitutes zeigt:

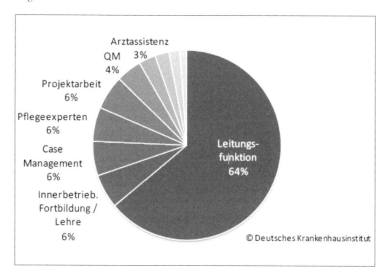

Neu ist die beabsichtigte (gleichwertige) Alternative des Studiums zur bisherigen beruflichen Ausbildung.

Kapitel 3
Die Rahmenbedingungen des Pflegesozialrechts

In diesem Modul wird ein Überblick über das Sozialrecht und das Sozialversicherungswesen gegeben. Speziell das Krankenversicherungsrecht und das Pflegeversicherungsrecht werden in ihren Grundzügen erörtert und für die pflegerische Leistungserbringung in der Praxis wichtige Bestimmungsfaktoren erläutert.

Überblick

– Sie erhalten einen Überblick über das Sozialrecht und das Sozialgesetzbuch
– Grundzüge der Deutschen Sozialversicherung und insbesondere des Krankenversicherungs- und Pflegeversicherungsrechts sind Ihnen bekannt
– Die vielfältige Einbindung der Leistungserbringer in das Sozialleistungsrecht wird durchschaut
– Die Kombination von vorgegebenen, also gesetzlichen und untergesetzlichen, und zu gestaltenden, also vertraglichen, Rechtsnormen als Determinanten der pflegerischen Leistungserbringung wird verstanden

Lernziele

1. Überblick über das Sozialrecht
2. Grundsätze des Sozialversicherungswesens
3. Das Recht der Krankenversorgung
4. Das Pflegeversicherungsrecht
5. Sonstige für die Leistungserbringung relevante Sozialrechtsgebiete
6. Der medizinische Dienst der Krankenversicherung (MDK)

Gliederung

1 Überblick über das Sozialrecht

1.1 Das Sozialstaatsprinzip

1.1.1 Grundlagen

Die **Bundesrepublik Deutschland** verfügt über einen **hoch entwickelten Sozialstaat** der seine Angehörigen von der Geburt an bis ins Alter in erheblichem Umfang unterstützt.

Grundlage, Richtschnur und Ziel dafür ist die Vollziehung eines Auftrags, den das Grundgesetz dem Staat erteilt hat:

Merksatz

In *Art. 20 Abs. 1 des Grundgesetzes (GG)* heißt es: *„Die Bundesrepublik Deutschland ist ein […] sozialer Bundesstaat."*

Damit ist das sog. **Sozialstaatsprinzip** als elementare verfassungsmäßige Grundlage staatlichen Handelns festgeschrieben. Es gehört zudem zu den **unabänderlichen Grundprinzipien**, die selbst durch eine Änderung des Grundgesetzes nicht berührt werden dürfen *(Art. 79 Abs. 3 GG)*.

Das **Sozialstaatsprinzip** ist **als Staatsziel** von der Gesetzgebung der öffentlichen Verwaltung und der Rechtsprechung zu beachten. Allein dadurch hat der Bürger jedoch noch keine Ansprüche auf Sozialleistungen. Diese werden erst durch konkrete Anspruchsnormen aufgrund von Gesetzen verschafft, wobei neben den Voraussetzungen für die Leistungen durch den Normgeber selbstverständlich auch die Frage der Finanzierung, also des Aufbringens der dafür notwendigen Mittel, zu beantworten ist.

Das Sozialstaatsprinzip verlangt dabei vom Gesetzgeber einerseits die **Sicherung existenzieller Lebensbedingungen**, andererseits aber auch die Sicherung der Voraussetzungen für die Entfaltung und Wahrung der Freiheit des Einzelnen.

Beispiel: Die Sicherung des persönlichen Existenzminimums durch die **Grundsicherungsleistungen (Sozialhilfe)**, die Absicherung von Alter, Krankheit, Arbeitslosigkeit, Invalidität und Pflegebedürftigkeit im Rahmen der **Sozialversicherung** oder die Gewährung von **Kinder- und Erziehungsgeld** sind beispielhafte Ausprägungen der Sozialstaatlichkeit.

Allerdings soll der Staat – ebenfalls verfassungsmäßig angeordnet – sich auf den geringst möglichen direkten staatlichen Einfluss beschränken. Die **Daseinsvorsorge** des Einzelnen, die **Verantwortung** für **Lebensrisiken** und **Gesellschaftsaufgaben** (etwa durch Familien, Ehrenamt oder gemeinnützige Institutionen) aber auch die Verteilung und Verwaltung von **Ressourcen** sollen in erster Linie der individuellen und gemeinschaftlichen **Eigenverantwortung** und -initiative der Bürger überlassen bleiben und nicht staatlich reglementiert oder „planwirtschaftlich" gelenkt werden.

1.1.2 Leistungsarten

Der Sozialstaat erbringt die seinen Bürgern geschuldete **Sicherung** existentieller Lebensbedingungen **auf unterschiedliche Weise**:

- **Staatliche Sozialleistungen**
  werden auf der Grundlage besonderer Gesetze für eine Vielzahl von unterschiedlichen Lebenssituationen gewährt und sollen insbesondere Risiken allgemeiner Natur abdecken, die sich nicht aus dem Erwerbsleben ergeben und Chancen auf Gleichstellung der Bürger verbessern.

Beispiel: Beispiele hierfür sind etwa Sozialhilfe, Kinder- und Jugendhilfe oder auch die Ausbildungsförderung.

- **Durch Einrichtung von Pflichtversicherungen**
  hilft der Sozialstaat seinen Bürgern, bestimmte Lebensrisiken mittels Bildung spezieller **Risikogemeinschaften** – der **Sozialversicherung** – abzusichern. Durch eine gesetzlich angeordnete **Pflichtversicherung** werden über eine allgemeine Beitragerhebung die versicherten Risiken durch eine Solidargemeinschaft aufgefangen, so etwa bei der Krankenversicherung oder der Pflegeversicherung.
  Diese Solidargemeinschaft, überwiegend bestehend aus Arbeitgebern und Arbeitnehmern (und z. T. auch aus Rentenempfängern), erwirtschaftet und finanziert die Leistungen, die den Anspruchsberechtigten zustehen.
  Mit dem **Versicherungszwang** wird zudem ein möglichst weitgehender **Schutz der Allgemeinheit** vor den Lasten unterbliebener Risikovorsorge des Einzelnen bezweckt, die sich ansonsten z. B. durch notwendige Inanspruchnahme von Sozialhilfeleistungen realisieren würde.

1.1.3 Finanzierung

Die Realisierung des Sozialstaatsprinzips ist den sich stets verändernden gesellschaftlichen Rahmenbedingungen anzupassen.

Beispiel: Bei den Sozialleistungen wurde z.B. auf die demographische Entwicklung (Anstieg der Zahl alter Menschen) mit Anhebung von Altersgrenzen reagiert und auf die Wandlung familiärer Strukturen und Lebensformen mit der Einführung der Pflegeversicherung.

Und auch bei dem Aufbringen der Mittel ist eine stete Anpassung notwendig. Denn das Netz der sozialen Sicherung, welches der Sozialstaat seinen Angehörigen zur Verfügung stellt, muss durch einen hinreichend großen Teil an **leistungsfähigen Mitgliedern** der Solidargemeinschaft geknüpft und zusammengehalten werden.

Ist hier das notwendige Gleichgewicht nicht mehr gegeben, führt dies einerseits zum Bedarf an entsprechend höheren Einnahmen und/oder zur Reduzierung von Sozialleistungen. Allerdings dürfen dabei die **„Mindestvoraussetzungen eines menschenwürdigen Daseins"** (*BVerfGE 82,60* = Entscheidungssammlung des Bundesverfassungsgerichts, Band 82, Seite 60) nicht unterschritten werden.

Dies bedeutet aber durchaus, dass der Staat seine Bürger zu mehr privat organisierten und finanzierten Vorsorgemaßnahmen anhalten darf, so durch die Ausweitung staatlich geförderter privater Alterssicherungssysteme (neben der gesetzlichen Rentenversicherung) oder die Ergänzung der gesetzlichen Krankenversicherung durch private Zusatzversicherungen.

Hieraus hat sich im Laufe der Zeit ein **Beziehungsgeflecht** entwickelt, welches sich ständig in einem Spannungsfeld **zwischen** einerseits notwendiger **staatlicher Fürsorge und** andererseits der **Eigenverantwortung** jedes Einzelnen bewegt.

Die **Grundstrukturen** bei der **Aufbringung von Mitteln** lassen sich anhand nachfolgender **Übersicht** verdeutlichen:

Grundstrukturen der Finanzierung von Sozialleistungen

Beiträge

Steuern

Soziale Pflichtversicherungen
- Krankenversicherung
- Pflegeversicherung
- Arbeitslosenversicherung
- Rentenversicherung
- Unfallversicherung

Ergänzende private Vorsorge:
- Altersversorgung
- Krankenzusatzversicherung

Zuschüsse

Staatliche Sozialleistungen
- Sozialhilfe / Grundsicherung
- Versorgung
- Ausbildungsförderung
- Arbeitsförderung
- Kinder- / Erziehungsgeld
- Kinder- und Jugendhilfe
- Wohngeld
- Vorruhestandsleistungen
- Leistungen f. Schwerbehinderte

Einzelne Sozialleistungen §§ 18 ff. SGB I

Prinzipien der Leistungsgewährung

Mitwirkungspflichten

Anspruch auf Vorschuss / vorläufige Leistung

Antragstellung

Beratungsanspruch

Rechtsanspruch

1.2 Geschichtliche Grundlagen

Das komplizierte System der sozialen Sicherung ist letztlich nur zu verstehen, wenn die historische Entwicklung mit bedacht wird. Diese hier vollständig aufzuzeigen, würde allerdings den Rahmen des Buches sprengen. Gleichwohl empfiehlt sich die Beschäftigung damit, weil viele heute noch vorhandene Grundstrukturen auf konkreten gesellschaftlichen Lebenssituationen der Vergangenheit beruhen und, ohne diese Strukturen grundlegend zu verändern, ständig erweitert und korrigiert wurden.

Chronik der Sozialversicherung in Deutschland

1881	„Magna Charta" der Sozialversicherung
1883	Krankenversicherung
1884	Unfallversicherung
1891	Rentenversicherung
1911	Reichsversicherungsordnung (RVO) mit gemeinsamen Vorschriften, Regelungen zur Krankenversicherung, Unfallversicherung, Invaliditätsversicherung und Bestimmungen zu den Beziehungen und den Verfahren im Sozialrecht
1913	Angestelltenversicherung
1923	Reichsknappschaft
1927	Arbeitslosenversicherung

Vorschlag: Verschaffen Sie sich in Geschichtsbüchern, Enzyklopädien oder z.B. im Internet bei Wikipedia einen Überblick über die Entstehung der Krankenversicherung in Deutschland, insbesondere über den Anlass für die kaiserliche Botschaft Wilhelms des I. vom 17.11.1881 und die Bismarck'sche Sozialgesetzgebung sowie das Ziel des Krankenversicherungsgesetzes vom 15.06.1883.

1.3 Begriff und Aufgabe des Sozialrechts

1.3.1 Das Ziel des Sozialrechts

Unter **Sozialrecht** versteht man allgemein das Recht, welches der **sozialen Gerechtigkeit** und **sozialen Sicherheit** dient. Dieses Ziel soll durch die Gewährung von Sozialleistungen realisiert werden. Im Sozialrecht wird das Prinzip der in *Art. 20 Abs. 1 und 2 GG* festgelegten **Sozialstaatlichkeit**, die **Sicherung gegen Risiken** im Leben **und** die **Chancengleichheit** nicht allein den Möglichkeiten der privaten Vorsorge zu überlassen, umgesetzt.

Unter Sozialrecht kann man auch alle Rechtsnormen verstehen, die durch den Staat in Erfüllung seiner Verpflichtung aus dem Sozialstaatsgrundsatz des Grundgesetzes geschaffen wurden.

Dies sind unzählige Gesetze, Verordnungen und sonstige Regelungen durch den Gesetzgeber und die öffentliche Verwaltung sowie die Entscheidungen der Gerichte, vor allem der Sozialgerichte.

Auch hier gibt es, wie im Berufsrecht, wieder eine Aufteilung in Bundes- und Landesrecht.

Um wenigstens die wichtigsten Bereiche bundesweit einheitlicher Grundsätze zusammenzufassen und ein Mindestmaß an Übersichtlichkeit zu schaffen, wurde das **Sozialgesetzbuch** (SGB) geschaffen, beginnend 1975 mit dem Allgemeinen Teil (heutiges SGB I).

Ziele des Sozialrechts sind nach *§ 1 Abs. 1 Satz 2 Sozialgesetzbuch,* erstes Buch (SGB I):

– ein **menschenwürdiges Dasein** zu sichern,
– gleiche Voraussetzungen für die freie Entfaltung der Persönlichkeit, insbesondere auch für junge Menschen zu schaffen,
– die Familie zu schützen und zu fördern,
– den Erwerb des Lebensunterhalts durch eine frei gewählte Tätigkeit zu ermöglichen,
– **besondere Belastungen** des Lebens auch durch Hilfe zur Selbsthilfe, abzuwenden oder **auszugleichen.**

1.3.2 Das SGB

Das SGB besteht gegenwärtig aus zwölf Büchern (SGB I-XII), von denen für den Bereich des Pflegesozialrechts außer dem SGB I (Allgemeiner Teil) insbesondere von Bedeutung sind

– das SGB IV (Gemeinsame Vorschriften für die Sozialversicherung),
– das SGB V (Krankenversicherung),
– das SGB VI (Rentenversicherung),
– das SGB VII (Unfallversicherung),
– das SGB XI (Pflegeversicherung) sowie
– das SGB XII (Grundsicherungs-/Sozialhilferecht).

Hinweis: Das SGB I ist für die Erfassung des Sozialrechts als Einstieg und zur schnellen Übersicht gut geeignet.

Die **sozialen Rechte** sind in *§§ 3–10 SGB I* benannt. Die Aufzählung der einzelnen **Leistungen** und der zuständigen Leistungsträger erfolgt in den sog. **Einweisungsvorschriften,** *§§ 18–29 SGB I.* Da noch nicht alle Sozialgesetze im SGB eingegliedert sind, regelt *§ 68 Nr. 1 bis 17 SGB I,* dass die dort genannten Einzelgesetze fiktiv bereits jetzt zum SGB gehören. Ergänzt wird das Bundesrecht durch landesrechtliche Bestimmungen:

Als Beispiele für Schleswig-Holstein seien genannt das Ausführungsgesetz zum Pflegeversicherungsgesetz (Landespflegegesetz), die Landespflegeausschussverordnung und die Pflege-Schiedsstellen-Verordnung.

Im Krankenversicherungsrecht gibt es das Ausführungsgesetz zum Krankenhausfinanzierungsgesetz und die Landesverordnung über die

Schiedsstelle für die Festsetzung der Krankenhauspflegesätze. Hinzu kommen planerische Vorgaben des Landes, z.B. der Krankenhausplan.

Die innerstaatliche Rechtsaufteilung macht es trotz Schaffung des Sozialgesetzbuches schwer, den Überblick über alle wesentlichen Rechtsvorschriften zu gewinnen. Hinzu kommt das europäische Gemeinschaftsrecht, das zunehmend an Bedeutung gewinnt und sich auch stetig weiterentwickelt.

So wurde durch *Art. 152 des Vertrages über die Europäische Gemeinschaft (EGV)* der Wille der Staatengemeinschaft deutlich, ihre Politik „auf die Verbesserung der Gesundheit der Bevölkerung, … Verhütung von Humankrankheiten und die Beseitigung von Ursachen für die Gefährdung der menschlichen Gesundheit" auszurichten. Die entsprechenden europäischen Vorschriften werden als **„Europäisches Sozialrecht"** bezeichnet. Mit dem Vertrag über die Arbeitsweise der Europäischen Union (AEUV), der den EGV abgelöst hat, wurde eine eigenständige Sozialklausel 2009 in Kraft gesetzt. Zwar kann die Europäische EU den einzelnen Staaten dazu nicht vorgreifen, doch Artikel 9 AEUV mit der **Horizontalen Sozialklausel (HSK)** besagt, dass die EU bei „der Festlegung und Durchführung ihrer Politik und ihrer Maßnahmen den Erfordernissen im Zusammenhang (…) mit der Gewährleistung eines angemessenen sozialen Schutzes (…) sowie mit einem hohen Niveau … des Gesundheitsschutzes Rechnung trägt". Die EU sowie die Mitgliedsstaaten sind verpflichtet, diese Horizontalklausel zu beachten und anzuwenden. Dies gilt ebenso für die Gerichte. Die Artikel *146 bis 166 und 168 AEUV* und die EU-Grundrechtecharta (GRC insbesondere Kapitel IV „Solidarität") konkretisieren die Horizontale Sozialklausel. Auch ergeben sich vor allem in Verbindung mit anderen Bestimmungen, z.B. dem Freizügigkeitsrecht von Arbeitnehmern *(Art. 45 I AEUV)* der Niederlassungsfreiheit *(Art. 49 AEUV)* und Dienstleistungsfreiheit *(Art. 56 AEUV)* sowie dem Kartellverbot *(Art. 101 AEUV)* Auswirkungen auf das deutsche Gesundheitsrecht.

Es empfiehlt sich, diese Artikel sowie die EU-Grundrechtscharta, zu finden unter www.aeuv.de, www.eu-info.de, und die *Entscheidung des Europäischen Gerichtshofs vom 05.03.1998 (Rs.C-160/96 Molenaar ./. AOK Baden-Württemberg*, zu finden auf der Seite des Europäischen Gerichtshofs oder in Neue Zeitschrift für Sozialrecht 1998, S. 240) sowie den Beitrag „Europaweit pflegen" von Weiß in der Zeitschrift Häusliche Pflege, Heft 5, 1998, S. 44 ff. zu lesen.

1.3.3 Die Systematik des Sozialrechts nach Leistungszwecken

Die unterschiedlichen **Zielsetzungen und maßgeblichen Leistungssituationen** bei der gesetzlichen Ausgestaltung sozialrechtlicher Ansprüche lassen sich anhand der gesetzestechnischen Strukturierung des SGB nur recht mühsam nachvollziehen, da diese einen rein formellen und nach Leistungen bzw. zuständigem Leistungsträger differenzierenden Charakter besitzt.

Übersichtlicher lässt sich dass System sozialstaatlicher Ansprüche darstellen, wenn man – einer neueren Systematik in der Lehre folgend – eine Zuordnung nach Leistungszwecken vornimmt, wie sie der nachstehenden **Abbildung** zu entnehmen ist.

Der Verfassungsauftrag der Sozialstaatlichkeit wird in Deutschland durch **vier Leistungszwecke** verwirklicht: Soziale Vorsorge, soziale Entschädigung, soziale Förderung, Sozialhilfe/Grundsicherung.

Hinweis: Leistungsberechtigte haben nicht nur allgemeine soziale Rechte, sondern „echte" subjektive Rechtsansprüche auf Leistungen, wenn die dafür notwendigen Voraussetzungen jeweils vorliegen.

Allerdings sind die Ansprüche nicht nach den gesetzlichen Leistungszwecken oder -inhalten, sondern nach der Systematik des SGB geordnet. Auch gibt es keine generelle Aufteilung nach Geldleistungen, Dienstleistungen oder Sachleistungen des Sozialrechts insgesamt (vgl. dazu § 11 SGB I), sondern Leistungen der Sozialhilfe, der Krankenversicherung, der Rentenversicherung usw.

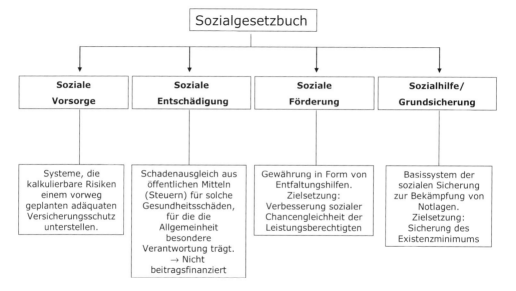

Ergänzend muss noch darauf hingewiesen werden, dass das SGB nicht nur „echte" Leistungsansprüche, sondern dem potenziellen Leistungsempfänger auch „begleitende" Rechte, etwa ein individuelles Recht auf **Beratung** *(§ 14 SGB I)* und **Auskunft** *(§ 15 SGB I)*, gegenüber den Leistungsträgern gewährt.

1.3.4 Übung zum Einlesen in und zum Überblick über das Sozialrecht

Die Komplexität des Sozialrechts bringt es mit sich, dass bei Rechtsfragen in diesem Rechtsgebiet eine Vielzahl von Normen in Betracht kommen kann. Hinzu kommt, dass das Sozialrecht sich zum Teil sehr schnell ändert. Somit ist es unvermeidlich, dass sich Führungskräfte im Pflegemanagement ständig mit dem Sozialrecht befassen müssen und es wesentlich darauf ankommt, die jeweils maßgebenden Vorschriften zu finden und zu verstehen.

Um dieses einzuüben, werden nachfolgend Gesetzes-Übersichten angeboten, die dem Verständnis dienen sollen.

Dazu ist es erforderlich, dass die Inhaltsverzeichnisse der benannten Teile des Sozialgesetzbuches gelesen werden sowie die aufgeführten einzelnen Rechtsvorschriften.

Nur durch ständige Übung kann die Voraussetzung dafür geschaffen werden, dass in dieser komplizierten und zum Teil unübersichtlichen Rechtsmaterie auch im Berufsleben die Fähigkeit erworben wird und erhalten bleibt, die maßgebenden Vorschriften zu finden.

Bei sozialrechtlichen Streitigkeiten geht es vor allem um Folgendes:

1. **Leistungsansprüche**, die ein Bürger gegenüber einem Sozialleistungsträger geltend macht (z.B. aus *§ 27 i.V.m. § 28 SGB V, § 37 SGB V, § 44 SGB V, §§ 35 ff., 236, 236 a, 236 b, 237, 237 a und 240 SGB VI, § 26 i.V.m. §§ 27 ff. SGB VII, §§ 45 und 56 SGB VII, § 36 SGB XI*),
2. **Beitragsansprüche** (z.B. gemäß *§ 28 e Abs. 1 SGB IV; §§ 220 ff. SGB V, §§ 157 ff. u. §§ 275 a ff. SGB VI, §§ 150 ff. SGB VII, §§ 54 ff. SGB XI*),
3. **Erstattungs- und Ersatzansprüche** (z.B. aus *§§ 50, 115 ff. SGB X; §§ 110 ff. SGB VII*) eines Sozialleistungsträgers gegenüber einem Bürger oder einer Einrichtung,
4. **Ausgleichs- und Erstattungsansprüche** (z.B. aus *§§ 102 ff. SGB X, ferner §§ 265 ff. SGB V, 176 ff. SGB VII*), im Verhältnis zwischen mehreren Sozialleistungsträgern,
5. **Nebenpflichten** (z.B. aus *§§ 60 ff. SGB I, § 206 SGB V, § 196 SGB VI*), aus einem Versicherungs-, Mitgliedschafts- oder sonstigen Sozialleistungsverhältnis, z.B. Mitwirkungspflichten des Versicherten bzw. Leistungsempfängers.

Ergänzt werden diese Vorschriften durch diejenigen des Allgemeinen Teils des SGB, weil auch diese auf die Regelungen einwirken, die für einzelne Sozialleistungsbereiche bestehen.

Zu denken ist etwa an die Vorschriften über **Entstehung und Fälligkeit** von Sozialleistungen *(§§ 40, 41 SGB I)*, **Verjährung** *(§ 45 SGB I)*, **Versagung und Entzug** bei grundloser Verweigerung der Mitwirkung *(§ 66 SGB I)*, **Anspruchsübergang und Rechtsnachfolge** im weiteren Sinne *(§§ 48 bis 50, 53 bis 59 SGB I)*, **Antragstellung und Handlungsfähigkeit** *(§§ 16, 36 SGB I; §§ 28, 10 ff. SGB X)*.

Dabei ist auch zu beachten, dass einige der Vorschriften aus dem SGB I und SGB X unter dem Vorbehalt abweichender Regelungen in anderen Büchern des SGB stehen, insoweit also subsidiär sind *(§ 37 SGB I)*.

Im Bereich der Sozialversicherung dürfen die im SGB IV niedergelegten gemeinsamen Vorschriften nicht übersehen werden. Sie enthalten u.a. wichtige Begriffsbestimmungen (vgl. *§§ 7 bis 9, 14 bis 16, 18 SGB IV*).

2 Grundzüge des Sozialversicherungswesens

Es ist anhand der bisherigen Ausführungen bereits deutlich geworden:

Ein wesentlicher Teil des Systems der sozialen Sicherung ist die Sozialversicherung.

Sie **bezweckt** eine durch allgemeine Beitragserhebung **gemeinschaftliche Vorsorge** gegen grundlegende **Lebensrisiken** des einzelnen wie etwa Krankheit, Gebrechen und Tod sowie gegen Beschäftigungsrisiken wie etwa Arbeitslosigkeit oder Arbeitsunfälle.

2.1 Die Versicherungszweige

Die **gesetzlich normierte Sozialversicherung** ist eine Zwangsgemeinschaft, der unter bestimmten Voraussetzungen aber auch freiwillig Versicherte angehören können. Die von ihr umfassten Bereiche lassen sich der nachfolgenden **Abbildung** entnehmen:

Versicherungszweige

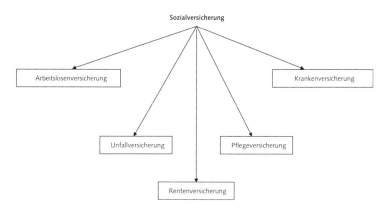

Allen diesen Versicherungszweigen liegt als Prinzip zu Grunde, dass ein konkretes Lebensrisiko durch eine gesetzlich angeordnete **Pflichtversicherung** abgesichert werden soll.

2.2 Die versicherten Risiken

Die nachfolgende **Abbildung** veranschaulicht die von der Sozialversicherung erfassten **Lebens- und Beschäftigungsrisiken** sowie ihre Zuordnung zu den einzelnen Versicherungszweigen:

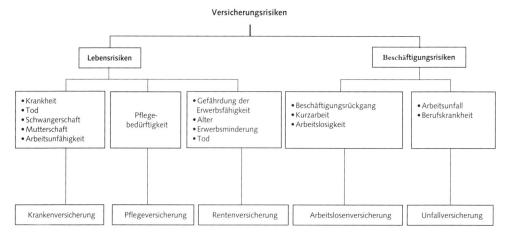

Typischerweise handelt es sich bei den durch die Sozialversicherung erfassten Risiken um Lebenssituationen, in denen kein laufendes Arbeitseinkommen erzielt wird oder in denen es trotz vorhandenen Einkommens aufgrund besonderer Umstände zusätzlicher Hilfe bedarf.

2.3 Merkmale der Sozialversicherung

Die **charakteristischen Merkmale der Versicherung** sind in allen Sozialversicherungszweigen nahezu identisch:

– **Es handelt sich um eine Pflichtversicherung des größten Teils der Arbeitnehmer**
  Ausnahme: In der Regel kurzfristige Beschäftigungen. Auch geringfügig Beschäftigte (450-Euro-Jobs) sind in der Kranken- und Pflege- und Arbeitslosenversicherung frei. In der Rentenversicherung besteht Versicherungspflicht, davon können sich solche Beschäftigte aber befreien lassen.
  Weitere Ausnahme: In der Krankenversicherung bleiben Arbeitnehmer versicherungsfrei, die mit ihrem Einkommen über der Versicherungspflichtgrenze des *§ 6 Abs. 1 Nr. 1 SGB V* liegen.
– **Grundsätzliche Möglichkeit einer freiwilligen Versicherung nicht pflichtversicherter Personen,**
  insbesondere im Bereich der Kranken- sowie der Rentenversicherung.
– **Erhebung von Pflichtbeiträgen,** deren Höhe bis zum Erreichen der sog. Beitragsbemessungsgrenze vom Arbeitseinkommen abhängt.
– **Abführen eines Gesamtsozialversicherungsbeitrags** durch den Arbeitgeber an die jeweils zuständige Einzugsstelle.
– **Überwiegend paritätische Aufbringung der Beiträge** durch Arbeitgeber und Arbeitnehmer.
  Ausnahme: Der Arbeitnehmer trägt teilweise zusätzliche Beiträge und die Beiträge zur Unfallversicherung trägt ausschließlich der Arbeitgeber.
– **Ergänzende Finanzierung durch den Bund,**
  sog. Bundeszuschuss, *Art. 120 Satz 4 GG.*
– **Verwaltung der Mittel und Erbringung der Sozialleistungen durch Sozialversicherungsträger** in der Rechtsform von Körperschaften des öffentlichen Rechts.
– **Selbstverwaltung** der Sozialversicherungsträger durch Versicherte und Arbeitgeber.

2.4 Die Beitragserhebung

Die nachfolgende **Abbildung** gibt einen Überblick darüber, welche **Beiträge für die einzelnen Versicherungszweige** aufzubringen und wohin sie abzuführen sind:

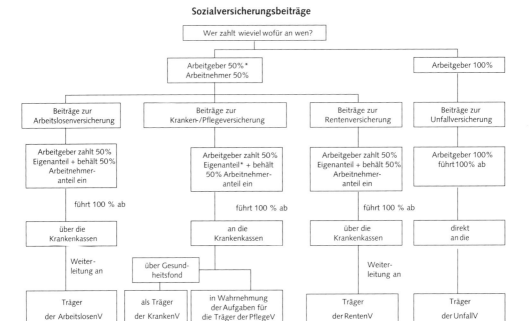

Sozialversicherungsbeiträge

Wer zahlt wieviel wofür an wen?

| Arbeitgeber 50 % * Arbeitnehmer 50 % | | | Arbeitgeber 100 % |

| Beiträge zur Arbeitslosenversicherung | Beiträge zur Kranken-/Pflegeversicherung | Beiträge zur Rentenversicherung | Beiträge zur Unfallversicherung |

| Arbeitgeber zahlt 50 % Eigenanteil + behält 50 % Arbeitnehmer- anteil ein | Arbeitgeber zahlt 50 % Eigenanteil* + behält 50 % Arbeitnehmer- anteil ein | Arbeitgeber zahlt 50 % Eigenanteil + behält 50 % Arbeitnehmer- anteil ein | Arbeitgeber 100 % führt 100 % ab |

führt 100 % ab · führt 100 % ab · führt 100 % ab

| über die Krankenkassen | an die Krankenkassen | über die Krankenkassen | direkt an die |

Weiter- leitung an · über Gesund- heitsfond · Weiter- leitung an

| Träger der ArbeitslosenV | als Träger der KrankenV | in Wahrnehmung der Aufgaben für die Träger der PflegeV | Träger der RentenV | Träger der UnfallV |

* In der KV und PV gibt es zusätzliche Beiträge, die der AN alleine tragen muss. Näheres dazu im Text.

2.5 Organisationsgrundlagen der Sozialversicherung

Alle Sozialversicherten erhalten eine **Versicherungsnummer** sowie einen **Sozialversicherungsausweis** *(§ 18 h SGB IV)*. Letzterer ist dem Arbeitgeber bei Aufnahme einer Beschäftigung vorzulegen *(§ 18 h SGB VI)*.

Die Arbeitgeber sind gesetzlich verpflichtet, Beginn und Ende jeder versicherungspflichtigen Tätigkeit bei der **Einzugsstelle** zu melden *(§ 28 a Abs. 1 SGB IV)*. Zuständige Einzugsstelle ist die Krankenkasse der/des Versicherten *(§ 28 h, 28 SGB IV)*.

Auch die Meldung zur Rentenversicherung hat dort zu erfolgen, selbst wenn keine Versicherungspflicht zur Krankenkasse besteht, so etwa bei Arbeitnehmern, die die Einkommensgrenze für die Pflichtversicherung überschritten haben.

Die **Krankenkasse** leitet die Meldung an den Rentenversicherungsträger und die Bundesagentur für Arbeit weiter. Korrespondierend dazu zieht sie außer den ihr selbst zustehenden Beiträgen auch die Beiträge für die Pflegeversicherung, die Rentenversicherung sowie die Arbeitslosenversicherung ein und leitet sie an die entsprechenden Träger weiter *(§§ 28 a, i, k SGB IV)*.

Die Krankenkassen als Träger der gesetzlichen Krankenversicherung sind gem. *§ 15 Abs. 1 SGB I* auch **Auskunftsstelle** für den gesamten Bereich der „sozialen Angelegenheiten" des SGB und damit „erste Anlaufstelle" für alle Zweige der Sozialversicherung.

2.6 Die Träger der Sozialversicherung

Der nachfolgenden **Abbildung** sind die jeweiligen **Träger der einzelnen Sozialversicherungszweige** zu entnehmen:

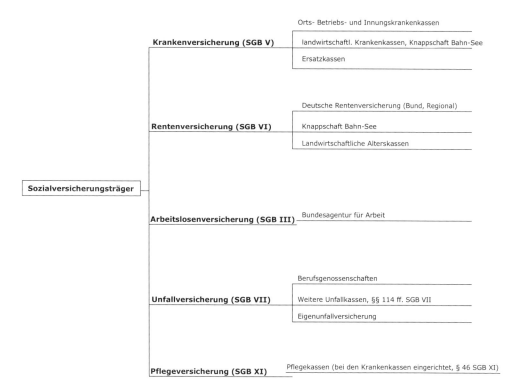

2.7 Die Selbstverwaltung der Sozialversicherung

2.7.1 Allgemeine Grundstrukturen

Die Träger der Sozialversicherung sind – gesetzlich angeordnet durch *§ 29 Abs. 1 SGB IV* – **rechtsfähige Körperschaften des öffentlichen Rechts**, die sich **selbst verwalten**.

Dies tun sie – von Ausnahmen abgesehen, auf die weiter unten noch einzugehen sein wird – grundsätzlich durch die zu gleichen Teilen aus Vertretern der Versicherten und Arbeitgeber gebildete **Vertreterversammlung**.

Sie ist das oberste Organ des jeweiligen Versicherungsträgers und wirkt bei seiner Willensbildung und dem Vollzug der gesetzlichen Aufgaben mit.

Insbesondere beschließt sie die Satzung und alle sonstigen Regeln der Selbstverwaltung des Versicherungsträgers, soweit gesetzlich oder durch sonstige für den Versicherungsträger maßgebliche Bestimmungen nicht im Einzelfall etwas anderes angeordnet ist *(§ 33 Abs. 1 SGB IV)*. Die Mitglieder der Vertreterversammlung werden durch freie und geheime Wahlen bestimmt, die alle 6 Jahre stattfinden.

Als weiteres Organ der Sozialversicherungsträger fungiert der **Vorstand**. Er ist wie die Vertreterversammlung ein Kollegialorgan und verwaltet den Träger. Ebenso vertritt er ihn gerichtlich und außergerichtlich soweit gesetzlich oder durch sonstige, für den Versicherungsträger maßgebliche Bestimmungen nichts Abweichendes angeordnet ist *(§ 35 Abs. 1 Satz 1 SGB IV)*. Darüber hinaus ist er für die Aufstellung des Haushalts und zur Vorlage des Haushaltsplanes zur Beschlussfassung bei der Vertreterversammlung zuständig *(§ 70 Abs. 1 SGB IV)*.

„Dritter im Bunde" ist der **Geschäftsführer**. Er und sein Stellvertreter werden auf Vorschlag des Vorstandes von der Vertreterversammlung gewählt *(§ 36 Abs. 2 SGB IV)*. **Besonderheiten** sieht *§ 36 Abs. 2 a und 3 SGB IV* für bestimmte Träger der Unfallversicherung vor. Dort erfolgt die Bestellung des Geschäftsführers nicht durch Wahl durch die Vertreterversammlung.

Der Geschäftsführer ist im Gegensatz zu den Vorstandsmitgliedern in der Regel hauptamtlich tätig *(§ 36 Abs. 1 SGB IV)*. Er führt die laufenden Geschäfte des Versicherungsträgers. Gem. *§ 36 Abs. 1 SGB IV* obliegt ihm auch die gerichtliche und außergerichtliche Vertretung. Insoweit liegt eine gegenüber *§ 35 Abs. 1 SGB IV* – der die Vertretung des Versicherungsträgers durch den Vorstand anordnet – speziellere Regelung vor.

Die allgemeine **Grundstruktur der Selbstverwaltung in der Sozialversicherung** stellt nachfolgende **Abbildung** dar:

Selbstverwaltung in der Sozialversicherung

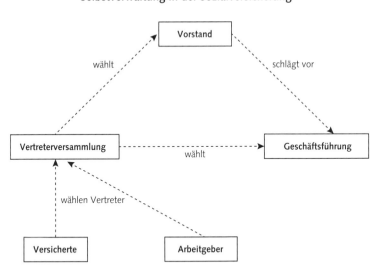

2.7.2 Besonderheiten bei Orts-, Betriebs- und Innungskrankenkassen sowie den Ersatzkassen

Die zuvor beschriebene Organisationsstruktur der Selbstverwaltung wurde für die Orts-, Betriebs- und Innungskrankenkassen sowie die Ersatzkassen 1996 durch das Gesundheitsstrukturgesetz geändert. Von dieser

Veränderung waren auch die bei den Krankenkassen errichteten Pflegekassen betroffen *(§ 46 Abs. 2 Satz 2 SGB XI).*

Die unter Ziff. 2.7.1 beschriebene Dreiteilung in Vertreterversammlung, Vorstand und Geschäftsführung wurde zugunsten **neu geschaffener Organe** aufgegeben. Hiervon versprach man sich eine Steigerung der Verwaltungseffizienz.

– Die Vertreterversammlung wurde durch den **Verwaltungsrat** als Selbstverwaltungsorgan abgelöst *(§ 31 Abs. 3 a SGB IV).* Dem Verwaltungsrat kommen im Wesentlichen die Aufgaben zu, die früher die Vertreterversammlung innehatte *(§ 33 Abs. 3 SGB IV).* Darüber hinaus räumt ihm *§ 197 SGB V* einige weitere Befugnisse und Überwachungsfunktionen ein.
– Die vormals bestehende Anordnung einer paritätischen Besetzung je zur Hälfte aus Vertretern der Versicherten bzw. aus Vertretern der Arbeitgeber wurde durch die Regelung abgelöst, dass der Verwaltungsrat mindestens zur Hälfte aus Vertretern der Versicherten bestehen muss, die übrige Zusammensetzung obliegt einer Regelung der Spitzenverbände der Krankenkassen durch Satzungen *(§ 44 Abs. 4 SGB IV).*
– Die beiden früheren Organe Vorstand und Geschäftsführer sind durch ein neues als **Vorstand** bezeichnetes Organ ersetzt worden. Dieses vereint die Funktionen beider früheren Organe in sich, ist aber kein Selbstverwaltungsorgan mehr.
  Der neue Vorstand besteht aus höchstens 2 Personen (bei Krankenkassen mit mehr als einer halben Million Mitgliedern aus höchsten 3 Personen, *§ 35 a Abs. 4 SGB IV).*
– Der Vorstand wird für 6 Jahre vom Verwaltungsrat gewählt und ist hauptamtlich tätig *(§§ 31 Abs. 3 a, 35 a Abs. 3 SGB IV).*

2.7.3 Besonderheiten bei der Bundesagentur für Arbeit

Für die Bundesagentur für Arbeit gelten gem. *§ 1 Abs. 1 S. 2 SGB IV* die Vorschriften der *§§ 29–66 SGB IV* über die Selbstverwaltung der Sozialversicherungsträger nicht.

Einschlägig sind für ihre Selbstverwaltung stattdessen die *§§ 371 ff. SGB III* als spezialgesetzliche Regelung:

– Im Gegensatz zur Situation bei den Orts-, Betriebs- und Innungskrankenkassen sowie den Ersatzkassen ist der Vorstand bei der Bundesagentur für Arbeit ebenso wie (noch) bei den übrigen Sozialversicherungsträgern ein Selbstverwaltungsorgan.
  Seine Aufgaben und Befugnisse ergeben sich aus *§ 381 SGB III.*
– Der Vorstand seinerseits unterliegt der Kontrolle des Verwaltungsrates *(§ 373 Abs. 1 Satz 1 SGB III),* der als weiteres Selbstverwaltungsorgan fungiert, ebenso wie die bei den einzelnen Agenturen für Arbeit gebildeten Verwaltungsausschüsse *(§ 371 Abs. 1 SGB III).*
– Auch obliegt die Führung der laufenden Geschäfte der Bundesagentur für Arbeit nicht einem oder mehreren Geschäftsführern, sondern dem Vorstand *(§ 381 Abs. 1 Satz 1 SGB III).*

2.8 Die gesetzliche Systematik

Die Sozialversicherungen sind im SGB geregelt. In der nachfolgenden Darstellung werden dabei vor allem das SGB V (Krankenversicherung) und das SGB XI (Pflegeversicherung) besprochen. Kurz aufgezeigt werden auch die pflegerelevanten Bereiche des SGB XII, SGB VII und SGB VI.

Den speziellen Regelungen der einzelnen Sozialversicherungsbereiche vorangestellt ist das SGB IV mit seinen gemeinsamen Vorschriften für alle Sozialversicherungszweige. Im Wesentlichen sind hier gemeinsame Grundsätze und Bestimmungen sowie Organisationsvorschriften für Leistungen, Beiträge, Meldepflichten und die Träger der Sozialversicherung geregelt. Letztere wurden im vorherigen Abschnitt bereits benannt und erläutert.

3 Das Recht der Krankenversorgung

3.1 Grundlagen

3.1.1 Die historische Entwicklung

Grundlage der Krankenversorgung ist die **gesetzliche Krankenversicherung** (GKV), die im 5. Buch des Sozialgesetzbuches (SGB), dem SGB V, geregelt ist. Sie geht zurück auf das Gesetz betreffend die Krankenversicherung der Arbeiter vom 15.06.1883 und blickt damit auf eine **Geschichte von über 100 Jahren** zurück.

Die Einführung der GKV war der erste Schritt in der von **Bismarck** Ende des 19. Jahrhunderts initiierten **Sozialgesetzgebung** und ist damit der älteste Zweig der Sozialversicherung. Davor bestanden zwar schon eine Reihe landesrechtlich geregelter Unterstützungs- und Hilfskassen, die man als Vorläufer der Krankenkassen bezeichnen kann. Mit dem o.g. Gesetz, das zum 01.12.1884 in Kraft trat, wurde jedoch **erstmals** eine für das gesamte Land geltende **allgemeine Versicherungspflicht** für Beschäftigte eingeführt.

Der Anteil der Versicherten an der Gesamtbevölkerung war seinerzeit allerdings vergleichsweise gering: 1908 etwa waren mit etwas mehr als über 13 Millionen Menschen ganze 18% der Bevölkerung des Deutschen Reiches versichert, die sich auf nahezu 23 000 Krankenkassen verteilten. Zum Vergleich: Gegenwärtig sind ca. 90% der deutschen Bevölkerung in der gesetzlichen Krankenversicherung versichert.

Durch die **Reichsversicherungsordnung** (RVO) von 1911 wurde die gesetzliche Krankenversicherung weiterentwickelt und die Kranken-, Unfall- und Rentenversicherung wurden in einem Gesetz zusammengefasst. Die Krankenversicherung wurde dort im zweiten Buch geregelt, das zum 01.01.1914 in Kraft trat. Dieses wurde für die nächsten 75 Jahre zur wesentlichen Rechtsgrundlage des deutschen Krankenversicherungsrechts.

Mit der **Gründung der Bundesrepublik Deutschland** begann auch für die gesetzliche Krankenversicherung ein erneuter Umbruch. Aufbau und Leistungsgefüge mussten an die politischen, wirtschaftlichen und sozialen Gegebenheiten der Nachkriegszeit angepasst werden.

Wesentliche Änderungen betrafen die Verwaltung der Kassen, die durch den Gesetzgeber Anfang der 50er-Jahre wieder in die Verantwortung der Versicherten und der Arbeitgeber übertragen wurde.

Eine wesentliche strukturelle Veränderung der gesetzlichen Krankenversicherung bewirkte erstmals die in drei Stufen (1957, 1961 und 1969) eingeführte **Fortzahlung des Arbeitsentgelts im Krankheitsfall**.

Mit ihr wurde das Risiko der krankheitsbedingten Arbeitsunfähigkeit von der Versichertengemeinschaft auf die Arbeitgeber verlagert. Damit wurde die gesetzliche Krankenversicherung von der wichtigsten ihrer ursprünglichen Aufgaben – der wirtschaftlichen Absicherung kranker Arbeitnehmer – entbunden und der Schwerpunkt der Leistungen auf die medizinische Versorgung der Versicherten verlagert.

Zusätzlich ging man daran, den Kreis der Versicherten zu erweitern: 1968 wurde die Versicherungspflicht auf alle **Rentner** erstreckt und 1971 die **Beitragsbemessungsgrenze** erheblich erhöht. Hierdurch wurden annähernd 60% der seinerzeit etwa 7 Millionen Angestellten versicherungspflichtig.

Hinzu kamen weitere Beschäftigtengruppen, so durch das Gesetz über die Krankenversicherung der Landwirte (1972), das Gesetz über die Sozialversicherung der Behinderten (1975), das Gesetz über die Krankenversicherung für Studenten (1975) und durch das Gesetz über die Sozialversicherung der selbständigen Künstler und Publizisten (1981).

Parallel zur Erweiterung des Kreises der Anspruchsberechtigten wurde bis weit in die 70er Jahre hinein der kontinuierliche **Ausbau des Leistungsrechts** betrieben:

So wurde 1971 die **Prävention** zu einer weiteren Pflichtaufgabe der Krankenkassen, 1974 kam u. a. der Rechtsanspruch auf zeitlich unbegrenzte Krankenhauspflege oder Haushaltshilfe hinzu, ebenfalls 1974 die Pflicht zur Gewährung medizinischer Leistungen zur Rehabilitation und 1975 die Übernahme der Kosten für straffreie Sterilisationen und Schwangerschaftsabbrüche.

Die Kehrseite des Ausbaus des Leistungsrechts stellte die beinahe **explosionsartige Ausgabenentwicklung der Kassen** dar, die noch verschärft wurde durch die Mehraufwendungen, die die Krankenkassen nach der Reform der Krankenhausfinanzierung 1972 zu bewältigen hatten.

Trotz der Dynamisierung der Beitragsbemessungsgrenze erhöhte sich so der Beitragssatz innerhalb von 5 Jahren zwischen 1971 und 1976 von 8,2% auf 11,3%. Verschiedene Versuche, dem Problem mit Kostendämpfungsgesetzen 1977, 1979 und 1981 sowie mit einer weiteren Reform der Krankenhausfinanzierung 1984 beizukommen, brachten keinen grundlegenden Erfolg.

Der Gesetzgeber zog daraufhin Ende der 80er-Jahre erstmals die „Notbremse" mit einer **Strukturreform der gesetzlichen Krankenversicherung**, der sog. Gesundheitsreform.

Als deren erste Stufe gilt das **Gesundheitsreformgesetz** vom 20.12.1988, das zum **01.01.1989** in Kraft trat. Es löste die krankenversicherungsrechtlichen Regelungen im zweiten Buch der RVO ab und integrierte das Krankenversicherungsrecht als 5. Buch in das Sozialgesetzbuch (SGB V).

Weiter geführt wurde die Gesundheitsreform durch das **Gesundheitsstrukturgesetz**, das zum **01.01.1993** in Kraft trat. Wesentliche Bestandteile der damit zwischen 1993 und 1995 einhergehenden Reformen wurden sozialpolitisch und juristisch kontrovers beurteilt.

Äußerst umstrittene Maßnahmen waren insbesondere die Kostendeckelung bei den Krankenhauspflegesätzen, die Zulassungsbeschränkungen für Ärzte oder auch die Budgetierung der ärztlichen Behandlungskosten sowie für Medikamente und Heilmittel.

Zur weiteren Verwirklichung der mit den beiden Gesetzen beabsichtigten Sicherung der finanziellen Grundlagen der GKV wurde zum **01.07.1997** durch das Inkrafttreten zweier **Gesetze zur Neuordnung von Selbstverwaltung und Eigenverantwortung in der GKV** eine weitere – dritte – Stufe der Gesundheitsreform verabschiedet.

Mit Wirkung zum Jahr **1999** verabschiedete dann die im Herbst 1998 erst neu gewählte Bundesregierung das sog. **GKV-Solidaritätsverstärkungsgesetz**, mit dem wesentliche Teile dieser von der Vorgängerin geschaffenen Regelungen zurückgenommen wurden, insbesondere die gerade erst in die GKV eingeführten Elemente der privaten Krankenversicherung, wie etwa die Kostenerstattung für Pflichtversicherte, den Selbstbehalt und Festbetragsregelungen beim Zahnersatz.

Die neue Regierung verabschiedete danach ihrerseits ein Gesetz **zur Reform der GKV**, das zum **01.01.2000** in Kraft trat.

In der Weiterführung der Ansätze von 2000 trat zum **01.01.2004** das **Gesetz zur Modernisierung der gesetzlichen Krankenversicherungen** in Kraft. Mit dem GKV-Wettbewerbsstärkungsgesetz wurde u. a. auch für bisher nicht Versicherte eine gesetzliche Krankenversicherungspflicht eingeführt. Zum 01.01.2009 fand mit dem Gesetz zur Weiterentwicklung der Organisationsstrukturen in der gesetzlichen Krankenversicherung (Einzelheiten auch unter 3.1.4) (GKV-OrgWG) eine weitere kleine Gesundheitsreform statt. Dadurch wurde u. a. die Finanzierung über den Gesundheitsfonds, eine Geldsammel- und Verteilinstitution, grundlegend neu geregelt.

Mit dem **KrankenhausfinanzierungsreformG (KHRG)** wurden **2009** finanzielle Verbesserungen für Krankenhäuser und strukturelle Veränderungen geschaffen, z. B. die Annäherung der Landesbasisfallwerte an einem bundeseinheitlichen Korridor, Förderprogramm zur Verbesserung der Stellensituation in der Pflege, Sicherstellung der der Ausbildungsfinanzierung durch Praxisanleiter, anteilige Refinanzierung der Tariflohnsteigerungen, usw. Das **GKV-Finanzierungsgesetz von 2011** entlastete die Krankenkassen um ca. 9,5 Milliarden Euro, stabilisierte diese damit finanziell, legte den AG-Beitrag auf 7,3% und den Gesamtbetrag auf 15,5% fest, wobei zukünftige Kostensteigerungen über **einkommensabhängige Zusatzbeiträge** finanziert werden, die die Krankenkassen bei den Versicherten (ggf. mit einem steuerfinanzierten Sozialausgleich) erheben können. Auch wurde der Wechsel in die private Versicherung (PKV) erleichtert. **2012** gab es weitere Gesetze zur Steuerung der Leistungen der KV: Mit dem **GKV-Versorgungsstrukturgesetz** wurde die ambulante Versorgung optimiert, u. a. durch bessere Verdienstmöglichkeiten für Ärzte in unterversorgten Gebieten, flexiblere regionale Bedarfsplanung und stärkere Einbeziehung der Krankenhäuser in die ambulante Versorgung, und durch das Psychie-Entgeltgesetz in diesem Versorgungsbereich für Einrichtungen ein pauschalierendes Entgeltsystem eingeführt. Weitere Modifikationen erfolgten z. B. **2014** durch das **14. SGB-V-Änderungsgesetz** für die Vergütung von Medikamenten und **2015** durch das **GKV-**

Finanzstruktur- und Qualitäts-Weiterentwicklungsgesetz (mit Reduzierung des Beitragssatzes auf 14,6% und einem neuen einkommensabhängigen Zusatzbeitrag statt des pauschalen, Maßnahmen zum Bürokratieabbau, Bildung eines Qualitäts- und Transparenzinstitutes und weiterer Finanzstrukturbestimmungen).

Insgesamt lässt sich also feststellen, dass die **gesetzliche Krankenversicherung** – nicht nur aufgrund der zeitweise dramatischen Kostenentwicklung im Gesundheitswesen – **ständiger Gegenstand von Reformvorhaben** ist.

Hinweis: Zur Verdeutlichung: Das SGB V wurde allein in den wenigen Jahren zwischen 1989 und 2001 insgesamt 75 Mal geändert. Dort sind also durchschnittlich alle 2 Monate Änderungen vorgenommen worden. Eine Übersicht über die Geschichte der Reformen und eine Reformdatenbank gibt www.aok-bv.de/politik/reformaktuell/index.html.

3.1.2 Aufgaben und Leistungen der gesetzlichen Krankenversicherung

Die Aufgaben der gesetzlichen Krankenversicherung sind definiert in *§ 1 Satz 1 SGB V.*

Danach dient die GKV dazu, die **Gesundheit** der Versicherten **zu erhalten**, wieder**herzustellen** oder den Gesundheitszustand zu bessern.

Diese Gesetzesformulierung bringt zum Ausdruck, dass sich die gesetzliche Krankenversicherung von ihrer herkömmlichen Aufgabe, nämlich bei Krankheit Leistungen zu gewähren, längst entfernt hat:

Die in *§ 1 SGB V* vorgenommene Aufgabenbeschreibung verdeutlicht im Zusammenhang mit dem dortigen weiteren Hinweis auf die Eigenverantwortung der Versicherten, dass Krankheitsverhütung, Krankheitsbehandlung und Rehabilitation mittlerweile gleichrangige Aufgabenbereiche der gesetzlichen Krankenversicherung sind; ebenso – als notwendige Voraussetzung zu der geforderten **Eigenverantwortung** – wie die durch die Krankenkassen zu erbringende Aufklärung und Beratung ihrer Versicherten.

Gesetzlich umgesetzt wird der Auftrag an die GKV durch den Leistungskatalog des *§ 11 SGB V.* Dieser legt das zu gewährende Leistungsspektrum unter Berücksichtigung der Anforderungen des *§ 1 SGB V* fest.

Die **Leistungen der gesetzlichen Krankenversicherung** stellt nachfolgende **Abbildung** im Überblick dar:

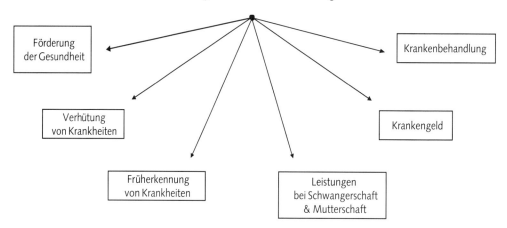

Leistungen der Krankenversicherung

Förderung der Gesundheit

Krankenbehandlung

Verhütung von Krankheiten

Krankengeld

Früherkennung von Krankheiten

Leistungen bei Schwangerschaft & Mutterschaft

3.1.3 Der versicherte Personenkreis

Den gesetzlichen Krankenversicherungen gehören gegenwärtig annähernd 87 % der Bundesbürger (ca. 71 Millionen) an. Der Rest ist nahezu vollständig über private Krankenversicherungen versichert und / oder über das Beihilferecht des öffentlichen Dienstes (mit) abgesichert.

Die Gruppe der Nichtversicherten ist damit mittlerweile auf einen Bestand von ca. 0,2 % der Bevölkerung reduziert worden. Seit dem 01.01.2004 ist die gesetzliche Krankenversicherung auch zuständig für die Krankenbehandlung von Sozialhilfeempfängern gegen Kostenerstattung durch die Sozialämter.

Zum versicherten Personenkreis der gesetzlichen Krankenversicherungen gehören die Pflichtversicherten *(§ 5 SGB V)*, die freiwillig Versicherten *(§ 9 SGB V)* sowie die Familienversicherten *(§ 10 SGB V)*.

Bei den **Pflichtversicherten** lassen sich im Wesentlichen **folgende Hauptgruppen** unterscheiden:

Dies sind zum einen die Arbeitnehmer gem. *§ 5 Abs. 1 Ziff. 1 SGB V* (einschließlich der zum Zweck ihrer Berufsausbildung Beschäftigten), weiter die krankenversicherten Rentner gem. *§ 5 Abs. 1 Ziff. 11 und 12 SGB V* und die Studenten gem. *§ 5 Abs. 1 Ziff. 9 SGB V.* Weitere pflichtversicherte Personen wie Sozialleistungsbezieher (Leistungsempfänger nach dem SGB III und SGB II), bestimmte Gruppen von Selbständigen (Landwirte, Künstler, Publizisten) gemäß *§ 5 Abs. 1 Ziff. 2 f. SGB V* sowie Menschen, die in bestimmten Maßnahmen oder Einrichtungen tätig sind *(§ 5 Abs. 1 Nr. 5 bis 8 SGB V)* und nicht zuletzt alle diejenigen, die nicht anderweitig gegen Krankheit abgesichert sind *(§ 5 Abs. 1 Nr. 13 SGB V)*.

In der **Familienversicherung** sind Kinder bis zu einer bestimmten Altersgrenze sowie Ehegatten beitragsfrei mitversichert *(§ 10 SGB V)*.

Die **freiwillige Versicherung** kommt in Betracht für Beschäftigte, die eine durch Rechtsverordnung festgelegte Jahresarbeitsentgeltgrenze überschreiten bei der erstmaligen Aufnahme einer Beschäftigung *(§ 6 Abs. 1 SGB V)*.

Ebenso besteht die Möglichkeit zur freiwilligen Versicherung für Personen, die aus der Versicherungspflicht ausgeschieden sind und in den letzten 5 Jahren vor dem Ausscheiden mindestens 24 Monate oder unmittelbar vor dem Ausscheiden ununterbrochen mindestens 12 Monate versichert waren *(§ 9 Abs. 1 Nr. 1 SGB V)*.

Auch können – dies ist der praktisch und zahlenmäßig bedeutsamste Anteil – solche Personen sich freiwillig gesetzlich krankenversichern, die aus der Familienversicherung ausgeschieden sind, *(§ 9 Abs. 1 Nr. 2 SGB V)*.

Beitrittsberechtigt sind darüber hinaus z.B. Schwerbehinderte sowie bestimmte Gruppen von Rentnern *(§ 9 Abs. 1 Ziff. 4 und 6 SGB V)* unter bestimmten weiteren Voraussetzungen.

3.1.4 Finanzierung der Krankenversicherung

Die Krankenversicherung finanziert sich grundsätzlich durch **Beiträge der Mitglieder**.

Die **Höhe** des jeweiligen Beitrags richtet sich bisher nach Maßgabe der jeweils einschlägigen **Krankenkassensatzung**, nach dem beitragspflichtigen **Einkommen** der Mitglieder und dem jeweiligen **Beitragssatz** der Kasse.

Die Beitragssätze der einzelnen Krankenkassen wiesen dabei in der Vergangenheit erhebliche Unterschiede auf und hingen von unterschiedlichen Einflussgrößen wie unter anderem der Gesamtmitgliederzahl, dem Anteil der erwerbstätigen Versicherten, der Größe und Verwaltungsstruktur der einzelnen Kasse u.a. ab.

*Insbesondere die gesetzlichen Krankenkassen in den neuen Ländern trafen hier erheblich höhere Belastungen. Diese wurden durch eine gesetzlich angeordnete als verfassungsgemäß bestätigte solidarische Mitfinanzierung im Wege des sog. **Risikostrukturausgleichs** durch die Gemeinschaft der Krankenkassen mitgetragen.*

Nunmehr gibt es seit 2009 eine grundlegende Veränderung durch die Bildung des Gesundheitsfonds. Dies funktioniert so:

Die Beiträge zur Krankenversicherung werden in den Gesundheitsfonds eingezahlt. Neben Arbeitgebern, Arbeitnehmern und sonstigen Zahlern (z.B. Rentner) werden durch den Staat **Steuermittel** eingezahlt. Diese sollen sich schrittweise erhöhen. Für 2009 waren ca. 4,7 Milliarden Euro geplant, 2012 waren es 14 Milliarden, dann wurde der Bundesausschuss bis 2015 gesenkt, ab 2016 wieder auf diesen Betrag erhöht und **ab 2017** auf **14,5 Milliarden Euro** festgeschrieben.

Die Krankenkassen erhalten pro Versicherten einen einheitlichen Betrag vom Gesundheitsfond und in besonderen Fällen sog. krankheitsbedingte Zuschläge. Ziel dieser Konstruktion ist es, mindestens 95% der Ausgaben aller Krankenkassen durch den Gesundheitsfonds zu bezahlen. Reichen dafür die Einnahmen nicht aus, soll der Beitragssatz angehoben werden.

Kommen die Krankenkassen mit den ihnen zugewiesenen Beträgen nicht aus, müssen sie Zusatzbeiträge von ihren Versicherten erheben. Erhalten sie mehr als nötig, können sie die Überschüsse an ihre Versicherten auskehren.

Das Finanzierungssystem

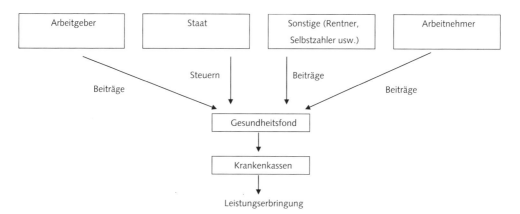

Hinweis. Die **versicherungspflichtig Beschäftigten** (Arbeitnehmer) haben nach dem Grundsatz der **paritätischen Sozialversicherung** vom Prinzip her Anspruch auf **hälftige Übernahme des Beitrags** durch den **Arbeitgeber**. Dieser Grundsatz ist 2004 in einigen wesentlichen Bereichen allerdings aufgegeben worden. So sind z.B. seither erhöhte Zuzahlungen der Versicherten für einzelne Bereiche geregelt. Zum anderen sind eine Reihe von Leistungen gestrichen oder eingeschränkt worden, wie etwa die Gewährung von Sehhilfen, Sterbegeld oder auch Entbindungsgeld.

Des Weiteren tragen seit 2005 die Versicherten die Kosten für den Zahnersatz und das Krankengeld durch höhere Beiträge selber und seit 2011 ist der Beitragssatz der Arbeitgeber auf 7,3% eingefroren worden.

Von den freiwillig Versicherten sind die zu zahlenden Beiträge grundsätzlich selbst zu tragen *(§ 250 SGB V)*.

Bestimmte Beschäftigte haben allerdings Anspruch auf einen Beitragszuschuss gegen den Arbeitgeber in Höhe des Beitrages, der auch für Versicherungspflichtige vom Arbeitgeber zu tragen ist *(vgl. § 257 SGB V)*.

Besonderheiten ergeben sich u.a. für geringfügig Beschäftigte *(§ 8 Abs. 1 Ziff. 1 SGB IV)*. Für diese hat der Arbeitgeber einen Beitrag in Höhe von 13% des Arbeitsentgelts der entsprechenden Beschäftigung zu tragen *(§ 249 b Satz 1 SGB V)*, wenn der Arbeitnehmer nicht privat versichert ist, bei Beschäftigungen im Haushalt sogar nur 5% *(§ 249 b Satz 2 SGB V)*.

Eine weitere Abweichung gibt es bei der sog. Gleitzone (Einkommen zwischen 450,01 und 850,00 €). In der Gleitzone *(§ 20 Abs. 2 SGB IV)* sind die Sozialversicherungsbeiträge für die Arbeitnehmer geringer. Dies ergibt sich für die Krankenversicherung aus *§ 249 Abs. 4 SGB V i. V.m. § 226 Abs. 4 SGB V.*

Die grundsätzlichen **strukturellen Unterschiede** der **gesetzlichen Krankenversicherung** gegenüber der **privaten Krankenversicherung** stellt die nachfolgende **Abbildung** dar:

Vergleich: Gesetzliche - Private Krankenversicherung

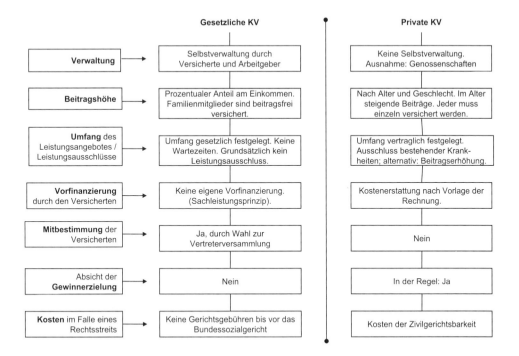

	Gesetzliche KV	Private KV
Verwaltung	Selbstverwaltung durch Versicherte und Arbeitgeber	Keine Selbstverwaltung. Ausnahme: Genossenschaften
Beitragshöhe	Prozentualer Anteil am Einkommen. Familienmitglieder sind beitragsfrei versichert.	Nach Alter und Geschlecht. Im Alter steigende Beiträge. Jeder muss einzeln versichert werden.
Umfang des Leistungsangebotes / Leistungsausschlüsse	Umfang gesetzlich festgelegt. Keine Wartezeiten. Grundsätzlich kein Leistungsausschluss.	Umfang vertraglich festgelegt. Ausschluss bestehender Krankheiten; alternativ: Beitragserhöhung.
Vorfinanzierung durch den Versicherten	Keine eigene Vorfinanzierung. (Sachleistungsprinzip).	Kostenerstattung nach Vorlage der Rechnung.
Mitbestimmung der Versicherten	Ja, durch Wahl zur Vertreterversammlung	Nein
Absicht der **Gewinnerzielung**	Nein	In der Regel: Ja
Kosten im Falle eines Rechtsstreits	Keine Gerichtsgebühren bis vor das Bundessozialgericht	Kosten der Zivilgerichtsbarkeit

3.2 Das Leistungserbringungsrecht

3.2.1 Einführung

Die Leistungen der GKV müssen gem. *§ 12 SGB V* stets **ausreichend**, **zweckmäßig** und **wirtschaftlich** sein.

Im Einzelnen besteht Anspruch auf:

- Förderung der Gesundheit durch Aufklärung und Verhütung von Krankheiten durch Vorsorge *(§ 20 Abs. 1 SGB V)*
- Früherkennung von Krankheiten *(§ 25 SGB V)*
- Behandlung einer Krankheit *(§ 27 SGB V)*
- Leistungen bei Schwangerschaft und Mutterschaft *(§§ 24 ff. SGB V)*
- Versorgung mit apothekenpflichtigen Arznei-, Verband- und Heilmitteln *(§§ 32 ff. SGB V)*
- Versorgung mit Hilfsmitteln *(§ 33 SGB V)*
- Krankengeld *(§ 44 SGB V)*

Diese Leistungen sind aufgrund des sog. **Sachleistungsprinzips** *(§§ 2 Abs. 2 und 13 Abs. 1 SGB V)* von den Trägern der gesetzlichen Krankenversicherung regelmäßig in Form von Naturalleistungen zu erbringen.

Merksatz

Der Versicherte erhält die Sach- und Dienstleistungen, auf die er Anspruch hat, direkt, ohne sie selbst gegenüber dem konkreten Leistungserbringer bezahlen zu müssen.

Die Krankenversicherungen können sich folglich nicht darauf beschränken, die Behandlungskosten nachträglich zu erstatten – wie etwa bei der privaten Krankenversicherung – sondern müssen für die Durchführung der geschuldeten Behandlung Sorge tragen.

Hinweis: Unabhängig davon gibt es – insbesondere im Bereich des Krankenhausaufenthaltes und der Medikamente – den **Grundsatz der Selbstbeteiligung**. Dieser bedeutet, dass die Versicherten für jede Medikamentenverordnung (Rezept) sowie bei einem Krankenhausaufenthalt Zuzahlungen *(§ 61 SGB V)* bis zu einer in *§ 62 SGB V* näher definierten Belastungsgrenze (zurzeit bis zu 2% der jährlichen Bruttoeinnahmen zum Lebensunterhalt) beisteuern müssen.

Da die Krankenkassen selbst in der Regel nicht über die zur Aufgabenerfüllung erforderlichen sachlichen und personellen Mittel verfügen, bedienen sie sich dazu Dritter, den sog. **Leistungserbringern** *(§§ 2 Abs. 2 bis 4, 69 ff. SGB V)*. Diese erfüllen den Versicherten gegenüber z.B. als Ärzte, Krankenhäuser, Pflegedienste oder auch Apotheken den Leistungsanspruch. Die Bezahlung der Leistung erfolgt dann seitens der Krankenkassen gegenüber den jeweiligen Leistungserbringern.

Grundsätzlich entsteht damit in der einfachsten Ausprägung eine rechtliche **Dreiecksbeziehung** zwischen dem Krankenversicherungsträger, dem Versicherten und dem konkreten rechtlichen Leistungserbringer:

Dabei hat der **Versicherte** gegenüber seiner Krankenkasse einen **Anspruch auf Leistung** bei einem zugelassenen Leistungserbringer. Die Krankenkasse wiederum kann aufgrund ihrer Vertragsbeziehungen zu dem jeweiligen **Leistungserbringer** von diesem verlangen, dass er die Sach- oder Dienstleistungen gegenüber dem Versicherten erbringt. Durch seine Vertragsbeziehung zur Kasse wiederum hat der Leistungsbezieher dieser gegenüber den Anspruch auf Vergütung seiner Leistung.

Ausgelöst wird dieser Vorgang in der Regel durch Vorlage der Krankenversichertenkarte gem. *§§ 15, 291 SGB V* durch den Versicherten beim „zugelassenen" Leistungserbringer.

Die **grundlegende Struktur der Leistungsbeziehungen** zwischen Krankenkasse, Leistungserbringer und Versicherten stellt die nachstehende **Abbildung** dar.

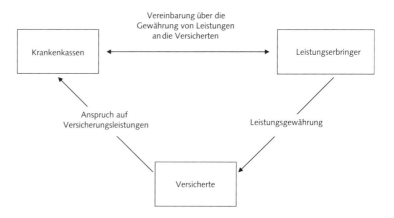

3.2.2 Die Krankenversorgung

Bei Krankheit besteht nach *§ 27 SGB V* ein Anspruch auf Krankenbehandlung (und ggf. eine Entgeltersatzleistung, das Krankengeld gem. *§§ 44 ff. SGB V*).

Die Krankenbehandlung umfasst die notwendigen Leistungen, die als **Katalog** in *§ 27 Abs. 1 Satz 2 Nr. 1–6 SGB V* aufgelistet sind [Bitte Lesen!], wozu auch Ansprüche auf notwendige Verbrauchs- und Arzneimittel *(§ 31 Abs. 1 SGB V)*, Heilmittel *(§ 32 Abs. 1 SGB V)* und Hilfsmittel *(§ 33 Abs. 1 SGB V)* gehören.

Hinweis: Nicht gesetzlich geregelt ist die Definition von **Krankheit**.

Das BSG und die maßgebenden Autoren in der sozialrechtlichen Fachliteratur (die sog. herrschende Meinung, abgekürzt: h.M.) beschreiben Krankheit im Sinne des Krankenversicherungsrechtes als einen regelwidrigen körperlichen, geistigen oder seelischen Zustand, der ärztlicher Behandlung bedarf und/oder Arbeitsunfähigkeit zur Folge hat.

Merksatz

Der **Anspruch auf Krankenbehandlung** besteht, wenn sie notwendig ist, um eine Krankheit zu erkennen, zu heilen, ihre Verschlimmerung zu verhüten oder Krankheitsbeschwerden zu lindern.

* Von der **Krankenbehandlungsbedürftigkeit** ist die **Pflegebedürftigkeit** nach dem Pflegeversicherungsgesetz (SGB XI) zu unterscheiden.

Hierfür ist maßgebend die **Hilfebedürftigkeit** des Pflegebedürftigen für die gewöhnlichen und regelmäßig wiederkehrenden Verrichtungen des täglichen Lebens.

Die Pflegebedürftigkeit ist somit allein durch den krankheits- oder behinderungsbedingten **Hilfebedarf** und dessen Umfang definiert, im übrigen unabhängig davon, ob diese Hilflosigkeit durch ärztliche Behandlung verringert oder gar bewältigt werden kann.

3.2.3 Die rechtlichen Grenzen und Möglichkeiten der Krankenbehandlung

Diese allgemein beschriebenen Voraussetzungen und Leistungen der Krankenbehandlung werden durch sehr viele detaillierte Rechtsvorschriften konkretisiert.

* Zumeist handelt es sich dabei um sog. untergesetzliche Rechtsvorschriften (etwa nach *§ 92 SGB V*): Der Gesetzgeber gibt dazu die Rahmenbedingungen vor und die Einzelheiten werden von der gemeinsamen Selbstverwaltung von Ärzten und Krankenkassen festgelegt.

Durch dieses System soll die ärztliche Versorgung und eine ausreichende, zweckmäßige und wirtschaftliche Behandlung aller Versicherten gewährleistet werden (so die Vorgabe in *§ 92 Abs. 1 Satz 1 SGB V*).

Das bedeutendste Gremium ist dabei der bereits mehrfach erwähnte **Gemeinsame Bundesausschuss** (G-BA) *(§ 91 SGB V)*:

Bis zur Gesundheitsreform 2004 gab es drei unterschiedliche Gremien, die zusammengefasst wurden und es wurde die Beteiligung von Patientenvertretern sichergestellt.

Wesentliche Aufgabe des G-BA ist der Erlass von Richtlinien über die Inhalte der Versorgung, z.B. diejenigen über die ärztliche Behandlung, die Einführung neuer Untersuchungs- und Behandlungsmethoden, über die Versorgung mit Arznei-, Heil- und Hilfsmitteln. Er kann auch Leistungen ausschließen *(§ 92 Abs. 1 S. 1 HS 2 SGB V)* und neue Methoden dürfen erst erbracht werden, wenn der G-BA eine Empfehlung abgegeben hat *(§ 135 Abs. 1 S. 1 SGB V)*.

Der G-BA tagt und entscheidet, je nach Fachbereich, in verschiedenen Zusammensetzungen und hat insgesamt 13 Mitglieder. Hinzu kommen diverse Unterausschüsse (z.B. für die vertragsärztliche Versorgung, der Unterausschuss für Krankenhausbehandlung und der Unterausschuss für häusliche Krankenpflege). Die Beteiligung von Interessenvertretern der Patienten ist in *§ 140 f. SGB V* festgelegt.

• Hinzu kommen weitere Bestimmungen, die die o.g. Grundstruktur des sozialrechtlichen Leistungsdreiecks wie ein Geflecht umranken.

Deispiel: So schließen die Krankenkassen als Leistungsträger zur Sicherstellung des Versorgungsauftrages regional und bundesweit geltende Verträge mit den Leistungserbringern *(§§ 69 ff. SGB V)* und es wird eine Vielzahl von Rahmenempfehlungen für die Konkretisierung der jeweiligen Leistungen gegeben.

3.3 Pflege im Krankenhaus

3.3.1 Das Krankenhaus: Begriff und Zulassung

Das Krankenhaus ist einer der wichtigsten Leistungserbringer im sozialen Versicherungssystem.

Dessen Rechtsgrundlagen sind aufgrund der ständigen Neuerungen, Änderungen und Erweiterungen, insbesondere im Zusammenhang mit Regelungen zur Kostendämpfung im Gesundheitswesen eine kaum noch zu überblickende Rechtsmaterie geworden.

Verstreut in vielen Gesetzen, Verordnungen, Richtlinien, Rahmenverträgen, Empfehlungen und sonstigen Rechtsnormen ist das Leistungserbringungsrecht der Krankenhäuser zum Teil auch noch unsystematisch geregelt und es ist kaum möglich, hier die Details zu erörtern.

Deshalb soll vor allem eine Übersicht über einige wichtige Rechtsgrundlagen und Definitionen gegeben werden.

Dazu gehört die Bestimmung, was ein Krankenhaus ist. Hierfür gibt es mehrere Regelungen:

Definition: Nach *§ 2 Nr. 1 des Krankenhausfinanzierungsgesetzes (KHG)* ist ein Krankenhaus eine Einrichtung, in der durch ärztliche und pflegerische Hilfeleistungen Krankheiten, Leiden, Körperschäden festgestellt, geheilt oder gelindert werden sollen oder Geburtshilfe geleistet wird und in der die zu versorgenden Personen untergebracht und verpflegt werden können.

Hiernach sind also Voraussetzungen

– ärztliche und pflegerische Hilfeleistungen,
– Heilung oder Linderung von Krankheiten, Leiden oder Körperschäden,
– Möglichkeiten der Unterbringung und Verpflegung.

Problematisch an der Definition ist, dass damit eine Abgrenzung gegenüber Kurkliniken oder Vorsorge- und Rehabilitationseinrichtungen kaum
möglich ist.

Diese Abgrenzung ist aber nach dem SGB V notwendig.

In *§ 107 Abs. 1 SGB V* wird ein „Krankenhaus" daher anders definiert:

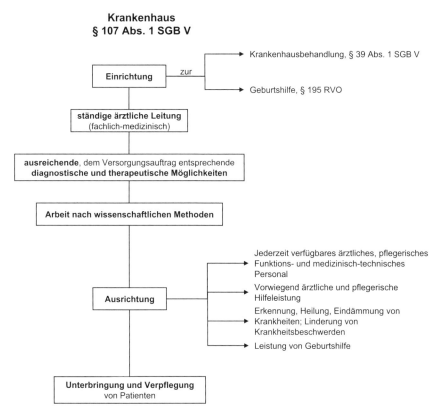

Krankenhaus
§ 107 Abs. 1 SGB V

Einrichtung — zur → Krankenhausbehandlung, § 39 Abs. 1 SGB V

→ Geburtshilfe, § 195 RVO

ständige ärztliche Leitung
(fachlich-medizinisch)

ausreichende, dem Versorgungsauftrag entsprechende
diagnostische und therapeutische Möglichkeiten

Arbeit nach wissenschaftlichen Methoden

Ausrichtung
→ Jederzeit verfügbares ärztliches, pflegerisches
Funktions- und medizinisch-technisches
Personal
→ Vorwiegend ärztliche und pflegerische
Hilfeleistung
→ Erkennung, Heilung, Eindämmung von
Krankheiten; Linderung von
Krankheitsbeschwerden
→ Leistung von Geburtshilfe

Unterbringung und Verpflegung
von Patienten

Hiernach stehen im Mittelpunkt

– ärztliche und
– pflegerische Hilfeleistungen.

Diese beiden Bestandteile bilden das zentrale Abgrenzungsmerkmal der
Krankenhausbehandlung gegenüber anderen Einrichtungen, z.B. solchen
zur Vorsorge- oder Rehabilitation.

Bei Vorsorge- oder Rehabilitationseinrichtungen stehen also im Mittelpunkt

– die Anwendung von Heilmitteln und
– geistige und seelische Einwirkungen.

Um Versicherte der GKV versorgen zu können, müssen Krankenhäuser
zugelassen sein. Die zugelassenen Krankenhäuser sind Hochschulkliniken, sog. **Plankrankenhäuser** (*§ 108 Nr. 2 SGB V* = Krankenhäuser, die
in den Krankenhausplan eines Landes aufgenommen sind) und **Vertrags-**
krankenhäuser.

Stationäre Vorsorge / Rehabilitationseinrichtungen § 107 Abs. 2 SGB V

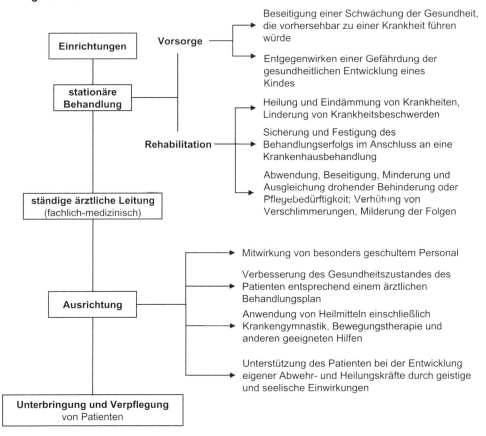

Einrichtungen

Vorsorge
— Beseitigung einer Schwächung der Gesundheit, die vorhersehbar zu einer Krankheit führen würde
— Entgegenwirken einer Gefährdung der gesundheitlichen Entwicklung eines Kindes

stationäre Behandlung

Rehabilitation
— Heilung und Eindämmung von Krankheiten, Linderung von Krankheitsbeschwerden
— Sicherung und Festigung des Behandlungserfolgs im Anschluss an eine Krankenhausbehandlung
— Abwendung, Beseitigung, Minderung und Ausgleichung drohender Behinderung oder Pflegebedürftigkeit; Verhütung von Verschlimmerungen, Milderung der Folgen

ständige ärztliche Leitung (fachlich-medizinisch)

Ausrichtung
— Mitwirkung von besonders geschultem Personal
— Verbesserung des Gesundheitszustandes des Patienten entsprechend einem ärztlichen Behandlungsplan
— Anwendung von Heilmitteln einschließlich Krankengymnastik, Bewegungstherapie und anderen geeigneten Hilfen
— Unterstützung des Patienten bei der Entwicklung eigener Abwehr- und Heilungskräfte durch geistige und seelische Einwirkungen

Unterbringung und Verpflegung von Patienten

Vertiefender Exkurs

Neben dieser sozialrechtlichen Unterscheidung von Krankenhäusern, zu denen neben den o. g. Vorsorge- und Rehabilitationseinrichtungen auch keine Sanatorien, Kuranstalten oder Heime gehören, kann eine Unterscheidung auch durch Betrachtung der Träger von Krankenhäusern erfolgen.

Durch die Privatisierung und den Verkauf von bisher in öffentlich-rechtlicher Trägerschaft betriebenen Krankenhäusern sind der Anteil und die Bedeutung erwerbsorientierter Krankenhäuser ständig gestiegen. Da diese zugleich auch die bedarfswirtschaftliche Zielsetzung der bisher öffentlichen Träger mit übernehmen, wird sich diese eher klassische Aufteilung zukünftig weiter auflösen bzw. vermischen.

Hinzu kommt eine veränderte Organisationsstruktur. Durch Bildung von Tochtergesellschaften oder durch Einbeziehung externer

Dienstleister werden bestimmte Aufgaben von Krankenhäusern nicht mehr selbst wahrgenommen, sondern auf Dritte übertragen (Outsourcing).

Dies umfasst zunehmend auch die sog. patientennahen Bereiche, also nicht nur Reinigungs- oder Küchendienste:

Vor allem aus Gründen der Kosteneinsparung werden auch Pflegekräfte und Ärzte nicht mehr nur beim Krankenhausträger angestellt, sondern von den Tochtergesellschaften und von diesen dann an das Krankenhaus „ausgeliehen".

Die Mitarbeit rechtlich betriebsfremder Fachkräfte gab es zwar auch schon vorher (z.B. die Gestellung von DRK-Schwestern). Jetzt haben sich aber Konzernstrukturen gebildet, die zudem auch noch Aufgabenfelder umfassen, die vor oder nach der Krankenhausbehandlung liegen, z.B. der Betrieb ambulanter Pflegedienste oder von Pflegeeinrichtungen.

Näheres über die Tätigkeitsfelder und das Selbstverständnis von Krankenhauskonzernen etwa der SANA-Gruppe, Asklepios, dem Rhönklinikum, Helios, aber auch von regionalen Trägern, z.B. dem Universitätsklinikum Schleswig-Holstein oder der imland gGmbH, bzw. der Klinikum Nordfriesland gGmbH können Sie auf den Internetseiten dieser Träger erfahren.

3.3.2 Die Krankenhausbehandlung

Krankenhausbehandlung kann nur dann gewährt werden, wenn diese Maßnahme **medizinisch erforderlich** ist.

Sie wird gem. *§ 39 SGB V* stationär, teilstationär, ambulant, vor- und nachstationär erbracht.

Ein Anspruch auf die **vollstationäre** Behandlung besteht (nur), wenn die Krankenhausaufnahme nach entsprechender Prüfung durch das Krankenhaus erforderlich ist, also das Behandlungsziel nicht durch teil-, vor- oder nachstationäre oder sog. ambulante Behandlung erreicht werden kann (vgl. *§ 39 Abs. 1 S. 2 SGB V*).

Merksatz

Die Reihenfolge bei der Versorgung von Kranken hat sich unter dem allgemeinen Hinweis **„ambulant vor stationär"** inzwischen auch bei den Versicherten verbreitet.

Der Krankenhausbehandlung geht im Normalfall eine **Einweisung** durch den behandelnden niedergelassenen Arzt unter Benennung eines bestimmten Krankenhauses voraus (vgl. *§ 73 Abs. 2 Nr. 7 SGB V*). Dieser hat dabei auch zu prüfen, ob die Krankenhausbehandlung im o.g. Sinne erforderlich ist.

Für die Krankenhausbehandlung muss der versicherte Patient nicht direkt an das Krankenhaus zahlen. Die Kosten übernimmt die Krankenkasse (Ausnahme: Zuzahlungen *§ 61 SGB V*).

Allerdings werden dadurch nicht alle Kosten gedeckt. Die **Finanzierung** der Krankenhäuser ist **dual** aufgebaut:

Die **laufenden Kosten** werden aus den Zahlungen der Krankenkassen beglichen und die **Investitionskosten** erhalten die Krankenhäuser aus staatlichen Mitteln.

Die Zahlungen der Krankenkassen ergaben sich früher aus Pflegesätzen, die ausgehandelt und vertraglich festgelegt wurden.

Merksatz

> Das System der Pflegesätze ist durch eine Abrechnung nach Fallpauschalen, also Einheitspreisen für die einzelnen Behandlungen, und Sonderentgelten für besondere Maßnahmen über die jeweiligen Fallpauschalen hinaus ersetzt worden.

3.3.3 Die sozialrechtlichen Vorgaben für die Leistungen des Krankenhauses

Um eine gleichmäßige Versorgung der Versicherten im Krankenhaus zu erreichen und gleichzeitig der Verpflichtung nachzukommen, den Versicherten eine adäquate Versorgung zu gewährleisten, gibt es, wie bereits erwähnt, ein Geflecht von vertraglichen und sonstigen Regelungen, die die gesetzlichen Normen ergänzen. Die zu Grunde liegenden Strukturen sollen nachfolgend im Überblick dargestellt werden.

Ausgangspunkt ist das **sozialrechtliche Dreieck**.

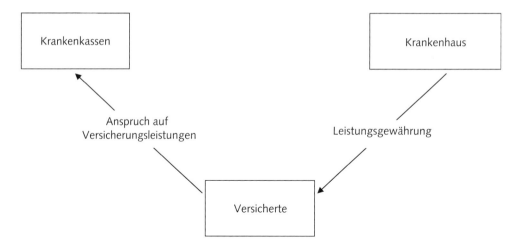

Um nicht für jedes einzelne Krankenhaus jeweils umfangreiche Regelungen vornehmen zu müssen, wird die Gleichmäßigkeit der Versorgung bundesweit über die **Organisationen der Beteiligten** organisiert.

Diese regeln auf unterschiedlichen Ebenen die Rahmenbedingungen:

- Maßgebend für Krankenhäuser ist zunächst, dass sie für die Krankenkassen Krankenhausbehandlung erbringen dürfen.

Dies dürfen die Hochschulkliniken, Krankenhäuser, die in den Krankenhausbedarfsplan eines Landes aufgenommen worden sind **(Plankrankenhäuser)** und Krankenhäuser, die mit den Landesverbänden der Krankenkassen einen **Versorgungsvertrag** geschlossen haben.

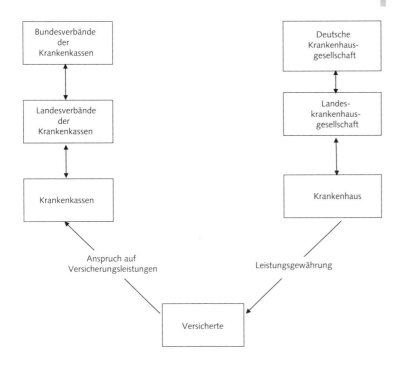

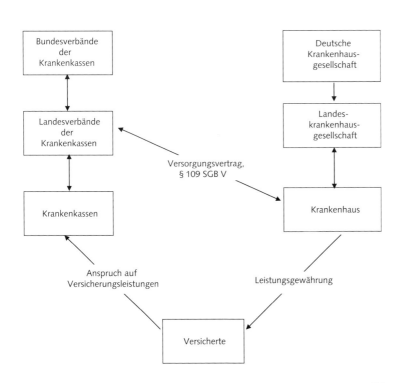

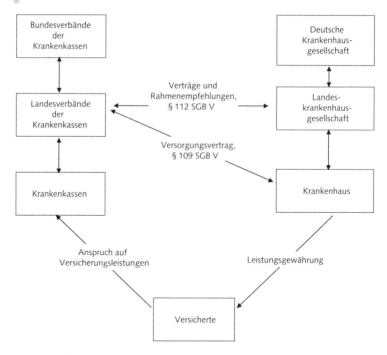

Dieser kommt durch Einigung zwischen den Landesverbänden der **Krankenkassen** (und den Verbänden der Ersatzkassen) und dem **Krankenhausträger** zustande *(§ 109 Abs. 1 S. 1 SGB V)*.

Für Hochschulkliniken und Plankrankenhäuser gilt der Versorgungsvertrag gem. *§ 109 Abs. 1 S. 2 SGB V* unter den dort genannten Voraussetzungen als abgeschlossen.

Neben den Versorgungsverträgen werden zwischen den Landesverbänden der Kranken- und Ersatzkassen und dessen Landeskrankenhausgesellschaften **Rahmenverträge** und **Rahmenvereinbarungen** abgeschlossen. Diese Verträge sind für die Krankenkassen und Krankenhäuser kraft Gesetzes **unmittelbar** verbindlich *(§ 112 Abs. 2 S. 2 SGB V)*. Siehe die Abbildung auf der folgenden Seite oben.

Auf Bundesebene ist den **Spitzenverbänden der Krankenkassen** und der **Deutschen Krankenhausgesellschaft** in *§ 112 Abs. 5 SGB V* die Aufgabe zugewiesen, gemeinsam **Rahmenempfehlungen** zum Inhalt der Verträge nach *§ 112 SGB V* zu beschließen. Siehe die Abbildung auf der vorstehenden Seite unten.

Auch zwischen dem **Versicherten** als Patienten und dem **Krankenhaus** wird ein Vertragsverhältnis über die Leistungsgewährung begründet, ein sog. **Krankenhausaufnahmevertrag**.

Wichtig

> Weder das Krankenhaus noch die Versicherten sind in der Lage die Einzelheiten der vertragsgemäßen Behandlung selbst zu bestimmen. Vielmehr werden diese durch die rechtliche Einbindung in das Leistungssystem wesentlich und vorrangig von anderen bestimmt.

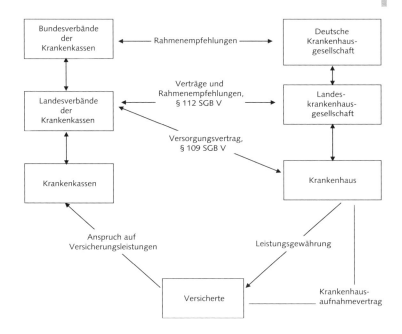

3.3.4 Die sozialrechtliche Bedeutung der Pflege in der Krankenhausbehandlung

Die Krankenhausbehandlung ist nach *§ 27 Abs. 1 S. 1 Ziff. 5 SGB V* Bestandteil der Krankenbehandlung. Krankenbehandlung im SGB V ist im Wesentlichen ärztliche Behandlung.

Im Vordergrund steht deshalb auch im Krankenhaus die intensive, aktive, fortdauernde **ärztliche** Betreuung der Patienten. Bei dieser wirken die Angehörigen der Pflegeberufe mit.

Merksatz

Pflegeleistungen sind im Krankenversicherungsrecht Mitwirkungsleistungen bei ärztlicher Behandlung und Teil der Kranken(haus)behandlung, wobei diese Hilfeleistungen vom Arzt angeordnet und von ihm zu verantworten sind (so die Regelung in *§ 28 Abs. 1 S. 2 SGB V*).

Zwar bedeutet dies nicht, dass bei allen pflegerischen Leistungen eine ärztliche Anordnung, Anleitung und Beaufsichtigung gefordert ist, doch wird durch das BSG festgestellt, dass sich insoweit die Pflege der ärztlichen Behandlung unterzuordnen hat (Urteil des BSG vom 11.12.1990, Az. 1 RA 3/89, BSGE 68, 61). Die Pflege ist danach also unselbständiger Teil der ärztlichen Behandlung (BSG USK 80 211).

Hinweis: Das ärztliche Primat und das Prinzip der ärztlichen Gesamtverantwortung greift dann nicht mehr, wenn es um Maßnahmen geht, für die ärztliches Fachwissen nicht erforderlich ist und bei Leistungen, für die auch die Mitwirkenden anderen Berufsgruppen fachlich qualifiziert und kompetent sind.

Wo hier die **Grenze** zu ziehen ist, wird durch den Gesetzgeber allerdings **nicht festgelegt**.

Hinweis: In *§ 37 SGB V* (häusliche Krankenpflege) wird verlangt, dass die Pflegekräfte für ihre Tätigkeit bzw. Leistung geeignet sein müssen.

Wichtig

> Durch die neuen Regelungen in *§ 63 Abs. 3 b, 3 c SGB V* werden Modellvorhaben erlaubt, die eine größere Eigenständigkeit der Pflegekräfte zum Ziel haben. In Verbindung mit der sog. Heilkundeübertragungsrichtlinie des G-BA wird eine selbstständige Ausübung von Heilkunde durch Pflegekräfte ermöglicht und es sind die dafür notwendige Voraussetzungen bestimmt worden (s. dazu auch Kapitel 2 Nr. 3.2.4 und 5).

Es gilt aber nach wie vor, dass zum Schutz der Versicherten/Patienten vor unsachgemäßer Leistungserbringung durch nicht hinreichend ausgebildete Kräfte **im Zweifel** das Prinzip der ärztlichen Gesamtverantwortung **Gültigkeit** beansprucht (vgl. dazu auch *§ 15 Abs. 1 S. 2 SGB V, § 107 Abs. 1 Nr. 2 SGB V*).

Hinweis: Sozialrechtlich bestimmt der **Arzt** auch über Notwendigkeit und Umfang der pflegerischen Leistung und trägt die **Verantwortung** dafür, dass sie sachgemäß durchgeführt wird.

Dieser Ansatz entspricht zwar schon lange nicht mehr der betrieblichen Realität, der inneren Führungsorganisation und den Strukturen der Krankenhäuser, doch führt diese Diskrepanz nach wie vor zu einem Unsicherheitsfaktor in der konkreten Abgrenzung der Tätigkeitsfelder und Verantwortungsbereiche.

Durch die Fortentwicklung des Sozial- und Berufsrechts, wie oben dargestellt, wird es wohl schrittweise zur Anpassung der rechtlichen Regelungen an die Praxis kommen, gleichwohl aber auch zukünftig immer noch auf betriebliche Regelungen ankommen. Diese sind daher insoweit auch zu befördern.

– Die Diskussion über die Stellung und Fortentwicklung der Pflege im Krankenhaus wird auch durch die aktuellen Vergütungsformen, die Fallpauschalen, befördert:

Durch die **Abhängigkeit** der **Betriebskostenfinanzierung** von Krankenhäusern über dieses **Fallpauschalensystem** kommt es noch stärker darauf an, berufstypische und organisatorische Reibungsverluste im Krankenhaus zu vermeiden und auch die Pflege prozessoptimiert zu planen und durchzuführen.

Die **berufsgruppenübergreifende Zusammenarbeit** (statt Mitarbeit bei ärztlicher Tätigkeit nach dem bisherigen sozialrechtlichen Ansatz) wird sich dabei verändern müssen, weil Kosten-Nutzen-Überlegungen zukünftig eine noch stärkere Bedeutung haben werden.

Multidisziplinäre Behandlungsleitlinien, zu denen auch standardisierte Pflegepläne gehören, Pflegecontrolling und der Aufbau einer neuen „Dienstleistungskultur" sind entsprechende Schlagworte für die Weiterentwicklung der Pflege im Krankenhaus.

– In Verbindung mit den Änderungen der Krankenhauslandschaft durch Privatisierungen, Übernahmen sowie die Ausweitung von Tätigkeiten von Krankenhausträgern auch auf die vor- und nachstationäre Versorgung, wird es zu einer Bedeutungszunahme der Pflegeleistungen und deren Organisation im Krankenhaus kommen.

Die berufsbezogenen Organisationsstrukturen werden durch leistungsbezogene abgelöst werden, wie dies sich schon jetzt in den Anforderungen an und die Nachweise der Leistungsqualität abzeichnet (vgl. zur Qualität der Krankenhausleistungen und der Nachweispflicht §§ 135 a, 137, 137 a, 137 b, 137 c und 139 a ff. SGB V).

Vertiefender Exkurs

Die derzeitige Stellung des Pflegemanagements in der Krankenhausleitung und die zukünftige Bedeutung der Funktion der leitenden Pflegekraft ist demgegenüber indifferent:

Regelungen zur Zusammensetzung der Krankenhausleitung finden sich im Sozialrecht z. T. in den Landeskrankenhausgesetzen. Eine bundesweit oder zumindest einheitliche Regelung gibt es nicht.

Demgemäß sind die Leitungsstrukturen im Krankenhaus vielfältig. Bisher wurden sie weitgehend **entsprechend dem Tarifrecht des öffentlichen Dienstes** organisiert.

Danach wurden im Wesentlichen folgende Varianten gewählt:

I. Die leitende Pflegekraft mit ausschließlicher Bestellung und Tätigkeit in der Krankenhausleitung

Die Zuständigkeit dieser leitenden Pflegekraft, der/die auch als Krankenpflegedirektor/in oder Vorstand für Pflege bezeichnet wird, besteht in allgemeiner Koordinierung des pflegerischen Dienstes und der allgemeinen Personalplanung, Finanz-/Budgetverantwortung, Qualitätssteuerung sowie der Aufstellung von allgemeinen Richtlinien für den Pflegedienst des Krankenhauses.

In den einzelnen organisatorisch selbständigen Kliniken tragen die jeweiligen Pflegedienstleitungen (PDLs) die Gesamtverantwortung für „ihren" Pflegebereich.

Aufgabe der Krankenpflegedirektorin ist die Leitung des Krankenhauses, gemeinsam mit dem Leiter der Verwaltung und einem ärztlichen Direktor. Im Bereich der Pflege werden dort für das Krankenhaus klinikübergreifende Angelegenheiten bearbeitet, z.B. die pflegerische Arbeit der einzelnen Kliniken koordiniert, pflegerische Ziele entwickelt, Budgets verteilt.

Die Tätigkeit als Krankenhausleitungs-/Vorstandsmitglied wird nicht selten befristet.

II. Die leitende Pflegekraft als Mitglied der Krankenhausleitung unter Beibehaltung der Gesamtverantwortung für den Pflegedienst

Der Krankenpflegedirektorin obliegt die Gesamtverantwortung für den Pflegedienst des ganzen Krankenhauses mit den einzelnen Kliniken (des Gesamtklinikums) und sie ist zusätzlich zum Mitglied der Krankenhausbetriebsleitung bestellt.

Bei einer solchen Organisationsform sind der Krankenhausdirektorin je nach den organisatorischen Erfordernissen Pflegekräfte mit Leitungsbefugnissen (Abteilungsleitungen oder Oberschwestern) untergeordnet.

Eine Delegierung von Führungsaufgaben auf nachgeordnete Pflegekräfte ist zwar möglich, doch bleibt die Gesamtverantwortung für den Pflegedienst bei der Krankenpflegedirektorin. Eine solche Organisationsform empfiehlt sich daher nur für kleinere Krankenhäuser, in denen diese Doppelfunktion durch die Krankenpflegedirektorin wirksam erfüllt werden kann.

III. Die leitende Pflegekraft als Mitglied der Krankenhausleitung und PDL für eine einzelne Klinik innerhalb des Krankenhauses

Bei einer solchen Organisationsstruktur wird die Krankenpflegedirektorin aus dem Kreis der PDLs gestellt. Sie behält dann neben der Tätigkeit in der Krankenhausleitung ihre Gesamtverantwortung für den Pflegedienst einer einzelnen Klinik. Soweit sie durch ihre Aufgaben in der Krankenhausleitung in Anspruch genommen wird, muss ihre ständige Vertretung als PDL in der Klinik tätig werden.

Zur Verdeutlichung sei diese Position mit der Rechtsstellung eines ärztlichen Direktors verglichen: Die einzelnen Kliniken werden durch Chefärzte geleitet. Aus dem Kreis der Chefärzte wird zeitweilig ein ärztlicher Direktor gestellt oder gewählt.

Der ärztliche Direktor bleibt in seiner Eigenschaft als Chefarzt in dem ihm organisatorisch zugewiesenen klinischen Bereich zuständig. In seiner Funktion als ärztlicher Direktor obliegt ihm jedoch für alle Kliniken des Krankenhauses die Koordinierungspflicht, soweit übergreifende Maßnahmen erforderlich sind.

Eine PDL einer Klinik, die zum Mitglied der Krankenhausleitung und damit zur Krankenpflegedirektorin bestellt wird, trägt als PDL ihrer Klinik ebenso wie die anderen PDLs der anderen Kliniken die Gesamtverantwortung für die Pflege der ihr zugeordneten Klinik. Die zur Krankenpflegedirektorin bestellte PDL kann daher den anderen PDLs der Kliniken keine fachlichen Weisungen im Bereich der ihnen zugeordneten Pflegebereiche erteilen.

Ihre Zuständigkeit erstreckt sich nur auf die klinikübergreifenden Aufgaben und den sich daraus ergebenden Koordinierungsaufgaben sowie eine allgemeine Weisungsbefugnis in nicht direkt und unmittelbar die Pflege betreffenden Fragen (Weiterbildung für alle Pflegekräfte, Richtlinien zur Verteilung der Budgets, usw.).

Eine Krankenpflegedirektorin muss auch nicht zwangsläufig eine bis in die einzelnen Pflegedienste der Klinik hineinreichende Weisungsbefugnis haben, da es sich bei den Tätigkeiten „Leitung des pflegerischen Funktionsdienstes" und „Leitung des Krankenhauses" um unterschiedliche Arbeitsbereiche handelt.

Abhängig von der Rechtsform des Krankenhausträgers wird diese Leitungsebene jedoch ebenso wie die des ärztlichen Krankenhausdirektors in der Krankenhausleitung von der des Geschäftsführers, der meist eine betriebswirtschaftliche Ausbildung hat, überlagert.

Dies führt zum einen bei den berufsbezogenen Leitungskräften hin zu einer Vertretung des Fachbereichs in der Krankenhausleitung mit Koordinierungsaufgaben im Binnenbereich des Fachbereichs (in der Pflege zu erkennen an der Etablierung der Studiengänge Pflegemanagement).

Zum anderen wird zukünftig die Geschäftsführung auch von diesen Fachvertretern mittels Aufbau- und Zusatzstudiengängen mit betriebswirtschaftlichen Schwerpunkten wahrgenommen werden können.

3.4 Die häusliche Krankenpflege

Ein weiteres Tätigkeitsfeld der Pflege ist die zur Krankenversorgung gehörende häusliche Krankenpflege.

Gemäß *§ 37 Abs. 1 SGB V* erhalten Versicherte in ihrem Haushalt, ihrer Familie oder einem sonst geeigneten Ort (z.B. Wohngruppe) neben der ärztlichen Behandlung häusliche Krankenpflege durch geeignete Pflegekräfte, wenn Krankenhausbehandlung geboten, aber nicht ausführbar ist, oder wenn sie durch die häusliche Krankenpflege vermieden oder verkürzt wird (sog. Krankenhausvermeidungspflege).

Nach *§ 37 Abs. 2 SGB V* erhalten Versicherte häusliche Krankenpflege, wenn dies zur Sicherung des Ziels der ärztlichen Behandlung erforderlich ist (sog. Sicherungspflege).

Die Leistungen der **häuslichen Krankenpflege** sind durch die Krankenkassen gem. *§ 37 Abs. 1 Satz 3 SGB V* **als Sachleistung** zu erbringen. Diese umfasst

– die im Einzelfall erforderliche **Grundpflege** zu der insbesondere die körperliche Pflege und die hygienische Betreuung des Versicherten gehört,
– die sog. **Behandlungspflege**, die den eigentlichen medizinischen Pflegebereich, z.B. das Wechseln von Verbänden, Injektionen, usw. umfasst, sowie
– im Bedarfsfall auch die **hauswirtschaftliche Versorgung**.

Hinweis: Häusliche Krankenpflege ist in Fällen des *§ 37 Abs. 2 SGB V* regelmäßig auf die **Behandlungspflege** beschränkt. Grundpflege und hauswirtschaftliche Versorgungsleistungen werden nur erbracht, wenn und soweit die **Satzung** der Krankenkasse dies als freiwillige Mehrleistung vorsieht (vgl. *§ 37 Abs. 2 Sätze 4 und 5 SGB V*).

In der Pflegepraxis gab es hierbei häufig Probleme, weil sich die Krankenkassen nicht selten weigern, die Pflegemaßnahmen zu bewilligen.

Hinweis: Wenn Versicherte bereits Leistungen nach dem SGB XI **(Pflegeversicherung)** beziehen, weigern sich Krankenkassen manchmal, Leistungen zu erbringen und verweisen darauf, dass die **Behandlungspflegemaßnahmen** durch den Pflegedienst oder die Pflegepersonen ohnehin im Rahmen der Grundpflege zu erbringen sind.

– Hierzu hat das BSG schon vor einigen Jahren etwas mehr Klarheit geschaffen:
Krankenspezifische Pflegemaßnahmen zählen quasi zum **Grundpflegebedarf des SGB XI**, wenn sie entweder **untrennbarer Bestandteil einer Katalogverrichtung** des *§ 14 Abs. 4 SGB XI* sind oder mit einer solchen Verrichtung objektiv **notwendig** in einem unmittelbaren zeitlichen **und** sachlichen **Zusammenhang** durchzuführen sind. Dies kann so weit gehen, dass die Maßnahmen der Behandlungspflege die Grundpflegemaßnahmen vollständig ersetzen.

Wichtig ist dabei, dass es einen **sachlichen** Zusammenhang zwischen den Verrichtungen gibt. Ein rein zeitlicher Zusammenhang reicht nicht aus.

Weiter ist Voraussetzung, dass der zeitliche Zusammenhang mit der Grundpflegeleistung aus objektiven Kriterien heraus gegeben ist und nicht einfach zweckmäßig (hierzu die *Entscheidung des BSG vom 17.03.2005 (Az.: B 3 KR 9/04 R)* mit zahlreichen weiteren Hinweisen).

Durch wen häusliche Krankenpflege zu erbringen ist und **welche Leistungen** die häusliche Krankenpflege genau umfasst, ist darüber hinaus in untergesetzlichen Regelungen konkretisiert worden. Die Systematik entspricht dabei weitgehend der schon für den Krankenhausbereich vorgestellten:

– Ausgangspunkt dafür ist *§ 132 a SGB V* [Bitte lesen!]

Die Krankenkasse kann zwar grundsätzlich zur Gewährung von Pflegeleistungen geeignete Fachkräfte anstellen, *§ 132 a Abs. 2 Satz 10 SGB V*. Allerdings gilt auch hier vorrangig das **Vertragsprinzip**, d.h. die Krankenkassen schließen mit geeigneten Personen, Einrichtungen oder Unternehmen entsprechende Vereinbarungen über die Erbringung von Pflegeleistungen, die sog. **Rahmenverträge**. Diese Verträge sind wiederum bestimmt von **Rahmenempfehlungen**, die auf Bundesebene für die einheitliche Versorgung mit häuslicher Krankenpflege sorgen sollen *(vgl. die amtliche Begründung, Bundestagsdrucksache 13/7264, S. 68)*.

Die Rahmenempfehlungen erstrecken sich auf Angelegenheiten von grundsätzlicher Bedeutung, was insbesondere für die in *§ 132 a Abs. 1 Satz 4 Nr. 1–7 SGB V* genannten Inhalte gilt.

Partner der Rahmenempfehlungen sind die **Spitzenverbände der Krankenkassen** und die für die Wahrnehmung der Interessen von Pflegediensten maßgeblichen **Spitzenorganisationen** auf Bundesebene, also in der Regel die Bundesverbände der freien Wohlfahrtspflege und der privatgewerblichen Pflegedienstträger.

Eine Sonderregelung gibt es für Kirchen und andere freigemeinnützige Träger, die allerdings häufig bereits durch Gemeinschaften in Verbindung mit Wohlfahrtsverbänden vertreten werden.

Die Rahmenempfehlungen haben ihrerseits die **Richtlinien des G-BA** nach *§ 92 Abs. 1 Satz 2 Nr. 6 SGB V* über die Verordnung häuslicher Krankenpflege zu beachten. Der G-BA hat zur häuslichen Krankenpflege eine Richtlinie mit einem Leistungsverzeichnis beschlossen und aktualisiert (Stand 2014: zu finden auf www.g-ba.de/informationen/richtlinien/11/).

Hinweis: Strittig war früher, wie weit die **Richtlinienkompetenz des G-BA** geht, insbesondere, ob er berechtigt ist, einen abschließenden Leistungskatalog für die häusliche Krankenpflege oder Leistungsausschlüsse, wie etwa für psychisch kranke Menschen, festzulegen. Nachdem es dazu bereits in der juristischen Literatur erhebliche Zweifel gegeben hat, hat auch des BSG dies verneint. In seinem Urteil vom 17.03.2005 (Az.: B 3 KR 35/04 R)hat es hierzu ausgeführt, dass sich der Auftrag des Bundesausschusses im Bereich der häuslichen Krankenpflege auf die Konkretisierung und Interpretation des Wirtschaftlichkeitsgebotes für die Regelfälle der häuslichen Krankenpflege beschränke und Abweichungen in Einzelfall nicht ausschließe. Zu einer abschließenden Regelung sei der Bundesausschuss im Bereich der häuslichen Krankenpflege nicht ermächtigt. Voraussetzung für die Nichtverbindlichkeit ist aber stets die Feststellung, dass der Bundesausschuss die besondere Fallgestaltung nicht bedacht, die Rechtsbegriffe der Notwendigkeit und Wirtschaftlichkeit unzutreffend angelegt oder die Bewertung von Notwendigkeit und Wirtschaftlichkeit einer Maßnahme fehlerhaft vorgenommen hat *(BSG Urteile vom 26.01.2006, Az. B 3KR 4/05 R; 31.05.2006, Az. B 6 KA 69/04 R).*

Über die Einzelheiten der Leistungserbringung werden, wie erwähnt, Verträge zwischen den Krankenkassen und den Leistungserbringern abgeschlossen.

Es handelt sich dabei um die **Rahmenverträge** meist zwischen Krankenkassen und den einzelnen Leistungserbringern. Möglich ist aber auch eine Vereinbarung mit Verbänden der Leistungserbringer, die für die einzelnen Pflegedienste und -einrichtungen **verbindlich sein können, wenn sie Mitglied des Verbandes sind und dem Vertrag beitreten.**

Die Rahmenverträge enthalten Regelungen zum Geltungsbereich, zu allgemeinen Anforderungen an Personal und Träger, spezielle Regelungen zu Qualitätsanforderungen, Leistungserbringung, Datenschutz und Datenübermittlung und zu Vergütungen.

Eigentlich ärztliche Tätigkeiten, die Pflegekräften in der ambulanten Versorgung zur selbstständigen Ausübung der Heilkunde unter bestimmten Voraussetzungen übertragen werden dürfen, hat der G-BA in der **Heilkundeübertragungsrichtlinie** benannt (bitte lesen: www.g-ba.de/informationen/richtlinien/77/). Danach erfolgt (wie bisher) die Indikations- und Diagnosestellung durch den Arzt/die Ärztin, die Durchführung und Verantwortung der in einem Katalog aufgeführten übertragungsfähiger ärztlicher Tätigkeiten durch die Pflegekräfte. Dadurch kann die ambulante Versorgung interprofessionell effizienter und effektiver weiterentwickelt werden.

3.5 Palliativ- und Hospizpflege

Pflegekräfte sind zunehmend auch in die Palliativ- und Hospizversorgung einbezogen. Ziel dieser Versorgung **(Palliative Care)** ist die Behandlung und Begleitung schwerstkranker und sterbender Menschen. Dabei geht es nicht vorrangig um heilende sondern um lindernde (palliative) Maßnahmen dadurch diesenMenschen ein menschenwürdiges Leben bis zum Tod zu ermöglichen: **zu Hause**, **in stationären Einrichtungen** oder **in Hospizen**. Die Versorgung findet in verschiedenen Bereichen statt:

Allgemeine Palliativversorgung,
Spezialisierte Palliativversorgung,
Ambulante Hospizdienste,
Stationäre Hospize.

Zur **allgemeinen Palliativversorgung** gehört vor allem die kontinuierliche Versorgung durch Ärzte, Pflegedienste bzw. Pflegekräfte zusammen mit anderen Berufsgruppen. Sie erfolgt in ambulanten Hospizdiensten, stationären Pflegeeinrichtungen und allgemeinen Krankenhäusern. Stationäre Hospize, Palliativstationen und die spezialisierte ambulante Palliativversorgung *(SAPV, § 37 b SGB V)* sind Bestandteile der **spezialisier-**

ten **Palliativversorgung**. Bei der **SAPV** arbeiten Ärzte und Pflegedienste in einem Palliative-Care-Team (PCT) zusammen. Seit 2007 hat
jeder Versicherte in Deutschland das Recht auf diese Versorgungsform, die
es betroffenen Menschen ermöglicht, zu Hause versorgt und betreut zu
werden, auch wenn sie einen besonders aufwendigen Betreuungsbedarf
haben. 2008 hat hierzu der G-BA Richtlinien erlassen und es wurden die
Empfehlungen der GKV dazu verabschiedet. In den meisten Bundesländern wurden inzwischen SAPV-Strukturen aufgebaut, eine flächende-
ckende Umsetzung ist jedoch noch nicht gegeben. Außerdem ist die Umsetzung in den einzelnen Bundesländern unterschiedlich.

Ziel der **Hospizarbeit** ist es, ein Sterben zu Hause, in der gewohnten
Umgebung zu ermöglichen und wenn dies nicht möglich ist und eine
Krankenhausbehandlung nicht notwendig oder gewünscht wird, die Betreuung und Versorgung in einem stationären Hospiz zu ermöglichen
(vgl. § 39 a SGB V). **Ambulante Hospizdienste** erbringen ihre Leistungen im häuslichen Umfeld oder in Pflegeeinrichtungen. Dabei arbeiten vor allem ehrenamtliche Mitarbeiter/innen eng mit ambulanten Pflegediensten und Ärzten zusammen. 2010 ist in einer Rahmenvereinbarung
mit dem GKV-Spitzenverband Näheres zur Voraussetzung einer finanziellen Förderung und zu Inhalt, Qualität und Umfang der ambulanten Hospizarbeit verabredet worden. **Stationäre Hospize** sind kleine Einrichtungen mit 8 bis 16 Betten. Dort wird entsprechend der besonderen
Bedürfnisse der Schwerkranken, sterbenden Menschen und ihre Angehörigen die Behandlung und Pflege erbracht. In der Regel arbeiten stationäre Hospize mit niedergelassenen Ärzten und Krankenhäusern eng zusammen. Stationäre Hospize unterliegen dem jeweiligen Landesheimrecht
und auch für die Voraussetzungen der Förderung sowie Inhalt, Qualität
und Umfang der stationären Hospizversorgung gibt es seit 2010 eine
Rahmenvereinbarung mit dem GKV-Spitzenverband und den Spitzenorganisationen der stationären Hospize. Es gibt auch **spezielle Kinderhos-
pize**, für die zwar einerseits im Grundsatz dieselben Rahmenbedingungen
gelten, andererseits diese aber zum Teil über jeweils besondere Strukturen
verfügen.

Vorschlag: Verschaffen Sie sich einen Überblick über die Anzahl und Verteilung
der Hospiz- und Palliativversorgung und deren Entwicklung in Deutschland z.B.
auf der Internetseite www.dhpv.de/themen_hospiz-palliativ.html und bei http://
www.aok-gesundheitspartner.de/bund/pflege/hospize/index.html mit einer guten
Übersicht über die jeweiligen Landesweiterbildungsregelungen.

Wichtig

> Zum Jahreswechsel 2015/2016 ist zur Verbesserung dieser Versor-
> gungsformen das Hospiz- und Palliativgesetz (HPG) in Kraft getreten,
> welches über *§ 132 g SGB V* wesentliche neue Regelungen einge-
> führt hat. Das HPG betrifft nicht nur Änderungen im SGB V sondern
> auch im SGB XI sowie im Krankenhausfinanzierungsgesetz und wirkt
> somit an der Schnittstelle zwischen der Kranken- und Pflegeversiche-
> rung. Danach wird die Palliativversorgung Teil der Regelversorgung
> in der gesetzlichen Krankenversicherung, wobei der G-BA in einer
> Richtlinie über die Verordnung häuslicher Krankenpflege die einzel-
> nen Leistungen der Palliativpflege konkretisieren soll.

Zukünftig sollen ärztliche-, pflegerische- und Hospizarbeit stärker vernetzt und die Versorgung in ländlichen Regionen verbessert werden. Palliativversorgung soll im Krankenhaus Bestandteil der ärztlichen und pflegerischen Tätigkeit sein, die Finanzierung stationärer Hospize wird durch Erhöhung der Tagessätze verbessert, und bei ambulanten Hospizdiensten können künftig neben dem Personal- auch Sachkosten bezuschusst werden. Die Sterbebegleitung wird ausdrücklicher Bestandteil des Versorgungsauftrages der Pflegeversicherung. Die SAPV soll flächendeckend angeboten werden, und die Krankenhäuser bekommen auch die Möglichkeit, Hospizdienste mit Sterbebegleitung in ihren Einrichtungen zu beauftragen. Die Versicherten haben einen Anspruch auf Beratung durch die jeweilige Krankenkasse in Bezug auf die Versorgungsstrukturen im Hospiz- und Palliativbereich sowie zur persönlichen Vorsorge (allgemeine Beratung und spezielle zu Patientenverfügung und Vorsorgevollmacht, usw.). Stationäre Pflegeeinrichtungen können bei Refinanzierung durch die Krankenkassen ihren Bewohnern zudem eine Versorgungsplanung zur individuellen und umfassenden medizinischen, pflegerischen, psychosozialen und seelsorgerischen Betreuung organisieren und anbieten.

Hinweis: Ein guter Überblick über die vielfältigen rechtlichen Grundlagen bietet der Deutsche Hospiz- und Palliativverband auf seiner Internetseite http:// www.dhpv.de/service_gesetze-verordnungen.html Dort bitte die *§§ 37 b, 39 a, 132 d, g SGB V* sowie das HPG und die Richtlinien des G-BA zur Vertiefung nachlesen.

4   Das Pflegeversicherungsrecht

4.1 Überblick

4.1.1 Entstehung und Entwicklung

1994 wurde die Pflegeversicherung als weitere Säule der Sozialversicherung geschaffen. Sie ergänzt die Krankenversicherung, Rentenversicherung, Unfallversicherung und Arbeitslosenversicherung.

Merksatz

Rechtsgrundlage der Pflegeversicherung ist das Gesetz zur sozialen Absicherung des Risikos der Pflegebedürftigkeit (Pflege-Versicherungsgesetz,Pflege-VG) vom 26.05.1994 *(BGBl. I S. 1014, 2797)*, nunmehr in der aktuellen Fassung als SGB XI.

Hintergrund für die Einführung dieser neuen Sozialversicherung war die politische Erkenntnis, dass das **Risiko der Pflegebedürftigkeit** für viele Betroffene mit erheblichen und zum größten Teil kaum tragbaren **wirtschaftlichen Belastungen** verbunden war.

Diese Belastungen führten in sehr hohem Umfang dazu, dass die Sozialhilfe im Rahmen der Hilfe zur Pflege nach dem Bundessozialhilfegesetz erbracht werden musste.

Die in der Vergangenheit übliche Pflege von Angehörigen in der Familie war durch die veränderten Lebenssituationen immer mehr zurückgegangen.

Dem Gesetz war eine fast **20 Jahre andauernde Diskussion** vorange-
gangen und die Pflegeversicherung wurde erst in mehreren Stufen nachei-
nander in Kraft gesetzt.

Die organisationsrechtlichen Vorschriften des Pflegeversicherungsgesetzes sind am 01.06.1994 in Kraft getreten, die Vorschriften über das Bei-
tragsrecht und die Finanzierung am 01.01.1995, die Regelungen zur häuslichen Pflege am 01.04.1995 und diejenigen über die vollstationäre Pflege
am 01.07.1996.

Auch nach In-Kraft-Treten der Regelungen gab es ständige Diskussionen und so musste sich das Bundesverfassungsgericht (BVerfG) bereits in
mehreren Entscheidungen mit der Pflegeversicherung befassen.

Insgesamt wurde das **Gesetz** jedoch als **verfassungsmäßig** beurteilt,
wenngleich einzelne Vorschriften, z. B. über die Versicherten und die Bemessung der Beiträge aus Sicht des Gerichtes korrekturbedürftig waren.

Vertiefender Hinweis: Entscheidungen des BVerfG zur Pflegeversicherung sind
z. B. ergangen am

> *03.04.2001, Az.: 1 BvR 2014/95*
> *03.04.2001, Az.: 1 BvR 1629/94*
> *03.04.2001, Az.: 1 BvR 81/98*
> *22.05.2003, Az.: 1 BvR 452/99*
> *22.05.2003, Az.: 1 BvR 1077/00*
> *11.06.2003, Az.: 1 BvR 190/00+191/00*
> *07.10.2008, Az.: 1 BvR 2995/06*
> *   1 BvR 740/07*
> *02.09.2009, Az.: 1 BvR 1997/08*
> *26.03.2014, Az.: 1 BvR 1133/12*

Die Pflegeversicherung stand stets in zweifacher Hinsicht in ständiger
Diskussion:

So wurde einerseits geltend gemacht, dass die **Abgrenzung zur Krankenversicherung** unvollständig ist und es deshalb Leistungsprobleme gibt
(vgl. z. B. Ergänzung von *§ 15 Abs. 3 SGB XI* um die Sätze 2 und 3, Ergänzung *§ 37 Abs. 2 Satz 1 SGB V* um 2. Halbsatz und zur Leistungs-
pflicht häuslicher Krankenpflege trotz Berücksichtigung als Pflegebedarf
BSG v. 16.07.2014, Az. B 3 KR 2/13R sowie zur Zuordnung einer Trep-
pensteighilfe *BSG v. 16.07.2014, Az. 3 KR 1/14 R*).

Zum anderen könne der **zunehmende Bedarf an Pflegeversicherungsleistungen** durch die bisherigen Beiträge nicht aufrecht erhalten
werden, sodass insbesondere auch die Finanzierung der Pflegeversicherung
verändert werden musste.

Diese und weitere Gesichtspunkte haben zu einer umfangreichen Ge-
setzgebungstätigkeit seit Einführung dieser 5. Säule der Sozialversicherung
geführt:

Mit dem **Pflege-WeiterentwicklungsG** wurden **2008** u. a. Leistungs-
verbesserungen (Anhebung und Dynamisierung ambulanter Sachleistungen und des Pflegegeldes) und Leistungserweiterungen bei eingeschränkter
Alltagskompetenz geschaffen, eine Pflegezeit für Beschäftigte eingeführt,
eine Einbeziehung der Pflegeeinrichtungen in das ärztliche Versorgungsmanagement und Veröffentlichungen von Leistungen der Pflegeeinrichtungen (Pflegenoten, sog. Pflege-TÜV) vorgeschrieben.

Mit dem **PflegeneuausrichtungsG** (PNG) von **2012** gab es u. a. neben
einer Anhebung des Beitragssatzes finanzielle Verbesserungen für Demenz-

kranke, pflegende Angehörige, Privatversicherte, Selbsthilfegruppen, die Gründung von Pflege-Wohngemeinschaften und Ausweitungen der Leistungen für demenziell erkrankte Pflegebedürftige und Personen mit sog. Pflegestufe 0 (vgl. *§§ 123, 124 SGB XI*). Auch Ärzte erhielten Förderzuschläge bei Aufsuchen von Pflegebedürftigen unter bestimmten Voraussetzungen. Novelliert wurde auch *§ 120 SGB XI* bezüglich der Regelungen über den Pflegevertrag bei häuslicher Pflege.

Mit dem **1. Pflegestärkungsgesetz** (PSG I) wurde **2015** der Beitrag erneut erhöht und die mit dem PNG vorgesehene **Priorität der häuslichen Versorgung** fortgeführt. Dazu wird die sog. Verhinderungs- und Kurzzeitpflege flexibilisiert (*§§ 39, 42 SGB XI*), die Tages- und Nachtpflege nicht mehr auf Pflegegeld und -sachleistungen angerechnet (*§ 41 SGB XI*) und weitere Gestaltungsmöglichkeiten eröffnet. Demenzkranke erhalten seitdem vollen Zugang zu allen ambulanten Leistungen. Pflege-Wohngruppen können vereinfacht Finanzierungszuschüsse in Anspruch nehmen und es werden für eine neue Lohnersatzleistung (das **Pflegeunterstützungsgeld** für pflegende Angehörige), welche 2015 mit dem Gesetz zur besseren Vereinbarkeit von Familien, Pflege im Beruf eingeführt wurde, 100 Mio. Euro bereitgestellt. Zur finanziellen Stabilisierung der Pflegeversicherung wurde schließlich ein Sondervermögen geschaffen (**Vorsorgefonds**).

2016 trat dann das **PSG II** in Kraft. Damit wird **ab 2017** eine **grundlegende Modernisierung** der Pflegeversicherung eintreten (siehe dazu unten 4.2.4). Bereits ab 2016 erhalten pflegende Angehörige einen **Rechtsanspruch auf** individuelle **Pflegeberatung** und dieses Jahr soll vor allem zur Vorbereitung der Umstellung (u.a. für den MDK) genutzt werden. Die systematischen Rahmenbedingungen der Pflegeversicherung bleiben jedoch im Wesentlichen unangetastet.

4.1.2 Versicherungsnehmer

Im dritten Kapitel des SGB XI wird (auch weiterhin) der **versicherungspflichtige** Personenkreis benannt. Bei der Pflegeversicherung handelt es sich um eine Versicherung in zwei Bereichen, nämlich die **öffentlich-rechtliche Versicherung** für den größten Teil der Bevölkerung und eine **privat-rechtliche Versicherung** für Versicherte der privaten Krankenversicherungsunternehmen.

In der Pflegeversicherung sind nach *§ 1 Abs. 2 Satz 1 SGB XI* diejenigen Personen versichert, die auch in der gesetzlichen Krankenversicherung versichert sind, sowohl die Pflichtversicherten als auch die freiwillig Versicherten (vgl. *§ 20 Absätze 1 und 3 SGB XI*).

Die **freiwillig Versicherten** haben jedoch die Möglichkeit sich von der Versicherungspflicht befreien zu lassen, wenn sie nachweisen, dass sie bei einer Privatversicherung gegen Pflegebedürftigkeit versichert sind und dort ein gleichwertiger Versicherungsschutz besteht (*§ 22 Abs. 1 SGB XI*).

Es gibt auch eine **Familienversicherung** (*§ 25 SGB XI*), die ebenso wie im Krankenversicherungsrecht beitragsfrei ist gem. *§ 56 Abs. 1 SGB XI*.

Hinzu kommt die Versicherung für sog. sonstige Personen nach *§ 21 SGB XI*.

Insgesamt besteht bei der Versicherungspflicht eine sehr enge **Anlehnung** an das **Krankenversicherungsrecht**. Es werden gem. *§ 23 SGB XI* auch die privat Versicherten für versicherungspflichtig erklärt. Zudem sind auch Beamte zum Abschluss einer privaten Pflegeversicherung verpflichtet.

4.1.3 Organisation und Grundlagen der Pflegeversicherung

Obwohl es sich bei der Pflegeversicherung um einen eigenständigen Zweig der Sozialversicherung handelt, ist bei der Organisationsstruktur ebenfalls eine starke **Angliederung an** die **Krankenversicherung** vorgenommen worden.

– So ist bei jeder Krankenkasse eine Pflegekasse als Träger der Pflegeversicherung errichtet worden.

  Diese **Pflegekassen** sind nach *§§ 1 Abs. 3, 46 Abs. 1 Satz 1 SGB XI* zwar selbständige Träger der Versicherung als **rechtsfähige Körperschaften** des öffentlichen Rechts mit Selbstverwaltung (vgl. *§§ 29 Abs. 1 SGB IV und 46 Abs. 2 Satz 1 SGB XI*). Organisatorisch sind die Pflegekassen dennoch bei den Krankenkassen angesiedelt *(§§ 1 Abs. 3, 46 Abs. 1 Satz 2 SGB XI)* und die Pflegekassen nehmen die sachlichen und personellen Mittel der Krankenkassen in Anspruch, wofür sie diesen pauschal Verwaltungskosten erstatten *(§ 46 Abs. 3 SGB XI)*.
– Die Verbindung geht sogar soweit, dass die **Organe der Krankenkassen** zugleich auch **Organe der Pflegekassen** sind *(§ 46 Abs. 2 Satz 2 SGB XI)* und Arbeitgeber (Dienstherr), der für die Pflegekassen tätigen Beschäftigten ebenfalls die Krankenkasse ist.
– Auch haben die Pflegekassen **keine eigene Verbandstruktur**, also keine eigenen Landes-, Bundes- und Spitzenverbände. Diese Aufgaben werden ebenfalls von den entsprechenden Verbänden der Krankenkassen wahrgenommen *(§§ 52, 53 SGB XI)*.

4.1.4 Finanzierung

Ebenso sind die Grundsätze der Finanzierung nach dem Muster der gesetzlichen Krankenversicherung erlassen worden:

– So werden die Mittel durch **Beiträge** und **sonstige Einnahmen** gedeckt *(§ 54 Abs. 1 SGB XI)*. Der Beitragssatz betrug bis 1996 zunächst bundeseinheitlich 1%, mit dem Einbezug der vollstationären Pflege ab Juli 1996 1,7% und er wurde ab Juli 2008 auf 1,95%, ab 01.01.2013 auf 2,05% und ab 01.01.2015 auf 2,35% angehoben. **Mitglieder ohne Kinder** haben nach Vollendung des 23. Lebensjahres einen **Beitragszuschlag** in Höhe von 0,25% gemäß *§ 55 Abs. 3 SGB XI* zu zahlen.
– Dem Grundsatz nach gilt die Regelung, dass **Arbeitnehmer** und **Arbeitgeber** die nach dem Arbeitsentgelt zu bemessenden Beiträge **jeweils zur Hälfte** tragen *(§ 58 Abs. 1 Satz 1 SGB V)*.

Allerdings ist dieser Grundsatz durch die zuvor sehr kontroverse politische Diskussion nur deshalb zu Stande gekommen, weil die Arbeitgeber Ausgleichsmöglichkeiten erhalten haben. So ist in § 58 Abs. 2 SGB XI bestimmt, dass die Länder einen gesetzlichen landesweiten Feiertag, der stets auf einen Werktag fällt, aufheben werden. Der Pflegeversicherung fiel also ein Feiertag zum Opfer.

In der Folge wurde der Buß- und Bettag gestrichen. Allerdings hat Sachsen sich geweigert, einen Feiertag aufzugeben. Dafür müssen die Arbeitnehmer dort mehr zahlen. Es gibt nämlich eine gegenüber dem übrigen Bundesgebiet unterschiedliche Beitragsregelung, die in § 58 Abs. 3 SGB XI zu finden ist.

Den Beitragszuschlag tragen die Arbeitnehmer alleine *(§ 58 Abs. 1 S. 3 SGB XI).*

– Die Beiträge sind, wie auch in der Krankenversicherung, an die jeweiligen Krankenkassen zu zahlen, die diese an die bei ihnen errichteten Pflegekassen weiterleiten.

4.2 Die Pflegebedürftigkeit

4.2.1 Grundlage

Versicherungsfall in der Pflegeversicherung ist der Eintritt der Pflegebedürftigkeit.

Die Pflegebedürftigkeit bestimmt sich nach den Regelungen in *§§ 14 ff. SGB XI.* Danach ist pflegebedürftig, wer wegen einer körperlichen, geistigen oder seelischen Krankheit oder Behinderung für die gewöhnlichen und regelmäßig wiederkehrenden Verrichtungen im Ablauf des täglichen Lebens auf Dauer, voraussichtlich für mindestens 6 Monate, im erheblichen oder höheren Maße *(§ 15 SGB XI)* der Hilfe bedarf.

Es reicht für die Pflegeversicherung nicht aus, kurzfristig pflegebedürftig zu sein, sondern die Pflegebedürftigkeit muss für mindestens 6 Monate bestehen.

Wichtig

Die nähere Ausgestaltung der Begrifflichkeiten der **Krankheit** oder der **Behinderung** wird in *§ 14 Abs. 2 SGB XI* vorgenommen.

Krankheit oder Behinderung müssen die Fähigkeit zur Ausübung bestimmter – im Gesetz in *§ 14 Abs. 4 SGB XI* konkret benannter – Verrichtungen im täglichen Ablauf einschränken oder beseitigen.

Es kommt für die Pflegebedürftigkeit nicht etwa auf die Art oder die Schwere einer Krankheit oder Behinderung an, sondern nur auf den Bezug der täglichen Verrichtungen, die im Gesetz genannt sind.

Wichtig

Auch nicht berücksichtigt werden notwendige Maßnahmen der **Krankenbehandlung**, der medizinischen **Rehabilitation** oder der **Behandlungspflege** nach dem Krankenversicherungsrecht.

In der Praxis ist stets darauf zu achten, dass weder der allgemein übliche Begriff der Pflegebedürftigkeit noch derjenige nach den pflegefachlichen Definitionen maßgebend ist, sondern ausschließlich der insoweit klar begrenzte Begriff des SGB XI.

Merksatz

4.2.2 Stufen der Pflegebedürftigkeit

Um Leistungen der Pflegeversicherung zu erhalten muss auch noch eine Zuordnung der Pflegebedürftigkeit in eine der drei in *§ 15 Abs. 1 SGB XI* definierten Pflegestufen erfolgen.

Neben den in *§ 14 SGB XI* genannten Voraussetzungen sind Kriterien für die Zuordnung zu den Pflegestufen die Häufigkeit des Hilfebedarfs und ein zeitlicher Mindestaufwand. Deshalb führt ein nur kurzzeitig bestehender Hilfebedarf oder ein nur geringfügiger ebenso wenig wie ein Bedarf nach hauswirtschaftlicher Versorgung zu Leistungen der Pflegeversicherung.

Grundsätzlich gilt, dass für die **Pflegestufe 1** (erhebliche Pflegebedürftigkeit) ein Hilfebedarf bei der Körperpflege, der Ernährung oder der Mobilität für wenigstens zwei Verrichtungen aus einem oder mehreren Bereichen mindestens einmal täglich gegeben sein muss und zusätzlich mehrfach in der Woche Hilfe bei hauswirtschaftlicher Versorgung erforderlich ist. Der zeitliche Aufwand, den Familienangehörige, Nachbarn oder andere nicht ausgebildete Pflegepersonen für die Hilfe benötigen liegt bei täglich 90 Minuten, wovon auf die Grundpflege mehr als 45 Minuten entfallen müssen.

Der Hilfebedarf erhöht sich entsprechend *§ 15 Abs. 1 Nr. 2 SGB XI* in der **Pflegestufe 2** (Schwerpflegebedürftigkeit) auf drei Stunden täglich (davon 2 Stunden Grundpflege). Bei Pflegebedürftigen der **Pflegestufe 3** (Schwerstpflegebedürftigkeit) ist nach *§ 15 Abs. 1 Nr. 3 SGB XI* ein Hilfebedarf (Grundpflege und hauswirtschaftliche Versorgung) von fünf Stunden täglich rund um die Uhr, auch nachts, erforderlich. Dabei müssen auf die Grundpflege 240 Minuten entfallen. Konkret bedeutet dies, dass für die Pflegestufe 3 eine Pflegeperson jederzeit und unmittelbar erreichbar sein muss, wobei die ständige Bereitschaft hierzu nicht ausreicht.

Bei der Bestimmung der Pflegebedürftigkeit und bei der Einordnung in die entsprechenden Stufen ist also ein sehr **formaler Ansatz** gewählt worden, der in der Praxis vielfältigen Klärungsbedarf ergibt.

Demgemäß hat der Gesetzgeber in *§ 16 SGB XI* eine **Verordnungsermächtigung** zur näheren Abgrenzung gegeben.

Hiervon ist aber kein Gebrauch gemacht worden. Stattdessen haben die Spitzenverbände der Pflegekassen die **Richtlinienkompetenz**, die ihnen in *§ 17 SGB XI* eingeräumt wurde, genutzt.

Danach können sie zur näheren Abgrenzung von Pflegebedürftigkeit sowie zum Verfahren der Feststellung der Pflegebedürftigkeit Richtlinien erlassen.

Dies ist geschehen in Form der sog. **Pflegebedürftigkeits-Richtlinien** und der sog. **Begutachtungsrichtlinien**.

Beide sind in der Praxis für die Leistungserbringer und Betroffenen von erheblicher Bedeutung. Deshalb ist zumindest eine grobe Kenntnis des Inhalts dieser Richtlinien unvermeidbar (Bitte im Internet auf der Homepage des MDS abrufen und lesen!).

4.2.3 Verfahren zur Feststellung der Pflegebedürftigkeit

Das Vorliegen von Pflegebedürftigkeit reicht an sich nicht aus, sie muss **ausdrücklich festgestellt** werden *(§ 18 SGB XI)*. Es gibt in der pflegerischen Praxis häufig das Missverständnis, dass der MDK für die Feststellung des Pflegebedarfs zuständig ist. Dies ist nicht richtig. Vorliegen und Umfang der Pflegebedürftigkeit wird **durch die Pflegekasse** festgestellt. Diese hat vor ihrer Entscheidung über das Vorliegen derselben und die Zuordnung zu den Pflegestufen gem. *§ 18 Abs. 1 Satz 1 SGB XI* (nur) ein Gutachten des MDK einzuholen.

Wichtig

> Die rechtliche Bewertung und die Entscheidung obliegt allerdings der Pflegekasse selbst, sodass das **Gutachten des MDK** für die Pflegebedürftigen zwar eine wesentliche praktische aber **keine unmittelbare rechtliche Bedeutung** hat. Maßgebend ist erst der ablehnende oder zusprechende Bescheid der Pflegekasse.

Um die **Begutachtung** einschließlich der Zeitbemessung einigermaßen zu optimieren und zu **vereinheitlichen** wurden bereits frühzeitig in einzelnen Bundesländern durch die jeweiligen **MDKs Richtwerte** und **Rahmenregelungen** erarbeitet. Durch die Pflegerichtlinien gelten nunmehr bundesweit einheitliche Bestimmungen.

Das **Verfahren** stellt sich insgesamt so dar:

- Zunächst sind Leistungen der Pflegebedürftigkeit bei der Pflegekasse zu beantragen *(§ 33 Abs. 1 SGB XI)*.
- Das sich daran anschließende Verfahren wird in *§ 18 SGB XI* geregelt.

Die **Gutachter** des MDK haben den Versicherten im Normalfall in seinem **Wohnbereich** oder in der **Pflegeeinrichtung** aufzusuchen und zu untersuchen. Die/der Versicherte ist zur **Mitwirkung** verpflichtet und, falls das Einverständnis dafür nicht erteilt wird, kann die Pflegekasse die beantragten Leistungen verweigern.

Ausnahmsweise kann unter bestimmten Voraussetzungen auch eine Untersuchung unterbleiben, wenn die **Aktenlage** entsprechend **eindeutig** ist.

Der MDK soll auch die behandelnden Ärzte und die Pflegedokumentation bei der Begutachtung mit berücksichtigen.

- Das Ergebnis der Prüfung wird dann vom MDK der **Pflegekasse** mitgeteilt in Form eines **Gutachtens**. Hierzu ist ein **einheitliches Formular** zu verwenden, auf dessen Form und Inhalt sich die Spitzenverbände geeinigt haben.

Hinweis: Dieses finden Sie als Anhang in den Begutachtungsrichtlinien.

- Anschließend teilt die Pflegekasse dem **Versicherten** ihre Entscheidung mit.
- Wird dagegen **Widerspruch** eingelegt, hat die Pflegekasse zu entscheiden, ob evtl. eine erneute Begutachtung stattfinden muss.
- Eine solche ist durchzuführen, wenn durch den Versicherten ein **Antrag** auf eine **Höherstufung** in eine andere Pflegestufe bei bereits vorliegender Anerkennung der Pflegebedürftigkeit gestellt wird.
- Von sich aus tätig werden kann die Pflegekasse auch, wenn sie Hinweise hat, dass z. B. die **häusliche Pflege nicht mehr** in geeigneter Weise **sichergestellt** ist.

4.2.4 Der neue Pflegebedürftigkeitsbegriff und das neue Begutachtungsassessment (NBA)

– Mit dem am 28.12.2015 veröffentlichten Zweiten Pflegestärkungsgesetz *(PSG II, BGBl. I 2015, S. 2424)* treten zum **01.01.2017** ein **neuer Pflegebedürftigkeitsbegriff** und das neue Begutachtungsassessment in Kraft. Der Begriff der Pflegebedürftigkeit bleibt weiterhin in den *§§ 14 und 15 SGB XI* geregelt, wobei diese Vorschriften durch zwei gesetzliche Anlagen zu § 15 SGB XI, die die Berechnung der Pflegegrade regeln und sicherstellen, ergänzt werden. Ab 2017 gelten Personen als **Pflegebedürftige** im Sinne des SGB XI, die **Beeinträchtigungen der Selbstständigkeit** oder **Fähigkeitsstörungen** haben, unabhängig davon, ob der Schwerpunkt der Beeinträchtigungen in körperlichen, kognitiven oder psychischen Bereich liegt. Andere Ursachen für einen Hilfebedarf bleiben außer Betracht. Der **Hilfebedarf** muss voraussichtlich **für mindestens sechs Monate** vorliegen. Durch diese **neue Definition** werden viele Pflegebedürftige, vor allem diejenigen mit vorrangig kognitiven oder psychischen Beeinträchtigungen, z. T. höhere Leistungsansprüche erwerben.

Merksatz

Eine Vollabsicherung des Risikos einer Pflegebedürftigkeit ist aber auch mit dem neuen Pflegebedürftigkeitsbegriff nicht beabsichtigt.

Wichtig

Am grundsätzlichen Ablauf des bisher gültigen Antrags- und Begutachtungsverfahrens wird es keine Änderungen geben. Allerdings wird durch das NBA die Pflegebedürftigkeit in den nachfolgenden sechs Bereichen (Modulen) geprüft:

– Mobilität
– kognitive und kommunikative Fähigkeiten
– Verhaltensweisen und psychische Problemlagen
– Selbstversorgung
– Bewältigung von und selbstständiger Umgang mit Krankheits- oder therapiebedingten Anforderungen und Belastungen
– Gestaltung des Alltagslebens und soziale Kontakte.

Zusätzlich werden **außerhäusliche Aktivitäten** (Modul 7) und die **Haushaltsführung** (Modul 8) für die **individuelle Pflegeplanung** abgeprüft, sie gehen jedoch nicht in die Bewertung der Pflegebedürftigkeit und die Ermittlung des Pflegegrads ein.

Wichtig

Die bisherigen Zeitorientierungswerte spielen zukünftig keine Rolle mehr.

Die Module sind in einzelne Kriterien aufgeteilt, nach denen der Grad der individuellen Beeinträchtigungen oder Fähigkeitsstörungen ermittelt wird. Dazu gibt es jeweils einen abschließenden **Katalog** der zu berücksichtigenden Aktivitäten und Fähigkeiten. Ingesamt werden **64** exemplarische **Kriterien** (plus zwei zusätzliche für Kinder bis 18 Monate) geprüft.

Dadurch wird die **strukturelle Veränderung zum jetzigen Prüfverfahren**, in dem der zeitliche Aufwand für den konkreten Hilfebedarf ermittelt wird, deutlich.

Bei der **Festlegung des Pflegegrades** fließen die zuvor genannten **Module in unterschiedlicher Wertigkeit** mit unterschiedlichen Prozentsätzen ein. Die bei der Begutachtung festgestellten Einzelpunkte in jedem Modul werden addiert und unterschiedlich gewichtet in eine Gesamtpunktzahl umgerechnet. Diese Gesamtpunkte ergeben dann die Zuordnung zum Pflegegrad:

- Pflegegrad 1: Geringe Beeinträchtigung der Selbstständigkeit (12,5 bis unter 27 Gesamtpunkten)
- Pflegegrad 2: Erhebliche Beeinträchtigung der Selbstständigkeit (27 bis unter 47,5 Gesamtpunkten)
- Pflegegrad 3: Schwere Beeinträchtigung der Selbstständigkeit (47,5 bis unter 70 Gesamtpunkte)
- Pflegegrad 4: Schwerste Beeinträchtigung der Selbstständigkeit (70 bis unter 90 Gesamtpunkte)
- Pflegegrad 5: Schwerste Beeinträchtigung der Selbstständigkeit mit besonderen Anforderungen an die pflegerische Versorgung (90 bis 100 Gesamtpunkte)

Zur **Umstellung auf das neue System** enthält *§ 140 Abs. 2 SGB XI* in der Fassung ab 01.01.2017 **Überleitungsregelungen**, wodurch im Wesentlichen bisherige Leistungsbezieher nicht schlechter als bisher gestellt werden sollen und durch eine **automatische Umstellung** auf das neue System umfangreiche neue Begutachtungen vermieden werden.

Auch die **Leistungsbeträge** werden sich verändern, wobei den Pflegebedürftigen im **Pflegegrad 1** die Leistungen vorrangig im Wege der **Kostenerstattung** (und nicht als Dienst- und Sachleistungen) erbracht werden. Die Bandbreite erstreckt sich dabei beim Pflegegrad 1 von 125,00 € Geldleistung ambulant und 125,00 € Leistungsbetrag stationär bis zum Pflegegrad 5 mit 901,00 € Geldleistung ambulant, 1955,00 € Sachleistung ambulant und 2005,00 € Leistungsbetrag stationär.

- Nach den Berechnungen des Beirats zum Pflegebedürftigkeitsbegriff werden im Ergebnis **ca. 433 150 Versicherte** einen **Pflegegrad 1** haben (ca. 233 150 Versicherte, deren Anträge bisher abgelehnt wurden und ca. 200 000 Versicherte, die wegen ihres Hilfebedarfs, der bisher nicht anerkannt wurde, vermutlich gar keinen Antrag gestellt hatten).

Hinweis: Einen guten Überblick über die Änderungen und wichtige Details vermittelt der Aufsatz von Richter, Die Neue soziale Pflegeversicherung – ein leistungsrechtlicher Überblick, Neue juristische Wochenschrift 2016, S. 598 ff. Einen Überblick über das Gesetzgebungsverfahren mit der Möglichkeit zum Nachlesen der einzelnen Unterlagen und Drucksachen findet man unter dipbt.bundestag.de/extrakt/ba/WP18/685/68567.html.

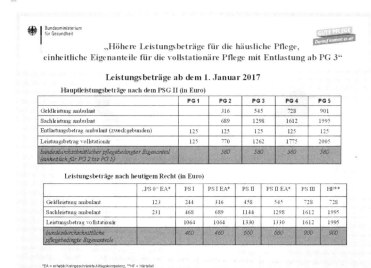

Leistungsbeträge ab dem 1. Januar 2017

Hauptleistungsbeträge nach dem PSG II (in Euro)

	PG 1	PG 2	PG 3	PG 4	PG 5
Geldleistung ambulant		316	545	728	901
Sachleistung ambulant		689	1298	1612	1995
Entlastungsbetrag ambulant (zweckgebunden)	125	125	125	125	125
Leistungsbetrag vollstationär	125	770	1262	1775	2005
bundesdurchschnittlicher pflegebedingter Eigenanteil (einheitlich für PG 2 bis PG 5)		580	580	580	580

Leistungsbeträge nach heutigem Recht (in Euro)

	„PS 0" EA*	PS I	PS I EA*	PS II	PS II EA*	PS III	HF**
Geldleistung ambulant	123	244	316	458	545	728	728
Sachleistung ambulant	231	468	689	1144	1298	1612	1995
Leistungsbetrag vollstationär		1064	1064	1330	1330	1612	1995
bundesdurchschnittliche pflegebedingte Eigenanteile		460	460	660	660	900	900

*EA = erheblich eingeschränkte Alltagskompetenz; **HF = Härtefall

(http://www.gesundheitskongresse.de/berlin/2016/dokumente/
Praesentationen_JUR/Schoelkopf-Martin--Pflegestaerkungsgesetz-II.pdf)

4.3 Rahmenbedingungen der Leistungserbringung

Die jetzt gültigen Rahmenbedingungen werden auch ab 2017 im Wesentlichen beibehalten. Die nachfolgend aufgeführten derzeit gültigen Einzelheiten werden sich jedoch zum Teil ändern.

4.3.1 Leistungsgrundsätze und Leistungsarten

Die Pflegeversicherung umfasst folgende Leistungen:

– Pflegesachleistung, *§ 36 SGB XI*
– Pflegegeld für selbst beschaffte Pflegehilfen, *§ 37 SGB XI*
– Kombination von Geld- und Sachleistungen, *§ 38 SGB XI*
– häusliche Pflege bei Verhinderung der Pflegeperson, *§ 39 SGB XI*
– Pflegemittel und wohnumfeldverbesserte Maßnahmen, *§ 40 SGB XI*
– Tages- und Nachtpflege, *§ 41 SGB XI*
– Kurzzeitpflege, *§ 42 SGB XI*
– vollstationäre Pflege, *§ 43 SGB XI*
– Pflege in vollstationären Einrichtungen der Behindertenhilfe, *§ 43 a SGB XI*
– Leistungen zur sozialen Sicherung der Pflegeperson, *§ 44 und 44 a SGB XI*
– Pflegekurse für Angehörige und ehrenamtliche Pflegepersonen, *§ 45 SGB XI*
– Zusätzliche Betreuungsleistungen für Versicherte mit erheblichem allgemeinen Betreuungsbedarf (z.B. Demente), *§§ 45 a, b SGB XI*
– Leistungen des persönlichen Budgets nach *§ 17 Abs. 2– 4 SGB XI*
– Zusätzliche Leistungen für Pflegebedürftige in ambulant betreuten Wohngruppen *(§ 38 a SGB XI)*

Merksatz

Ziel und Leitlinie der Leistungen der Pflegeversicherung ist einerseits Pflegebedürftigen, die wegen der Schwere der Pflegebedürftigkeit auf solidarische Unterstützung angewiesen sind, Hilfe zu leisten *(§ 1 Abs. 4 SGB XI)*, und andererseits den Pflegebedürftigen, trotz ihres Hilfebedarfs ein möglichst selbständiges und selbstbestimmtes Leben zu ermöglichen, das der Würde des Menschen entspricht *(§ 2 Abs. 1 Satz 1 SGB XI)*.

Hieraus folgt z.B., dass der Pflegebedürftige zwischen verschiedenen Leistungserbringern wählen darf *(§ 2 Abs. 2 SGB XI)* und seinen angemessenen Wünschen bei der Pflege zu entsprechen ist, z.B. die **Berücksichtigung von Wünschen** nach häuslicher oder stationärer Pflege. Allerdings gilt auch hier das **Wirtschaftlichkeitsgebot** der Versicherung (was aber wiederum nicht bedeutet, dass bei der Inanspruchnahme von Pflegeleistungen immer auf den preisgünstigsten Weg verwiesen werden darf).

*Das Pflegeversicherungsrecht geht ebenso wie die gesetzliche Krankenversicherung vom **Sachleistungsprinzip** aus (§§ 4 Abs. 1, 36 Abs. 1 Satz 1 SGB XI). Es kann zwar auch Pflegegeld geben, doch ist dieses nur ein sog. Sachleistungssurrogat (also ein Ersatz), wie sich aus § 37 Abs. 1 Satz 1 SGB XI ergibt.*

Auch kann es eine Kombination von häuslicher Pflege und Pflegegeld gem. § 38 SGB XI geben, was aber am rechtlichen Prinzip der Sachleistung nichts ändert.

Hinweis: Hinsichtlich verbesserter Pflegeleistungen für Personen mit erheblich eingeschränkter Alltagskompetenz und für die häusliche Betreuung gibt es durch die o.g. Gesetzesregelungen bis einschließlich des PSG I auch schon vor 2017 umfangreiche Übergangsregelungen in §§ 123, 124 SGB XI, die sich schon jetzt auch auf die Höhe des Pflegegeldes und die Pflegesachleistungen erstrecken. Bitte ergänzend lesen!

Merksatz

Grundsätzlich gilt ein **Vorrang** der **häuslichen** Pflege vor stationärer Pflege *(§ 3 SGB XI)*.

Hierdurch soll es den Pflegebedürftigen ermöglicht werden, möglichst lange in vertrauter Umgebung zu bleiben.

Auch lässt sich aus diesem Vorrang die Zielsetzung des Gesetzgebers einer geringeren Kostenbelastung entnehmen, denn die stationäre Pflege und Betreuung ist in der Regel auf Dauer mit erheblich höheren Kosten verbunden als die ambulante Versorgung.

Hinweis: Ein Vorrang „ambulant vor stationär" kann im Einzelfall nicht gegen den Willen des Pflegebedürftigen oder etwa auch gegen mit der Pflege belastete Angehörige, sog. Pflegepersonen, durchgesetzt werden. Insoweit geht das in § 2 SGB XI festgelegte und das auf der Verfassung beruhende **Selbstbestimmungsrecht** des jeweils Betroffenen dem öffentlichen Interesse vor.

Wichtig

Pflegeversicherungsleistungen können nur auf Antrag gem. §§ 33 Abs. 1 Satz 1 SGB XI i.V.m. § 19 Satz 1 SGB IV erfolgen. Erst ab diesem Zeitpunkt können Leistungen gewährt werden.

Häufig zu Unverständnis führt der Umstand, dass die Pflegeversicherung nur eine **Grundsicherung** gewährt: Die Leistungen sind betragsmäßig begrenzt und werden pauschal bemessen. Lesen Sie dazu die Regelungen in §§ 36 Abs. 3 und 4 und 37 Abs. 1 SGB XI!.

Ein über diese Grundsicherung **hinausgehender** Pflegebedarf muss derzeit und auch zukünftig durch den Pflegebedürftigen **selbst**, seine unterhaltspflichtigen **Angehörigen** und nachrangig (subsidiär) ggf. durch den **Sozialhilfeträger** finanziert werden.

Dabei haben die bisherigen Erfahrungen der Pflegeversicherung gezeigt, dass das ursprüngliche Ziel, die Entlastung der Pflegebedürftigen und auch der Sozialhilfeträger von den finanziellen Lasten der Pflegebedürftigkeit, nicht hinreichend erreicht werden konnte.

Aktuell sind die Sozialhilfeträger noch zu einem erheblichen Teil mit Leistungen belastet, die auf Pflegebedürftigkeit beruhen.

Hinweis: Ob sich dies durch die neuen und zukünftigen gesetzlichen Regelungen, insbesondere mit der Umsetzung des PSG II, ändern wird, bleibt abzuwarten. Denn aufgrund der sog. **demografischen Entwicklung** (also der Zunahme an länger lebenden alten Menschen und dem Eintritt der sog. geburtenstarken Jahrgänge ins Rentenalter bei gleichzeitigem Geburtenrückgang) und der hohen Zahl von Arbeitslosen in den vergangenen Jahren, bzw. Beschäftigten mit zeitweiser Arbeitslosigkeit, sowie der Zunahme geringfügiger Beschäftigten, die zusammengenommen einerseits zu einer Beitragsschmälerung bei der Finanzierung und andererseits Ausweitung der Leistungsberechtigten in der Pflegeversicherung führen werden, wird die Zukunft zeigen.

4.3.2 Rechtsbeziehungen

In den §§ 69–81 SGB XI wird im Einzelnen durch den Gesetzgeber bestimmt, wie die Ansprüche der Versicherten erfüllt werden sollen. Auch hier, wie im Recht der gesetzlichen Krankenversicherung, erfolgt die Leistungserbringung durch **zugelassene Leistungserbringer**.

Merksatz

Die **Pflegekassen** sind gem. § 12 Abs. 1 SGB XI für die **Sicherstellung der pflegerischen Versorgung** verantwortlich und haben eine bedarfgerechte und gleichmäßige, dem allgemein anerkannten Stand medizinisch-pflegerischer Erkenntnisses entsprechende pflegerische Versorgung der Versicherten zu gewährleisten.

Dazu werden Versorgungsverträge und Vergütungsvereinbarungen mit den Trägern von Pflegeeinrichtungen und sonstigen Leistungserbringern abgeschlossen.

– Die versicherten Pflegebedürftigen dürfen dementsprechend Leistungen nur bei Leistungserbringern in Anspruch nehmen, mit denen die Pflegekassen oder die für sie tätigen Verbände Verträge abgeschlossen haben (vgl. § 29 Abs. 2 SGB XI).
– Bei den Verträgen mit den Leistungserbringern sollen die Pflegekassen gem. § 70 Abs. 1 SGB XI auch sicherstellen, dass die Leistungsausgaben die Beitragseinnahmen nicht überschreiten (sog. **Grundsatz der Beitragsstabilität**).

Hinweis: In *§ 70 Abs. 2 SGB XI* ist vorgeschrieben, dass Vereinbarungen über die Höhe der Vergütungen, die dem Grundsatz der Beitragsstabilität widersprechen, unwirksam sind.

Außerdem gibt es ein umfangreiches Geflecht von Prüfungsverfahren bezüglich der Wirtschaftlichkeit und Qualität der von den Pflegeeinrichtungen zu erbringenden Leistungen (vgl. *§§ 79 ff. SGB XI*).

Die vertraglichen Regelungen ähneln weitgehend denen des Krankenversicherungsrechts. Grundlage ist wiederum das sozialrechtliche Leistungsdreieck zwischen Versichertem, Pflegekasse und Pflegeeinrichtung:

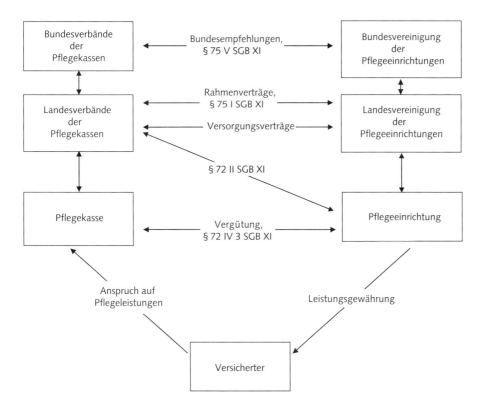

Durch die gesetzlichen Neuerungen wird es auch Anpassungen im Vertragsrecht geben:

– Selbstverwaltungspartner auf Landesebene müssen Rahmenverträge und Vorgaben für Personalausstattung auf Pflegegrade anpassen *(§ 75 SGB XI)*
– Ergänzung der Verhandlungen bei vollstationärer Pflege für die Ermittlung einrichtungseinheitlicher Eigenanteile *(§ 84 SGB XI)*
– Integration der zusätzlichen Betreuungsangebote in stationären Einrichtungen durch Schaffung eines echten Leistungsanspruchs und Eingliederung in das Vertragsrecht *(§§ 43 b, 53 c, 84, 85 und 87 b SGB XI)*

4.3.3 Pflegedienste und -einrichtungen

Das Gesetz unterscheidet zwischen ambulanten und stationären Pflegeeinrichtungen:

Pflegedienste sind nach § 71 Abs. 1 SGB XI selbständig wirtschaftende Einrichtungen, die unter ständiger Verantwortung einer ausgebildeten Pflegefachkraft Pflegebedürftige in ihrer Wohnung pflegen und hauswirtschaftlich versorgen.

Die Pflegedienste als ambulante Pflegeeinrichtungen müssen also

- sachlich, organisatorisch und finanziell abgegrenzt sein (selbständig wirtschaftende Einrichtung),
- Grundpflege und hauswirtschaftliche Leistungen erbringen (Versorgung der Pflegebedürftigen mit häuslicher Pflege),
- Gesundheits-/Krankenpflegekräfte, Kinderkrankenpflegekräfte oder Altenpflegekräfte mit zweijähriger Berufspraxis innerhalb der letzten 5 Jahre in dem erlernten Pflegeberuf als leitende Pflegekraft beschäftigen
- und gem. § 72 SGB XI eine Zulassung zur Pflege durch einen Versorgungsvertrag haben.

Für **Pflegeheime** gelten die wesentlichen gleichen rechtlichen Grundvoraussetzungen gem. § 71 Abs. 2 SGB XI.

Allerdings gibt es hier eine weitergehende Unterteilung, die sich aus folgender Grafik erkennen lässt:

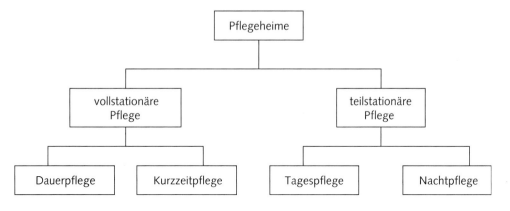

Als **vollstationär** gilt die ganztägige Versorgung von Pflegebedürftigen. Diese kann auf Dauer oder nur für eine bestimmte Zeit (als Kurzzeitpflege) erbracht werden.

Der Pflegebedürftige wird also im Unterschied zur ambulanten Pflege nicht in seiner häuslichen Umgebung, sondern für die Dauer der vollstationären Pflege im Pflegeheim versorgt.

Die stationäre Pflege bietet eine jederzeit zur Tages- und Nachtzeit verfügbare und **umfassende Leistung** an.

Hinweis: Teilstationäre Pflege liegt vor, wenn der Pflegebedürftige nur für einen Teil des Tages aufgenommen wird. Dieser Teil kann sowohl tagsüber, z.B. bei Tagesstätten, oder auch in Nachtpflegeheimen erfolgen, wobei es dafür wohl keine eigenen Einrichtungen als spezielle Pflegeheime gibt.

Für Pflegeheime gilt im Übrigen über das Pflegeversicherungsrecht hinaus auch noch das **Heimrecht**, welches später behandelt wird.

Ergänzt werden die gesetzlichen Vorgaben durch:

- die Richtlinien des GKV-Spitzenverbandes über die Prüfung der in Pflegeeinrichtungen erbrachten Leistungen und deren Qualität nach *§ 114 SGB XI* (Qualitätsprüfungs-Richtlinien – QPR) vom 17. Januar 2014
- die Maßstäbe und Grundsätze zur Sicherung und Weiterentwicklung der Pflegequalität nach *§ 113 SGB XI* für die ambulante sowie die stationäre Pflege vom 27. Mai 2011
- die Maßstäbe und Grundsätze zur Sicherung und Weiterentwicklung der Pflegequalität nach *§ 113 SGB XI* für die teilstationäre Pflege (Tagespflege) vom 10. Dezember 2012
- die Grundsätze und Maßstäbe zur Sicherung und Weiterentwicklung der Pflegequalität nach *§ 80 SGB XI* für die teilstationäre Pflege in der Fassung vom 31. Mai 1996 für den Bereich der Nachtpflege sowie die Grundsätze und Maßstäbe zur Sicherung und Weiterentwicklung der Pflegequalität nach *§ 80 SGB XI* in der Kurzzeitpflege in der Fassung vom 31. Mai 1996.

Diese sind in der pflegerischen Praxis von besonderer Bedeutung und müssen bekannt sein, deshalb bitte lesen! Sie sind auf der Homepage des MDS zu finden.

Die **Gemeinsamen Grundsätze und Maßstäbe zur Prüfung der Qualität und Qualitätssicherung** einschl. des Verfahrens zur Durchführung von Qualitätsprüfungen nach *§ 80 SGB XI*, die Sie im Internet finden und, weil für die Praxis von großer Bedeutung, lesen sollten:

- *in der ambulanten Pflege (vom 10. Juli 1995)*
- *in der teilstationären Pflege (vom 18. August 1995)*
- *in der Kurzzeitpflege (vom 18. August 1995)*
- *in der stationären Pflege (vom 07.03.1996)*

Pflegekassen können im Übrigen auch selbst Pflegekräfte einstellen allerdings nur in Ausnahmefällen und auch nur für die häusliche, nicht aber für die stationäre Pflege gem. § 77 Abs. 2 SGB XI.

Darüber hinaus können die Pflegekassen zur Sicherstellung des pflegerischen Bedarfs gem. § 77 Abs. 1 i.V.m. § 36 Abs. 1 Satz 4 SGB XI auch mit einzelnen Pflegekräften Verträge abschließen. Hier sind die evtl. Besonderheiten im jeweiligen Versorgungsgebiet und auch die Geeignetheit dieser Pflegekräfte maßgebend, wobei auch dafür Voraussetzung ist, dass „eine Versorgung nicht durch einen zugelassenen Pflegedienst gewährleistet werden kann" (§ 77 Abs. 1 Satz 1 SGB XI).

Zukünftig werden sich auch insoweit Änderungen z.B. bei der Qualitätssicherung und Personalbemessung ergeben:

- Einführung eines neuen Verfahrens der Qualitätsprüfung und -darstellung unter Berücksichtigung von Ergebnisqualität (stationär, ambulant und perspektivisch auch für neue Wohnformen *(§§ 113, 113 b und 115 SGB XI)*

– Verbesserung der Qualität der Pflegeberatung durch Richtlinien für Verfahren, Durchführung und Inhalte einschließlich Versorgungsplan
– Entwicklung und Erprobung eines wissenschaftlich abgesicherten Verfahrens zur Personalbedarfsbemessung bis Mitte 2020: wie viele und welche Pflegekräfte benötigen die Einrichtungen für eine gute Pflege?
– und Weiteres (s. dazu Einzelheiten auf der Homepage des Bundesministeriums für Gesundheit).

5 Sonstige für die Leistungserbringung relevante Sozialrechtsgebiete

5.1 Hilfe zur Pflege nach dem SGB XII

5.1.1 Übersicht und Grundsätze

Mit der Umsetzung des Sozialstaatsgebotes nach *Art. 20 Abs. 1, 28 GG* ist auch die Notwendigkeit gegeben, den Menschen ihr Existenzminimum zu sichern.

Dieses bezweckt die Sozialhilfe als **grundlegende Daseinsfürsorge** und *§ 9 SGB I* bestimmt die bedarfsgemäße persönliche und wirtschaftliche Hilfe als selbständiges soziales Recht.

§ 28 Abs. 1 SGB I erfasst den **Leistungskatalog** der Sozialhilfe und beschreibt die Zuständigkeit für die Umsetzung dieses verfassungsrechtlichen und gesetzlichen Auftrages.

Die Einzelheiten der Sozialhilfe sind im SGB XII, welches das Bundessozialhilfegesetz abgelöst hat, festgelegt.

Wichtig zu wissen ist, dass ein **Rechtsanspruch auf Sozialhilfe** gem. *§ 9 Abs. 1 SGB I und § 17 Abs. 1 SGB XII* besteht. Dieser Anspruch entsteht, sobald dem zuständigen Träger die Voraussetzungen der Hilfebedürftigkeit bekannt werden (vgl. *§ 18 Abs. 1 SGB XII*).

Wichtig

> Anders als in anderen Zweigen des Sozialrechts bedarf es für die Sozialhilfe keines Antrages und sie ist von Amts wegen zu erbringen.

Hinweis: Trotz der gesetzlichen Eindeutigkeit ist die Geltendmachung eines Bedarfs an Sozialhilfeleistungen für viele Menschen nach wie vor mit einem persönlichen Makel, der vermeintlich offenbart wird, verbunden und insbesondere ältere Menschen haben in der Vergangenheit ihre Ansprüche auf Sozialhilfe häufig nicht geltend gemacht.

Hinzu kam die Angst, dass bei Leistungen vom Sozialamt evtl. Rückgriffsansprüche gegen Verwandte, insbesondere die eigenen Kinder, bestehen könnten.

Deshalb wurde im Jahr **2001** das Gesetz über eine bedarfsorientierte Grundsicherung im Alter und bei Erwerbsminderung **(Grundsicherungsgesetz)** zur Vermeidung von Altersarmut für ältere bedürftige oder dauerhaft erwerbsgeminderte Menschen eingeführt.

Allerdings ist das Grundsicherungsgesetz **mittlerweile** in das **SGB XII integriert** worden, sodass das eigentliche Ziel, die Grundsicherung außerhalb der Sozialhilfe zu schaffen, aufgegeben worden ist. Auch ist eine inhaltliche Differenzierung kaum gegeben.

Praktische Unterschiede gegenüber der Hilfe zum Lebensunterhalt nach dem Sozialhilferecht sind abgesehen von den speziellen Voraussetzungen der Leistungen der Grundsicherung (Alter oder Erwerbsminderung) etwa

– die Notwendigkeit eines Antrags *(§ 41 Abs. 1 SGB XII)*,
– und vor allem, dass Unterhaltsansprüche der Leistungsberechtigten gegenüber ihren Kindern und Eltern unberücksichtigt bleiben, sofern deren jährliches Gesamteinkommen unter einem Betrag von 100 000,00 € liegt *(§ 43 Abs. 3 Satz 1 SGB XII)*.

Merksatz

Sozialhilfe ist zu gewähren, wenn die entsprechenden Voraussetzungen vorliegen, einseitig und ohne sonstige Voraussetzungen.

Mit anderen Worten: Mit der Sozialhilfe wird das Auffang-Netz sozialer Sicherheit in Deutschland aufgespannt, wenn die anderen Vorsorgemöglichkeiten nicht oder nicht mehr tragen (vgl. *§ 1 SGB XII*).

Demgemäß ist die Sozialhilfe auch darauf ausgerichtet, eine Bedarfsdeckung nur der Elementarbedarfe zu sichern mit ihren Leistungen

– der Hilfe zum Lebensunterhalt *(§§ 27– 40 SGB XII)*,
– der Grundsicherung im Alter/bei Erwerbsminderung *(§§ 41– 46 a SGB XII)*,
– und speziellen Hilfen, etwa den
  • Hilfen zur Gesundheit *(§§ 47–52 SGB XII)*
  • der Eingliederungshilfe *(§§ 53– 60 SGB XII)*
  • der Hilfe zur Pflege *(§§ 61– 66 SGB XII)*
  • und der Hilfe zur Überwindung besonderer sozialer Schwierigkeiten *(§§ 67– 69 SGB XII)*
  • sowie der Hilfe in anderen Lebenslagen *(§§ 70– 74 SGB XII)*,
– und allgemein: der jeweils gebotenen Beratung und Unterstützung *(§ 8 SGB XII)*.

Für diese staatliche Sicherung gibt es vor allem **drei Leitprinzipien**, die die Sozialhilfe kennzeichnen:

– Prinzip der Nachrangigkeit **(Subsidiaritätsprinzip)**, *§ 2 SGB XII*: Grundsätzlich bekommt nur derjenige, der sich nicht selbst helfen kann, insbesondere weil er seine Arbeitskraft, sein Einkommen oder sein Vermögen nicht dafür nutzen kann, nicht durch Unterhaltspflichtige unterstützt werden kann und auch sonst keine Leistungen, z.B. aus der Sozialversicherung, erhält, Sozialhilfe.
– **Individualisierungsprinzip**, *§ 9 SGB XII*: Die Hilfe ist nicht schematisch und typisierend, sondern in Art, Form und Maß der Hilfe nach den Besonderheiten des Einzelfalls auszurichten. Zwar können Pauschalierungen bei Geldleistungen trotzdem erfolgen, doch ist die Person des Hilfesuchenden und die Art des Bedarfs entscheidend.
– **Bedarfsdeckungsprinzip**, *§ 18 SGB XII*: Für die Sozialhilfe kommt es auf den gegenwärtigen, vor allem materiellen, Unterstützungsbedarf an. Die Leistungen sind demgemäß zeitlich

befristet und sowohl für die Vergangenheit als auch (etwa als Dauerleistungen) für die Zukunft ausgeschlossen.

Selbst wenn über einen sehr langen Zeitraum Sozialhilfe zu gewähren ist, handelt es sich immer um eine befristete Leistung. Dabei sind die Leistungen selbst auf das Notwendige beschränkt.

Merksatz

Sozialhilfe hat einerseits den aktuellen Bedarf zu decken, andererseits darf sie darüber nicht hinausgehen (vgl. *§ 27 SGB XII*).

Der Gesetzgeber hat diesen Bedarf nicht im Einzelnen definiert, sondern **beispielhaft** zusammengefasst.

Zeitnah mit der Eingliederung des Sozialhilferechts in das SGB (als 12. Buch – SGB XII) ist seinerzeit auch das **SGB II** (Grundsicherung für Arbeitssuchende) geschaffen worden. In diesem Gesetz ist die Arbeitslosenhilfe und Sozialhilfe für Erwerbsfähige zusammengefasst worden.

Dadurch wird ein großer Teil der Leistungen für früher sozialhilfeberechtigte Personen nicht mehr von der Sozialhilfe im eigentlichen Sinne erfasst. Denn alle dem Grunde nach erwerbsfähigen Personen und die dazugehörigen Familienmitglieder erhalten finanzielle Hilfen zum Lebensunterhalt nicht mehr als Sozialhilfe nach dem SGB XII, sondern als sog. Arbeitslosengeld II oder Sozialgeld nach dem SGB II. Dies gilt allerdings nicht für die weiteren Hilfen des SGB XII (vgl. *§ 21 SGB XII*).

5.1.2 Hilfe zur Pflege

Wie beschrieben, war ein wichtiges Ziel bei der Einführung der Pflegeversicherung, Pflegebedürftige, die entsprechende Pflegeleistungen nicht selbst finanzieren konnten, aus der Sozialhilfe herauszunehmen. Dies hat nur bedingt funktioniert, und zu gesetzlichen Anpassungen, wie geschildert, geführt.

Hinzu kommt, dass durch die Pflegeversicherung nur ein Teil des Bedarfs gedeckt wird, denn nicht jeder Pflegebedarf wird durch die Pflegeversicherung erfasst.

Somit besteht auch nach Einführung der Pflegeversicherung der **Bedarf** nach **pflegerischer Hilfeleistung** in **Ergänzung** zu den Möglichkeiten des SGB XI. Hierfür müssen verschiedene Voraussetzungen erfüllt sein, die für die Hilfe zur Pflege ist im SGB XII in den *§§ 61–66* geregelt.

Wichtig

In der **Praxis** haben die Vorschriften zur Pflegehilfe ihre Bedeutung vor allem wegen des **Bedarfsdeckungsprinzips**: Hiernach müssen die gesamten Kosten der Pflege übernommen werden, wenn die übrigen Voraussetzungen für einen Anspruch auf Sozialhilfe gegeben sind.

Die Vorschriften ergänzen die Regeln der Pflegeversicherung. Diese ist durch Höchstbeträge begrenzt und soll den Pflegebedürftigen auch nur eine Grundsicherung zukommen lassen (vgl. dazu auch *§ 4 Abs. 2 SGB XI*).

Die Leistungen der Pflegeversicherung gehen aufgrund des **Nachran-gigkeitsprinzips der Sozialhilfe** denjenigen des SGB XII vor. Be-steht dann noch Bedarf, greifen die Leistungen der Hilfe zur Pflege nach dem Sozialhilferecht, wenn **Bedürftigkeit** vorliegt und die He-ranziehung Dritter nicht in Betracht kommt.

Nach *§ 14 SGB XII* ist zudem ein **Vorrang** von **Prävention** oder **Re-habilitation** vor der Inanspruchnahme von Pflegeleistungen gegeben mit dem Ziel, den **Zeitpunkt** der Pflegebedürftigkeit und der Behinderung **hinauszuschieben**, Pflegebedürftigkeit/Behinderung zu **mindern** oder ganz zu **vermeiden**.

Letztlich hat diese Priorität auch wirtschaftliche Auswirkungen, da ent-sprechende kostenträchtige Leistungen damit möglichst reduziert werden sollen.

Die Hilfe zur Pflege umfasst nach dem **Sozialhilferecht** die **häusliche Pflege**, Gewährung von **Hilfsmitteln, teilstationäre Pflege, Kurzzeit-pflege** und **stationäre Pflege** (*§ 61 Abs. 2 SGB XII*). Der Inhalt der Leis-tungen bestimmt sich weitgehend nach den Regelungen der Pflegevers-icherung für die dort in *§ 28 Abs. 1 Nr. 1* sowie *§§ 5–8 SGB XI* aufgeführten Leistungen. Somit sind die **Leistungsvoraussetzungen zum Teil identisch mit** denen des **SGB XI** und auch bei der Entschei-dung über das Ausmaß der Pflegebedürftigkeit ist die Entscheidung der Pflegekasse für den Sozialhilfeträger bindend gem. *§ 62 SGB XII*.

Andere und zusätzliche Leistungen der Hilfe zur Pflege nach dem SGB XII gegenüber dem SGB XI sind in *§ 61 Abs. 1 Satz 2* (**Pflegestufe 0**) *und § 65 SGB XII zu finden*.

Die Sozialhilfe ist im Rahmen der Arbeit als Pflegemanager vor allem bei einer Tätigkeit in Heimen von großer Bedeutung. Denn im Heimbereich übernimmt die Pflegeversicherung zwar den Pflegeauf-wand, nicht jedoch die sog. Hotelkosten und Investitionskosten. Hier-für bleibt, wenn die Heimbewohner die Kosten nicht aus eigenem Einkommen und Vermögen bewältigen können und Dritte nicht he-ranzuziehen sind, die Sozialhilfeleistung eine wesentliche Einnahme des Heimbetriebes.

Nach *§ 121 SGB XII* werden die Auswirkungen der Sozialhilfe und de-ren Fortentwicklung statistisch erfasst.

Hinweis: Informationen hierüber erhalten Sie auf den Internetseiten des Statisti-schen Bundesamtes. Die relevanten Angaben sind z. T. jedoch sehr detailliert aufge-schlüsselt und so nicht immer einfach aus dem umfangreichen Datenwerk heraus-zulesen.

Praktisch am Häufigsten wurde Hilfe zur Pflege nach dem Sozialhilfe-recht gegenüber Pflegebedürftigen erbracht, die bisher einen Bedarf unterhalb der Pflegestufe 1 hatten (die in der Praxis üblich gewordene Bezeichnung dafür ist die Pflegestufe 0).

Dieses zu wissen war und ist für Pflegemanager ebenfalls von großer Bedeutung, weil kaum ein Pflegebedarf allein durch die Leistungen der Pflegeversicherung abgedeckt werden konnte bzw. werden kann.

Das Zusammenspiel von Leistungsgewährung und Finanzierung von Pflegeleistungen zwischen dem SGB XI und dem SGB XII war und ist daher für Leitungskräfte in der ambulanten Pflege und in Alten-/Pflegeheimen Bestandteil des Arbeitsalltages.

5.1.3 Das Pflegestärkungsgesetz III (PSG III)

Die derzeitigen und künftigen Änderungen in der Pflegeversicherung bzw. dem SGB XI durch die Pflegestärkungsgesetze PSG I und PSG II berühren noch nicht die Regelungen zur Hilfe zur Pflege in §§ 61 ff. SGB XII. Daher ist ein weiteres zustimmungspflichtiges Gesetzespaket notwendig, das bis zum Inkrafttreten des neuen Pflegebedürftigkeitsbegriffs 2017 die notwendige Anpassung der Regelungen des SGB XII vornimmt (PSG III). Einzelheiten sind der Stellungnahme des Bundesrates zum PSG II zu entnehmen: *BT-Drs 18/6182 u. BR-Drs. 567/15(B)*, zu finden auf dipt.bundestag.de/ektrakt/ba/WP18/685/68567. html.

Dementsprechend werden im Referentenentwurf des PSG III die Auswirkungen auf das SGB XII und die Sozialhilfeträger berücksichtigt. In der Gesetzesbegründung heißt es:

Mit dem neuen Pflegebedürftigkeitsbegriff ist auch zukünftig keine Vollabsicherung des Pflegerisikos durch die Leistungen der sozialen Pflegeversicherung beabsichtigt. Die Höhe der Versicherungsleistungen nach dem SGB XI ist auf gesetzlich festgesetzte Höchstbeträge begrenzt (Teilleistungssystem). Bei den Pflegebedürftigen kann daher auch nach Einführung des neuen Pflegebedürftigkeitsbegriffs im SGB XI ein darüber hinausgehender Bedarf an Pflegeleistungen bestehen, der bei finanzieller Bedürftigkeit durch die Sozialhilfe im Rahmen der Hilfe zur Pflege gedeckt werden muss. Darüber hinaus werden die Kosten für Unterkunft und Verpflegung von der gesetzlichen Pflegeversicherung nicht übernommen, d. h., im Falle der finanziellen Bedürftigkeit der Pflegebedürftigen werden im Regelfall auch diesbezüglich die Kosten von den Trägern der Sozialhilfe zu tragen sein. Die begrenzten Leistungen der sozialen Pflegeversicherung werden somit auch in Zukunft das ergänzende System der Hilfe zur Pflege erfordern, damit der pflegerische Bedarf von Pflegebedürftigen im Fall der finanziellen Bedürftigkeit umfassend sichergestellt ist. Sowohl rechtssystematisch als auch im Sinne der Pflegebedürftigen ist somit auch weiterhin eine (weitgehende) Identität der Pflegebedürftigkeitsbegriffe unabdingbar.

Zur Wahrung der Identität der Pflegebedürftigkeitsbegriffe von SGB XI, SGB XII und dem Bundesversorgungsgesetz wird entsprechend dem SGB XI der neue Pflegebedürftigkeitsbegriff auch für die Hilfe zur Pflege eingeführt. Die Hilfe zur Pflege soll in ihrer Funktion als ergänzende Leistung erhalten bleiben. Der neue Pflegebedürftigkeitsbegriff soll gleichzeitig mit den Vorschriften im SGB XI sowohl in die Hilfe zur Pflege nach dem Siebten Kapitel des SGB XII als auch in die Hilfe zur Pflege nach dem Bundesversorgungsgesetz zum 1. Januar 2017 eingeführt werden. Die Länder erhalten die Möglichkeit, regionale Pflegeausschüsse und sektorenübergreifende Landespflegeausschüsse einzurichten, in denen die Landesverbände der Pflegekassen mitarbeiten. Die Pflegeausschüsse können Empfehlungen zur Weiterentwicklung der pflegerischen Infrastruktur abgeben (Pflegestrukturplanungsempfehlungen). Die Empfehlungen werden von den Pflegekassen bei Vertragsverhandlungen einbezogen. Kommunen werden besser am Auf- und Ausbau niedrigschwelliger Angebote beteiligt. Die Finanzierungsbeteiligung beim Auf- und Ausbau dieser wichtigen Unterstützungsangebote wird vereinfacht. Insbesondere werden zur Erprobung neuer Beratungsstrukturen die Voraussetzungen dafür geschaffen, dass unterschiedliche Modelle zur Verbesserung von Koordinierung und Kooperation bei der Beratung von Bürgerinnen und Bürgern bezüglich der Pflegebedürftigkeit und anderer Fragen im Umfeld von Pflegebedürftigkeit entwickelt und getestet werden können. Ferner erhalten die Kommunen im Rahmen der landesrechtlichen Regelungen ein Initiativrecht zur Einrichtung von Pflegestützpunkten. Schließlich werden verpflichtend Rahmenvereinbarungen auf Landesebene zur Arbeit und zur Finanzierung von Pflegestützpunkten bei der Beratung von pflegebedürftigen Menschen eingeführt. Im Recht des SGB XII wird die an die Sozialhilfeträger gerichtete Verpflichtung zur Kooperation insbesondere mit Blick auf die Pflegekassen präzisiert und die Altenhilfe nach *§ 71 SGB XII* weiterentwickelt und präzisiert.

Das Gesetz soll zum 01.01.2017 in Kraft treten (Der Referentenentwurf ist zu finden unter http://www.paritaet-alsopfleg.de/index.php/downloadsnew/pflegerische-versorgung/fachinformationen-pflege-oeffentlich/8857-referentenentwurf-psg-iii-26–04–2016/file).

5.2 Weitere sozialrechtliche Regelungen zur Pflege

Neben den Regelungen im SGB V, SGB XI und SGB XII gibt es auch noch weitere **Sozialleistungsgesetze**, die Pflegeleistungen vorsehen.

Dies gilt insbesondere für die Leistungen der gesetzlichen Unfallversicherung im SGB VII und für Rehabilitationsleistungen nach dem SGB VI (der gesetzlichen Rentenversicherung):

– Die Unfallversicherung verfolgt zwar vor allem das Ziel, Arbeitsunfälle und Berufskrankheiten zu vermeiden, doch wenn dieses misslingt, werden Leistungen bei Pflegebedürftigkeit nach einem Arbeitsunfall oder einer Berufskrankheit erbracht (siehe *§§ 27, 32, 33, 34 und 44 SGB VII*).

Hinweis: Im Unterschied zu den Leistungen der Pflegeversicherung und zum Teil auch zur Sozialhilfe gibt es grundsätzlich sowohl für die Höhe der Pflegeleistungen als auch für deren Umfang keine Begrenzungen (§ 44 SGB VII begrenzt allerdings das Pflegegeld).

Merksatz

Wenn nach einem Arbeitsunfall oder nach Eintritt einer Berufskrankheit Maßnahmen notwendig sind, ist es unerheblich, wie lange diese Leistungen in Anspruch genommen werden müssen. Maßgebend ist nur der Ursachenzusammenhang zwischen der versicherten Tätigkeit und dem Arbeitsunfall bzw. der Berufskrankheit.

Sind letztere Anlass und Ursache für den Hilfebedarf schreibt z.B. *§ 1 Nr. 2 SGB VII* ausdrücklich vor, dass *„die Gesundheit und die Leistungsfähigkeit der Versicherten mit allen geeigneten Mitteln wieder herzustellen"* sind.

– Die Rentenversicherung hat nicht nur die Zahlung von Renten zur Aufgabe, sondern auch medizinisch-pflegerische Leistungen zum Inhalt (vgl. z.B. *§§ 9 ff., 31 SGB VI*).

6 Der Medizinische Dienst der Krankenversicherung (MDK)

Zum täglichen Alltag von Pflegekräften gehören die in der Praxis häufigen Begegnungen mit Gutachtern, vor allem mit denen des MDK. Denn deren Tätigkeiten haben im Ergebnis erhebliche Auswirkungen auf Pflegedienste und -einrichtungen, u.a. weil sie Ansprüche der Pflegebedürftigen fachlich feststellen und/oder die Qualität der Leistungen.

Gleichzeitig ist die Begutachtung auch immer eine Form von Überprüfung und Kontrolle, so dass ein selten spannungsfreies Verhältnis zwischen pflegerischen Leitungskräften und Pflegekräften einerseits und Gutachtern andererseits festzustellen ist. Schon deshalb empfiehlt es sich, sich näher mit deren Aufgaben zu befassen.

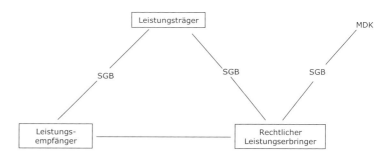

– Grundlage der Errichtung und Tätigkeit des MDK ist das **Neunte Kapitel im SGB V.**

Hervorgegangen aus dem Vertrauensärztlichen Dienst der Landesversicherungsanstalten ist der MDK eine **Arbeitsgemeinschaft der Krankenkassen.** Diese Arbeitsgemeinschaft in der Form einer **Körperschaft des öffentlichen Rechts** wird gebildet durch die **Landesverbände der Krankenkassen.** Es gibt MDKs in einzelnen Ländern oder auch länderübergreifend für mehrere Bundesländer zusammen.

– Die notwendigen Finanzmittel erhält der MDK von seinen Mitgliedern, die eine entsprechende Umlage zu zahlen haben *(§ 281 Abs. 1 Satz 1 SGB V).*
– **Hauptaufgabe** des MDK ist die Erstellung von **Gutachten und Durchführung von Prüfungen**, insbesondere bei den Leistungserbringern. Die Krankenkassen sind dabei verpflichtet, den MDK einzuschalten und auch die für die Beratung, Begutachtung und Prüfung erforderlichen Unterlagen vorzulegen und Auskünfte zu erteilen *(§ 276 Abs. 1 Satz 1 SGB V).*

– Damit der MDK seinen Gutachten- und Prüfungsaufträgen auch nachkommen kann, werden ihm durch den Gesetzgeber Rechte eingeräumt,
z.B. das sog. Betretungsrecht in Einrichtungen der Leistungserbringer
(vgl. *§ 276 Abs. 4 SGB V*).
– Die fachlichen Aufgaben des MDK werden dabei von Ärzten und Angehörigen anderer Berufe, insbesondere auch von Pflegekräften, wahrgenommen und es ist die **Unabhängigkeit der Gutachter** für ihre
fachlichen Entscheidungen gesetzlich festgelegt (vgl. *§ 279 Abs. 5
SGB V* und *§ 275 Abs. 5 SGB V*). Die gutachterlichen Stellungnahmen
und Prüfungen können sowohl von eigenen Mitarbeitern des MDK als
auch von extern Beauftragten erfolgen.

*Dem MDK obliegen Aufgaben im Bereich der Krankenversicherung, der Pflege-
versicherung aber auch nach den heimrechtlichen Bestimmungen. Das Aufgaben-
spektrum erstreckt sich von medizinisch-pflegerisch fachlichen Gutachten zur Erbringung von Leistungen, zur Arbeitsunfähigkeit, zur Notwendigkeit von
Leistungen über Qualitäts- und Fehlbelegungskontrollen bis hin zu allgemeinen
Beratungstätigkeiten für die Kranken- und Pflegekassen. Begutachtet und geprüft werden sowohl Einzelfälle als auch Leistungserbringer sowohl in Form von
regelmäßigen als auch von Stichprobenprüfungen.*

> Der MDK ist Dienstleister für die Kranken- und Pflegekassen, sodass
> direkte rechtliche Auswirkungen der MDK-Tätigkeiten auf die Versi-
> cherten oder Leistungserbringer nicht gegeben sind.

Wichtig

Erst durch die jeweiligen **Entscheidungen der Kranken- und Pflegekassen**, die natürlich auf den Gutachten und Prüfberichten beruhen,
wird die **rechtliche Verbindung** zu Versicherten und Leistungserbringern, also z.B. zum Pflegedienst oder Krankenhaus, hergestellt.

Gleichwohl ist es für Leitungskräfte in der Pflege unumgänglich, sich
mit den Aufgaben und Kompetenzen des MDK zu beschäftigen, da durch
den MDK auch die Qualität und Wirtschaftlichkeit der Leistungen beurteilt werden und die Beurteilung von Notwendigkeit und Umfang von
Versorgungsmaßnahmen in der Folge erhebliche praktische Auswirkungen
auf die Einrichtungen haben.

– Maßstab für die Prüfungen sind neben den gesetzlichen Vorgaben und
Verträgen die internen Bestimmungen und Regelungen des MDK.

Hinweis: Es gibt auch noch den Medizinischen Dienst des Spitzenverbandes Bund
der Krankenkassen, **MDS**. Dieser ist eine medizinische und pflegerische **Exper-
tenorganisation**, die die gesetzliche Kranken- und Pflegeversicherung **auf Bundesebene** – insbesondere den GKV-Spitzenverband – berät. Der MDS koordiniert
die fachliche Arbeit der MDKs, um die Begutachtung und Beratung nach einheitlichen Kriterien sicherzustellen. Der MDS ist ein Verein und wird von seinen Ver-
einsmitgliedern finanziert. Das ist in erster Linie der GKV-Spitzenverband. Er ist
das allein entscheidungsberechtigte Vereinsmitglied des MDS und finanziert den
MDS zu fast 100 Prozent. Darüber hinaus gehören dem MDS Fördermitglieder an
(die Bundesverbände der Krankenkassen und die meisten MDK).

Vorschlag: Zur Vertiefung empfiehlt es sich, einen Überblick *über die vielfältigen
Aufgaben des MDK anhand folgender Regelungen zu verschaffen (z.B. via bundesrecht.ju-
ris.de)*.

- *§§ 275–277 SGB V*
- *§§ 14–18 SGB XI*
- *im Heimrecht z. B. §§ 19–21, 27 SelbstbestimmungstärkungsG Schleswig-Holstein.*

Über die Organisation des MDK erfahren Sie näheres in §§ 278–282 SGB V sowie über den MDS in § 282 SGB V i. V. m. der Satzung (zu finden auf dessen Homepage mds-ev.de).

- Da die Qualitätssicherung ein besonderes Anliegen des Gesetzgebers ist, erwächst dem MDK hieraus ein besonders für die Pflegepraxis wichtiges Tätigkeitsfeld.

Die **gesetzlichen Grundlagen** ergeben sich aus den *§§ 112 bis 120 SGB XI*, wo auch der Ablauf solcher Prüfungen im Grundsatz geregelt ist.

Hinweis: Es empfiehlt sich, die konkreten Prüfungsanforderungen zu kennen, weshalb die MDK-Anleitung zur Prüfung der Qualität nach den *§ 112 SGB XI* und *§ 114 SGB XI* bei Leitungskräften in Einrichtungen bekannt sein muss, die Maßnahmen der Pflegeversicherung durchführen. Diese Anleitung finden Sie auch auf der Homepage des MDS. Die zukünftigen Anforderungen durch die gesetzlichen umfangreichen Veränderungen insbesondere durch das PSG II und die darauf aufbauenden Bestimmungen für den MDK sind dort ebenfalls aufgeführt.

Kapitel 4
Die Bedeutung ordnungsrechtlicher Vorschriften

Neben den berufs- und leistungsrechtlichen Bestimmungen wird die Arbeit in der Pflege und des Pflegemanagements auch durch Vorgaben beeinflusst, die Leistungsempfänger und die Allgemeinheit schützen sollen. **Überblick**

Danach sind Verpflichtungen gegenüber dem Staat zu erfüllen, die dieser bei Bedarf durch sog. Ordnungsmittel, das sind z.B. Anweisungen, Sanktionen, Untersagung (von Tätigkeiten oder den Betrieb von Einrichtungen) etc. einfordert.

Ein typisches Beispiel dafür ist das Heimrecht. Es soll daher hier den Schwerpunkt bilden.

Auch das Gesundheitsschutzrecht dient den o.g. Zwecken und muss deshalb zumindest in Grundzügen sowohl den Pflegekräften als auch leitenden Mitarbeitern bekannt sein.

Neben diesen inhaltlichen Themen soll in diesem Abschnitt die Methodenkompetenz vertieft werden. Daher wird es Ihre Aufgabe sein, die gut zu verstehenden Rechtsnormen des (Bundes-) Wohn- und Betreuungsvertragsgesetzes (seit 01.10.2009 in Kraft) weitgehend selbst zu erarbeiten und die Inhalte des für Ihr Bundesland geltenden Heimgesetzes ergänzend heranzuziehen.

- Sie können die Bedeutung ordnungsrechtlicher Regelungen für die Arbeit als Pflegemanagerin/Pflegemanager einschätzen. **Lernziele**
- Der Inhalt des Heimrechts (Vertrags- und Ordnungsrechs) ist Ihnen bekannt und kann in Beziehung zu dem für Ihr Bundesland geltenden Heimordnungsrecht gesetzt werden.
- Sie erkennen die Vielfalt gesundheitsrechtlicher Normen und können diese in die praktische Arbeit einbeziehen, soweit dies notwendig ist.

1. Der Stellenwert ordnungsrechtlicher Vorgaben **Gliederung**
2. Das Heimrecht
3. Grundzüge des Gesundheitsschutzrechtes

1 Der Stellenwert ordnungsrechtlicher Vorgaben

Unsere Gesellschaft ist sehr stark auf die **Autonomie** des Einzelnen ausgerichtet. Auch unsere moderne Rechtsordnung ist von großer **Freiheit** des Bürgers geprägt. **Handlungsfreiheit** und **Selbstverantwortung** sind Schlagworte, die fast alle Bereiche des Zusammenlebens bestimmen.

Auch die Pflege wird zunehmend nicht mehr nur als rein karitative Tätigkeit begriffen, sondern als vom Pflegebedürftigen selbst bestimmte Dienstleistung wahrgenommen.

Professionelle Pflege wird aufgrund von ausgehandelten Vereinbarungen erbracht.

Auch wenn die Rahmenbedingungen des Sozialleistungsrechts Grenzen setzen, kann ein Pflegebedürftiger doch zwischen unterschiedlichen Leistungsangeboten und/oder Leistungserbringern wählen (ob diese Entwicklung es rechtfertigt, Pflegebedürftige nunmehr als **Kunden** zu bezeichnen, mag dahingestellt bleiben).

Rechte und Pflichten ergeben sich durch den abgeschlossenen Vertrag. Ob und mit welchem Inhalt dieser geschlossen wird, ist den Beteiligten weitgehend überlassen.

Merksatz

> Die Rechtsbeziehungen zwischen Leistungserbringer und Pflegebedürftigen sind dem Privatrecht zuzuordnen, welches dadurch gekennzeichnet ist, dass sich die Betroffenen als gleichrangige Rechtssubjekte gegenüber stehen.

Hinweis: Im Bereich des Sozialversicherungsrechts gibt es allerdings Vorgaben, z. B. die dort benannten Leistungsvoraussetzungen, die aber an der grundsätzlichen Vertragfreiheit nichts ändern.

Im Übrigen legt auch in diesem Bereich der Staat nur die wichtigsten Rahmenbedingungen fest.

Die Konkretisierung erfolgt durch die **Selbstverwaltungsorgane** der **Sozialversicherungen** und die konkrete Beziehung zwischen Leistungserbringer und Pflegebedürftigen obliegt deren Verabredungen.

Der Staat kann sich jedoch nicht in allen Bereichen des öffentlichen und privaten Lebens auf diese Linie zurückziehen. Denn eine seiner wichtigsten Aufgaben besteht darin, die **Ordnung** und den **Schutz der Bürger sicherzustellen**.

Wichtig

> Der Staat hat die verfassungsrechtlichen Gebote umzusetzen und zu überwachen, die Grundrechte der Einzelnen zu fördern und durchzusetzen sowie ein „sicheres" Leben in der staatlichen Gemeinschaft zu gewährleisten.

Hierfür zuständig ist neben Gesetzgebung und den Gerichten auch die Verwaltung, insbesondere die sog. **Ordnungsverwaltung**. Sie hat die Aufgabe, für Sicherheit und Ordnung zu sorgen.

In diesem Bereich zwischen Staat und Bürger gibt es ein klares **Über-/ Unterordnungsverhältnis**, d. h., der Staat tritt dem Bürger und dessen Einrichtungen **hoheitlich** gegenüber.

Dies äußert sich darin, dass zwar vieles grundsätzlich erlaubt ist, aber zum Teil von Genehmigungen der Behörden abhängt oder ihnen zumindest zuvor anzuzeigen ist.

Wichtig

> Da die Handlungsfreiheit und die freie Entfaltung der Persönlichkeit hohe und verfassungsrechtlich geschützte *(Art. 2 I GG)* Rechtsgüter sind, darf der Staat nur auf gesetzlicher Grundlage in die Freiheit des Bürgers eingreifen.

Merksatz

> Wenn staatliche Behörden Bürgern etwas verbieten, dürfen sie das nur aufgrund eines Gesetzes, das ihnen diesen Eingriff gestattet. Dies nennt man juristisch den **Gesetzesvorbehalt**.

Mit den gesetzlichen Regelungen wird der Einzelne und die Einrichtung gegenüber dem Staat verpflichtet. Es wird also eine Rechtsbeziehung nicht nur zwischen Pflegeeinrichtung und Pflegebedürftigen, sondern auch zusätzlich gegenüber dem Staat begründet.

Die Konstruktion einer Pflicht gegenüber dem Staat sichert insgesamt die Ordnung des Zusammenlebens in der staatlichen Gemeinschaft und ermöglicht trotz Berücksichtigung der Einzelinteressen einen kollektiven Ausgleich derselben.

Merksatz

Die Eingriffe bzw. Beschränkungen sind umso intensiver, je mehr ein (Sicherheits-) Bedarf besteht.

Im Bereich der Pflege sind solche Regelungen und Verpflichtungen notwendig, um die Rechte der Hilfsbedürftigen zu sichern und Risiken für die Gemeinschaft aller Bürger zu vermeiden oder gering zu halten.

Früher war dafür der Begriff der sog. Volksgesundheit gebräuchlich, der jedoch nicht zutreffend ist, weil es keinen Volkskörper gibt, der „gesund" sein kann. Es geht vielmehr um die Gesundheit der einzelnen Mitglieder der Bevölkerung im Ganzen. Dadurch wird der Bezug zu staatlichen Maßnahmen hergestellt, die die Verhinderung von Krankheit und die Förderung der Gesundheit aller Einzelnen, also der Bevölkerung, betrifft. Dies wird realisiert durch Schutzregelungen, wie z.B. dem Schutz vor Seuchen oder die Gewährleistung der Arzneimittelsicherheit.

Nachfolgend soll dies stellvertretend am **Heimrecht** und durch eine Übersicht über **Gesundheitsschutzvorschriften** verdeutlicht werden.

2 Das Heimrecht

2.1 Einleitung

Ein Bereich, in dem öffentliche Kontrolle notwendig ist und privatrechtliche und individuelle Eigenverantwortlichkeit durch öffentliche Verantwortung ergänzt wird, ist das Heimrecht.

Es hat sich nämlich in der Vergangenheit gezeigt, dass in Heimen lebende Menschen häufig nicht oder nur eingeschränkt in der Lage sind, ihre Interessen und Rechte selbst wahrzunehmen. Sie sind z.B. aufgrund ihrer altersbedingten Einschränkungen und Hilflosigkeit anderen Menschen, den Einrichtungen selbst und auch finanziellen Interessen ausgeliefert.

Deshalb wurde **1975** mit dem **Heimgesetz** bundesweit eine staatliche Aufsicht über Heime für alte Menschen sowie Pflegebedürftige oder behinderte Volljährige eingeführt, wohingegen der Betrieb von Serviceeinrichtungen, Wohnanlagen und Freizeitinstitutionen solcher staatlichen Kontrolle nicht unterlag.

Die Bestimmungen des Heimgesetzes wurden mehrmals geändert und erweitert und die Heime unterstehen einer **umfassenden staatlichen Aufsicht**. Diese wird durch die sog. **Heimaufsicht** wahrgenommen. Die Zuständigkeit für die Heimaufsicht ist in den Bundesländern unterschiedlich organisiert: Zum Teil gibt es Heimaufsichtsbehörden bei oder als oberste(n) Landesbehörden, zum Teil obliegt die Heimaufsicht den Kommunen.

Heime bedürfen zu ihrer **Inbetriebnahme** einer **Genehmigung**, müssen **bauliche Mindestanforderungen** erfüllen und es wird in einem bestimmten Umfang die Beschäftigung **qualifizierten Personals** verlangt. Auch muss eine **Mitwirkung der Heimbewohner** bei der Regelung wichtiger Angelegenheiten des Heims gesichert sein und es ist gesetzlich teilweise vorgeschrieben, wie und mit welchem **Inhalt Heimverträge** abzuschließen sind.

Dieser Schutz mit vor allem ordnungsrechtlichen Mitteln ist nach Auffassung des Gesetzgebers notwendig, weil (nur) dadurch ein gerechter Ausgleich der unterschiedlichen Verhandlungspositionen, Rechtsstellungen und Interessenlagen bei Heimträger und Heimbewohner erreicht wird (so die Begründung in der *BT-Drucks. 203/89, S. 15*).

Im Jahr 2006 wurde durch die sog. Föderalismusreform die Gesetzgebungszuständigkeit zwischen dem Bundesgesetzgeber und den Bundesländern verfassungsrechtlich neu geordnet. Dabei wurde den Bundesländern die Zuständigkeit für das Heimrecht weitgehend übertragen. Inzwischen haben die Bundesländer von ihrer neuen Zuständigkeit Gebrauch gemacht und eigene Heimgesetze verabschiedet.

Wichtig

Die Gesetzgebungskompetenz für die ordnungsrechtlichen Vorschriften im Heimbereich liegt seit 2006 gemäß *Art. 74 Abs. 1 Nr. 7 GG* bei den Ländern. Der Bundesgesetzgeber ist aber gem. *Art. 74 Abs. Nr. 1 GG* weiterhin für die bürgerlich-rechtlichen Vorschriften zuständig. Dies sind die Regelungen zum Heimvertrag. Sie waren bisher in *§§ 5 bis 9 und 14 des Heimgesetzes* enthalten. 2009 hat der Bundesgesetzgeber die Regelungen jedoch überarbeitet und das sog. Wohn- und Betreuungsvertragsgesetz (WBVG) erlassen, welches die vertragsrechtlichen Vorschriften im Heimgesetz abgelöst hat. Der Heimvertrag ist seitdem im WBVG geregelt. Würden Länder davon abweichende Regelungen treffen, würde das vorhandene Bundesrecht entgegenstehendes Landesrecht gem. *Art. 31 GG* brechen. Allerdings hat bereits 2008 eine Bund-Länder-Arbeitsgemeinschaft zum Heimrecht Vorschläge zu einer „ordnungsrechtlichen Flankierung" der im WBVG geregelten zivilrechtlichen Verpflichtungen durch die Länder gemacht, u. a. um eine gewisse Einheitlichkeit sicherzustellen. Auch wurde im WBVG auf eine Regelung der „Heimsicherung" im Sinne des *§ 14 des Heimgesetzes* bewusst verzichtet, da diese vorrangig oder zumindest eher einen ordnungsrechtlichen Charakter hat und sie daher in die Gesetzgebungskompetenz der Länder fällt. So gibt es nun im ordnungsrechtlichen Bereich 16 Heimgesetze der Länder mit unterschiedlichen Regelungen und Ausführungsvorschriften. Soweit dort noch nicht alles geregelt ist, gilt gem. *Art. 125 a Abs. 1 GG* das bisherige Heimgesetz des Bundes in der Fassung vom 29.07.2009 nebst den dazu ergangenen Rechtsverordnungen fort, bis die Länder jeweils von ihrer Rechtssetzungskompetenz Gebrauch gemacht haben bzw. machen.

Mit der neuen Zuständigkeitsverteilung besteht auch zukünftig ein erhöhter Abstimmungsbedarf zwischen den Ländern, ähnlich wie er bei den Polizei- oder Schulgesetzen, zu bewältigen ist, vor allem um eine Zersplittung der Standards für die pflegerische Versorgung auszuschließen.

Hinweis: Wegen der nicht einheitlichen Rechtslage, wird im Folgenden auf das Heimrecht Berlin exemplarisch abgestellt. Dessen Inhalte und Grundstrukturen sind zur Verdeutlichung des Einflusses ordnungsrechtlicher Vorschriften geeignet.

Merksatz

Um die gültige Rechtslage im Heimrecht zu kennen, muss zukünftig sowohl Bundes- als auch Landesrecht beachtet werden. Ordnungsrechtlich sind aber nur die jeweiligen Landes-Heimgesetze maßgebend.

Um das Grundverständnis zu erleichtern, wird im Folgenden vom Bundes-Heimgesetz aus- und dann auf die aktuellen Bestimmungen eingegangen.

2.2 Die Regelungen des Heimrechts

2.2.1 Der Aufbau des abgelösten Bundes-Heimgesetzes

Das Bundes-Heimgesetz war das Ergebnis umfangreicher praktischer Erfahrungen und entsprechender Anpassungen des ursprünglichen Heimgesetzes von 1975.

Ergänzt wurde das Heimgesetz durch diverse Rechtsverordnungen, die die Vorgaben des Gesetzgebers konkretisieren.

Hierzu nachfolgende Übersicht:

Die Rechtsverordnungen zum Heimgesetz

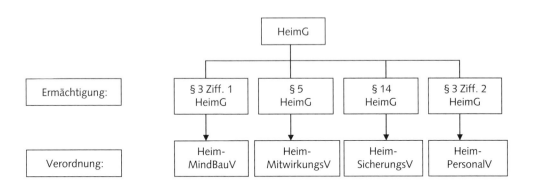

2.2.2 Die Zielsetzung und der Aufbau des neuen Heimrechts am Beispiel Berlin

Das Heimgesetz war ein Schutzgesetz für Bewohnerinnen und Bewohner von Heimen. Dessen Notwendigkeit ergab sich, wie erwähnt, aus dem strukturellen Abhängigkeitsverhältnis zu den Trägern dieser Einrichtungen (sowohl wegen der alters- und pflegebedingten Einschränkungen als auch wegen des Angewiesenseins auf die erforderlichen und vereinbarten Leistungen). Ein solches Schutzbedürfnis besteht nicht nur fort, sondern wird vermutlich aufgrund der demographischen Entwicklung und der zunehmenden Zahl von Menschen mit Pflegebedürftigkeit noch steigen. Die Heimrechte der Länder entwickelten die bisherigen bundesgesetzlichen Bestimmungen fort, wobei sie mit den Regelungen nicht nur das bisherige Heimrecht entsprechend dem einstimmigen Beschluss der 82. Arbeits- und Sozialministerkonferenz von 2005 zur „Entbürokratisierung des Heimrechts" reformierten, sondern auf der Grundlage der zwischen den Ländern vereinbarten „Elemente zur Vorbereitung von Heimgesetzen der Länder" (Beschluss der 83. Arbeits- und Sozialministerkonferenz von 2006) die sich veränderten Lebens- und Betreuungswirklichkeiten sowie die pflegewissenschaftlichen Erkenntnissen berücksichtigten. Die Gesetze beschränken sich meist nicht mehr auf das „Heim", sondern erweitern den Anwendungsbereich auch auf neue und alternative Wohn-, Pflege- und Betreuungsformen. Die Gesetze haben unterschiedliche Bezeichnungen (z.B. Pflege- und Betreuungswohngesetz, Heimgesetz, Selbstbestimmungs-stärkungsgesetz, usw.) und machen schon dadurch deutlich, dass der Regelungsbereich sowohl von der Zielsetzung als auch vom Geltungsbereich her weiter gefasst ist.

Der Übergang vom HeimG zu den neuen Regelungen

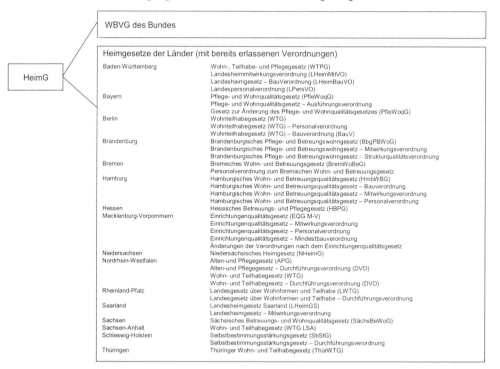

Soweit die Länder zu ihren Heimgesetzen noch keine Verordnungen geschaffen haben, gelten die bisherigen Verordnungen fort (mit Ausnahme der SicherungsV, weil deren Ermächtigungsgrundlage in *§ 14 HeimG* 2009 aufgehoben worden ist).

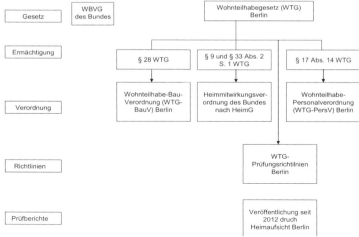

Das geltende Heimrecht am Beispiel Berlin

2.3 Die einzelnen Regelungsbereiche

Das Heimrecht stellt, wie aus der Übersicht der ergänzenden Verordnungen bereits erkennbar wird, **umfangreiche Anforderungen** an einen **Betrieb** von Heimen.

Diesen Anforderungen gerecht zu werden, ist vor allem **Aufgabe** des **Heimträgers** und der **Leitungskräfte**.

Sie müssen nicht nur die **Erfüllung** der Anforderungen garantieren. Sie müssen sie im Alltag auch **umsetzen**.

Aus diesem Grund soll im Folgenden die Aneignung der notwendigen Kenntnisse in Eigenarbeit im Vordergrund stehen, zumal auch die oben dargestellte Rechtszersplitterung eine solche Fähigkeit verlangt.

Vorschlag: Suchen Sie sich eines der nachfolgenden Themen aus. Stellen Sie die dafür notwendigen Rechtsgrundlagen und Paragrafen zusammen. Diese finden Sie im WBVG (Text bei juris) und im WTG Berlin mit seinen Verordnungen (berlin.de/sen/soziales/berliner-sozialrecht/land/rvv/wtg.html) bzw. im Landes-Heimrecht Ihres Bundeslandes. Gleichen Sie die jeweiligen Rechtsvorschriften miteinander ab und schreiben Sie die Antwort zu der jeweiligen Frage auf.

Diese Übung soll dabei helfen, Antworten auf rechtliche Fragen anhand von Rechtsquellen zu finden, und daraus praktische Folgerungen für die tägliche Arbeit in der Pflege abzuleiten.

Eine solche Bearbeitung empfiehlt sich auch für Gruppenarbeiten, z.B. bei innerbetrieblichen Schulungen, Fortbildungen, Studium usw., um ein ganzes Rechtsgebiet kennen zu lernen.

Dazu wird der grundlegende Inhalt des Landes-Heimrechts Berlin kurz dargestellt.

1. Welche Zielsetzung hat das Heimrecht und welche Anforderungen werden an den Betrieb eines Heimes gestellt?

Die Heimgesetze sind Gesetze zum Schutz älterer Pflegebedürftiger oder behinderter Menschen insbesondere von Bewohnerinnen und Bewohner in Heimen. Das

Heimrecht dient dem Zweck, deren Rechtsstellung in stationären Einrichtungen, betreuten Wohngemeinschaften und anderen Wohn-, Pflege- und Betreuungsformen und die Qualität der Betreuung und Pflege zu verbessern und einen sachgerechten Ausgleich der Interessen der Beteiligten herbeizuführen. Es will also u. a. dazu beitragen, dass

– die Bewohnerinnen und Bewohner bzw. Leistungsempfänger ein würdevolles selbständiges und selbstbestimmtes Leben führen können,
– ihre Interessen und Bedürfnisse berücksichtigt werden,
– die Leistungen, die sie erhalten, bestimmten Qualitäts- und Mindestanforderungen entsprechen müssen und
– ihnen Informations-, Beratungs-, Beschwerde- und Mitspracherechte in den Angelegenheiten u. a. des Heimbetriebes zustehen, die Auswirkungen auf ihre Lebensführung haben,
– diese auszubauen
– und die Zusammenarbeit und Vernetzung zwischen Leistungserbringern, Angehörigen und anderen zu verbessern (vgl. im Übrigen § 1 WTG).

Um dies sicherzustellen, gibt es auch weiterhin eine behördliche Stelle, nämlich die Heimaufsicht.

Trotz der durch das Heimrecht auferlegten Verpflichtungen soll aber auch die Selbstständigkeit der Träger der Heime und Einrichtungen in Zielsetzung und Durchführung ihrer Aufgaben erhalten bleiben.

Ausgehend von dem Schutzzweck des Heimrechts werden deshalb zwar Anforderungen an den Betrieb gestellt, deren Umsetzung ist jedoch den Trägern zur eigenen Gestaltung überlassen. Wie insbesondere in Heimen der Schutz der Würde und Selbstständigkeit, die Einhaltung der allgemein anerkannten medizinisch-pflegerischen sowie sozialpädagogischen Erkenntnisse, die Sicherstellung von Pflegeplanung und die Führung einer sachgerechten Pflegedokumentation erfolgt, ist nicht im Detail vorgegeben. Für die Erfüllung der Anforderungen sind sowohl der Träger des Heims als auch die Leitungskräfte verantwortlich. Diese Verantwortung entspricht den Gegebenheiten des Heimbetriebs, denn dieser wird wesentlich von den Leitungskräften mitbestimmt. Es wird auch klargestellt, dass die Anforderungen nicht nur allgemein zu erfüllen sind, sondern dass es sich um eine Pflicht des Trägers handelt. Dieser muss von der Vorlage eines schlüssigen Konzeptes vor der Aufnahme eines Heimbetriebs bis zur Einhaltung der Aufzeichnungs- und Aufbewahrungspflichten von Arbeitsabläufen und Ereignissen die Anforderung erfüllen. Für andere Wohn-/ Betreuungsformen gilt je nach deren Eigenart Entsprechendes.

Bestehen Zweifel daran, dass die Anforderungen an den Betrieb eines Heims erfüllt sind, ist die zuständige Behörde berechtigt und verpflichtet, die notwendigen Maßnahmen zur Aufklärung zu ergreifen und eventuell weitergehende Maßnahmen bis zur Schließung anzuordnen.

2. Für welche Einrichtungen und Personen gilt das Heimrecht? Wann gilt es auch für Betreutes Wohnen?

Das Heimrecht gilt nicht nur für Heime im klassischen Sinne. Heime sind Einrichtungen, die dem Zweck dienen, ältere Menschen oder pflegebedürftige oder behinderte Volljährige aufzunehmen, ihnen Wohnraum zu überlassen sowie Betreuung und Verpflegung zur Verfügung zu stellen oder vorzuhalten, und die in ihrem Bestand von Wechsel und Zahl der Bewohnerinnen und Bewohner unabhängig sind und entgeltlich betrieben werden.

Auch Heime oder Teile von Heimen, die der vorübergehenden Aufnahme Voll-
jähriger dienen (Kurzzeitheime), sowie auf stationäre Hospize finden die Vorschrif-
ten Anwendung. Das Heimrecht gilt ebenso für Einrichtungen der Tages- und der
Nachtpflege, allerdings nicht für Krankenhäuser. In Einrichtungen zur Rehabilita-
tion gilt es nur in den Teilbereichen, die die o.g. Vorraussetzungen erfüllen.

Bei Einrichtungen des betreuten Wohnens kommt das Heimrecht unter bestimm-
ten Voraussetzungen zur Anwendung.

Hinweis: Der Geltungsbereich des Heimrechts ist durch die unterschiedlichen
Regelungen im Bund und der Länder nicht mehr bundesweit einheitlich. Der Anwendungsbereich des WBVG ergibt sich aus den §§ 1 und 2 WBVG und der des
WTG aus den *§§ 1 bis 4 i. V.m. § 19 WTG* (Zuordnungsprüfung). Alle Vorschriften
bitte lesen!

3. Welches sind die wesentlichen baulichen Vorgaben, die für den Betrieb eines Heimes erforderlich sind?

Bauliche Mindestanforderungen werden bzw. wurden bis zur Ablösung durch
Landesrecht durch die Heimmindestbauverordnung an Heime gestellt. Seit 2013 gilt
in Berlin die Wohnteilhabe-Bauverordnung (WTG-BAUV). Danach müssen z. B.
Zimmer unmittelbar von einem Flur aus erreichbar und Handläufe an beiden Seiten
von Fluren und Treppen vorhanden sein, in Pflegezimmern Rufanlagen und Lese-
lampen in Schlafräumen existieren, usw. Es muss auch Aufzüge und Kommunika-
tionsanlagen geben. Es gibt Vorgaben zum Sichtschutz (z. B. Badezimmer) und zur
Temperatur. Die Zimmer müssen eine bestimmte Mindestgröße aufweisen usw.

Wichtig

Die baulichen Voraussetzungen sind der zuständigen Behörde aufzuzeigen. Verstöße gegen die baulichen Mindestanforderungen können
als Ordnungswidrigkeit geahndet werden (*§ 24 WTG-BauV*, bitte
lesen).

4. Was verlangt der Betrieb eines Heimes in personeller Hinsicht? Was versteht man unter Fachkräften und welche Qualifikationsanforderungen werden an Leitungskräfte gestellt?

In der Verordnung über personelle Anforderungen für Heime (HeimPersV), die
bis zur Ersetzung durch Regelungen der Länder galt bzw. gilt, werden Vorgaben für
die fachliche und persönliche Eignung der Heimleiterin/des Heimleiters, der Pflege-
dienstleitung sowie der Beschäftigten gemacht. Es wird der Anteil der Fachkräfte an
der Gesamtzahl der mit betreuenden Tätigkeiten befassten Beschäftigten (Fachkraft-
quote) bestimmt und die Verpflichtung der Heimträger festgelegt, den Beschäftigten
Gelegenheit zur Teilnahme an Veranstaltungen berufsbegleitender Fort- und Wei-
terbildungen zu geben.

Die Wohnteilhabe-Personalverordnung (WTG-PersV) hat in Berlin 2011 die
HeimPersV abgelöst. Sie stellt entsprechende Bedingungen an das Personal. Eine
Einrichtungsleitung muss z. B. die Einrichtung entsprechend den Interessen und Be-
dürfnissen seiner Bewohner sachgerecht und wirtschaftlich leiten können, wozu sie
eine bestimmte Aus- oder Hochschulbildung sowie eine mindestens zweijährige
hauptberufliche Tätigkeit als Vorbereitungszeit benötigt. Ist jemand u. a. wegen Ver-
brechen oder Straftaten gegen das Leben, die sexuelle Selbstbestimmung oder die per-
sönliche Freiheit, vorsätzlicher Körperverletzung, Unterschlagung, Straftaten gegen
das Betäubungsmittelgesetz verurteilt, ist diese Person als Leitung nicht geeignet.

Voraussetzungen für eine verantwortliche Pflegekraft sind der Nachweis über die Ausbildung zu einer Fachkraft im Gesundheits- und Sozialwesen mit staatlich anerkanntem Abschluss und eine mindestens zweijährige hauptberufliche Tätigkeit als Vorbereitungszeit. Im Übrigen gelten im Wesentlichen die gleichen Ausschlussgründe wie für die Einrichtungsleitung.

Hinweis: Bitte die Vorschriften in §§ 1 bis 6 und § 71 Abs. 3 SGB XI lesen! Die Heimaufsicht überprüft die Einhaltung der Vorschriften zu den Voraussetzungen für die Leitungskräfte in der Regel indem sie einen beruflichen Lebenslauf, ein Führungszeugnis, den Nachweis über eine abgeschlossene Ausbildung in einem der geforderten Berufsfelder und Zeugnisse über die bisherige Tätigkeit fordert.

Auch die Beschäftigten müssen die erforderliche persönliche und fachliche Eignung für die von ihnen ausgeübte Funktion und Tätigkeit besitzen.

Fachkräfte im Sinne der WTG-PersV müssen eine dreijährige Berufsbildung im Gesundheits- oder Sozialwesen abgeschlossen oder ein Hochschulstudium im Gesundheits- oder Sozialbereich absolviert haben.

Altenpflegehelferinnen und Altenpflegehelfer, Krankenpflegehelferinnen und Krankenpflegehelfer sowie vergleichbare Hilfskräfte sind keine Fachkräfte im Sinne des HeimPersV.

Hinweis: Bitte die Vorschriften in §§ 7 und 8 WTG-PersV lesen!

Wichtig

> Bei der Personalbemessung in Berlin ist sicherzustellen, dass
>
> – bei stationären Einrichtungen für pflegebedürftige Menschen insgesamt mindestens die Hälfte,
> – bei stationären Einrichtungen für Menschen mit Behinderung insgesamt mindestens drei Viertel,
> – bei betreuten Wohngemeinschaften für Menschen mit seelischer Behinderung insgesamt mindestens drei Viertel und
> – bei betreuten Wohngemeinschaften für Menschen mit geistig-körperlicher Behinderung sämtliche der zur Pflege und Betreuung eingesetzten Personen Fachkräfte sind.

In anderen Bundesländern können z. T. andere Quoten gelten, wobei meistens die in der HeimPersV vorgeschriebene Fachkräftequote von 50% im Pflegebereich fortgeführt wird.

Diese Fachkraftquote von 50% ist unabhängig vom Personalschlüssel. Ob diese Quote allerdings zukünftig in allen Bundesländern weiter gilt, bleibt abzuwarten.

Merksatz

Der Einsatz von Fachkräften muss stets sicher gestellt sein, also auch in der Nacht und in Urlaubszeiten.

5. Wie ist die Beteiligung der Heimbewohner an der Gestaltung des Heimlebens geregelt? Welche Aufgaben/Rechte und Pflichten hat der Bewohner-/Heimbeirat? Wie und von wem werden seine Mitglieder bestimmt? Wer kann Mitglied werden? Was ist ein (Heim-)Fürsprecher?

Die Mitwirkung der Bewohnerinnen und Bewohner soll u. a. durch einen Bewohner-/Heimbeirat erfolgen.

Hinweis: Die nähere Ausgestaltung der Beteiligung der Bewohnerinnen und Bewohner erfolgt bzw. erfolgte bis zur Ablösung durch Regelungen der Länder nach der Mitwirkungsverordnung zum Heimgesetz (HeimitwirkungsV). Einige Länder haben hier neue eigene Regelungen geschaffen: Siehe dazu die Übersicht oben zum Übergang des Heimrechts. In Berlin gilt vorläufig gem. *§§ 9, 33 Abs. 2 S. 1 WTG* die HeimmitwirkungsV weiter. Bitte die Vorschriften lesen!

Der Bewohner-/Heimbeirat besitzt ein Mitwirkungsrecht, aber kein Mitbestimmungsrecht. Mitwirkung bedeutet, dass der Beirat von einer Entscheidung des Trägers über eine den Betrieb betreffende Maßnahme rechtzeitig und umfassend informiert werden muss. Die vorgesehene Maßnahme muss vorher mit ihm erörtert und seine Anregungen und Bedenken vom Träger in seine Überlegungen einbezogen werden. Die letzte Entscheidung und damit die Verantwortung liegt allerdings beim Träger.

Ein Mitwirkungsrecht gibt es u. a. bei Aufstellung oder Änderung der Musterverträge für Bewohnerinnen und Bewohner und der Heimordnungen, bei der Änderung der Heimentgelte, bei einer Erweiterung, Einschränkung oder Einstellung des Heimbetriebes, bei umfassenden baulichen Veränderungen oder Instandsetzungen, Leistungs-, Qualitäts-, Prüfungs- und Vergütungsvereinbarungen mit den Pflegekassen sowie den Sozialhilfeträgern.

Da der Bewohner-/Heimbeirat die Belange und Interessen der Bewohnerinnen und Bewohner zu vertreten hat, muss er deren Wünsche und Vorstellungen kennen. Ein Forum des Informations- und Meinungsaustausches ist die jährlich mindestens einmal abzuhaltende Bewohnerversammlung.

Der Bewohner-/Heimbeirat wird in gleicher, geheimer und unmittelbarer Wahl gewählt.

Wahlberechtigt sind alle Personen, die am Wahltag im Heim wohnen. Ausgenommen ist der Personenkreis, der nur kurzzeitig im Heim lebt (Kurzzeitpflege) oder nur tags oder nachts betreut wird (Tages- oder Nachtpflege). Wählbar sind nicht nur Bewohnerinnen und Bewohner, sondern auch Angehörige und sonstige Vertrauenspersonen, Mitglieder von örtlichen Senioren- und Behindertenorganisationen sowie von der Aufsichtsbehörde vorgeschlagene Personen. Nicht gewählt werden dürfen solche Personen, die in irgendeiner Weise in Verbindung zum Träger, zu den Pflegekassen, zum Sozialhilfeträger oder zur Heimaufsicht stehen: Bei der Wahl der Gesamtzahl der Bewohner-/Heimbeiratsmitglieder (je nach Größe 3–9 Mitglieder) ist darauf zu achten, dass die Personen, die nicht im Heim wohnen, stets in der Minderzahl sind.

Gibt es keinen Bewohner-/Heimbeirat werden für diese Zeit vorübergehend seine Aufgaben durch einen oder mehrere (Heim)-Fürsprecher wahrgenommen. Sie werden von der zuständigen Behörde bestellt.

6. Was ist hinsichtlich der Heimkosten bestimmt? Dürfen Pflegekräfte Aufmerksamkeiten oder Erbschaften annehmen?

Im Wohn- und Betreuungsvertrag müssen die Entgelte für Investitionskosten sowie Betreuung einschließlich Pflege, für Unterkunft, Verpflegung sowie für weitere Leistungen und das Gesamtentgelt gesondert angegeben werden (§ 6 Abs. 3 Ziff. 2 WBVG). Die Entgelterhöhungen wegen Änderung der Berechnungsgrundlage durch die Träger müssen vier Wochen vor ihrem Wirksamwerden mitgeteilt und begründet werden (§ 9 Abs 1 WBVG). Eine Differenzierung der Heimentgelte nach Kostenträgern ist unzulässig (§ 2 Abs. 3 WBVG, § 84 Abs. 3 SGB XI). Das Gesamtheimentgelt setzt sich zusammen aus den Pflegesätzen, den Entgelten für Unterkunft und Verpflegung sowie den gesondert berechenbaren Investitionskosten. Es

wird für den Tag der Aufnahme des Pflegebedürftigen in das Pflegeheim sowie für je-
den weiteren Tag des Heimaufenthalts berechnet (§ 87 a Abs. 1, S. 1 SGB XI).

Nach § 82 Abs. 1 SGB XI erhalten zugelassene Pflegeheime eine leistungs-
rechte Vergütung für die allgemeinen Pflegeleistungen (Pflegevergütung) sowie bei
stationärer Pflege ein angemessenes Entgelt für Unterkunft und Verpflegung. Die
Pflegevergütung umfasst auch die medizinische Behandlungspflege und die soziale
Betreuung; sie ist grundsätzlich von den Pflegebedürftigen oder deren Kostenträgern
(Pflegekasse oder Sozialhilfe) zu tragen. Für Unterkunft und Verpflegung bei stati-
onärer Pflege hat der Pflegebedürftige selbst aufzukommen.

Das Entgelt sowie die Entgeltbestandteile müssen im Verhältnis zu den Leis-
tungen angemessen sein und sind für alle Heimbewohnerinnen und Heimbewohner
nach einheitlichen Grundsätzen zu bemessen (§§ 7 Abs. 2 und 3 WBVG, § 9
WBVG). Der Träger kann eine Erhöhung des Entgelts verlangen, wenn sich die
Berechnungsgrundlage verändert. Die Erhöhung des Entgelts aufgrund von Investi-
tionsaufwendungen ist nur zulässig wenn sie betriebsnotwendig sind und nicht durch
öffentliche Förderung abgedeckt werden (§ 9 Abs. 1 S. 3 WBVG).

Der Leitung, den Beschäftigten oder sonstigen Mitarbeiterinnen oder Mitarbeitern
eines Heims bzw. einer Einrichtung ist es untersagt, Geld- oder geldwerte Leistungen
von den Bewohner/-innen anzunehmen. Dies gilt u.a. nicht, soweit es sich um ge-
ringwertige Aufmerksamkeiten handelt oder im Einzelfall die Aufsichtsbehörde eine
Ausnahme zulässt (§ 12 WTG). Halten sich die Beschäftigten nicht an diese Vor-
schrift, so begehen sie eine Ordnungswidrigkeit (§ 31 Abs. 1 Nr. 1 WTG).

Diese Regelungen sollen verhindern, dass über die Gewährung von finanziellen
Zusatzleistungen oder Zusatzversprechen eine unterschiedliche, privilegierende oder
benachteiligende Behandlung von Bewohnern eintritt und der Einrichtungsfriede
dadurch gestört wird. Sie sollen auch verhindern, dass die Hilf- oder Arglosigkeit al-
ter und pflegebedürftiger Menschen in finanzieller Hinsicht ausgenützt wird und die
Testierfreiheit der Heimbewohner schützen.

2.4 Der Heimvertrag

Ordnungsrechtlich können trotz der Geltung des Grundsatzes der Ver-
tragsabschluss- und inhaltsfreiheit auch im Pflegerecht Vorgaben gemacht
werden. Dies ist zum Schutz der Bewohner und zur Rechtssicherheit
durch das Wohn- und Betreuungsvertragsgesetz (WBVG) durch den Bundesgesetzgeber gemacht worden.

Die Vorgaben gelten für alle Verträge zwischen **Unternehmern** und
volljährigen Verbrauchern, in denen sich der Unternehmer zum Überlassen von Wohnraum **und** zur Erbringung von Pflege- oder Betreuungsleistungen zur Bewältigung eines durch Alter, Pflegebedürftigkeit oder Behinderung bedingten Hilfebedarfs verpflichtet, soweit es sich dabei nicht
nur um allgemeine Betreuungsleistungen (z.B. Vermittlung von Pflege-
oder Betreuungsleistungen, Leistungen der hauswirtschaftlichen Versorgung oder Notrufdienste) handelt.

Definition: Unternehmer sind gemäß *§ 14 BGB* natürliche oder juristische Personen oder rechtsfähige Personengesellschaften, die bei Abschluss eines Rechtsge-
schäftes in Ausübung ihrer gewerblichen oder selbständigen beruflichen Tätigkeit
handeln.
Verbraucher i.S.d. *§ 13 BGB* sind natürliche Personen, die ein Rechtsgeschäft
zu einem Zweck abschließen, der weder ihrer gewerblichen noch selbständigen beruflichen Tätigkeit zugerechnet werden kann.

Es ist unerheblich, ob die Pflege- und Betreuungsleistungen bereits von Beginn an erbracht oder erst in Zukunft erbracht oder gestellt werden sollen. Es hindert auch nicht, wenn über Wohnraum und Betreuung verschiedene Verträge geschlossen werden, solange sie rechtlich oder tatsächlich aneinandergekoppelt sind *(§ 1 Abs. 1, 2 WBVG)*. Das Gesetz ist selbst dann anwendbar, wenn die Verträge mit verschiedenen Unternehmern geschlossen werden „es sei denn, diese sind nicht rechtlich oder wirtschaftlich miteinander verbunden" *(§ 1 Abs. 2 Satz 2 WBVG)*. Dies ist von den Unternehmern darzulegen und zu beweisen.

Ausgenommen vom Geltungsbereich des WBVG sind Krankenhäuser, Vorsorge- oder Rehabilitationseinrichtungen, Berufsbildungs- oder Berufsförderungswerke, Leistungen nach *§ 41 SGB VIII* oder im Rahmen von Kur oder Erholungsaufenthalten *(§ 2 WBVG)*.

Zu beachten sind schon vor Abschluss eines Heimvertrages **Informationspflichten**. In leicht verständlicher Sprache soll der Verbraucher über das allgemeine Leistungsangebot und über den wesentlichen Inhalt der für ihn in Betracht kommenden Leistungen informiert werden. Einzelheiten hierzu sind in *§ 3 WBVG* geregelt.

Der Vertrag selber ist **schriftlich** abzuschließen. Geschieht dies nicht, sind die Regelungen, die vom Gesetz abweichende und für den Verbraucher nachteilige Inhalte haben, unwirksam *(§ 6 Abs. 1, 2 WBVG)*.

Gemäß *§ 6 Abs. 3 WBVG* muss der Vertrag

- die Leistungen des Unternehmers nach Art, Inhalt und Umfang beschreiben,
- die für diese Leistungen jeweils zu zahlenden Entgelte getrennt nach Überlassung des Wohnraums, Pflege- und Betreuungsleistungen, ggf. Verpflegung als Teil der Betreuungsleistungen sowie den einzelnen weiteren Leistungen, die nach *§ 82 Abs. 3 und 4 SGB XI* gesondert berechenbaren Investitionskosten und das Gesamtentgelt angeben,
- die Informationen des Unternehmers nach § 3 als Vertragsgrundlage benennen und mögliche Abweichungen von den vorvertraglichen Informationen gesondert kenntlich machen,
- die Informationen nach *§ 36 Abs. 1* des Verbraucherstreitbeilegungsgesetzes von 2016 geben, auch wenn der Unternehmer keine Webseite unterhält oder keine AGBs verwendet.

Hinweis: Aufgrund europäischer Vorgaben durch Richtlinien müssen Verbrauchern bei Streitigkeiten mit Unternehmen außergerichtliche Streitbeilegungsstellen zur Verfügung stehen. Dies gilt u.a. für Dienstleistungsverträge wie den Heimvertrag. Näheres unter dipbt.bundestag.de/extrakt/ba/wp18/671/67135.html.

Wichtig

> Ein Unternehmer ist verpflichtet, die Leistungen dem Gesundheitszustand des Verbrauchers anzupassen und ggf. Vertragsänderungen anzubieten *(§ 8 WBVG)*. Sollte er dies nicht können (Beispiel: Unternehmer hat keine Möglichkeit, Demente zu betreuen oder Schwerstpflegebedürftige zu versorgen) muss er hierauf schon bei Vertragsschluss schriftlich hinweisen und mit dem Verbraucher vereinbaren, dass er in diesen Fällen nicht verpflichtet ist, eine Vertragsanpassung anzubieten *(§ 8 Abs. 4 WBVG)*.

Der Vertrag selber wird in der Regel auf **unbestimmte Zeit** geschlossen (Ausnahme *§ 4 Abs. 1 Satz 2 WBVG*) und endet mit dem Tod des Verbrauchers (*§ 4 Abs. 3 Satz 1 WBVG*). Möglich ist die Vereinbarung über die Fortgeltung des Vertrages, soweit es die Überlassung des Wohnraumes betrifft, bis zu zwei Wochen nach dem Sterbetag gegen Zahlung des darauf entfallenden Entgeltbestandteils abzüglich etwaig ersparter Aufwendungen.

Zudem gibt es eine neue Regelung in *§ 5 WBVG*. Diese sieht vor, dass die Haushaltsangehörigen des Verstorbenen, die selber nicht Vertragspartner sind, ein befristetes Bleiberecht haben. Mit ihnen wird das **Vertragsverhältnis** „hinsichtlich der Überlassung des Wohnraumes gegen Zahlung der darauf entfallenden Entgeltbestandteile" bis zum Ablauf des dritten Kalendermonats nach dem Sterbetag des Verbrauchers **fortgesetzt**, wenn sie dem nicht innerhalb von vier Wochen **widersprechen**. Dies dient dem Schutz der Angehörigen, die nicht sofort den Wohnraum verlassen müssen sollen.

Im Übrigen endet der Vertrag durch **Kündigung**.

Der Verbraucher hat weitreichende Kündigungsrechte. Er kann den Vertrag **ordentlich** oder bei Vorliegen eines sog. wichtigen Grundes auch **außerordentlich**, das heißt i.d.R. fristlos, kündigen. Die ordentliche Kündigung ist fristgebunden. Sie muss spätestens am dritten Werktag eines Kalendermonats zum Ablauf desselben Monats erfolgen und ist **schriftlich** zu erklären. Es gibt daneben eine Reihe von Sonderkündigungsrechten für den Verbraucher, die in *§ 11 WBVG* geregelt sind. Dazu zählen:

– Das Recht zur sofortigen Kündigung innerhalb der ersten zwei Wochen ab Beginn des Vertragsverhältnisses, frühestens aber ab Aushändigung des Vertrages.
– Ein Sonderkündigungsrecht im Falle von Entgelterhöhungen zum Zeitpunkt der Erhöhung.
– Besondere Kündigungsrechte, wenn mehrere Verträge (mit einem oder mehreren Unternehmern) über Wohnraum und Betreuung geschlossen wurden (*§ 11 Abs. 4, 5 WBVG*). Diese sind vom Prinzip darauf gerichtet, dass die Verträge einheitlich behandelt werden und zum gleichen Zeitpunkt zu kündigen sind.

Der Unternehmer hat es ungleich schwerer zu kündigen. Ihm ist die Kündigung praktisch nur aus sog. wichtigen Gründen möglich. Sie bedarf der **Schriftform** und ist zu **begründen**. Wichtige Gründe nennt das Gesetz selber in *§ 12 Abs. 1 Satz 2*. Es handelt sich um:

– Einstellung oder wesentliche Einschränkung des Betriebes oder Änderung der Betriebsart, wenn die Fortsetzung des Vertrages eine unzumutbare Härte darstellt.
– Der Unternehmer kann fachgerechte Pflege- oder Betreuungsleistungen nicht – erbringen, weil
  • der Verbraucher eine (hierzu erforderliche) angebotene Vertragsänderung nicht annimmt
  • oder der Unternehmer die Vertragsänderung nicht anbieten muss (*§ 8 Abs. 4 WBVG*).
– Der Verbraucher verletzt seine vertraglichen Pflichten, sodass dem Unternehmer die Fortsetzung des Vertrages nicht zugemutet werden kann.

– Der Verbraucher gerät in Zahlungsverzug. Es muss sich entweder
  • um ein Zahlungsverzug an zwei aneinander folgenden Terminen handeln, der die Höhe eines Monatsentgeltes übersteigt
  • oder aber um einen Zahlungsrückstand in Höhe von zwei Monatsentgelten, wenn er sich über mehrere Zahlungstermine aufbaut.

Die außerordentliche Kündigung kann **fristlos** erklärt werden, es sei denn, dass die Gründe aus der Sphäre des Unternehmers stammen (z.B. Betriebsänderung oder Einstellung). In diesen Fällen wirkt eine Kündigung, die bis zum Dritten eines Kalendermonats erklärt wird, zum Ablauf des Folgemonats *(§ 12 Abs. 4 WBVG)*. In Fällen des Zahlungsverzuges und der Ablehnung einer Vertragsanpassung muss der Unternehmer den Verbraucher vor der Kündigung noch einmal auf das Fehlverhalten **hinweisen** und ihm die Möglichkeit zur Behebung innerhalb einer **angemessenen Frist** geben (Vertragsannahme oder Ausgleich der Zahlungsrückstände). Im Falle des Zahlungsverzuges kann die Kündigung auch im Nachhinein noch unwirksam werden, wenn der Rückstand später ausgeglichen wird (siehe hierzu *§ 12 Abs. 2, 3 WBVG)*.

Auch für den Unternehmer gibt es zudem noch Sonderkündigungsmöglichkeiten in den Fällen, in denen die Rechtsbeziehungen zwischen Verbraucher und Unternehmer nicht in einem einheitlichen Vertrag, sondern in mehreren Verträgen geregelt sind. Wenn einer der Verträge, – egal von wem – gekündigt wird und dem Unternehmer das Festhalten an dem anderen Vertrag nicht zumutbar ist, kann er diesen auch kündigen *(§ 12 Abs. 5 WBVG)*.

Beispiel: Der Anbieter hat mit einem Pflegebedürftigen einen Vertrag über Wohnraum und einen zweiten Vertrag über Pflegeleistungen geschlossen, die voneinander abhängig sind. Der Pflegebedürftige kündigt den Pflegevertrag. Soweit dem Unternehmer das Festhalten an dem Mietvertrag nicht zumutbar ist, kann er diesen jetzt ebenfalls kündigen.

2.5 Die Heimaufsicht

Um die Einhaltung der Vorschriften sicherzustellen und die Bewohner und Bewohnerinnen zu schützen, gibt es die Heimaufsichtsbehörden. Diese haben eine doppelte Aufgabe:

– Zum einen die Beratung aller Beteiligten in Heimangelegenheiten.
– Zum anderen die Überwachung und Kontrolle der Heime.

Für die Durchsetzung hat die Heimaufsicht verschiedene und zum Teil recht weitgehende Informations-, Eingriffs-, Anordnungsrechte und Befugnisse bis hin zur Schließung von Einrichtungen.

Anhand eines Rechtsstreites aus dem Jahr 2000, der zur Übung gut geeignet ist, sollen diese Kompetenzen exemplarisch dargestellt werden und zugleich das Lesen von Gerichtsentscheidungen geübt werden.

Sachverhalt:
In einem Altenheim wird durch die Heimaufsicht bemängelt, dass nicht in allen Schichten zu gleichen Teilen Fach- und Hilfskräfte entsprechend den Vorgaben der damals gültigen Heimpersonalverordnung eingesetzt sind (1 : 1 Besetzung).

Die Heimbetreiberin ist der Auffassung, dass zwar grundsätzlich die Anzahl der Fachkräfte derjenigen der Hilfskräfte zu entsprechen hat, nicht aber in jeder einzelnen Schicht dieses Verhältnis vorliegen muss.

Als Ergebnis einer unangemeldeten Überprüfung im Dezember 1999 gab ihr die Heimaufsicht mit Verfügung vom 23. Dezember 1999 auf, ab Erhalt dieser Verfügung den Dienstplan so zu gestalten, dass in den Tagschichten jederzeit an jedem Tag im Jahr gewährleistet ist, dass betreuende Tätigkeiten durch den überwiegenden Einsatz von Fachkräften im Sinne der §§ 5 ff. HeimPersV sicher gestellt wird. Zur Begründung verwies sie auf pflegerische Mängel. Unter anderem sei festgestellt worden, dass die bei einer Bewohnerin vorhandene Unterschenkelgipsschiene nicht fixiert und das Bein nicht hoch gelagert gewesen sei. Eine Versorgung der Unterschenkelgipsschiene habe anhand der Pflegeberichte nicht festgestellt werden können. Ein Mangel im Sinne des Heimgesetzes liege offenkundig vor allem darin, dass angesichts fehlender Fachkräfte eine fach- und sachgerechte Pflege der Bewohnerin nicht erfolgt sei bzw. zeitnah und den Erfordernissen entsprechend nicht habe erfolgen können. Die Station sei am Morgen der Überprüfung lediglich mit einer Fachkraft, einer Aushilfe, einer Praktikantin und einem Zivildienstleistenden besetzt gewesen. Diese hatten 23 Bewohner, von denen etwa die Hälfte schwer- und schwerstpflegebedürftig gewesen sei, betreuen und versorgen müssen.

Mit ihrem fristgerecht erhobenen Widerspruch trug die Heimbetreiberin vor, die Verfügung entspreche inhaltlich den Anforderungen der Heimpersonalverordnung und enthalte deshalb keinen eigenständigen Regelungsinhalt. Abgesehen davon habe sie ihre Dienstpläne in einer dieser entsprechenden Weise gestaltet und die Mitarbeiter entsprechend eingesetzt.

Den Widerspruch wies die Heimaufsicht mit Widerspruchsbescheid vom 21. Februar 2000 zurück. Sie führte aus, ihre Anordnung betreffe vor allem die Gestaltung des tatsächlichen Personaleinsatzes. Nach ihrer Auffassung müssten betreuende Tätigkeiten jederzeit durch Fachkräfte oder unter deren angemessener Beteiligung wahrgenommen werden. Der ständige überwiegende Einsatz von Fachkräften sei zu gewährleisten.

Was meinen Sie? Wie würden Sie entscheiden?

Hier die Auffassung des Gerichtes:

Datum:	21.06. 2004
Gericht:	Oberverwaltungsgericht NRW
Spruchkörper:	4. Senat
Entscheidungsart:	Urteil
Aktenzeichen:	4 A 151/01
Vorinstanz:	Verwaltungsgericht Düsseldorf, 3 K 1775/00

Tenor:

Das Urteil des Verwaltungsgerichts Düsseldorf vom 14. November 2000 wird geändert.

Der Bescheid der Beklagten vom 23. Dezember 1999 und ihr Widerspruchsbescheid vom 21. Februar 2000 werden aufgehoben.

Die Beklagte trägt die Kosten des Verfahrens.

Die Kostenentscheidung ist vorläufig vollstreckbar. Die Beklagte darf die Vollstreckung durch Sicherheitsleistung oder Hinterlegung in Höhe des vollstreckbaren Betrags abwenden, wenn nicht die Klägerin

---

vor der Vollstreckung Sicherheit in Höhe des zu vollstreckenden Betrags leistet.

Die Revision wird zugelassen.

Tatbestand:

Mit ihrer am 21. März 2000 erhobenen Klage hat die Klägerin im Wesentlichen geltend gemacht, gegen die von der Beklagten vertretene Auffassung zu *§ 5 Abs. 1 Satz 2 HeimPersV* spreche der Wortlaut von *§ 5 Abs. 1 Satz 3 HeimPersV*. Hätte die Beklagte mit ihrer Auffassung Recht, hätte es der Regelung in Satz 3 nicht bedurft. Denn dann ergebe sich bereits aus Satz 2, dass auch nachts die ständige Anwesenheit zumindest einer Fachkraft gegeben sein müsse. In *§ 5 Abs. 1 Satz 2 Heim-PersV* sei von „Beschäftigten" die Rede und im Unterschied zu Satz 3 sei kein Wort von einer ständigen Anwesenheit zu lesen. Daraus folge, dass mit Satz 2 die Fachkraftquote bezogen auf das Beschäftigungsverhältnis aller mit betreuender Tätigkeit befassten Kräfte geregelt werden solle. Die Fachkraftquote könne nach Sinn und Zweck des Verordnungstextes nicht auf jede einzelne Arbeitsstunde bezogen verstanden werden. Die verschiedenen Aufgaben im Bereich betreuender Tätigkeiten bedingten nicht nur einen mengenmäßig unterschiedlichen Einsatz von Pflegefach- und Pflegehilfskräften zu unterschiedlichen Tageszeiten, sondern hätten auch zur Folge, dass zu bestimmten Zeiten betreuende Tätigkeiten einfacherer Natur gegenüber qualifizierteren Tätigkeiten überwögen. Daher komme es zu solchen Zeiten in Anbetracht der begrenzten Personalausstattung auch zu einem vermehrten Einsatz von Nichtfachkräften. Im Übrigen treffe auch die Dienstplananalyse der Beklagten nicht zu. Kräfte, die aufgrund ihrer speziellen Funktion wohnbereichsübergreifend tätig seien, müssten ebenfalls berücksichtigt werden. Insgesamt ergebe sich bei ihr im Jahresdurchschnitt eine Fachkraftquote zwischen 58% und 65%. Allein die durchschnittliche Betrachtung der Fachkraftquote von mehr als nur auf eine Stunde oder einen Tag bezogen entspreche der Intention des Verordnungsgebers. Dies werde im Übrigen auch bei sämtlichen anderen Heimaufsichtsbehörden in Nordrhein-Westfalen so gesehen. Nach der Vergütungsvereinbarung mit der Pflegekasse – bezogen auf den Geltungszeitraum ab Dezember 1998 – sei unter Berücksichtigung der jeweiligen Pflegebedürftigkeit der einzelnen Heimbewohner die absolute Ausstattung mit Fach- und Nichtfachkräften teilweise sogar übererfüllt gewesen. Auch im Zeitpunkt der Heimbegehung am 6. Februar 2004 habe unter Berücksichtigung der konkreten Pflegestufen der Bewohner und bei einer Auslastung von 141 der 144 belegbaren Plätze ein Personalüberhang von 1,5 Vollzeitkräften bestanden. Der von der Beklagten geforderte Ist-Einsatz von mindestens einer Fachkraft pro Hilfskraft würde zu finanziellen Auswirkungen nicht unbeträchtlichen Ausmaßes und zu einer Fachkraftquote von 63,36% (berechnet auf den 26. Oktober 1999) führen. Das ergebe eine Mehrbelastung von etwa … DM. Abgesehen davon hätten die geltend gemachten Pflegemängel nicht vorgelegen.

Die Klägerin hat beantragt,

den Bescheid der Beklagten vom 23. Dezember 1999 in der Fassung des Widerspruchsbescheides vom 21. Februar 2000 aufzuheben.

147

Die Beklagte hat beantragt,

die Klage abzuweisen.

Sie hat darauf verwiesen, dass sich anlässlich der unangemeldeten Prüfung erhebliche pflegerische Mängel bei einer Bewohnerin gezeigt hätten, die auf fehlendes Fachpersonal zurückzuführen seien. Die Auffassung der Klägerin zu *§ 5 Abs. 1 Satz 2 HeimPersV* basiere auf leistungsrechtlichen Aspekten und werde dem Wortlaut der Vorschrift nicht gerecht. Entgegen deren Annahme sei auch die von ihr vorgenommene Dienstplananalyse zutreffend. Der Qualitätssicherungsbeauftragte, soweit er nach den Dienstplänen der Klägerin als Stationsleiter/Altenpfleger ausgewiesen gewesen sei, sei nämlich in dieser Funktion von ihr berücksichtigt worden. Der Dienstplan der Pflegedienstleiterin habe ihr nicht zur Verfügung gestanden. Deren Berücksichtigung könne allerdings das Gesamtergebnis nicht wesentlich beeinflussen. Entsprechendes gelte bezüglich der Dienstpläne des sozialen Dienstes, die ihr ebenfalls nicht vorgelegt worden seien.

Das Verwaltungsgericht hat die Klage mit dem angefochtenen Urteil abgewiesen. Zur Begründung hat es ausgeführt, anhand der Dienstpläne sei belegt, dass die Klägerin über längere Zeiträume deutlich mehr Hilfs- als Fachkräfte eingesetzt habe. Dies widerspreche *§ 5 Abs. 1 HeimPersV*. Die Anordnung habe deshalb auf *§ 12 Abs. 1 Heimgesetz* (HeimG; gemeint ist die bis zur Neufassung vom 5. November 2001 geltende Fassung) gestützt werden können.

§ 5 Abs. 1 HeimPersV stelle konkret auf die Wahrnehmung betreuender Tätigkeiten ab und nicht auf die Einhaltung eines täglich, wöchentlich oder gar jährlich ermittelnden Durchschnittswertes hinsichtlich der qualifizierten und der nicht fachlich qualifizierten Kräfte. Aus diesem Grunde komme es allein auf die tatsächlich mit der Pflege befassten Personen an. Eine Differenzierung zwischen Pflege im engeren Sinne und sonstigen betreuenden Tätigkeiten finde innerhalb des Begriffes der betreuenden Tätigkeiten nach *§ 5 Abs. 1 HeimPersV* nicht statt. Dessen Wortlaut lasse ferner keinen Raum für die von der Klägerin vorgeschlagene Berücksichtigung auch erkrankter oder sonst vorübergehend ausfallender Personen. Denn diese nähmen keine betreuende Tätigkeit wahr. Immer dann, wenn betreuende Tätigkeiten erbracht würden, müsse mindestens eine Fachkraft pro Hilfskraft eingesetzt werden. Die Einhaltung der Fachkraftquote müsse jederzeit gewährleistet sein. Die Anordnung der Beklagten, in der von einem „überwiegenden Einsatz von Fachkräften i.S. von *§§ 5 ff. der HeimPersV*" gesprochen werde, sei dahin zu verstehen, dass die Klägerin der Verordnung auch dann genüge, wenn jederzeit gewährleistet sei, dass zumindest jeder zweite betreuende Tätigkeiten Wahrnehmende eine Fachkraft sei.

Zur Begründung ihrer vom Senat zugelassenen Berufung bezieht sich die Klägerin zunächst auf ihr erstinstanzliches Vorbringen. Ergänzend führt sie aus, der Ansicht des Verwaltungsgerichts und der Beklagten zur Einhaltung der Fachkraftquote könne nicht gefolgt werden. Nach *§ 5 Abs. 1 Satz 1 HeimPersV* sei ausreichend, dass betreuende Tätigkeiten zumindest unter angemessener Beteiligung von Fachkräften wahrgenommen würden. Diese Beteiligung werde allgemein darin gesehen, dass die Fachkräfte einer Pflegeeinrichtung auf den Dienstleistungsvollzug maßgeblichen Einfluss hätten und damit für das Ergebnis der dann ausgeübten betreuenden Tätigkeiten fachlich und organisatorisch verantwortlich zeichneten. Es sei keinesfalls notwendig, dass die Fachkräfte im Einzelfall dann auch tatsächlich „Hand angelegt haben müssten", um bei der nach *§ 5 Abs. 1 HeimPersV* anzustellenden Prüfung berücksichtigt werden zu können. Insoweit sei nicht allein auf die handwerkliche Ausübung der Betreuungstätigkeit abzustellen, sondern es müssten auch Leitungsfunktionen sowie beaufsichtigende und kontrollierende Tätigkeiten berücksichtigt werden. *§ 5 Abs. 1 Satz 1 HeimPersV* spreche zwar von einer Aufgabenwahrnehmung, aber nicht davon, dass Fachkräfte die konkreten Arbeiten auch tatsächlich ausüben müssten. Nach dieser Bestimmung reiche eine Wahrnehmung von Tätigkeiten auch unter angemessener Beteiligung von Fachkräften aus. *§ 5 Abs. 1 HeimPersV* sei unter Berücksichtigung von Satz 3 so zu verstehen, dass zu jeder Zeit in einer Pflegeeinrichtung ständig mindestens eine Fachkraft – was allerdings nicht bedeute, dass dies stets auch ausreiche – anwesend sein müsse und zudem die Anzahl der insgesamt in der Pflegeeinrichtung beschäftigten Personen das in *§ 5 Abs. 1 Satz 2 HeimPersV* bezeichnete Verhältnis nicht unterschreiten dürfe. Ansonsten ergebe es keinen Sinn, wenn in *§ 5 Abs. 1 Satz 2 HeimPersV* auf Beschäftigte, in *§ 5 Abs. 1 Satz 3 HeimPersV* aber auf die Anwesenheitspflicht abgestellt werde. Wäre die Rechtsauffassung der Beklagten zutreffend, müsste ein Heimträger mit Blick auf *§ 9 Nr. 3 HeimPersV* stets die personelle Besetzung überprüfen, um bei einem etwaigen Ausfall von Fachkräften durch Abzug einer entsprechenden Anzahl von Hilfskräften zu verhindern, dass er den Tatbestand einer Ordnungswidrigkeit verwirkliche. Eine derartige Vorgehensweise wäre mit dem Sinn und Zweck des Heimgesetzes und der Heimpersonalverordnung nicht in Einklang zu bringen. Allerdings könnte sie einen Teil der vorhandenen Hilfskräfte nicht einsetzen, um auf diese Weise die Fachkraftquote, wie sie die Beklagte verstehe, nicht zu gefährden. Dies wäre allerdings ein Ergebnis, das der Verordnungsgeber nicht im Auge gehabt haben könne. Im Übrigen stelle sich die Frage, ob mit den Regelungen in *§ 5 Abs. 1 HeimPersV* nicht bereits die Grenzen der Ermächtigungsgrundlage in *§ 3 Satz 1 Nr. 2 HeimG* (a. F.) zum Erlass der Verordnung überschritten seien.

Die Klägerin beantragt,

das angefochtene Urteil zu ändern und nach dem erstinstanzlichen Klageantrag zu erkennen.

Die Beklagte beantragt,

die Berufung zurückzuweisen.

Sie meint, entgegen der Ansicht der Klägerin sei bei der Überprüfung im Dezember 1999 ein Pflegemangel bezüglich einer Bewohnerin festgestellt worden. Dieser habe auf der mangelhaften personellen Besetzung der Station mit Fachkräften beruht. Auf diese Unterbesetzung seien die festgestellten pflegerischen Mängel zurückzuführen.

Bei unangemeldeten Heimbegehungen im Februar 2004 sei eine personelle Unterbesetzung in Höhe von 7,14 Vollzeitkräften, und zwar in Bezug auf die mit der Pflegekasse ausgehandelten Stellen, festgestellt worden. Eine ungenügende Anzahl von Fachkräften führe zwangsläufig zu einer Gefährdung des Wohls der Bewohner und auch zu einem Missverhältnis zwischen dem Entgelt und der Leistung des Heimes. Die unzureichende Einhaltung der Fachkraftquote sei damit für sich allein schon ein Mangel im Sinne des *§ 12 Abs. 1 HeimG* (a. F.). Sie habe nicht mehr Personal von der Klägerin gefordert, sondern nur eine Veränderung des Verhältnisses beim Einsatz von Fach- und Hilfskräften. Diese Forderung sei auch im Rahmen der zwischen dem Heim und den Leistungsträgern getroffenen Vereinbarungen umsetzbar. Abgesehen davon sei in diesem Rechtsstreit allein die Frage entscheidend, ob das planmäßige Abweichen der Klägerin von den Vorgaben des *§ 5 Abs. 1 HeimPersV* ein Mangel im Sinne des Heimgesetzes darstelle und ob sie hierdurch und ausgelöst durch den Pflegemangel bei einer Bewohnerin Anlass gehabt habe, die angefochtene Verfügung zu erlassen. Das planmäßige Abweichen der Klägerin vom Fachkraftpostulat sei mit den Regelungen in *§ 5 Abs. 1 HeimPersV* unvereinbar. Diese zielten nicht auf die Sicherung der Personalausstattung, sondern auf die des tatsächlichen Personaleinsatzes bei betreuenden Tätigkeiten. Der Wortlaut der Vorschrift sei eindeutig nur in diesem Sinne zu verstehen. Die Heimpersonalverordnung stelle bei ihrer Forderung nicht eine Forderung auf, die mengenabhängig sei, sondern sie erhebe eine Qualitätsanforderung unabhängig von der Anzahl der pflegenden Kräfte. Daraus folge, dass bei der Planung des Personaleinsatzes die vorgegebene Quote durchgehend eingehalten werden müsse. Ein Freiraum, zeitweilig den Anteil der Hilfskräfte planmäßig überwiegen zu lassen, bestehe für einen Heimbetreiber nicht. Die Fachkraftquote beziehe sich nicht auf die Anstellungsverhältnisse, sondern auf den tatsächlichen Einsatz.

Hinsichtlich des Sachverhalts und des Sachvortrags im Einzelnen wird auf die Gerichtsakten und die beigezogenen Verwaltungsvorgänge Bezug genommen.

Entscheidungsgründe:

Die Berufung hat Erfolg. Das Verwaltungsgericht hat die Klage zu Unrecht abgewiesen.

Rechtsgrundlage der Verfügung vom 23. Dezember 1999 war zunächst *§ 12 Abs. 1 des Heimgesetzes* in der Fassung der Bekanntmachung vom 23. April 1990 *(BGBl. I S. 763)*, zuletzt geändert durch das Zweite Änderungsgesetz vom 3. Februar 1997 *(BGBl. I S. 158)*. Danach konnten gegenüber den Trägern von Heimen Anordnungen erlassen werden, die zur Beseitigung einer eingetretenen oder Abwendung einer drohenden Beeinträchtigung oder Gefährdung des Wohls der Bewohner erforderlich waren, wenn festgestellte Mängel nicht abgestellt wurden. Bei der Anordnung der Beklagten mit Verfügung vom 23. Dezember 1999, den Dienstplan so zu gestalten, dass in den Tagschichten jederzeit an jedem Tag im Jahr gewährleistet ist, dass betreuende Tätigkeiten durch den überwiegenden Einsatz von Fachkräften im Sinne der *§§ 5 ff. der Verordnung über personelle Anforderungen für Heime vom 19. Juli 1993 (BGBl. I S. 1205 (HeimPersV))* sichergestellt wird, handelt es sich um einen Verwaltungsakt mit Dauerwirkung, so dass zwischenzeitliche Gesetzesänderungen zu berücksichtigen sind. Ermächtigungsgrundlage ist nunmehr *§ 17 Abs. 1 der Bekanntmachung der Neufassung des Heimgesetzes vom 5. November 2001 (BGBl. I S. 2970),* der im Wesentlichen dem bisherigen *§ 12 HeimG a. F.* entspricht.

Vgl. Begründung der Bundesregierung, *BT- Drucks. 14/5399* S. 32.

Die Verfügung der Beklagten ist rechtswidrig, weil sie nicht von *§ 5 Abs. 1 HeimPersV* auf die die Beklagte in ihrer Anordnung verweist, gedeckt ist.

Dass allerdings bei Verstößen gegen die nach dem Heimgesetz erlassenen Verordnungen, also auch bei Nichteinhaltung der Anforderungen des *§ 5 Abs. 1 HeimPersV,* eine Anordnung gegen den Heimträger gerechtfertigt sein kann, ist nicht zweifelhaft,

vgl. *VGH München, Beschluss vom 20. Juni 2001 – 22 CS 01.966 –* , (juris); *Kunz/Butz/Wiedemann, Heimgesetz, 9. Auflage, § 17 Rn. 1,* und zwischen den Beteiligten auch nicht streitig. Die Klägerin kann jedoch nach *§ 5 Abs. 1 HeimPersV* nicht verpflichtet werden – und das war der eigentliche Anlass für die Anordnung der Beklagten, wie sich aus der Begründung des Widerspruchsbescheids vom 21. Februar 2000 ergibt – den tatsächlichen Personaleinsatz und damit die konkrete Ausgestaltung der Dienstpläne in der von der Beklagten verlangten Art vorzunehmen.

Der von der Beklagten und dem Verwaltungsgericht vertretenen Auffassung, der in *§ 5 Abs. 1 Satz 2 HeimPersV* normierten Fachkraftquote sei zu entnehmen, dass – jedenfalls in den Tagschichten – grundsätzlich jederzeit die Anzahl der mit betreuenden Tätigkeiten befassten Fachkräfte die der ebenso tätigen Hilfskräfte zumindest entsprechen müsse, – insoweit hat die Beklagte in der mündlichen Verhandlung vor dem Senat ihre Anordnung klargestellt- folgt der Senat nicht. Nach seinem Verständnis steht *§ 5 Abs. 1 HeimPersV,* der auf das gesamte Heim und nicht auf Teilbereiche wie Station oder Wohnbereich bezogen ist, einem flexiblen Einsatz der Fachkräfte nicht entgegen, wobei eine Fachkraft als solche grundsätzlich nur ausgerichtet auf eine Tätigkeit entsprechend ihrer Berufsausbildung (vgl. *§ 6 Satz 1 HeimPersV*) angesehen werden kann. Es ist deshalb zulässig, dass zu Zeiten, in denen vornehmlich betreuende Tätigkeiten „geringerer Schwierigkeit" anfallen, die Anzahl der tätigen Hilfskräfte die der tätigen Fachkräfte übersteigt. Allerdings muss auch zu diesen Zeiten eine ausreichende Kontrolle der Hilfskräfte und eine angemessene Qualität der Betreuung (vgl. *§ 11 Abs. 1 Nr. 3 HeimG n. F.*) gewährleistet sein.

Auszugehen ist zunächst von *§ 5 Abs. 1 Satz 1 HeimPersV,* mit dem ein Grundsatz für die Umsetzung betreuender Tätigkeiten in einem Heim aufgestellt wird. Danach dürfen betreuende Tätigkeiten nur durch Fachkräfte oder unter angemessener Beteiligung von Fachkräften wahrgenommen werden (sog. Fachkraftpostulat). Die Wortwahl „unter angemessener Beteiligung" spricht dafür, dass damit nicht eine

Tätigkeit der Fachkraft im Sinne einer ständigen Anwesenheit im unmittelbaren Umfeld einer Hilfskraft gemeint ist. Denn dann hätte es nahe gelegen zu verlangen, dass Hilfskräfte betreuende Tätigkeiten nur zusammen mit Fachkräften ausführen dürfen. Betreuende Tätigkeiten können deshalb auch dann unter angemessener Beteiligung von Fachkräften wahrgenommen werden, wenn diese lediglich für entsprechende Arbeitsleistungen von Hilfskräften verantwortlich sind, sie diese etwa anleiten, ihre Arbeit überwachen und für eventuelle Fragen zur Verfügung stehen. Mit dem Wortlaut von § 5 Abs. 1 Satz 1 HeimPersV ist somit vereinbar, dass eine Fachkraft im Sinne einer Beteiligung bei der Wahrnehmung betreuender Tätigkeiten für mehrere Hilfskräfte „zuständig" ist. Begrenzt wird die Anzahl der Hilfskräfte durch die Forderung, dass die Beteiligung der Fachkräfte „angemessen" sein muss. Auch diese Formulierung schließt nicht aus, dass (nur) eine Fachkraft für die betreuende Tätigkeit mehrerer Hilfskräfte zuständig ist. Angemessen ist die Beteiligung dann, wenn das Fachwissen der Fachkraft für Art und Weise des Dienstleistungsvollzugs prägend ist.

Dahlem/Giese/Igl/Klie, Das Heimgesetz, HeimPersV § 5 Rn. 5; vgl. auch *VGH München, Beschluss vom 12. April 2000, aaO.*, der eine angemessene Beteiligung auch bei ständiger Rufbereitschaft der Pflegefachkraft als gegeben erachtet.

Eine angemessene Beteiligung ist allerdings dann nicht mehr gewährleistet, wenn die Fachkraft angesichts der Anzahl der ihr an die Seite gestellten Hilfskräfte überfordert wäre, die Einhaltung des notwendigen Qualitätsstandards zu gewährleisten. Dass sich dies allein bei einer 1 : 1 Besetzung der anwesenden Kräfte bewerkstelligen lässt, ist nicht zu ersehen. Das Spektrum der betreuenden Tätigkeiten ist sehr weit. Betreuende Tätigkeiten umfassen alle Formen von Hilfen für Bewohner, soweit es sich nicht um die reine Gebrauchsüberlassung des Wohn- und Schlafplatzes und die Verpflegung als solche handelt.

Vgl. Begründung in BR-Drucks. 204/93, insoweit abgedruckt bei Dahlem/Giese/Igl/Klie, Das Heimgesetz, HeimPersV § 5 Rn. 2.

Insoweit überzeugt der Hinweis der Klägerin, dass zu bestimmten Tageszeiten vermehrt betreuende Tätigkeiten zu erbringen sind, die nach ihrem Anforderungsprofil nicht eine Fachkraftausbildung erfordern und die von einer Hilfskraft ohne Weiteres genau so gut wie durch eine Fachkraft ausgeführt werden können. Für solche Zeiten gleichwohl eine 1 : 1 Besetzung zu verlangen, entspricht nicht den Anforderungen in der Praxis und verursacht unnötige Kosten.

Vgl. in diesem Zusammenhang auch *Wiedemann, NJW 1993, 2981*, wonach in der Diskussion um einen Mindestpersonalschlüssel im Pflegebereich Ende der Siebziger/Anfang der Achtziger Jahre ein Verhältnis von 1 : 4 oder 1 : 3 in Erwägung gezogen worden ist.

Die Forderung der Beklagten wird auch nicht durch § 5 Abs. 1 Satz 2 HeimPersV gedeckt. Danach muss mindestens jeder zweite weitere Beschäftigte eine Fachkraft sein, wenn mehr als 20 nicht pflegebedürftige oder mehr als 4 pflegebedürftige Bewohner zu betreuen sind (Fachkraftquote).

Diese Quote bestimmt nach Ansicht des Senats nicht das Verhältnis derjenigen Arbeitskräfte, die bezogen auf einen bestimmten Zeitpunkt oder Zeitraum tatsächlich mit der Wahrnehmung betreuender Tätigkeiten befasst sind. Sie betrifft vielmehr den Anteil von Fach- und Hilfskräften an der nach Vollzeitkräften berechneten Zahl der Beschäftigten, die der Heimträger zur Wahrnehmung betreuender Tätigkeiten eingestellt hat, und sichert auf diese Art und Weise einen Personalbestand, der eine angemessene Beteiligung von Fachkräften i.S.v. *§ 5 Abs. 1 Satz 1 HeimPersV* ermöglicht. Nur dieses Verständnis erlaubt nämlich den – wie dargetan – gebotenen flexiblen Einsatz von Fach- und Hilfskräften in wechselnden, jeweils (i.S.v. *§ 5 Abs. 1 Satz 1 HeimPersV*) angemessenen Anteilen und entspricht daher am ehesten dem Zweck der Verordnung, verhältnismäßige Anforderungen an die „fachliche Absicherung" der Betreuung vorzugeben.

Die Wortwahl „hierbei" eingangs von *§ 5 Abs. 1 Satz 2 HeimPersV* – worauf die Beklagte abstellt – ändert nichts an dem vorstehend erläuterten Verständnis der Fachkraftquote. Diese Formulierung verleiht nach Auffassung des Senats lediglich dem beschriebenen funktionellen Zusammenhang der Sätze 1 und 2 des *§ 5 Abs. 1 HeimPersV* Ausdruck.

Für diese Sicht spricht ferner, dass *§ 11 Abs. 2 Nr. 2 HeimG n.F. (= § 6 Nr. 3 HeimG a.F.)* hinsichtlich der Anforderungen an den Betrieb eines Heims von einer ausreichenden Zahl der „Beschäftigten" spricht und damit offensichtlich auf die Personalausstattung umgerechnet nach Vollzeitkräften, nicht aber auf den punktuell gesehenen konkreten Einsatz vor Ort abstellt. Nach der – allerdings Leistungsrecht beinhaltenden und Pflegeheime betreffenden – Vorschrift des *§ 71 Abs. 2 Nr. 1 SGB XI* ist erforderlich, dass unter ständiger Verantwortung einer ausgebildeten Pflegekraft gepflegt wird. Der Standard der Pflege nach dem Heimgesetz (vgl. auch die Definition der Pflegebedürftigkeit in *§ 5 Abs. 3 HeimPersV*), die insbesondere dann, wenn die Bewohner wie im Falle des Heims der Klägerin ganz überwiegend pflegebedürftig i.S. des *§ 14 SGB XI* sind, den wesentlichen Teil der betreuenden Tätigkeit ausmacht, ist dem Pflegestandard nach SGB XI grundsätzlich gleichzustellen.

Vgl. Begründung der Bundesregierung, *BT-Drucks. 14/5399 S. 26, insoweit abgedruckt bei Dahlem/Giese/Igl/Klie, aaO., § 11 HeimG Rn. 11.*

Soweit ein Heimträger als Sozialleistungserbringer die in den Vereinbarungen mit den Pflegekassen bzw. Sozialhilfeträgern enthaltenen, ihn bindenden Vorgaben für die Personalausstattung des Heims erfüllt, hat das für die heimgesetzliche Beurteilung der ausreichenden Zahl von betreuenden Beschäftigten „indizielle Bedeutung".

Dahlem/Giese/Igl/Klie, aaO., § 11 HeimG Rn. 25; VGH Mannheim, Beschluss vom 16. März 2001 – 8 S 301/01 –, (juris).

Eine weitere Überlegung spricht für das vorstehend wiedergegebene Verständnis der Fachkraftquote. Die Forderung der Beklagten lässt sich zum einen durch eine Aufstockung der (Pflege-)Fachkräfte umsetzen; sie lässt sich ggf. aber auch dadurch realisieren, dass Hilfskräfte entlassen werden. Dass Letzteres zulasten der Betreuung der Heimbewohner ginge, liegt auf der Hand, und kann von keiner Seite gewollt sein. Die Möglichkeit, durch einen Abzug von Hilfskräften die Fachkraftquote zu erhöhen, beruht darauf, dass auf die Ermächtigung zur Festsetzung eines Personalschlüssels im Sinne einer Mindestausstattung durch den Gesetzgeber verzichtet worden ist und ein Heimträger, der mit einem äußerst niedrigem Personalschlüssel sein Heim betreibt, auch weniger Fachkräfte beschäftigen muss.

Vgl. Wiedemann, NJW 1993, 2981.

Bei dieser Sachlage bedarf es keiner Klärung, ob die Beklagte bei ihrer Ermessensentscheidung auch ohne Antrag aus dem Gesichtspunkt des Übermaßverbotes hätte prüfen müssen, ob ein Abweichen von der Fachkraftquote, so wie sie diese versteht, nach § 5 Abs. 2 HeimPersV geboten war. Ob es sich dabei um ein „Korrektiv" handelt, das regelmäßig gegeben ist, wenn ein Heim über mehr Personal verfügt, als für eine Betreuung der Heimbewohner an sich erforderlich ist,

> *so VGH Mannheim, Beschluss vom 16. März 2001 – 8 S 301/01 –, aaO., VGH München, Beschluss vom 12. April, aaO.,*

kann deshalb dahinstehen.

Ferner kann offen bleiben, ob – wie die Klägerin andeutet – die Rechtsgrundlage zum Erlass der Heimpersonalverordnung in *§ 3 HeimG* (a. F.) bzw. *§ 3 Abs. 2 Nr. 2 HeimG* (n. F.) die Regelung der Fachkraftquote in *§ 5 Abs. 1 Satz 2 HeimPersV* nicht deckt,

> vgl. dazu *Dahlem / Giese / Igl / Klie, aaO., HeimPersV § 5 Rn. 4.*

Die Kostenentscheidung beruht auf *§ 154 Abs. 1 VwGO.* Der Ausspruch über die vorläufige Vollstreckbarkeit der Kostenentscheidung folgt aus *§ 167 VwGO* in Verbindung mit *§§ 708 Nr. 10 und 711 ZPO.*

Der Senat lässt die Revision zu, weil die Rechtssache grundsätzliche Bedeutung hat *(§ 132 Abs. 2 Nr. 1 VwGO).*

Vorschlag: Suchen Sie die entsprechenden Vorschriften aus dem Berliner Heimrecht oder aus demjenigen Ihres Bundeslandes und vergleichen Sie anhand der landesrechtlichen Bestimmungen, ob auch auf dieser Grundlage die Entscheidung heute genauso ausfallen würde.

3 Grundzüge des Gesundheitsschutzrechtes

3.1 Staatlicher Gesundheitsdienst und Gesundheitsämter

Aufgabe des Gesundheitsschutzrechtes ist, wie der Name schon erkennen lässt, der Schutz des einzelnen Bürgers und der der Gemeinschaft vor gesundheitlichen Gefahren.

Hierzu gibt es auf bundes-, landes- und kommunaler Ebene der öffentlichen Verwaltung diverse Einrichtungen, die jeweils Teilbereiche davon wahrnehmen.

In Schleswig-Holstein sind insbesondere die Gesundheitsämter zu nennen. Sie nehmen auch Überwachungsaufgaben wahr. Allerdings gehört nicht nur die Überwachung zu ihren Tätigkeiten, sondern auch Vorbeugung und Beratung, Berichterstattung sowie die Verhinderung und Bekämpfung von Störungen der öffentlichen Sicherung und Ordnung durch Krankheiten und Seuchen.

Geregelt sind die Aufgaben, Tätigkeiten und Kompetenzen im *Gesundheitsdienstgesetz Schleswig-Holstein (GDG-SH)* von 2001.

Mit diesem Gesetz ist die früher vorwiegend „gesundheitspolizeiliche" Ausrichtung dieser Institutionen erweitert worden, hin zu präventiven Aufgaben sowie zur Unterstützung anderer Einrichtungen des Gesundheitswesens durch Koordination von Tätigkeiten.

Hinweis: Informationen zum Gesundheitsdienstgesetz finden Sie im Internet auf den Seiten des Ministeriums für Soziales, Gesundheit, Wissenschaft und Gleichstellung des Landes Schleswig-Holstein (www.schleswig-holstein.de).

Sie können dort das Gesetz und die Gesetzesbegründung des Gesundheitsdienstgesetzes herunterladen. Die Landesverordnung zur Regelung von Zuständigkeiten nach gesundheits- und tiergesundheitsrechtlichen Vorschriften finden Sie unter Landesregierung-Ministerien-MFGS-Gesundheit (http://sh.juris.de/buergerservice.html).

Die Aufgaben der Gesundheitsämter ergeben sich zum einen aus den allgemeinen Regelungen im Gesundheitsdienstgesetz und zum anderen aus speziellen Gesetzen, wie etwa dem Infektionsschutzgesetz.

Hinweis: Zur Organisation eines Gesundheitsamtes können Sie auf die Homepage Ihrer Stadt oder Ihres Kreises gehen und unter dem Stichwort „Gesundheitsamt" nachschauen.

Für die Stadt Kiel beispielsweise findet sich das unter www.kiel.de unter „Rathaus", „Bürgerservice + Ämter" und dem dann folgenden weiterführenden Link zum „Amt für Gesundheit". Hier bekommen Sie Informationen über die Organisation und die Aufgabenfelder des Gesundheitsamtes.

Weitere Einrichtungen des Gesundheitsschutzes kommen hinzu, wie z. B. auf Länderebene das Landeslabor Schleswig-Holstein oder diverse Bundeseinrichtungen, wie etwa das Robert-Koch-Institut. Diese Einrichtungen sind ebenfalls im Bereich der Gesundheitsvorsorge und Gesundheitsüberwachung tätig.

Viele weitere Aufgaben dieser Institutionen sind zudem in Spezialgesetzen geregelt, die aufgrund ihren Umfangs und deren Vielfältigkeit hier nicht dargestellt werden können.

Nachfolgend soll aber zumindest auf einige Gesundheitsschutzregelungen, die auch die Pflege betreffen, hingewiesen werden. Diese sind u. a. im Internet leicht zu finden, sodass hier i. d. R. auf die Vorschriften verwiesen wird. Der Text der Paragraphen sollte aber stets ergänzend zur Darstellung gelesen werden.

3.2 Arzneimittelrecht

Der Umgang mit Medikamenten ist als Teil der **Behandlungspflege** für Pflegekräfte selbstverständlich. Für diesen Bereich gibt es **rechtliche Vorgaben**, die in der Pflegepraxis und im Pflegealltag zu **berücksichtigen** und **umzusetzen** sind.

Die gesundheitsschutzrechtlichen Grundlagen des Arzneimittelrechts sind auf viele Spezialgesetze verteilt.

Systematisch könnte man sie nach Rechtsvorschriften über die **Arzneimittelsicherheit** und die **Abgabe** von Arzneimitteln einordnen. Auch eine Aufteilung nach **Funktionen** wäre möglich: z. B. in Rechtsvorschriften die die Zulassung von Arzneimitteln, deren Vertrieb, die Abgabe von Medikamenten, den Patientenschutz usw. betreffen.

Zudem kann eine Differenzierung nach den **europarechtlichen** und **nationalen** Vorschriften vorgenommen werden, gerade weil der **Vertrieb** und die **Zulassung** von Arzneimitteln zunehmend europarechtlich organisiert und damit auch regelungsnotwendig ist.

Diese Systematisierungsbeispiele zeigen bereits, dass der Bereich der Arzneimittelsicherheit nicht einfach zu erfassen ist.

Im Folgenden soll kurz auf drei wichtige Gesetze, das **Arzneimittelgesetz**, das **Betäubungsmittelgesetz** und das **Apothekengesetz**, eingegangen werden:

– Das **Arzneimittelgesetz (AMG)** ist die Hauptrechtsquelle des deutschen Arzneimittelrechts. Bitte verschaffen Sie sich einen Überblick über das Gesetz, in dem Sie sich das Inhaltsverzeichnis ansehen.

Im AMG wird definiert, was Arzneimittel überhaupt sind:

§ 2 AMG
Arzneimittelbegriff (Auszug)

(1) Arzneimittel sind Stoffe oder Zubereitungen aus Stoffen,

1. *die zur Anwendung im oder am menschlichen oder tierischen Körper bestimmt sind und als Mittel mit Eigenschaften zur Heilung oder Linderung oder zur Verhütung menschlicher oder tierischer Krankheiten oder krankhafter Beschwerden bestimmt sind oder*
2. *die im oder am menschlichen oder tierischen Körper angewendet oder einem Menschen oder einem Tier verabreicht werden können, um entweder*
   a) *die physiologischen Funktionen durch eine pharmakologische, immunologische oder metabolische Wirkung wiederherzustellen, zu korrigieren oder zu beeinflussen oder*
   b) *eine medizinische Diagnose zu erstellen.*

(2) Als Arzneimittel gelten

1. *Gegenstände, die ein Arzneimittel nach Absatz 1 enthalten oder auf die ein Arzneimittel nach Absatz 1 aufgebracht ist und die dazu bestimmt sind, dauernd oder vorübergehend mit dem menschlichen oder tierischen Körper in Berührung gebracht zu werden,*

(3) Arzneimittel sind nicht

1. *Lebensmittel im Sinne des § 2 Abs. 2 des Lebensmittel- und Futtermittelgesetzbuches,*
2. *kosmetische Mittel im Sinne des § 2 Abs. 5 des Lebensmittel- und Futtermittelgesetzbuches,*
   …
7. *Medizinprodukte und Zubehör für Medizinprodukte im Sinne des § 3 des Medizinproduktegesetzes, es sei denn, es handelt sich um Arzneimittel im Sinne des § 2 Absatz 1 Nummer 2 Buchstabe b,*
   …

(In den Abs. 3, 3 a und 4 werden weitere Bestimmungen zum Begriff getroffen, auf deren Abdruck hier verzichtet wird).

Kann Blut auch als Arzneimittel gelten? Siehe dazu *§ 4 Abs. 2 AMG.*

Hinweis: Die Verwendung und Verarbeitung von Blut ist zudem dem **Transfusionsgesetz** (TFG) unterworfen. Es trifft spezielle Bestimmungen für die Blutentnahme und Anwendung von Blutprodukten. Bitte lesen Sie dazu die Abschnitte 2 (Gewinnung von Blut und Blutbestandteilen) und 3 (Anwendung von Blutprodukten).

Arzneimittel werden unterschieden zwischen

- frei verkäuflichen,
- apothekenpflichtigen und
- verschreibungspflichtigen.

Was ist der Unterschied zwischen diesen 3 Arten der Arzneimittel? Siehe die Auflistung in den *§§ 43, 44 und 48 AMG*.

Die Kenntnis der verschiedenen Arzneimittelarten ist für die Pflegepraxis insoweit von Bedeutung, als die Sicherstellung mit Arzneimitteln, z.B. im Heim, sich entsprechend den Arten unterschiedlich darstellt:

- frei verkäufliche Arzneimittel können von praktisch jedem Händler bezogen werden,
- apothekenpflichtige nur in Apotheken
- und solche, die verschreibungspflichtig sind, eben nur nach vorheriger Verschreibung durch den behandelnden Arzt.
- Spezielle und noch weitergehende Vorgaben nicht nur für die Besorgung, sondern auch den Umgang mit Medikamenten enthält das **Betäubungsmittelgesetz** (BtMG).

Betäubungsmittel sind **besondere Arzneimittel** (vgl. *§ 1 BtMG*, bitte lesen). Die Verabreichung und der Umgang mit diesen Mitteln sind streng reglementiert.

Bitte lesen Sie *§ 13 BtMG* zum Einsatz in der Behandlung, *§ 15 BtMG* zur Aufbewahrung, *§ 16 BtMG* zur Vernichtung und *§§ 17, 18 BtMG* zu Aufzeichnungs- und Meldepflichten

- Das **Apothekengesetz** (ApoG) ist für die pflegerische Praxis insoweit von Bedeutung, als es um den **Bezug** von Arzneimitteln geht. Grundsätzlich hat die Versorgung mit Medikamenten, die zur Behandlung von Patienten eingesetzt werden, durch eine Apotheke zu erfolgen (vgl. *§ 1 Abs. 1 ApoG*).

Hinweis: Dies gilt auch für die stationäre Versorgung, allerdings mit Ausnahmen. So erlaubt *§ 14 ApoG* einem Krankenhausträger den Betrieb einer Krankenhausapotheke, wenn er dafür die ansonsten auch in Apotheken üblichen personellen und sachlichen Voraussetzungen erfüllt.

Während bis 2003 die Krankenhausapotheke nur die Versorgung von Krankenhauspatienten erbringen durfte, wurde durch das Modernisierungsgesetz zur gesetzlichen Krankenversicherung der Aufgabenkreis erweitert:

Nunmehr ist in *§ 14 Abs. 7 Satz 2 ApoG* (ehemals *§ 14 Abs. 4 Satz 3 ApoG*) klargestellt, dass die Krankenhausapotheke auch über die rein stationäre Versorgung von Krankenhauspatienten hinaus Leistungen erbringen darf (zur Preisgestaltung in diesem Bereich vgl. auch *§ 129 a SGB V*). Zudem ist dies auch bei Entlassung von Patienten und bei Verordnung häuslicher Krankenpflege unter bestimmten Voraussetzungen zulässig *(§ 14 Abs. 7 Sätze 3, 4 ApoG)*.

Im Bereich der Bundeswehr ist § 15 ApoG einschlägig, da auch die Bundeswehr Apotheken vorhalten darf.

Auch die Zusammenarbeit zwischen Pflegeheimen und Apotheken wird durch den Gesetzgeber einerseits eröffnet, andererseits werden ihr aber auch Grenzen gesetzt.

Maßstab dafür ist § *12 a ApoG*. Danach können bzw. müssen **Vereinbarungen** über die **Arzneimittelversorgung** verhandelt und geschlossen werden, doch bedürfen diese der **Genehmigung** durch die zuständige **Behörde**.

> Auch am Apothekenrecht zeigt sich die besondere Bedeutung des Ordnungsrechts z.B. für Pflegeheime, weil es eben nicht ausreichend ist, einfach nur mit Apotheken des Vertrauens Verabredungen zu treffen.

Hinweis: Inwieweit die Apotheke Aufgaben des Heimes selbst übernehmen kann, ist eine ebenso wichtige Frage:

So hat die zuständige Apotheke die ordnungsgemäße, bewohnerbezogene Aufbewahrung der von ihr gelieferten Produkte, vor allem der Arzneimittel, zu überprüfen.

Daraus ist eine Form der Zusammenarbeit entstanden, durch den Apotheker bereits patientenbezogene Zuordnungen vornehmen zu lassen (sog. Verblistern), wodurch das „Stellen" von Medikamenten in dem Heim und der damit verbundene Personalaufwand des Heimes stark verringert wird.

Dies ist an sich nichts Ungewöhnliches, weil ältere Patienten, die vor Einzug in ein Heim zu Hause gelebt haben, nicht selten bereits solche Dienstleistungen durch Apotheken erhalten haben, wenn diese z.B. verordnete Arzneimittel nach Tages- oder Tageszeitdosis in entsprechende Dosierbehältnisse vorsortiert haben. Deshalb kann diese Leistung grundsätzlich auch für eine Vielzahl von Heimbewohnern erbracht werden.

Allerdings sind hierbei Haftungsrisiken zu berücksichtigen und selbstverständlich auch die Vorgaben des Heimrechtes einzuhalten. Deshalb sollte vor Verabredung einer solchen Vorgehensweise die Heimaufsicht befragt und ggf. die Rechtsberater des Heimes und die Apotheke beteiligt werden, bevor es zu vertraglichen Absprachen mit evtl. Kostenverpflichtungen für den Heimträger kommt.

Für die Apotheken ist im Übrigen in § *34 Abs. 3* Apothekenbetriebsordnung zum „patientenindividuellen Stellen oder Verblistern von Arzneimitteln" Folgendes festgelegt: Das patientenindividuelle Stellen oder Verblistern ist abweichend von § *4 Absatz 2 b* in einem separaten Raum vorzunehmen, der ausschließlich diesem Zweck dienen darf. Der Raum muss von angemessener Größe sein, um die einzelnen Arbeitsgänge in spezifisch zugeordneten Bereichen durchführen zu können. Seine Wände und Oberflächen sowie der Fußboden müssen leicht zu reinigen sein, damit das umgebungsbedingte Kontaminationsrisiko für die Arzneimittel minimal ist. Der Zugang und das Einbringen der Materialien sollen zumindest bei der maschinellen Verblisterung über einen Zwischenraum (Schleuse) zur Aufrechterhaltung einer im Herstellungsraum geeigneten Raumqualität erfolgen (…)

Damit ist es der Apotheke grundsätzlich nicht mehr möglich, Arzneimittel in den Räumlichkeiten eines Pflegeheims patientenindividuell zu stellen oder zu verblistern.

3.3 Medizinprodukte- und spezielles Anwendungsrecht

Auch der Einsatz von medizinischem Gerät und täglich eingesetzten Produkten unterliegt ordnungsrechtlichen Beschränkungen. Hierfür zu beachten ist das **Medizinproduktegesetz** (MPG) mit seinen ergänzenden Verordnungen.

Es regelt die Herstellung und den Vertrieb von Medizinprodukten und auch das Errichten, Betreiben, Anwenden und Instandhalten solcher Produkte.

Medizinprodukte dürfen nur ihrer Zweckbestimmung entsprechend errichtet, betrieben und angewendet werden.

Sie dürfen nicht betrieben und angewendet werden, wenn sie Mängel aufweisen, durch die Patienten, Beschäftigte oder Dritte gefährdet werden können.

Medizinprodukte dürfen zudem nur von Personen angewendet werden, die aufgrund ihrer Ausbildung oder ihrer Kenntnisse und praktischen Erfahrungen die Gewähr für eine sachgerechte Handhabung bieten.

Hinweis: Genaueres ist in der Verordnung über das Errichten, Betreiben und Anwenden von Medizinprodukten, der Betreiberverordnung zum Medizinproduktegesetz, enthalten. Dort wird z.B. verlangt, dass die Betreibung und Anwendung erst erfolgt, nachdem eine Funktionsprüfung vorgenommen wurde und ein Medizinprodukteverantwortlicher eingewiesen worden ist. Regelmäßige technische Kontrollen sind durchzuführen, über die ein Protokoll anzufertigen ist, und auch Schulungen der Anwender sind selbstverständlich.

Die zuständige Behörde hat darüber hinaus, wie allgemein im Gesundheitsschutzrecht, bei Bedarf alle Maßnahmen zum Schutze der Gesundheit und zur Sicherheit der Patienten, der Anwender und Dritter vor Gefahren durch Medizinprodukte zu treffen.

Über das Medizinproduktegesetz hinaus gibt es bei speziellen Anwendungen noch weitere Regelungen, die z.B. wegen besonderer Gefährdungen klare und eindeutige Begrenzungen enthalten. Ein Beispiel dafür ist die **Röntgenverordnung** (RöV). In dieser Verordnung sind weitere Pflichten bei der Behandlung von Patienten mit Röntgenstrahlen und Röntgengeräten festlegt.

3.4 Hygiene- und Infektionsschutzrecht

Sich mit Hygienevorschriften zu beschäftigen ist für Pflegekräfte selbstverständlich. Die eigene Hygiene zu beachten und diejenige der Patienten zu schützen, die Einhaltung von Standards bei der Arbeit und der Einsatz von Medizinprodukten zur Hygiene sind alltäglich.

Wesentliche Rechtsgrundlage dafür ist das **Infektionsschutzgesetz** (IfSG), welches das Bundesseuchengesetz und das Gesetz über Geschlechtskrankheiten abgelöst hat und 2011 geändert worden ist, um u.a. die Hygienequalität bei medizinischen Behandlungen zu verbessern. Die Länder sind danach verpflichtet, Verordnungen zur Infektionshygiene und Prävention von resistenten Krankheitserregern in medizinischen Einrichtungen zu erlassen, Regelungen über das Vorhandensein von Hygienefachpersonal zu treffen und Hygienepläne aufzustellen; Krankenhäuser werden verpflichtet, den Verbrauch von Antibiotika zu erfassen und zu bewerten!

Vorschlag: Über das Gesetz sollten Sie sich anhand der nachfolgenden Fragen einen Überblick verschaffen:

1. Was sind die Ziele des Infektionsschutzgesetzes?
2. Nennen Sie einige Krankheiten, die meldepflichtig sind.

3. Müssen Mitarbeiter, die in der Küche eines Altenheims arbeiten sollen, ein Gesundheitszeugnis vorweisen?
4. Was ist ein Hygieneplan?

Lösung:

1. *Ziel des Infektionsschutzgesetzes ist es, übertragbare Krankheiten der Menschen vorzubeugen, Infektionen frühzeitig zu erkennen und ihre Weiterverbreitung zu verhindern, § 1 IfSG.*
2. *Zu den meldepflichtigen Krankheiten vgl. § 6 IfSG und § 8 IfSG.*
3. *Sie benötigen ein Gesundheitszeugnis § 42 IfSG, § 43 IfSG*
4. *Die Verpflichtung zur Aufstellung von Hygieneplänen ergibt sich aus § 36 Abs. 1 IfSG. Ein Hygieneplan legt die innerbetriebliche Verfahrensweise zur Infektionshygiene fest.*

Das Infektionsschutzgesetz ist die gesetzliche Grundlage für alle Maßnahmen, die bei ansteckenden Krankheiten ergriffen werden müssen.

- Desinfektionsmaßnahmen
- Meldepflicht etc.
- Erfassung von nosokomialen Infektionen

Das Infektionsschutzgesetz ist allerdings nicht die einzige Rechtsquelle zur Einhaltung von Hygienevorschriften.

Es gibt neben dem Gesetz noch diverse andere Vorschriften hierzu in Verordnungen, Richtlinien und anderen Vorschriften zur Hygiene und zum Infektionsschutz. Nachstehend sind beispielhaft einige aufgeführt:

- Welche Desinfektionsmaßnahmen und -mittel verwandt werden dürfen steht nicht im Gesetz. Dies steht aber in der u.a. vom Robert Koch Institut (RKI) geprüften und veröffentlichten **Liste anerkannter Desinfektionsmittel und -verfahren**. Es handelt sich dabei um eine Liste, in der alle geprüften und anerkannten Desinfektionsmittel und Verfahren nach RKI (Richtlinie für Krankenhaushygiene und Infektionsprävention) festlegt sind, die für behördlich angeordnete Desinfektionsmaßnahmen, z.B. für Raumdesinfektion, Flächendesinfektion, Wäschedesinfektion und Desinfektion von Ausscheidungen, angewandt werden müssen. Die Liste wird u.a. im Internet veröffentlicht (zu finden auf der Homepage des RKI).
- Die **Richtlinie für Krankenhaushygiene und Infektionsprävention** der Kommission für Krankenhaushygiene und Infektionsprävention beim RKI enthält Bestimmungen zu Erkennung, Verhütung und Bekämpfung von Krankenhausinfektionen sowie Empfehlungen zur Krankenhaushygiene, z.B. in baulichen, technischen und pflegerischen Bereichen.
- Ergänzt werden die Hygienevorschriften durch die **Unfallverhütungsvorschriften und -regeln der Deutschen Gesetzlichen Unfallversicherung (DGUV) für den Gesundheitsdienst**. Sie regelt besondere Vorsorgemaßnahmen und Verhaltensweisen für Personal im Gesundheitsdienst, z.B. „Grundsätze der Prävention" (BGVA1/GUV-VA1), „Desinfektionsarbeiten im Gesundheitsdienst" (BGR206/GUV-R206), „Reinigungsarbeiten mit Infektionsgefahr in med. Bereichen" (BGR208), usw. (zu finden unter dguv.de/publikationen). Seit 2014 sind altbekannte Abkürzungen wie z.B. BGV/GUV-V entfallen. Nunmehr gibt es nur noch DGUV-Vorschriften, DGUV-Regeln, DGUV-Informationen und DGUV-Grundsätze.

– Hinzu kommen sonstige **allgemeine Bestimmungen** zu arbeitsmedizinischen Vorsorgeuntersuchungen, Händedesinfektion, Tragen von Schutzkleidung, Heben von Patienten, Umfang mit verschmutzter Wäsche usw.
– Die **DIN-Normen**, die vom deutschen Institut für Normen herausgegeben werden, haben die Qualitätssicherung und die Sicherheit, z.B. zur Sterilisation von Medizinprodukten, zum Inhalt.

3.5 Lebensmittelrecht

Da in der Pflege auch mit Lebensmitteln umgegangen wird, ist schließlich auch das Lebensmittelrecht zu beachten. Dieses ist in einer Vielzahl von einzelnen speziellen Regeln verteilt.

So gibt es europäische Vorschriften, wie die Verordnungen *EG Nr. 178/2002* und *EG Nr. 852–854/2004.*

In Umsetzung dieser europäischen Verordnungen wurde im Jahr 2005 das Gesetz zur Neuordnung des Lebensmittelrechts verabschiedet.

In diesem Rahmen wurde das

Lebens- Bedarfsgegenstände und Futtermittelgesetzbuch (LFBG)

erlassen, das das LMBG (Lebensmittel- und Bedarfsgegenständegesetz) ersetzt.

Ziel der Neuordnung war u.a. die Entrümpelung alter Vorschriften (von ca. 200 auf 70 Paragrafen).

Dennoch wird das Lebensmittelrecht nach wie vor durch diverse Verordnungen ergänzt, die sich z.B. mit Nachweispflichten und Gefahrenanalysen in Kücheneinrichtungen von Krankenhäusern und Pflegeheimen befassen und spezielle Hygienevorschriften für den Umgang mit Lebensmitteln enthalten, bis hin zu besonderen Bestimmungen, z.B. dem Umgang mit Hackfleisch.

Hinweis: Wenn Sie näheres erfahren wollen, lesen Sie die Informationen auf Wikipedia zum Stichwort: Lebensmittelrecht. Dort sind auch weiterführende Hinweise und Links enthalten. Vorschriften des Lebensmittelrechts in Deutschland sind übersichtlich auch aufgelistet unter www.rechtliches.de/Gesetze_37.html.

Kapitel 5
Die Bestimmungen zum Schutz der Pflegebedürftigen und ihrer Interessen

Pflege ist aus rechtlicher Sicht eine Dienstleistung und insofern mit anderen Dienstleistungen vergleichbar. Allerdings ist Pflege zugleich eine besondere, dem Menschen sozusagen sehr nahe gehende, Tätigkeit, die aufgrund ihres sehr persönlichen Bezuges besonderen Anforderungen auch in rechtlicher Hinsicht unterliegt.

Diese zu verdeutlich soll Inhalt dieses Kapitels sein. Wegen der Vielfalt kann auch dies nur wieder exemplarisch aufgezeigt werden und beschränkt sich auf die Betrachtung der allgemeinen Patientenrechte, die besonderen Anforderungen an Aufsichtspflichten, die Berücksichtigung der rechtlichen Betreuung bei Pflegebedürftigen und den Schutz der persönlichen Daten.

Überblick

- Sie haben einen Überblick über die allgemeinen Patientenrechte
- Sie können die speziellen Anforderungen an die Aufsichtspflicht in die Organisation der Pflege einbeziehen
- Sie kennen die Grundlagen des Patientenrechtegesetzes und Betreuungsrechts
- Sie wissen um die Komplexität und Sensibilität des Schutzes persönlicher Daten
- Sie können sich rechtliche Grundkenntnisse in Einzelgebieten selbst erarbeiten
- Sie sind befähigt, rechtliche Vorgaben für die Arbeit auch mit speziellen Patientengruppen praxisnah zu vermitteln

Lernziele

1. Die Bedeutung des Patientenrechtegesetzes
2. Aufsichts- und Überwachungspflichten
3. Spezielle Anforderungen durch das Betreuungs- und Unterbringungsrecht
4. Der Schutz der Patientendaten

Gliederung

1 Die Bedeutung des Patientenrechtegesetzes

In den letzten Jahren sind die (Schutz-)Rechte von Patienten stärker in den Vordergrund gerückt und die damit verbundene rechtlichen Anforderungen an die Gesundheitsversorgung deutlicher geworden, u.a. weil Gerichte sich mit der **Selbstbestimmung** der Menschen vor, während und nach einer Behandlung sowie mit der Grenze zwischen korrekter Behandlung und Behandlungs-/Pflegefehlern befasst haben. Aus den Urteilen haben sich zahlreiche Grundsätze ergeben, die zu beachten sind. Diese sind von der Gesetzgebung aufgegriffen worden und im Gesetz zur Verbesserung der Rechte von Patientinnen und Patienten (Patientenrechtegesetz) 2013 geregelt worden.

Hinweis: Das Patientenrechtegesetz ist ein sog. Änderungsgesetz, mit dem bereits bestehende gesetzliche Vorschriften geändert, aufgehoben und ihnen auch neue hinzugefügt wurden.

Durch das Gesetz soll die (Rechts-)Position der Patienten deutlicher und deren Berücksichtigung verbessert werden. Inhaltlich gibt es dadurch nichts wesentlich Neues, aber durch die Aufnahme in die gesetzliche Form will der Gesetzgeber mehr Transparenz schaffen und ein deutliches Signal setzen.

Wichtig

> Die wesentlichen Neuerungen/Änderungen betreffen das BGB. Neben der Einfügung des Behandlungsvertrages als neuem eigenen Vertragstypus sind in den *§§ 630 a–630 h BGB* die aus der Rechtsprechung entwickelten wichtigsten Gesichtspunkte eingearbeitet worden.

Vorschlag: Zur selbstständigen Erarbeitung dieser neuen, im Grundsatz gut verständlichen Regelungen sollten Sie sich einen Überblick verschaffen und die Relevanz für die Pflege herausarbeiten. Solches wird von Leitungskräften durch die zunehmende „Verrechtlichung" auch der Pflege im Berufsalltag immer wieder zu erfüllen sein.

Beantworten Sie bitte die nachfolgenden Leitfragen:
Welche Elemente umfasst die häusliche Pflege? (siehe hierzu Kapitel 3 Nr. 3.1).
Welche Elemente umfasst die Pflege im Krankenhaus? (siehe hierzu Kapitel 3 Nrn. 3.3.3 und 3.3.4).
Lesen Sie die §§ 630 a–630 h BGB und überlegen Sie, welche Vorgaben des Gesetzgebers für diese Arbeitsbereiche der Pflege relevant sein können. Vergleichen Sie Ihr Ergebnis mit den nachfolgenden Ausführungen und denen in den folgenden Kapiteln, wo auf einzelne auch für die Pflege bedeutsamen Gesichtspunkte eingegangen wird.

Wichtig

> Behandlungsvertrag (§ 630 a BGB)
>
> (1) Durch den Behandlungsvertrag wird derjenige, welcher die medizinische Behandlung eines Patienten zusagt (Behandelnder), zur Leistung der versprochenen Behandlung, der andere Teil (Patient) zur Gewährung der vereinbarten Vergütung verpflichtet, soweit nicht ein Dritter zur Zahlung verpflichtet ist.
>
> (2) Die Behandlung hat nach dem zum Zeitpunkt der Behandlung bestehenden, allgemeinen anerkannten fachlichen Standards zu erfolgen, soweit nicht etwas Anderes vereinbart ist.

Mit dem neuen **Behandlungsvertrag** ist im Anschluss an die Regelung des allgemeinen Dienstvertragsrechts ein **neuer besonderer Dienstvertragstypus** eingeführt worden. Dieser erfasst nach der Gesetzesbegründung nicht nur das Vertragsverhältnis zu Ärzten, sondern auch diejenigen zu anderen Gesundheitsberufen, z.B. Heilpraktikern, Hebammen, Psychotherapeuten, Physiotherapeuten. Unter Behandlung ist die Heilbehandlung zu verstehen und somit werden eigentlich alle Angehörigen der Heilberufe davon umfasst. Für die Pflege ist jedoch zu beachten, dass auf die spezialgesetzlich geregelten Verträge über die Erbringung reiner Pflege- oder Betreuungsleistungen dieser Vertragstypus nicht anzuwenden ist und auch nicht für Verträge im Geltungsbereich des WBVG. Unklar ist, ob die Leistungen häuslicher Krankenpflege gemäß § 132 a SGB V von diesem Vertrag umfasst wird. Klar ist aber wiederum, dass **auch Verträge mit Krankenhäusern**, Medizinischer Versorgungszentren (MVZ), Belegärzten und wahlärztliche Leistungen dazugehören sowie das Entlassungsmanagement nach dem Krankenhausaufenthalt (vgl. *§§ 39, 112 SGB V*) und das sog. Versorgungsmanagement nach *§ 11 Abs. 3 SGB V.*

Das Patientenrechtegesetz findet danach also grundsätzlich keine Anwendung auf die (reine) Pflege, einzelne Vorschriften bzw. deren Zielsetzung und Rechtsgedanken können aber entsprechend angewendet werden, u.a. wegen der Schutzbedürftigkeit der Pflegebedürftigen.

Nun zu den wesentlichen Inhalten:

Im schuldrechtlichen Austauschverhältnis des Behandlungsvertrages nach *§ 630 a BGB* schuldet der „Behandler" eine Behandlung, die den **allgemeinen fachlichen Standards im Zeitpunkt der Behandlung** entspricht. Zur medizinischen Frage, was der allgemeine fachliche Standard ist, verweist die Gesetzesbegründung auf den Stand naturwissenschaftlicher Erkenntnis und ärztlicher Erfahrung. Für besondere Fachbereiche ist nach dem sog. **Facharztstandard** zu behandeln, welcher sich aus den Leitlinien wissenschaftlicher Fachgesellschaften ergibt: Es besteht eine „Verpflichtung zur Behandlung nach dem anerkannten und gesicherten Standard der medizinischen Wissenschaft und die jeweilige Behandlung so vorzunehmen, wie ein sorgfältig arbeitender Facharzt." Maßgeblich ist dabei der aktuelle Standard im Zeitpunkt der Behandlung.

Der Patient schuldet die vereinbarte Vergütung, soweit nicht ein Dritter zur Zahlung verpflichtet ist (z.B. die Krankenkasse).

§ 630 c BGB geht von einem Vertrauensverhältnis zwischen Behandelnden und Patienten aus und regelt die Informationspflicht des Behandelnden. Dies betrifft die behandelnden und verordnenden Ärzte in einem Pflegeheim. Werden die Behandlungskosten nicht vollständig durch die Krankenkasse übernommen, muss der Arzt diese Information in Textform den Bewohnern zur Kenntnis bringen.

§ 630 e BGB bestimmt die **Aufklärungspflichten** und legt die formellen Anforderungen fest. Die Aufklärung muss mündlich und durch eine qualifizierte Person erfolgen. Ergänzende Unterlagen können in Textform dem Patienten ausgehändigt werden. Die Aufklärung muss so erfolgen, dass der Patient eine ausreichende, rechtzeitige und verständliche Entscheidungsgrundlage für seine Einwilligung in den Eingriff hat. Entgegen einer nicht selten bei Pflegekräften anzutreffenden Meinung wird dadurch vom Gesetzgeber nun noch deutlicher gemacht, dass diese Pflicht im Verantwortungsbereich des behandelnden Arztes liegt.

§ 630 d BGB fordert sodann die **Einwilligung**. Sie ist nach dieser Vorschrift jetzt Behandlungsvertragspflicht. Jeder Patient hat in die Behandlung durch den Arzt einzuwilligen. Die Pflicht trifft den Arzt, der die Einwilligung einholen muss, nicht den Patienten. Dieser muss nicht einwilligen, wird evtl. dann aber nicht behandelt. Das gilt insbesondere auch für Patienten in Heimen. Ist ein Patient/Bewohner einwilligungsunfähig, so muss die Einwilligung durch einen hierzu Berechtigten, z.B. durch einen Betreuer oder rechtsgeschäftlich Bevollmächtigten eingeholt werden. Hat der Bewohner für den Fall seiner Einwilligungsunfähigkeit eine Patientenverfügung gemäß *§ 1901 a BGB* getroffen, so ist diese zu beachten (siehe hierzu Kapitel 7 Nr. 2).

Erstmalig ist mit *§ 630 f BGB* eine **Dokumentationsverpflichtung** gesetzlich bestimmt worden. Allerdings ist hier die ärztliche Dokumentation geregelt. Für die Dokumentationspflicht in der Pflege sind die Grundlagen in Kapitel 7 Nr. 1 dargestellt.

Der Patient hat nach *§ 630 g BGB* das Recht zur **Einsichtnahme in die Patientenakte**. Diese kann aus erheblichen therapeutischen Gründen oder aufgrund sonstiger erheblicher Rechte Dritter verweigert werden. Im Fall des Todes des Patienten gehen dessen Rechte auf die Erben bzw. auf die nächsten Angehörigen über, es sei denn, der Patient hat etwas anderes erklärt.

Mit *§ 630 h BGB* gibt es schließlich eine Regelung zur Beweislast bei Haftung für Behandlungs- und Aufklärungsfehler (vgl. dazu Kapitel 6 Nr. 6). Dadurch werden die bisherigen in der Rechtsprechung aufgestellten Grundsätze zur Beweiserleichterung im Arzthaftungsrecht gesetzlich geregelt.

Darüber hinaus gibt es folgende neue Regelungen:

* schnellere Leistungen von der Krankenkasse für die Versicherten *(§ 13 Abs. 3 a SGB V)*,
* Verbesserung der Unterstützung der Versicherten bei Behandlungsfehlern (nunmehr Soll- statt Kann-Vorschrift, *§ 66 SGB V)*,
* Unterstützung und Förderung der Fehlervermeidungskultur in der medizinischen Versorgung *(§§ 135 a, 137 SGB V)*,
* bessere Mitwirkungsrechte von Patienten- und Verbraucherschutzorganisationen, z.B. durch Mehrbeteiligung im G-BA (Änderung der Patientenbeteiligungsverordnung und des SGB V),
* Übersicht über die Patientenrechte und Informationen für die Bevölkerung durch den Patientenbeauftragten der Bundesregierung.

Zusammenfassend ist festzustellen, dass der wesentliche Vorteil der neuen gesetzlichen Regelungen in der Bündelung der Patientenrechte liegt und der Gesetzgeber damit den Patientenrechten eine wichtige Rolle einräumt. Inhaltlich hat sich allerdings wenig verbessert für Patienten, da im Großen und Ganzen nur das übernommen wurde, was bereits vor Gericht üblich war. Neu ist, dass die gesetzlichen Krankenversicherungen nun verpflichtet werden, Anträge von Patienten innerhalb von festen Fristen zu bescheiden, sonst gilt die beantragte Leistung als genehmigt, und ihre Versicherten bei Behandlungsfehlern zu unterstützen. Krankenhäuser werden zudem zu einem **patientenorientierten Qualitäts- und Beschwerdemanagement** verpflichtet, was sich wegen der interdisziplinären Zusammenarbeit auch auf die Krankenpflege auswirken wird.

2 Aufsichts- und Überwachungspflichten in der Pflege

2.1 Grundlagen der Aufsichtspflicht

2.1.1 Einführung

Mit pflegerischer Arbeit ist immer auch **Verantwortung für** und Aufsicht über **Pflegebedürftige** verbunden. Je hilfsbedürftiger die Pflegebedürftigen sind, umso größer ist in der Regel dieser Bereich für die Pflegenden.

- Die **Anforderungen** an die Aufsichtspflicht und deren **rechtliche Grundlage** müssen bei Pflegekräften daher bekannt sein. Diese sind allerdings gesetzlich **nicht speziell geregelt**.

Hinweis: Gesetzliche Regelungen, namentlich im BGB, befassen sich lediglich mit den Rechtsfolgen von Aufsichtspflichtverletzungen, also Schadensersatz und Strafe. Inhalt und Umfang der Aufsichtspflicht sind aber nicht im Detail gesetzlich geregelt, was bei deren denkbarer Vielfalt auch kaum möglich ist.

- Verbindliche gesetzliche Vorgaben in diesem Bereich müssten entweder sehr allgemein gehalten sein, hätten dann aber kaum Aussagekraft oder sie würden die fachlichen Freiräume und Besonderheiten der einzelnen Betroffenen einschränken und reglementieren.
- Der Gesetzgeber überlässt es daher den **Gerichten**, Maßstäbe für den **Umfang** und die **Erfüllung** der Aufsichtspflicht im Einzelnen zu setzen.

Wichtig

> Die Gerichte gehen **nicht** (mehr) von dem Grundsatz aus, es müsse oberstes Gebot der Betreuung und Pflege sein, Pflegebedürftige **unter allen Umständen** vor Schaden zu **bewahren** und dafür zu sorgen, dass **durch sie** auch anderen kein Schaden **zugefügt** wird.

- Denn diese Betrachtungsweise vernachlässigt die **Eigenverantwortlichkeit** (und z. B. bei Kindern die Entwicklung zur selbigen) und greift zu sehr in das allen pflegebedürftigen Menschen zustehende **Recht auf Selbstbestimmung** ein.

Die **Förderung** und der **Erhalt** der selbständigen **Persönlichkeit** und des Selbstbestimmungsrechts der **Pflegebedürftigen** ist aber – wie wir bereits in Kapitel 2 anhand der dort betrachteten Entscheidung des Bundesgerichtshofes festgestellt haben – auch in der Pflege eine **Zielsetzung**, weshalb insofern ein Freiraum gelassen werden muss.

- Damit verknüpft sich aber immer die **Gefahr** einer Schädigung des Pflegebedürftigen oder auch der Schädigung anderer.

Hier muss jeweils der „gerechte" **Ausgleich** gefunden werden.

2.1.2 Inhalt der Aufsichtspflicht

- Pflegekräfte haben darauf zu achten, dass die ihnen anvertrauten Pflegebedürftigen selbst nicht zu schaden kommen und auch keinen anderen Personen (Dritte) Schaden zufügen.

§ 832 BGB (bitte lesen!) regelt die Folgen von Aufsichtspflichtverletzungen und erfasst all die Fälle, in denen Dritte durch die zu beaufsichtigenden Personen geschädigt werden.

Hinweis: Wird der zu beaufsichtigende Patient/Pflegebedürftige **selbst geschädigt**, gelten *§§ 823 ff. BGB*. Genaueres erfahren Sie in Kapitel 6.

- Die Verletzungshandlung wird vor allem in einem Unterlassen bestehen.
- Unterlassungen gelten aber nur dann als rechtswidrig, wenn eine Verpflichtung zum Handeln besteht. Die Aufsichtspflicht ist eine solche Verpflichtung.

Da es keine allgemeine Bestimmung zum **Inhalt der Aufsichtspflicht** gibt, muss diese also entwickelt werden u. a. aus den rechtlichen Grundlagen für das Entstehen derselben.

2.1.3 Entstehung der Aufsichtspflicht

Die Aufsichtspflicht kann entweder auf **gesetzlicher** Grundlage oder auf **vertraglicher** Übernahme beruhen. Demgemäß wird von gesetzlicher oder vertraglicher Aufsichtspflicht gesprochen.

Merksatz

> Die **gesetzliche** Aufsichtspflicht beruht auf einer gesetzlichen Vorschrift, die die Verantwortung bestimmten Aufsichtspflichtigen überträgt.

Beispiele: Dazu gehören z.B. die Eltern minderjähriger Kinder *(§ 1631 Abs. 1 BGB)*, Betreuer für unter Betreuung stehende Menschen *(§§ 1896, 1901 BGB)* aber auch das Personal von öffentlichen Anstalten und Heimen, in denen z.B. Geisteskranke, Süchtige, aufgrund gesetzlicher Bestimmungen eingewiesen werden

Wichtig

> Eine **vertragliche** Pflicht zur Aufsichtspflicht hat derjenige, der sich durch eine Rechtshandlung dazu verpflichtet hat.
>
> Es bedarf dazu **nicht** einer **ausdrücklichen** Verpflichtungserklärung, vielmehr reicht es aus, wenn aus dem **Inhalt** eines Vertrages die Aufsichtspflicht bzw. deren Übernahme sich als selbstverständlich ergibt.

- Wird ein Pflegevertrag, ein Heimvertrag oder auch ein Krankenhausaufnahmevertrag abgeschlossen, sind diese Verträge auch Grundlage für die Notwendigkeit der Beaufsichtigung (selbstverständlich im unterschiedlichen Umfang), auch wenn eine solche Pflicht nicht ausdrücklich in diesen Verträgen benannt worden ist.
- Dass auch die einzelne Pflegekraft dann die Aufsicht wahrzunehmen hat, ist aus dieser vertraglichen Übernahme abzuleiten und wird etwas später genauer erläutert.

Hinweis: Abzugrenzen ist die vertragliche Übernahme von Aufsichtspflichten von der **sog. Gefälligkeitsaufsicht**:
Bei dieser übernimmt zwar auch jemand, z.B. die Großeltern, die Aufsicht über andere Menschen (z.B. die Enkel), ohne jedoch damit eine Vertragspflicht begründen und erfüllen zu wollen.

- Um hier eine hinreichende Unterscheidung vorzunehmen, wird von den Gerichten eine **vertragliche** Aufsichtspflicht **nur** dann angenommen, wenn es sich um eine **weitreichende** Obhut von **längerer Dauer** und/oder **weitgehender Einwirkungsmöglichkeit** auf den zu Beaufsichtigenden handelt (vgl. z.B. die Entscheidung des *BGH in NJW 85, 678*).

Wichtig

> In **Pflegeeinrichtungen** ist eine Aufsicht aus Gefälligkeit in der Regel **nicht anzunehmen**, da die Aufnahme und Betreuung in der Einrichtung auch die Beaufsichtigung als Vertragsbestandteil mit umfasst.

Bei Übernahme einzelner konkreter Krankenpflegeleistungen in der **häuslichen Krankenpflege** kann jedoch **nicht ohne weiteres** auf eine **Aufsichtspflicht** geschlossen werden.

Im Übrigen kommt es nicht darauf an, ob eine Aufsicht gegen **Entgelt** oder unentgeltlich übernommen und wahrgenommen wird.

Die **Bezahlung** für die Beaufsichtigung kann jedoch ein **Indiz** für die Übernahme und das Bestehen einer vertraglichen Aufsichtspflicht sein.

2.1.4 Umfang der Aufsichtspflicht

Der Umfang der Aufsichtspflicht ist nicht generell, sondern **im Einzelfall** zu bestimmen. Er richtet sich nach der **Individualität** des zu Beaufsichtigenden und den sonstigen **Umständen**:

Bei **Kindern** bestimmt sich das Maß der gebotenen Aufsicht z. B. nach Alter, Eigenart und Charakter, nach der Voraussehbarkeit des schädigenden Verhaltens sowie danach, was verständige Eltern nach vernünftigen Anforderungen in der konkreten Situation an erforderlichen und zumutbaren Maßnahmen treffen müssen, um Schädigungen Dritter durch ihr Kind zu verhindern (so *BGH NJW 93, 1103*).

Auch bei **älteren Menschen**, z. B. verwirrten Heimbewohnern, kommt es auf die Individualität des Aufsichtsbedürftigen an, die sich an den persönlichen Gegebenheiten, wie Alter, Pflegebedürftigkeit, persönliche Eigenschaften, usw. ausrichten.

– An die Aufsichtsführung über ein dreijähriges Kleinkind sind demnach andere Anforderungen zu stellen als an die Aufsicht über einen Fünfzehnjährigen.
– Auch körperlich oder geistig Behinderte sind anders zu beaufsichtigen als Pflegebedürftige ohne solche Behinderungen.
– Ruhige ausgeglichene Menschen sind anders einzuschätzen als solche, die zu spontanen Entschlüssen neigen.

Die **sonstigen Umstände** richten sich z. B. nach der Umgebung:

Der Umfang der Aufsichtspflicht ist danach verschieden, je nachdem ob mit einer Gruppe von Pflegebedürftigen im Altenheim gebastelt, in einer Fußgängerzone spazieren gegangen oder ein Ausflug in ein Schwimmbad oder ein Einkaufsbummel am Rande einer viel befahrenen Schnellstraße gemacht wird.

• Aus diesen beiden Hauptkriterien lassen sich konkrete **Folgerungen** für die Wahrnehmung der Aufsicht ableiten:

– Da sich die Aufsicht an der Individualität des zu Beaufsichtigenden ausrichtet, muss die Pflegekraft darüber Bescheid wissen.
Sie muss über evtl. **Behinderungen** und **Gesundheitsschäden** sowie **Charaktereigenschaften** informiert sein und diese **Kenntnisse** auch an die Kolleginnen und Kollegen **weitergeben**.

Beispiel: Wenn eine Gruppe älterer Pflegebedürftiger schwimmen geht, müssen die Betreuer wissen, ob und wie gut die einzelnen Mitglieder schwimmen können, ob evtl. krankheitsbedingte Risiken bestehen, z. B. ein Herzfehler oder ein durchstochenes Trommelfell oder ähnliches.

– Auch die Pflicht zur **Unterrichtung über die örtlichen Verhältnisse** des Arbeits- und Aufsichtsbereichs, die einschlägigen **rechtlichen**

Schutzbestimmungen und die notwendigen **Gesundheitsvorschriften** sind zu erfüllen.

– Hinzu kommt die **Hinweispflicht** an die Pflegebedürftigen in einer ihnen gemäßen Weise auf **mögliche Gefahren** (z.B. scharfes Werkzeug beim Basteln oder die Voraussetzungen für das Überqueren einer viel befahrenen Straße).

– Dabei darf sich nicht nur auf **Belehrungen** und Ermahnungen verlassen werden. Die Aufsichtspflichtigen müssen sich auch **vergewissern**, ob diese **verstanden** und **befolgt** werden, sowie die Anvertrauten darüber hinaus auch trotzdem noch tatsächlich **beaufsichtigen**.

– Unter Umständen müssen bei Gefährdungssituationen solche **Regeln**, vor allem auch Verbote, **durchgesetzt** werden (etwa durch Ausschluss von bestimmten Veranstaltungen oder der Benutzung gefährlichen Werkzeuges).

2.1.5 Delegation der Aufsichtspflicht

Die tatsächliche Aufsicht ist grundsätzlich durch denjenigen durchzuführen, der sie **übernommen** hat bzw. dem sie **übertragen** worden ist.

Grund dafür ist die besondere Anforderung an die Wahrnehmung solcher Pflichten, sodass es auch auf die **persönlichen** und **fachlichen** Fähigkeiten gerade der bestimmten **Aufsichtspflichtperson** ankommt.

Allerdings ist, wie gezeigt, bei der **vertraglichen** Aufsichtspflicht, der **Rechtsträger** einer Pflegeeinrichtung Vertragspartner und nicht die praktisch mit der Aufsicht zu beauftragende Pflegekraft selbst.

Deshalb ist anerkannt, dass dann, wenn eine Einrichtung als **juristische Person**, z.B. die Altenheim GmbH, die Aufsichtspflicht übernimmt, die **praktische Aufsicht** nicht nur von dieser juristischen Person (was ohnehin kaum denkbar ist) selbst wahrgenommen wird, sondern durch deren **Leitung** und die **Mitarbeiter**.

Hier wird also durch den (vertraglichen) Inhaber der Aufsichtspflicht die **Ausübung** auf andere Personen **übertragen** (Delegation).

Für diese Übertragung gelten die allgemeinen Grundsätze zur Führungs- und Handlungsverantwortung: Es ist daher zu beachten, dass die Aufsichtsführung nur einer Pflegekraft übertragen werden darf, die dafür geeignet ist und die die Aufgabe auch erfüllen kann. Ein Verstoß gegen diese Grundsätze ist zugleich eine Verletzung der Aufsichtspflicht!

Ein Verstoß kann z.B. darin liegen, dass eine aufsichtsführende Pflegekraft durch eine zu große Gruppe überfordert wird oder dass sie gleichzeitig für zu viele Wohngruppen eingesetzt wird.

Welches das richtige Maß im Einzelfall ist, hängt dabei nicht nur von der Zahl sondern auch von den o.g. persönlichen und sonstigen Umständen der zu Betreuenden ab.

Einen allgemein gültigen Maßstab oder eine bestimmte Quote gibt es dafür nicht.

2.1.6 Folgen der Aufsichtspflichtverletzung

Die möglichen Folgen einer Aufsichtspflichtverletzung sind zivilrechtliche Verpflichtungen zum **Schadensersatz** und **strafrechtliche** Sanktionen.

Hinzu kommen evtl. **dienst- und arbeitsrechtliche** Folgen.

Der Aufsichtsbedürftige hat bei einer Verletzung der Aufsichtspflicht Schadensersatzansprüche aus **Verletzung des Vertrages** (also wegen vertraglicher Haftung) und/oder **unerlaubter Handlung** gem. *§ 823 Abs. 1 BGB.*

Voraussetzung dafür ist, dass der Aufsichtspflichtige seine **Aufsichtspflicht verletzt** hat **und** diese Verletzung **kausal** (ursächlich) **für** den **Schaden** war.

Kann hingegen belegt werden, dass der Schaden auch eingetreten wäre, wenn die Aufsicht ordnungsgemäß ausgeübt worden wäre, ist eine Haftung nicht gegeben.

Auch der **Einrichtungsträger haftet für seine Angestellten** so, als wenn er selbst die Pflichtverletzung begangen hätte (vgl. *§§ 278, 831 BGB).* (Näheres dazu in Kapitel 6)

Grundsätzlich muss der geschädigte Aufsichtsbedürftige nachweisen, dass durch den Aufsichtspflichtigen der Schaden verursacht und verschuldet wurde.

Allerdings kommt ihm hierbei jedoch eine sog. **Beweislastumkehr** zugute, weil der aufsichtsbedürftige Geschädigte häufig keinen Einblick in die Organisation und konkrete Ausgestaltung der Regelung der Aufsichtspflicht in einer Einrichtung hat. Deshalb muss in Fällen, in denen **in besonderem Maße** Überwachungs- und Sicherungspflichten zu beachten sind, in der Regel der **Aufsichtspflichtige** beweisen, dass ihn kein Verschulden trifft.

Kommt ein **Dritter** durch den **Aufsichtsbedürftigen** zu Schaden, kann der Dritte von diesem Schadensersatz verlangen.

Auch dafür müssen die Voraussetzungen des *§ 823 Abs. 1 BGB* erfüllt sein und der Aufsichtsbedürftige muss auch gem. *§ 827 BGB, § 828 BGB* dafür verantwortlich sein.

In einem solchen Fall trifft die **Haftung** auch den **Aufsichtspflichtigen** gem. *§ 832 BGB.*

Nimmt ein Geschädigter den meist zahlungskräftigeren Aufsichtspflichtigen in Haftung, stellt das Gesetz eine **doppelte Vermutung** auf:

– Zunächst wird davon ausgegangen, dass die Aufsichtspflicht verletzt wurde und dadurch der Schaden eingetreten ist.
– Sodann muss der Aufsichtspflichtige den Entlastungsbeweis antreten, dass er seiner Aufsichtspflicht genügt hat oder dass der Schaden auch bei ordnungsgemäßer Aufsichtspflicht eingetreten wäre *(vgl. § 832 Abs. 1 Satz 2 BGB).*

Für diese Schadensersatzansprüche kann eine **Berufshaftpflichtversicherung** oder auch eine **Einrichtungshaftpflichtversicherung** abgeschlossen werden, um die finanziellen Belastungen der mit der Schadensersatzpflicht verbundenen Kosten abzusichern.

Strafrechtlich kommt es bei einer Aufsichtspflichtverletzung darauf an, welche **Rechtsgüter** geschädigt wurden:

So kann ein Aufsichtspflichtiger etwa wegen fahrlässiger Körperverletzung oder auch wegen fahrlässiger Tötung bestraft werden. Eine frühere strafrechtliche Regelung, wonach ein Aufsichtspflichtiger schon allein wegen der Aufsichtspflichtverletzung bestraft werden konnte, wenn der Aufsichtsbedürftige eine strafbare Handlung begangen hat, wurde 1973 aufgehoben.

Da eine **Aufsichtsverletzung** zugleich in der Regel **auch** immer eine **Verletzung** des **Arbeitsvertrages** oder der **Dienstpflichten** darstellt, greifen letztlich auch noch **arbeitsrechtliche Sanktionsmöglichkeiten** (z.B. Abmahnung oder Kündigung) ein und, wenn ein Einrichtungsträger Schadensersatz leisten musste, kann auch ein **innerbetrieblicher Schadensausgleich** erfolgen.

2.2 Der notwendige Umfang der Aufsicht bei älteren Pflegebedürftigen, vor allem im Heim

Hinsichtlich der **Aufsicht bei älteren Menschen**, die in Alten- und Pflegeheimen betreut werden, hat sich über die Einzelheiten der **Aufsichtspflicht** inzwischen eine **umfangreiche Rechtsprechung** und damit Kasuistik (=fallbezogene Rechtsentwicklung und -fortbildung) herausgebildet.

Ursache und Anlass für diese Vielzahl von Gerichtsentscheidungen sind vor allem **Stürze** älterer Pflegebedürftiger und die **finanzielle Abwicklung** der damit verbundenen Folgen.

Hier wird häufig durch **Krankenkassen** versucht, den Einrichtungen und Pflegekräften Aufsichtspflichtverletzungen als **Sorgfaltspflichtverletzungen** vorzuwerfen, sodass sich daraus **Schadensersatzansprüche** herleiten lassen.

Wenn diese Schadensfolgen dann durch die Einrichtungen bzw. deren Haftpflichtversicherungen zu tragen sind, können die Krankenkassen sich **finanziell entlasten**, weil die **notwendigen Kosten** für die Heilbehandlungen und Rehabilitationsmaßnahmen auf „Kosten" der **Haftpflichtversicherungen** gehen.

Speziell geht es dabei dann juristisch vor allem um die Frage, ob ein Heim oder die dort beschäftigten Pflegekräfte bei einem Sturz von Bewohnern die **notwendigen Aufsichts- und Schutzmaßnahmen** ergriffen haben.

Im Jahr 2005 hat der Bundesgerichtshof dazu eine grundlegende Entscheidung *(Urteil vom 28.04.2005, Az.: III ZR 399/04)* getroffen, in deren Vorfeld die wirtschaftliche Bedeutung solcher Konstellationen deutlich wurde.

Im Zusammenhang mit diesem Verfahren wurde allein durch die dort beteiligte AOK angegeben, dass ca. weitere 500 Fälle, je nach Entscheidung des Gerichts, evtl. gegenüber Einrichtungen geltend gemacht werden könnten.

Problematisch ist diese typische Situation in Pflege- und Altenheimen nicht nur wegen der persönlichen Folgen für die betroffenen Bewohner, sondern auch weil hier eine **grundsätzliche Klärung** notwendig ist:

Einerseits steht der Anspruch auf **Schutz und Aufsicht** für die Bewohner im Vordergrund, andererseits dürfen solche Maßnahmen aber nicht dazu führen, dass die Betroffenen wegen ihrer Beeinträchtigungen kein möglichst **„normales Leben"** mehr führen können.

Es geht also um die **Abgrenzung** von garantierten **Persönlichkeitsrechten** und **Menschenwürde** gegenüber **präventiven Maßnahmen**, insbesondere zur Sturzvermeidung.

Der Bundesgerichtshof hat bei seiner Entscheidung als wesentliche Feststellung berücksichtigt, dass das allgemeine Lebensrisiko und auch besondere Gefährdungen nicht und schon gar nicht vollständig Pflegebedürftigen abgenommen werden können:

Zwar ist evtl. besonderen **Gefährdungslagen** durch eine Verstärkung von **Aufsicht** und **Betreuung** Rechnung zu tragen, doch muss bei der **Abwägung** der o. g. Rechtsgüter berücksichtigt werden, dass die denkbaren und möglichen Maßnahmen auch für das **Pflegepersonal** in der konkreten Situation **zumutbar** sein müssen und vor allem muss das **Recht der Heimbewohner**, auch im Alten- und Pflegeheim in Würde und möglichst weitgehender **Selbständigkeit** leben zu können, beachtet werden.

Wichtig

> Es kann in der Pflege nicht das oberste Ziel sein mit allen Mitteln Stürze zu vermeiden, sondern es muss, im Wege der Realisierung des allgemeinen Lebensrisikos, auch hingenommen werden, wenn es zu Stürzen kommt.

Nur so kann – so bedauerlich diese Stürze und die Folgen für die einzelnen Betroffenen auch sind – insgesamt eine Pflege erreicht werden, die dem allgemeinen Persönlichkeitsrecht und der Menschenwürde als einzuhaltendes Maß hinreichend Rechnung trägt.

2.3 Die notwendige Überwachung von pflegebedürftigen Kindern

Auch die Beaufsichtigung **minderjähriger Pflegebedürftiger** stellt Einrichtungen und Pflegekräfte vor besondere Aufgaben.

Hinweis: Selbstverständlich gilt, dass die Sicherheit der kleinen Patienten oberstes Gebot sein muss, doch muss auch hier der **persönlichen Entwicklung** ein gebührender Rahmen eingeräumt werden.

Demgemäß hat eine Einrichtung, z. B. ein Krankenhaus mit einer Kinderklinik, sämtliche Maßnahmen zu treffen, die verhindern können, dass die minderjährigen Pflegebedürftigen oder auch andere zu Schaden kommen.

Einerseits darf deshalb der Zugang zu solchen Einrichtungen, etwa zu Stationen und Zimmern, in denen Säuglinge und Kleinkinder versorgt werden, nur für Berechtigte möglich sein. Andererseits dürfen diese kleinen Pflegebedürftigen auch nicht unkontrolliert gelassen werden, damit Schäden von ihnen und anderen durch eigene Aktivitäten verhindert werden.

Hierbei ist auch zu berücksichtigen, dass die eigentlich für die Aufsicht verantwortlichen erziehungsberechtigten **Eltern kaum Einwirkungsmöglichkeiten** auf den **Behandlungsablauf** oder auch nur den **Tagesablauf** in den Einrichtungen haben und somit ihre Pflichten nicht im gebotenen Maße allein nachkommen können.

Der **Einrichtungsträger** hat jedoch die Möglichkeit und die **Pflicht** durch entsprechende **Dienstanweisungen** oder auch **Anweisungen im Einzelfall** für die gebotene Aufsichtspflicht Vorsorge zu treffen.

Dabei kann diese Pflicht nicht pauschal auf die Pflegekräfte übertragen werden, der **Träger** bleibt, wie in der Lerneinheit 6 zum Haftungsrecht noch genauer gezeigt wird, **für die Organisation verantwortlich** und es müssen deshalb bei Bedarf **konkrete Weisungen** an die angestellten Mitarbeiter ergehen.

Unabhängig davon haftet auch die konkret **mit der Aufsicht betraute Pflegekraft**, wobei die zuvor bereits benannten Grundsätze auch bei der Aufsicht von Kindern anzuwenden sind.

Hinweis: Besonderheiten in der Aufsicht von Kindern in der Pflege ergeben sich dadurch, dass das Maß der Aufsicht wegen des Alters, der Eigenart und der Entwicklung der Charaktere von Minderjährigen sich naturgemäß etwas anders darstellt, als dies bei erwachsenen Menschen der Fall ist.

Welche konkreten Maßnahmen zu erfolgen haben, richtet sich auch hier nach der **Persönlichkeit** der zu Beaufsichtigenden und den **besonderen Umständen**:

Daraus lässt sich ableiten, dass etwa die **Neigung** von Kindern zu Schädigungen anderer, etwa durch Streiche, etwaige Verhaltensauffälligkeiten, oder ähnliches ebenso Anlass für konkrete Überwachungs- und Sicherungsmaßnahmen sind, wie auch **sachlich–räumliche Gefährdungsbereiche**, etwa Benutzung gefährlicher Spielzeuge oder gefährdende Einrichtungsgegenstände usw.

Bei den **notwendigen Maßnahmen** reicht die Bandbreite bei Kindern von der **Belehrung** über **Verbote** bis hin zum **Verhindern** bzw. Unmöglichmachen entsprechender Handlungen und Gefährdungssituationen und eine **stetige Kontrolle** der **Umsetzung** der getroffenen Maßnahmen.

Was konkret im Einzelfall notwendig ist, ist zwar – wie gezeigt – situationsabhängig.

Doch hat auch hier der Bundesgerichtshof bereits 1975 einige grundsätzliche Aussagen getroffen *(Urteil v. 02.12.1975, Az.: VI ZR 79/74, in: NJW 1976, S. 1145 ff.)*, die 1993 durch das Oberlandesgericht Köln aufgenommen und weiter verdeutlicht wurden *(Urteil v. 22.12.1993, Az. 27 U 3/93, in: Roßbruch, Handbuch des Pflegerechts, Bd. 4, Entscheidung Nr. C 19.6).*

3 Spezielle Anforderungen durch das Betreuungs- und Unterbringungsrecht

3.1 Übersicht

Besondere Anforderungen an Pflegekräfte stellen auch unter rechtlicher Betreuung stehende Pflegebedürftige dar.

Es ist aufgrund der demografischen Entwicklung anzunehmen, dass ein großer Anteil der Gesamtbevölkerung mittelfristig als Volljährige krankheitsbedingt (zumeist aufgrund seniler Demenzen) nicht oder nur äußerst eingeschränkt in Pflege- und/oder Behandlungsmaßnahmen werden einwilligen können (vgl. zur Notwendigkeit § 630 d BGB) und es sich dabei nicht nur um kurze Zeiträume solcher Lebensphasen im Alter handelt.

In all diesen Fällen **muss** trotz eingeschränkter oder nicht mehr vorhandener Willensfähigkeit der Betroffenen verantwortlich **entschieden** werden.

> Problematisch ist bei entscheidungsunfähigen Menschen, dass eine **Entscheidung durch Dritte** anstatt durch den eigentlich betroffenen Pflegebedürftigen in dessen Willens- und Freiheitssphäre eingreift, ggf. sogar dessen Leben und körperliche Unversehrtheit bedroht.

Denn medizinisch-/pflegerische **unvermeidbare Eingriffe** reichen von solchen in die **körperliche Bewegungsfreiheit** verwirrter Pflegebedürftiger über **medikamentöse Maßnahmen** bis hin zu **existentiellen Entscheidungen** über Leben und Gesundheit von Patienten, wenn es z.B. gilt, medizinisch riskante Operationen oder stark beeinträchtigende Behandlungen (Strahlentherapie, Amputation, usw.) durchzuführen.

Hinzu kommt das Problem der **Sterbehilfe**: Der sterbende Patient kann in aller Regel nicht (mehr) selbstverantwortlich entscheiden.

Diese Skizzen machen deutlich, dass nicht nur Bedarf für einen jeden Einzelnen besteht, sich Gedanken um sich selbst und seine älteren Angehörigen in der Zukunft zu machen, sondern auch die professionell damit konfrontierten **Berufsgruppen**, im medizinischen Bereich vor allem Ärzte und Pflegekräfte, **Lösungen** finden müssen, um diese Situation bewältigen zu können.

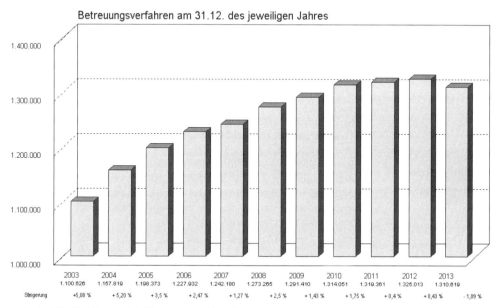

Quelle: http://wiki.btprax.de/Bild:Betreuungszahlen.gif

(http://www.bundesanzeiger-verlag.de/betreuung/wiki/Datei:Betreuungszahlen.gif)

Der Gesetzgeber hat hierzu das **Betreuungsrecht** geschaffen:

Für volljährige Menschen, die nicht mehr in der Lage, sind ihre Angelegenheit **selbst** wahrzunehmen, wird bei Bedarf **gerichtlich** ein **Betreuer** bestellt.

Der Betreuer ist **gesetzlicher Vertreter** des Betreuten, verpflichtet dessen Interessen wahrzunehmen und Ansprechpartner für die professionellen Helfer.

Auch aus diesem Grund ist eine Befassung mit dem Betreuungsrecht fast unabwendbar für Pflegekräfte.

Wie groß im Übrigen der **Bedarf an Betreuungen** ist, zeigt die tatsächliche Entwicklung seit Einführung des Betreuungsrechts 1992: 1995 gab es 624 695 Betreuungen, die bis 2002 auf 1 047 406 gestiegen waren(zur Entwicklung seit 2003 siehe vorstehende Abbildung).

3.2 Die rechtlichen Grundlagen

Entgegen einer weit verbreiteten Übung und auch wenn dies verkürzt häufig so dargestellt wird, kann **nicht** von einem geltenden **Betreuungsgesetz** gesprochen werden. Ein solches gibt es nicht:

– Das Betreuungsrecht ist vielmehr hauptsächlich **Teil des Bürgerlichen Gesetzbuches** und dort in den *§§ 1896 ff. BGB* geregelt.
– Das zugehörige Verfahrensrecht findet sich im **Gesetz über die Angelegenheiten der freiwilligen Gerichtsbarkeit** (FGG). Zum 1. September 2009 wurde das FGG durch das Gesetz über das Verfahren in Familiensachen und in den Angelegenheiten der freiwilligen Gerichtsbarkeit (FamFG) abgelöst. Dadurch wurde die bisherige Zuständigkeit des Vormundschaftsgerichts aufgehoben und das Betreuungsrecht dem neu zu bildenden Betreuungsgericht zugewiesen. Das Betreuungsgericht hat nun über Betreuungsverfahren, Unterbringung und unterbringungsähnliche Maßnahmen sowie sonstige die Freiheit einschränkende oder entziehende Tätigkeiten zu entscheiden haben.
– Durch das erste Betreuungsrechtsänderungsgesetz waren insbesondere Vergütungsfragen für Berufsbetreuer in dem neu geschaffenen Gesetz über die Vergütung von Vormündern und Betreuern (BVormVG) geregelt worden.
– Seit dem 01.07.2005 heißt dieses Gesetz **Gesetz über die Vergütung von Vormündern und Betreuern** (VBVG).
– Die Tätigkeit der Betreuungsbehörden ist im **Betreuungsbehördengesetz** (BtBG) geregelt und die einzelnen Bundesländer haben außerdem Ausführungsgesetze zum Betreuungsrecht erlassen, in denen z.B. die Fragen der Anerkennung von Betreuungsvereinen, von Zuständigkeiten und andere Einzelheiten im praktischen Umgang mit dem Betreuungsrecht geregelt sind.

Neben dem Betreuungsrecht mit seinen teilgesetzlichen Regelungen gibt es **weitere Vorschriften**, die sich auch auf hilfsbedürftige, nicht entscheidungsfähige volljährige Menschen beziehen:

Hervorzuheben ist hier das sog. **Unterbringungsrecht** aus dem öffentlichen Recht:

Dessen Rechtsgrundlagen sind die sog. „PsychKGs", die Unterbringungsgesetze der einzelnen Bundesländer. Es gibt in allen Bundesländern solche Gesetze, die auch weitgehend inhaltsgleich sind.

Für Schleswig-Holstein ist das **Gesetz zur Hilfe und Unterbringung psychisch kranker Menschen** (PsychKG-SH) maßgebend.

Ziel dieser öffentlich rechtlichen Vorschriften ist es, **Gefahren** von der **Öffentlichkeit** oder dem **Einzelnen** abzuwenden. Dabei gibt es Überschneidungsbereiche mit dem Betreuungsrecht.

Die Schwierigkeiten in der **pflegerischen Praxis** ergeben sich dann daraus, dass die Vorgaben der **betreuungsrechtlichen** und der **öffentlich-rechtlichen** Regelungen nicht immer klar gegeneinander **abzugrenzen** sind.

Zudem gelten diese Landesgesetze nicht nur für psychisch Kranke, sondern auch für **Behinderte**, also grundsätzlich für die gleiche Gruppe von Pflegebedürftigen, die auch vom Betreuungsrecht erfasst werden.

In der Praxis ergeben sich auch nicht selten zeitliche **Überschneidungen** für **dieselbe Person**.

Hinweis: Pflegekräfte müssen neben Kenntnissen des Betreuungsrechts auch Grundkenntnisse des PsychKG haben.

3.3 Einzelheiten des Betreuungsrechts

Im Folgenden sollten Sie sich mit den rechtlichen Grundlagen dieser Patienten-/Pflegebedürftigengruppe befassen und die einzelnen rechtlichen Möglichkeiten und Vorgaben kennen und darstellen lernen.

Dies soll dabei erneut in der Form einer Selbsterarbeitung und durch selbst zu vermittelnde Darstellung erfolgen.

Denn vor allem Leitungskräfte müssen nicht nur die Erfüllung der rechtlichen Anforderungen garantieren. Sie müssen auch dafür Sorge tragen, dass diese im Berufsalltag umgesetzt werden.

Somit steht im Folgenden nicht nur die Erarbeitung der notwendigen Kenntnisse erneut im Vordergrund, vielmehr muss auch die Vermittlung dieser Kenntnisse an Dritte geübt werden.

Vorschlag: Suchen Sie sich eines der nachfolgenden Themen aus, welches z.B. in Form eines Referats, ergänzt durch grafische Darstellungen oder Übersichten erarbeitet werden kann. Eine solche Übung eignet sich für's Studium ebenso gut wie für Wohnbereichs-/Stationsleitungsbesprechungen oder innerbetriebliche Fortbildungen.

Bitte beachten Sie, dass es bei dieser Übung darum geht, das Thema inhaltlich darzustellen. Dabei sind vor allem die rechtlichen Grundlagen zu benennen und zu erläutern und daraus praktische Folgerungen abzuleiten (also Hinweise an die Zielgruppe Pflegekräfte). Es empfiehlt sich auch bei einer Anwendung in Gruppenarbeit das Referat in Form eines Vortrages zu erarbeiten und einen Medieneinsatz mit einzuplanen und vorzuhalten. Die Präsentation könnte dabei so gestaltet werden, dass der Vortrag maximal 15 Minuten dauert und 5 weitere Minuten für Fragen und Diskussionen zur Verfügung stehen müssen.

Für die schriftliche Ausarbeitung des Vortrags sind benutzte Materialien, Quellen, usw. vollständig am Ende der Darstellung anzugeben!

Erste Hinweise zur Bearbeitung (und zugleich eine, allerdings sehr kurze, Übersicht zum Betreuungsrecht):

1. Welches sind die Voraussetzungen für eine Betreuung? Wofür kann eine Betreuerin/ein Betreuer bestellt werden?

*Eine Betreuung kann gemäß § 1896 Abs. 1 BGB nur für **volljährige** Personen eingerichtet werden, die ihre Angelegenheiten nicht mehr selber regeln können.*

*Die **Hilfebedürftigkeit** muss dabei auf einer psychischen Krankheit oder einer geistigen, seelischen oder körperlichen Behinderung beruhen. Weitere wesentliche Voraussetzung ist, dass die Betreuung **erforderlich** ist. Dies ist nur dann der Fall, wenn die Angelegenheiten des Pflegebedürftigen nicht auf andere Weise genau so gut geregelt werden können. Eine anderweitige Regelung ist z. B. dann gegeben, wenn der Hilfebedürftige eine Vorsorgevollmacht erteilt hat.*

Wichtig

Sobald eine Vorsorgevollmacht besteht, ist eine Betreuung nicht erforderlich und kann in der Regel auch nicht eingesetzt werden.

Eine Betreuung darf zudem nicht gegen den freien Willen eines Volljährigen eingerichtet werden. Der freie Wille ist nur gegeben, wenn der Hilfebedürftige die erforderliche Einsichtsfähigkeit für seine Lage besitzt und auch die Fähigkeit, nach dieser Einsicht zu handeln.

*Die Betreuerbestellung erfolgt für bestimmte **Aufgabenkreise,** in denen die Unterstützung benötigt wird (§ 1896 Abs. 2 BGB). Alles, was der Betreute noch selber kann, soll er auch selber tun. Typische Aufgabenkreise sind die Gesundheitssorge, die Aufenthaltsbestimmung, die Vermögenssorge usw. Falls der Betreuer auch die Post des Betreuten einsehen dürfen soll, muss dies besonders festgelegt sein. Besonders hervorzuheben ist auch die sog. Vollmachtsüberwachungsbetreuung (§ 1896 Abs. 3 BGB). Hier wird der Betreuer eingesetzt, um einen Bevollmächtigen zu überwachen.*

2. Wer stellt die Anträge auf Einrichtung einer Betreuung? An wen? Gibt es Besonderheiten für Anträge aus Heimen, Krankenhäusern oder sonstigen Pflegeeinrichtungen?

Die Betreuung kann auf Antrag oder von Amts wegen eingerichtet werden. Den Antrag kann der Betroffene selber stellen. Selbst Geschäftsunfähige sind dazu in der Lage (§ 1896 Abs. 1 Satz 2 BGB). Im Übrigen kann eine Betreuung von jedermann angeregt werden, z. B. von Nachbarn, Verwandten, Freunden oder auch von Einrichtungen, wie Krankenhäusern oder Pflegeheimen. Besonderheiten gibt es hier nicht zu beachten. Unterschiede gibt es nur im Hinblick auf die weitere Beteiligung am Verfahren.

Der Antrag bzw. die Anregung ist an das zuständige Betreuungsgericht (früher: Vormundschaftsgericht) zu richten. Dies ist das Gericht, in dem der zu betreuende seinen allgemeinen oder gewöhnlichen Aufenthalt hat.

3. Wer kann Betreuer werden (Eignungskriterien) und wie erfolgt die Auswahl? Was sind die Unterschiede zwischen ehrenamtlichen Betreuern, Berufsbetreuern und Betreuungsvereinen.

*Die Betreuerbestellung ist im Wesentlichen in § 1897 BGB geregelt. Danach kann zum Betreuer jede **natürliche Person**, das ist ein Mensch, bestellt werden, die geeignet ist, in dem gerichtlich bestimmten Aufgabenkreis die Angelegenheit des Betreuten **rechtlich zu besorgen** und ihm in dem hierfür erforderlichen Umfang **persönlich zu betreuen**. Maßgebendes Kriterium ist also die Eignung des Betreuers für seine Aufgabe. Die Eignung hängt mithin von der Aufgabe und den Gegebenheiten im Einzelfall ab. Auch mögliche Interessenkonflikte sind zu berücksichtigen.*

Aufgrund von Interessenkonflikten sind bestimmte Personen von der Betreuung von vorn herein ausgeschlossen. Diese sind diejenigen, die in einer Anstalt, einem

Heim oder einer sonstigen Einrichtung, in welcher der Volljährige untergebracht ist oder wohnt, in einem Abhängigkeitsverhältnis oder in einer anderen engen Beziehung stehen (§ 1897 Abs. 3 BGB). Solche Personen sind z. B. Pflegekräfte. Sie können also nicht Betreuer für Bewohner der Einrichtung werden, in der sie arbeiten.

Das Gesetz schreibt in § 1897 Abs. 4 BGB weiter vor, dass Vorschläge des Volljährigen zur Person des Betreuers zu berücksichtigen sind und dass für den Fall, dass es an solchen Vorschlägen fehlt, bei der Auswahl des Betreuers auf die verwandtschaftlichen und persönlichen Bindungen des Volljährigen und die Gefahr von Interessenskonflikten Rücksicht zu nehmen ist.

Bei den natürlichen Personen, die zum Betreuer bestellt werden können, unterscheidet man die ehrenamtlichen und die sog. Berufsbetreuer. Wie der Name schon sagt, üben letztere die Betreuung erwerbsmäßig aus und werden hierfür bezahlt. Dies ist bei sog. ehrenamtlichen Betreuern nicht der Fall, sie bekommen nur eine Aufwandsentschädigung.

Neben den „natürlichen Personen" gibt es auch noch Betreuungsvereine und Betreuungsbehörden. Auch diesen kann die Betreuung übertragen werden. Es werden dann in der Regel nicht bestimmte Personen als Betreuer eingesetzt, sondern der Verein oder die Behörde als solche. Voraussetzung für die Vereinsbetreuung ist gem. § 1900 Abs. 1 BGB, dass die Betreuung durch eine oder mehrere Personen nicht hinreichend erfolgen kann. Dies kann bei bestimmten Erkrankungen der Fall sein, bei denen die Person des Betreuers häufig gewechselt werden muss, weil der Betreuende sie z. B. nach kurzer Zeit ablehnt oder aggressiv wird.

Eine Behördenbetreuung kommt nur in Betracht, wenn keine anderen Betreuungsmöglichkeiten gegeben sind (§ 1900 Abs. 4 BGB).

4. Welche Aufgaben nimmt die Betreuerin/der Betreuer wahr? Was für Rechte und Pflichten ergeben sich daraus für ihn/sie?

Der Betreuer/die Betreuerin hat zu allererst die Aufgabe, den Betreuten in dem ihm/ihr übertragenen Aufgabenkreis außergerichtlich und gerichtlich zu vertreten (§ 1902 BGB). Er ist sog. gesetzlicher Vertreter, ebenso wie Eltern für ihre Kinder oder der GmbH-Geschäftsführer für die GmbH. Innerhalb seines Aufgabenkreises hat der Betreuer den Betreuten persönlich zu betreuen, soweit dies zur Erfüllung seiner Aufgaben notwendig ist.

Der Maßstab bei der Durchführung der Betreuung ist einzig und allein das Wohl des Betreuten. Ihm soll auch die Möglichkeit gegeben werden, sein Leben im Rahmen seiner Fähigkeiten nach eigenen Wünschen und Vorstellungen zu gestalten (§ 1901 Abs. 1 BGB). Dabei sind auch die Wünsche zu berücksichtigen, die der Betreute in früherer Zeit erklärt hat, z. B. in einer Betreuungsverfügung.

Der Betreuer/die Betreuerin hat innerhalb seines/ihres Aufgabenkreises dazu beizutragen, dass alle Möglichkeiten genutzt werden, um die Krankheit oder Behinderung des Betreuten zu beseitigen, zu bessern, ihre Verschlimmerung zu verhindern oder die Folge zu mindern (§ 1901 Abs. 4 Satz 1 BGB).

Führt der Betreuer die Betreuung berufsmäßig, muss er einen sog. Betreuungsplan aufstellen, in dem er die Ziele der Betreuung und die hierzu ergreifenden Maßnahmen darstellt (§ 1901 Abs. 4 Satz 2 und 3 BGB).

Übrigens ist jeder Betreuer dem Betreuungsgericht gegenüber rechenschaftspflichtig und muss einmal im Jahr über die Entwicklung der persönlichen Verhältnisse des Betreuten berichten.

Zudem haben die Betreuer die Pflicht, das Betreuungsgericht zu informieren, wenn sich der Umfang des Betreuungsbedarfes ändert, also wenn die Aufgabenkreise

179

erweitert oder auch die Betreuung eingeschränkt oder aufgehoben werden kann (§ 1901 Abs. 5 BGB).

5. Welche Folgen ergeben sich für die Betreuten aus einer Betreuung? Was ist der sog. Einwilligungsvorbehalt?

Die Betreuung als solche beeinträchtigt die Geschäftsfähigkeit des zu Betreuenden zunächst einmal nicht. Das bedeutet, eine Betreuung führt – entgegen häufig geäußerter anderer Auffassung – nicht dazu, dass der Betroffene selber keine Rechtsgeschäfte, z. B. Kaufverträge, mehr schließen kann. Dies ist eine Frage der Geschäftsfähigkeit, die grundsätzlich unabhängig von der Betreuung ist. Sie fehlt bei den Personen, die sich in einem die freie Willensbestimmung ausschließenden Zustand krankhafter Störung der Geistestätigkeit befinden, sofern der Zustand nicht vorübergehender Natur ist (§ 104 Ziffer 2 BGB).

*Anders ist es allerdings, wenn das Betreuungsgericht für einen Betreuten einen sog. Einwilligungsvorbehalt gem. § 1903 BGB anordnet. Dieser führt dazu, dass der Betreuer die Zustimmung zu den Rechtsgeschäften des Betreuten erteilen muss, soweit es sich nicht nur um geringfügige Geschäfte des täglichen Lebens handelt. Die Rechtsstellung des Betreuten ist dann der eines minderjährigen Kindes zwischen 7 und 18 vergleichbar (**beschränkte Geschäftsfähigkeit**). Der Einwilligungsvorbehalt wird aber nur dann angeordnet, wenn dies zur **Abwendung** einer **erheblichen Gefahr** für die Person oder das Vermögen des Betreuten erforderlich ist. Das kommt in der Praxis nur selten vor. Einwilligungsvorbehalte sind auf der Betreuerbestellungsurkunde vermerkt.*

Höchstpersönliche Rechte können dem Betreuer nicht übertragen werden. Sie bleiben grundsätzlich beim Betreuten. Hierzu gehören das Recht zu heiraten oder ein Testament zu errichten. Betreute behalten auch das Wahlrecht solange nicht für alle Angelegenheiten (außer § 1904 Abs. 4 BGB und 1905 BGB) eine Betreuung bestellt worden ist (§ 13 BWahlG).

6. Wie ist der Ablauf eines Verfahrens auf Einsetzen eines Betreuers vom Antrag bis zur Entscheidung durch das Gericht?

1. *Einleitung durch Antrag oder von Amts wegen.*
2. *Zuständiges Gericht*
   sachlich: Betreuungsgericht (§ 23 c Abs. 1 Gerichtsverfassungsgesetz)
   örtlich: „in der Regel Gericht des gewöhnlichen Aufenthaltes" (§ 272 FamFG).
3. *Der Betroffene ist verfahrensfähig, selbst wenn er geschäftsunfähig ist, d. h. er kann selber Anträge stellen und Rechtsmittel einlegen (§ 275 FamFG).*
4. *Unter Umständen kommt die Bestellung eines Verfahrenspflegers in Betracht (§ 276 FamFG).*
5. *Der Betroffene ist in der Regel anzuhören (§ 278 FamFG).*
6. *Evtl. sind weitere Personen am Verfahren zu beteiligen und ebenfalls anzuhören (§§ 274, 279 FamFG).*
7. *Regelmäßig ist die Einholung von Sachverständigengutachten erforderlich (§§ 280 bis 282 FamFG).*
8. *Die Entscheidung des Gerichtes erfolgt durch Beschluss (§ 38 f. FamFG, § 286 f. FamFG).*
9. *Der Betreuer wird verpflichtet (§ 289 FamFG).*
10. *Es kommen bei Bedarf einstweilige Anordnungen in Betracht (§ 300 ff. FAmFG).*

7. Welche Kontrollen und Hilfen gibt es während der Betreuung und gegenüber den Betreuern und Betreuten?

Der Betreuer und die Durchführung der Betreuung werden während der Betreuung vom Gericht kontrolliert und zwar auf verschiedene Weise. Im Bereich der Vermögenssorge muss z. B. ein Vermögensverzeichnis geführt werden und über die Einnahmen und Ausgaben ist regelmäßig Rechnung zu legen. Wird die Betreuung berufsmäßig geführt, hat der Betreuer in geeigneten Fällen auf Anordnung des Gerichts zu Beginn der Betreuung einen Betreuungsplan zu erstellen. In dem Betreuungsplan sind die Ziele der Betreuung und die zu ihrer Erreichung zu ergreifenden Maßnahmen darzustellen. Eine ganze Reihe von Rechtsgeschäften sind zudem gesondert genehmigungspflichtig, wie bestimmte Geldgeschäfte (Abheben von gesperrten Konten, Grundstücksgeschäfte, Erbauseinandersetzungen, Kreditaufnahme, der Abschluss von Arbeitsverträgen oder Mietverträgen über einen längeren Zeitraum oder von Lebensversicherungsverträgen). Es gibt zudem das Genehmigungserfordernis für bestimmte im Gesetz genannte Bereiche wie ärztliche Maßnahmen, Sterilisation, Unterbringung oder unterbringungsähnlichen Maßnahmen, die Aufgabe einer Mietwohnung oder Ausstattung (siehe §§ 1904–1908 BGB).

Unterstützend stehen dem Betreuer und dem Betreuten außerdem neben dem Betreuungsgericht die Betreuungsbehörden und Betreuungsvereine zu Seite, die z. B. beraten, den Erfahrungsaustausch fördern, Betreuer anwerben und fortbilden.

8. Welches sind die Inhalte und Unterschiede von Vorsorgevollmachten, Betreuungsverfügungen und Patientenverfügungen und wie sind deren Auswirkungen auf das Betreuungsverfahren?

Mit einer Vorsorgevollmacht setzt eine Person eine andere Person zu seinem Vertreter ein für den Fall, dass sie selber ihre Angelegenheiten nicht mehr regeln kann. Die Vertretung kann allumfassend sein oder für bestimmte Bereiche. Dies steht im Belieben des sog. Vollmachtgebers. Der Bevollmächtigte hat die gleiche Rechtsstellung wie ein Betreuer. Wenn eine Vorsorgevollmacht besteht, ist eine Betreuung in diesem Bereich regelmäßig nicht erforderlich und kann auch nicht eingesetzt werden.

Von der Vorsorgevollmacht grenzt man die Betreuungsverfügung ab. In der Betreuungsverfügung setzt man nicht selber einen Bevollmächtigten ein, sondern macht dem Betreuungsgericht Vorschläge für das Betreuungsverfahren. Es kann z. B. angegeben werden, wer Betreuer werden soll oder wer nicht, wo der Betreute seinen Wohnsitz haben möchte usw. Soweit möglich, müssen diese Vorgaben beachtet werden.

Während bei der Vorsorgevollmacht der Vollmachtgeber geschäftsfähig sein muss, ist dies bei der Betreuungsverfügung nicht nötig, denn auch die von einem Geschäftsunfähigen geäußerten Wünsche müssen vom Betreuer und vom Betreuungsgericht grundsätzlich beachtet werden.

Die Patientenverfügung ist seit dem 01. September 2009 gesetzlich geregelt in § 1901 a BGB. Danach ist eine Patientenverfügung eine **schriftliche** *Festlegung eines einwilligungsfähigen Volljährigen für den Fall seiner Einwilligungsunfähigkeit darüber, ob er in bestimmte, zum Zeitpunkt der Festlegung noch nicht bevorstehende Untersuchungen seines Gesundheitszustandes, Heilbehandlungen oder ärztliche Eingriffe einwilligt oder sie untersagt. Der Betreuer / Bevollmächtigte muss prüfen, ob die betreffende Lebens- und Behandlungssituation eingetreten ist und hat dann dem Willen des Betreuten Geltung zu verschaffen. Eine Patientenverfügung kann jederzeit aufgehoben und widerrufen werden.*

3.4 Der Einfluss auf die Pflege

Sind betreute Menschen zu pflegen, ist der Betreuer bei allen Entscheidungen, die seinen Aufgabenbereich umfassen, zu beteiligen. Speziell bei Entscheidungen über ärztliche/pflegerische Maßnahmen und Medikationen ergeben sich daraus Notwendigkeiten und Vorgaben für die einzelnen Verfahrensschritte vor solchen Eingriffen.

Ärztliche/pflegerische Maßnahmen dürfen grundsätzlich nur mit Zustimmung des Patienten vorgenommen werden. Wenn der Betreute selber nicht mehr in der Lage ist, die Einwilligung zu erteilen, muss der Betreuer sie geben. Dies allein reicht aber nicht immer aus. Für zwei besonders problematische Fälle regelt das Gesetz weitere Voraussetzungen in *§§ 1904, 1905 BGB*. *§ 1904 BGB* befasst sich mit besonders gefährlichen ärztlichen Eingriffen und *§ 1905 BGB* mit der Sterilisation.

In der Praxis besonders bedeutsam ist *§ 1904 BGB*. Dieser regelt in *Abs. 1*, dass die Einwilligung des Betreuers in eine Untersuchung des Gesundheitszustandes, eine Heilbehandlung oder einen ärztlichen Eingriff zusätzlich der Genehmigung des Betreuungsgerichtes bedarf, wenn die Gefahr besteht, dass der Betreute aufgrund der Maßnahme stirbt oder einen schweren oder länger dauernden Schaden erleidet. Ohne die Genehmigung dürften derartige Maßnahmen nur durchgeführt werden, wenn mit dem Aufschub Gefahr verbunden sind.

Das gleiche gilt, für die Versagung oder den Widerruf der Einwilligung in eine medizinisch gebotene Maßnahme, wenn der Abbruch oder das Unterlassen der Maßnahme für den Patienten gefährlich oder gar lebensbedrohlich ist *(Abs. 2)*.

Wichtig

> Eine gerichtliche Genehmigung für eine medizinisch/pflegerische Maßnahme ist überflüssig, wenn Betreuer (oder Bevollmächtigter) und behandelnder Arzt sich einig sind, dass ihr Vorgehen dem Patientenwillen entspricht *(Abs. 4)*. Damit wird dem Vorrang und der Bedeutung des Patientenwillens, insbesondere in Form von Patientenverfügungen, Rechnung getragen.

Dies gilt im Übrigen auch, wenn der Patient keinen Betreuer hat, sondern einen Bevollmächtigten. Eine Vollmacht für derartige Maßnahmen ist zudem nur dann gegeben, wenn die Vollmacht schriftlich erteilt ist und die genannten gefährlichen Maßnahmen ausdrücklich umfasst *(§ 1904 Abs. 5 BGB)*.

Damit ergibt sich folgende Übersicht:

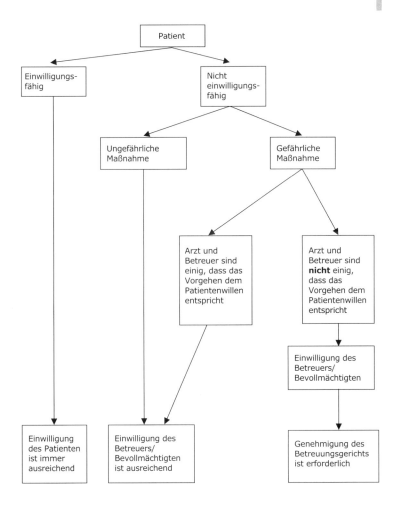

4 Der Schutz der Patientendaten

4.1 Einführung

Neben körperlichen und geistigen Schutzbereichen hat jeder Mensch eine Intimsphäre, einen persönlichen Lebens- und Geheimnisbereich, die ebenfalls des Schutzes bedarf. Es geht grundsätzlich andere nichts an, was jemand in seiner Vergangenheit gemacht hat, welche Neigungen und Vorlieben man hat, welche Krankheiten oder wie viel Geld. Dies zu offenbaren ist einzig und allein Sache des Einzelnen, der sich aussuchen kann, wem er sich anvertraut und wann er Informationen über sich preisgibt.

Man nennt dies das **Recht auf informationelle Selbstbestimmung**. Es ist über *Art. 2 GG* verfassungsrechtlich geschützt.

Dieses Recht haben selbstverständlich auch Pflegebedürftige, die sogar insoweit besonders schutzbedürftig sind.

Stellen Sie sich z. B. vor, Sie sitzen gemeinsam mit einer Freundin im Eiscafé. Eine Pflegekraft kommt vorbei, erkennt Sie, begrüßt Sie freudig und fragt: Na, kommen Sie mit den neuen Inkontinenzartikeln besser klar? Wie wäre es, wenn es sich um die Pflegekraft aus dem Heim Ihrer Mutter handelt, die Sie auf die Inkontinenzprobleme Ihrer pflegebedürftigen Mutter anspricht? Nicht mehr ganz so schlimm? Für Sie vielleicht nicht, aber wie steht es mit Ihrer Mutter? Es werden Dinge aus ihrem Intimbereich besprochen, womöglich noch vor Dritten. Warum sollte ihr das recht sein?

Und – ist die Situation so viel anders, wenn die Information über die Inkontinenz in der Bewohner- oder Patientendokumentation steht, die am Fußende des Bettes angebracht und für jeden Besucher des Zimmers gut lesbar ist?

Der Schutzbedarf ist also offensichtlich.

Auch dann, wenn Daten an Dritte bekannt gegeben werden müssen, z. B. an die Krankenkasse, und/oder Ansprüche geltend zu machen sind, und erst recht dann, wenn die Preisgabe bestimmter Informationen unerlässlich ist, z. B. die Information des Arztes über Erkrankungen und Leiden, muss der **Schutz der Vertraulichkeit** dieser Informationen gewährleistet werden.

Der Gefahr, dass persönlichen Daten ohne oder sogar gegen den Willen der Betroffenen weitergegeben werden, muss deshalb auch in der pflegerischen Arbeit stets begegnet werden. Dies verlangt schon das Grundgesetz, da der persönliche Lebens- und Geheimnisbereich verfassungsrechtlich in *Art. 1 GG* (Schutz der Menschenwürde) und *Art. 2 GG* (Schutz des allgemeinen Persönlichkeitsrechts und des Rechts auf informationelle Selbstbestimmung) geschützt ist.

Eingriffe in diese hohen Rechtsgüter sind nur unter ganz engen Voraussetzungen zulässig.

Um dem Rechnung zu tragen, hat der Gesetzgeber Eingriffe in den persönlichen Lebens- und Geheimnisbereich unter **strafrechtlichen Schutz** gestellt.

Zudem gibt es diverse Gesetze zum Schutz von Daten, die institutionell erhoben werden, etwa die Vorschriften zum Schutz von Sozialdaten im SGB, die Datenschutzgesetze des Bundes und der Länder sowie diverse Einzelvorschriften in anderen Gesetzen.

Damit Institutionen den Datenschutz sicherstellen können und auch ihre Geschäftsgeheimnisse gewahrt bleiben, gibt es zudem die **Verschwiegenheitspflichten der Mitarbeiter**, die auf arbeitsvertraglicher Grundlage beruhen.

Insgesamt besteht ein Netz von Vorschriften, das auch bei der pflegerischen Arbeit von Belang ist. Die maßgebenden Bestimmungen sollen nachfolgend skizziert werden.

4.2 Die strafrechtliche Schweigepflicht

Der **persönliche Lebens- und Geheimbereich** ist unter besonderen strafrechtlichen Schutz gestellt. Im Strafgesetzbuch befasst sich ein ganzer Abschnitt mit diesem Bereich und zwar die *§§ 201–206 StGB*. Diese Vorschriften sollen die Bürger vor unerlaubten Eingriffen in die Privat- und Intimsphäre schützen. Strafbar ist danach z. B.:

- die Verletzung der Vertraulichkeit des Wortes *(§ 201 StGB)*
- die Verletzung des Briefgeheimnisses *(§ 202 StGB)*
- der unberechtigte Zugriff auf elektronisch oder magnetisch gespeicherte oder übermittelte Daten *(§ 202 a StGB)*
- das Abfangen von Daten (§ 202 b StGB)
- das Vorbereiten des Ausspähens und des Abfangens von Daten (§ 202 c StGB)
- die Verletzung von Privatgeheimnissen *(§ 203 StGB)*
- und die Verletzung des Post- oder Fernmeldegeheimnisses *(§ 206 StGB).*

Der Paragraf, der sich mit der **Schweigepflicht** u.a. von Pflegekräften befasst, ist *§ 203 StGB* (Bitte lesen!)

Schutzgut dieser Vorschrift sind fremde Geheimnisse, deren unbefugte Weitergabe verboten ist.

Die wichtigste Feststellung ist zunächst, dass *§ 203 StGB* die **Verletzung von Privatgeheimnissen** nur für **Angehörige bestimmter Berufe** unter Strafe stellt.

Zu den besonders Verpflichteten gehören zusammengefasst

- Angehörige von **Heilberufen**
- Angehörige rechtsberatender und ähnlicher Berufe
- Ehe-, Familien-, Erziehungs- oder Jugendberater
- Sozialarbeiter und Angehörige von Schwangerschaftsberatungsstellen
- Angehörige von privaten Kranken-, Unfall- und Lebensversicherungsunternehmen
- oder der privatärztlichen Verrechnungsstelle

All diese Berufsgruppen sind im ersten Absatz genannt. Im Absatz 2 sind die sog. Amtsträger erfasst, wie z.B. Beamte. Aber auch die **Hilfspersonen der Berufsträger** sind zur Verschwiegenheit verpflichtet. Dies ergibt sich aus *§ 203 Abs. 3 Satz 2 StGB.*

Hinweis: Lange Zeit war streitig, ob es sich bei Alten- oder Krankenpflegern um Angehörige einer besonders verpflichteten Berufsgruppe handelt oder um Hilfspersonen (der Ärzte). Nachdem das Bundesverfassungsgericht anlässlich der Überprüfung der Verfassungsmäßigkeit des Altenpflegegesetzes im Jahr 2002 festgestellt hat, dass der Beruf des Altenpflegers zu den Heilberufen zählt, dürfte klar sein, dass auch die examinierten Pflegekräfte zu den gesetzlich besonders Verpflichteten des *§ 203 Abs. 1 Ziff. 1 StGB* zählen und damit der besonderen Schweigepflicht nach *§ 203 Abs. 1 StGB* unterliegen.

Definition: Geschützt sind in *§ 203 StGB* **fremde Geheimnisse**. Unter einem Geheimnis versteht man Tatsachen, die nur einem beschränkten Personenkreis bekannt sind und an deren Geheimhaltung derjenige, den sie betreffen, ein sachlich begründetes Interesse hat.

Merksatz

Ein Geheimnis liegt nur vor, wenn ein Geheimhaltungswille des Berechtigten besteht und vor allen Dingen auch eine objektive Geheimhaltungswürdigkeit gegeben ist.

Gegenstand des Geheimnisses kann jeder mögliche Bereich sein, sowohl der persönliche, der wirtschaftliche oder auch der berufliche.

> Besonderem Schutz unterliegen nur solche Geheimnisse, die den Berufsträgern als Berufs- oder Amtsperson anvertraut oder bekannt geworden sind. Es muss also ein innerer Zusammenhang zwischen der beruflichen Tätigkeit und der Kenntniserlangung bestehen.

Beispiel: Wenn der Patient der Pflegekraft verrät, dass er alkoholabhängig ist, wurde ihr das Geheimnis vom Patienten anvertraut. Sollte der Patient sich nicht offenbaren, die Erkrankung aber durch Befunde, die erhoben worden sind, zu Tage treten, ist der Pflegekraft das Geheimnis im Zusammenhang mit der Tätigkeit bekannt geworden.

Sollte die Pflegekraft dagegen Gerüchte über die Alkoholabhängigkeit des Patienten zufällig auf einer Party hören, besteht kein Zusammenhang mehr mit der beruflichen Tätigkeit. Eine Weitergabe dieser Information wäre im letzten Fall nicht nach *§ 203 StGB* strafbar.

Wenn ein besonders Verpflichteter ein Geheimnis anlässlich der Tätigkeit erfahren hat, ist es verboten, dieses zu offenbaren.

Definition: Unter „Offenbaren" versteht man die Mitteilung des Geheimnisses an jemanden, der es noch nicht kennt.

Hinweis: Es ist völlig unerheblich, ob der Dritte, den man einweiht, ebenfalls zur Verschwiegenheit verpflichtet ist oder nicht. Es ist also keineswegs so, dass ein Arzt einem anderen Arzt, nur weil dieser auch schweigepflichtig ist, Geheimnisse seiner Patienten verraten darf!
Gleiches gilt natürlich auch für Pflegekräfte.

Ein Offenbaren fremder Geheimnisse liegt nur dann vor, wenn die **Tatsachen** einer Person **zuzuordnen** sind. Es ist also **keine Schweigepflichtsverletzung**, wenn ein Sachverhalt oder eine Krankengeschichte Dritten erzählt wird, **ohne** dass die **Identität** der betroffenen Person bekannt gegeben wird oder zu erschließen ist.

Grundsätzlich ist jedes Offenbaren von Geheimnissen verboten, es sei denn, es besteht eine besondere Befugnis zur Offenbarung.
Solche **Befugnisse** können sich aus diversen Umständen ergeben:

– Wichtigste Erlaubnisquelle ist die Einwilligung des Betroffenen. Sie kann ausdrücklich gegeben werden oder sich aus den Umständen erschließen. Wenn der Hausarzt den Patienten z. B. an einen Spezialisten überweist und dieser nichts Gegenteiliges verlautbaren lässt, ist davon auszugehen, dass der Patient auch mit der Weitergabe der notwendigen Daten für die Untersuchung durch den Spezialisten einverstanden ist.

Hinweis: Die Einwilligung in die Weitergabe von Geheimnissen bedarf zwar keiner Geschäftsfähigkeit aber Einsichtsfähigkeit.

Zwar gibt es auch mutmaßliche Einwilligungen, da aber in der Regel die Möglichkeit bestehen wird, den wirklichen Willen des Betroffenen in Hinblick auf die Weitergabe der Daten zu erforschen, wird eine mutmaßlichen Einwilligungen nur selten in Betracht kommen.

Zu **Beweiszwecken** empfiehlt es sich, Einwilligungen **schriftlich** zu fixieren.

– Als weitere Erlaubnistatbestände kommen **gesetzliche Anzeige- oder Meldepflichten**, z. B. nach dem Infektionsschutzgesetz oder nach dem StGB in Betracht.

– Ein weiterer wichtiger Erlaubnisgrund ist der sog. **rechtfertigende Notstand**. Dieser kann vorliegen, wenn ein Geheimnis verraten wird, um eine drohende andere Rechtsgutverletzung abzuwenden.

Beispiel: Der Arzt verrät seiner Patientin, dass ihr Ehepartner an Aids erkrankt ist. Der Geheimnisverrat ist erlaubt, weil das geschützte Rechtsgut (die körperliche Unversehrtheit der Frau) höher wiegt, als das Interesse des Ehepartners an der Geheimhaltung. Dies gilt jedenfalls, wenn andere Mittel zur Abwendung der Gefahr nicht möglich sind.

– Schließlich kann sich eine Offenbarungspflicht auch noch aus der Zeugnispflicht ergeben. Sie geht der Schweigepflicht vor, soweit kein prozessuales Zeugnisverweigerungsrecht besteht. Solche Rechte stehen z.B. Ehegatten, Verlobten, nahen Verwandten, Verschwägerten oder Angehörigen bestimmter Beruf (überwiegend aber nicht ganz identisch mit den Berufen in *§ 203 StGB*) zu.

Von wenigen Ausnahmen abgesehen haben Pflegekräfte also die Pflicht, über die Tatsachen, die sie bei ihrer Tätigkeit erfahren haben, Dritten gegenüber absolutes Stillschweigen zu bewahren, da sie sich anderenfalls strafbar machen.

Ein **Verstoß** gegen die Schweigepflichten wird mit **Freiheitsstrafe** bis zu einem Jahr oder **Geldstrafe** bestraft. Wenn der Täter die Informationen gegen Entgelt weitergibt, sogar mit Freiheitsstrafe bis zu 2 Jahren oder Geldstrafe.

4.3 Der Sozialdatenschutz

4.3.1 Einführung

Neben dem strafrechtlichen Schutz des privaten Lebens- und Geheimnisbereiches gibt es die Regelungen zum sog. **Sozialdatenschutz**:

Die Erhebung von Sozialdaten ist erforderlich, wenn es z.B. darum geht einen Kranken ordnungsgemäß zu behandeln oder einen Pflegebedürftigen zu pflegen.

Daten müssen dabei nicht nur den sog. **Leistungserbringern**, sondern auch den **Leistungsträgern**, in der Regel den Kranken- oder Pflegekassen, bekannt gegeben werden, damit diese Leistungen gewähren können.

Wichtig

Die Erhebung und Verarbeitung von persönlichen Daten der Betroffenen stellt regelmäßig einen Eingriff in das verfassungsrechtlich geschützte Recht auf informationelle Selbstbestimmung dar. In dieses Recht darf nur eingegriffen werden, wenn es hierfür eine gesetzliche Grundlage gibt.

Diese finden wir im SGB an unterschiedlichen Stellen:

4.3.2 Grundnorm: § 35 SGB I

§ 35 SGB I besagt, dass jeder Anspruch darauf hat, dass die ihn betreffenden **Sozialdaten** von den Leistungsträgern **nicht unbefugt erhoben, verarbeitet oder genutzt** werden.

Das wird im Gesetz als das **Sozialgeheimnis** bezeichnet. Gem. *§ 35 Abs. 2 SGB I* ist eine Erhebung, Verarbeitung und Nutzung von Sozialdaten nur unter der Voraussetzung des *2. Kapitels des SGB X* (siehe unten 3.3.3) zulässig.

Merksatz

> Wenn eine Übermittlung nicht zulässig ist, besteht auch keine Auskunftspflicht, keine Zeugnispflicht und keine Pflicht zur Vorlegung oder Auslieferung von Schriftstücken etc. *(§ 35 Abs. 3 SGB I).*

Den Sozialdaten stehen **Betriebs- und Geschäftsgeheimnisse** gleich *(§ 35 Abs. 4 SGB I)* und vom Grundsatz her besteht der Sozialdatenschutz über den Tod hinaus *(§ 35 Abs. 5 SGB I).*

Der **Geheimhaltungsanspruch** richtet sich **gegen** die in *§§ 18 bis 29 SGB I* genannten „Stellen".

Es handelt sich hierbei um die **Träger von Sozialleistungen,** wie z.B. um die Krankenkassen, Pflegekassen oder die Rentenversicherung etc.

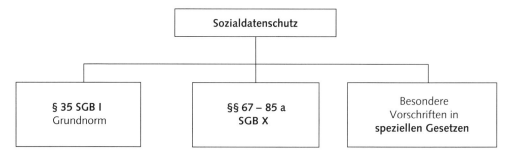

4.3.3 Die Regelungen des SGB X

Der Schwerpunkt des Sozialdatenschutzes ist im SGB X geregelt und zwar im zweiten Kapitel, d.h. den *§§ 67–85 a SGB X.*

In *§ 67 Abs. 1 Satz 1 SGB X* ist angegeben, was **„Sozialdaten"** sind:

Merksatz

> Bei Sozialdaten handelt es sich um Einzelangaben über persönliche und sachliche Verhältnisse einer bestimmten oder bestimmbaren natürlichen Person, die von einer in *§ 35 SGB I* genannten Stelle (= Leistungsträger) im Hinblick auf ihre Aufgaben nach diesem Gesetzbuch (d.h. dem Sozialgesetzbuch) erhoben, verarbeitet oder genutzt werden.

Man unterscheidet **einfache** und **besondere** Arten **personenbezogener Daten.**

Dies ergibt sich aus *§ 67 Abs. 12 SGB X,* der sich den besonderen Arten personenbezogener Daten widmet:

Besondere Arten personenbezogener Daten sind gemäß *§ 67 Abs. 12 SGB X* Angaben über die **rassische und ethnische Herkunft, politische Meinung, religiöse und philosophische Überzeugungen, Gewerkschaftszugehörigkeit, Gesundheit** oder **Sexualleben.**

SGB X				
§ 67 Definitionen	**§ 67 a-c** Grundsätzliches zur Datenerhebung, -verarbeitung und -nutzung	**§ 67 d – 78** Übermittlung von Daten	**§§ 78-80** technische organisatorische Schutz- maßnahmen	**§§ 81-85a** Aufsicht, Rechte von Betroffenen, Straf- und Bußgeld- vorschriften

Diese Daten unterliegen einem erhöhten Schutz.

Diese Regelung ist 2001 durch das Gesetz zur Änderung des Bundesdatenschutzgesetzes und anderer Gesetze eingefügt worden und dient der Umsetzung europarechtlicher Vorgaben (Richtlinie 95/46/EG vom 24.10.1995 = EG-Datenschutzrichtlinie).

Die **Datenerhebung** ist nach *§ 67 a SGB X* **zulässig**, wenn sie von den in *§ 35 SGB I* genannten **Stellen** vorgenommen wird, soweit ihre Kenntnis **zur Erfüllung der Aufgaben** der erhebenden Stelle nach dem SGB **erforderlich** ist. Die Datenerhebung muss also dem Zweck der Aufgabenerfüllung dienen und hierzu notwendig sein.

Gem. *§ 67 a Abs. 2 Satz 1 SGB X* sind die Sozialdaten grundsätzlich **beim Betroffenen** zu erheben. Dies dient der Sicherstellung des informationellen Selbstbestimmungsrechtes.

Ausnahmen bestätigen aber die Regel *(67 a Abs. 2 Satz 2 SGB X)*:

Wenn **schutzwürdige Interessen** der Betroffenen **nicht tangiert** sind, dürfen Daten auch **bei anderen Stellen** i.S.d. *§ 36 SGB I* erhoben werden, die dem Sozialdatenschutz unterliegen.

Voraussetzung ist, dass die Datenerhebung beim Betroffenen selber **unverhältnismäßig aufwendig** wäre und dass die andere Stelle **befugt** ist, die **Daten weiterzugeben**.

Die **Verarbeitung oder Nutzung** erhobener Daten ist gem. *§ 67 b und c SGB X* zulässig, soweit die Regelungen im SGB dies erlauben oder anordnen oder soweit der Betroffene einwilligt.

Wichtig

Eine Einwilligung in die Nutzung oder Verarbeitung von Daten ist nur wirksam, wenn der Betroffene **zuvor** auf den **Zweck** der Verarbeitung und Nutzung der Daten sowie die Folgen der Verweigerung **hingewiesen** wurde *(§ 67 b Abs. 2 SGB X)* und wenn die **Einwilligung** des Betroffenen auf dessen **freier Entscheidung** beruht (Satz 2). Dabei bedürfen sowohl die Einwilligung wie auch der vorherige Hinweis grundsätzlich der **Schriftform** (Satz 3).

Die **Übermittlung** von Daten ist ebenfalls erlaubt, wenn der Betroffene zuvor eingewilligt hat oder wenn es eine gesetzliche Befugnis zur Übermittlung der Daten gibt.

Definition: Unter „Übermitteln" ist jedes Weitergeben bzw. Bekanntgeben von Sozialdaten an einen Dritten zu verstehen.

Gesetzliche Übermittlungsbefugnisse gibt es gem. *§§ 68 bis 77 SGB X* z. B. in folgenden Bereichen:

– Übermittlung bestimmter Angaben, z. B. Namen und Anschrift für Aufgaben der Polizeibehörden oder der Staatsanwaltschaft *(§ 68 SGB X)*
– Übermittlung zur Erfüllung sozialer Aufgaben *(§ 69 SGB X)*
– Übermittlung zu Zwecken des Arbeitsschutzes *(§ 70 SGB X)*
– Übermittlung zur Erfüllung besonderer gesetzlicher Mitteilungsbefugnisse oder Aufgaben *(§ 71 SGB X)*
– Übermittlung bestimmter Angaben (Name, Anschrift, etc.) zum Schutz der Sicherheit *(§ 72 SGB X)*
– Übermittlung zur Durchführung von Strafverfahren *(§ 73 SGB X)*
– Übermittlung beim Versorgungsausgleich oder bei Unterhaltspflichtverletzungen *(§ 74 SGB X)*
– Übermittlungen zu Durchsetzung öffentlich-rechtlicher Ansprüche und im Vollstreckungsverfahren *(§ 74 a SGB X)*
– Übermittlung für die Forschung und Planung *(§ 75 SGB X)*
– sowie zuletzt die Übermittlung in das Ausland oder an über- oder zwischenstaatliche Stellen *(§ 77 SGB X)*.

Hinweis: Die Übermittlung von Sozialdaten, die von einem Arzt oder einer anderen in *§ 203 Abs. 1 und 3 StGB* genannten Personen zugänglich gemacht worden sind, ist nur dann zulässig, wenn diese Person **selber** übermittlungsbefugt wäre *(§ 76 SGB X)*.

Beispiel: Wenn z. B. eine Kasse von einem Arzt Informationen über den Versicherten erhält, darf sie diese Daten nur weitergeben, wenn auch der Arzt befugt wäre, die Daten weiterzugeben. Dies wird regelmäßig die Einwilligung des Patienten voraussetzen.

Bei den besonders häufig vorkommenden Fällen, dass Sozialdaten im Zusammenhang mit der Begutachtung wegen der Erbringung von Sozialleistungen (z. B. Rentenleistungen) erhoben werden, gilt dies aber nicht.

Diese Daten dürfen weitergegeben werden, es sei denn, der Betroffene widerspricht der Übermittlung *(§ 76 Abs. 2 Ziff. 1 SGB X)*.

Soweit Daten an **nichtöffentliche** Stellen übermittelt werden, sind die dort beschäftigten Personen, also die **Mitarbeiter**, welche diese Daten verarbeiten, von dieser Stelle zuvor spätestens bei der Übermittlung auf die Einhaltung der Pflichten zur **Wahrung des Sozialgeheimnisses** hinzuweisen.

Für Verstöße gibt es in *§ 85 SGB X* **Bußgeldvorschriften** und in *§ 85 a SGB X* darüber hinaus noch **Strafvorschriften**.

4.3.4 Sonstige Regelungen im SGB

Außerhalb des SGB I und des SGB X gibt es noch eine Reihe von Sondervorschriften zum Sozialdatenschutz im Sozialgesetzbuch, die nachstehend nur exemplarisch aufgeführt werden:

- *§§ 275 bis 277, 306, 284–305 SGB V*
- *§§ 146 bis 152 SGB VI*
- *§§ 199 bis 208 SGB VII*
- *§§ 10, 13, 21 SGB IX*
- *§§ 93 bis 108 SGB XI*

4.3.5 E-Health-Gesetz

- Anfang 2016 ist das E-Health-Gesetz in Kraft getreten *(BGBl. I 2015, S. 2408 ff.)*. Ziel ist ein sog. **modernes Stammdatenmanagement**, welches nach einer bundesweiten Erprobungsphase ab dem 01.07.2016 innerhalb von zwei Jahren flächendeckend eingeführt werden soll. Hierdurch sollen die Voraussetzungen für z.B. die **elektronische Patientenakte** geschaffen werden.
- Mit dem Gesetz soll die **Nutzung von modernen Informations- und Kommunikationstechnologien im Gesundheitswesen** befördert werden, um Qualität und Wirschaftlichkeit der medizinischen Versorgung zu verbessern.
- Die zunächst auf die Nutzung der elektronischen Gesundheitskarte ausgerichtete sog. Telematikinfrastruktur soll auch für weitere Anwendungen im Gesundheitsbereich – unabhängig vom Einsatz der Gesundheitskarte – geöffnet werden.
- Ab dem Jahr 2018 sollen dann **Notfalldaten**, wie etwa Allergien, Vorerkrankungen **auf der Gesundheitskarte** gespeichert werden können, damit der behandelnde Arzt im Notfall unmittelbar auf diese Daten zugreifen kann.
- Pflegekräfte erhalten dann auch Zugang zu einigen Daten, u.a. den Notfallinformationen auf der Gesundheitskarte, allerdings nur im eingeschränkten Umfang. Im E-Health-Gesetz sind auch Änderungen des SGB V aufgenommen worden, die zwar keinen unmittelbaren Bezug dazu haben, gleichwohl für den Datenschutz nicht unwichtig sind: So ist die Übersendung von Patientenunterlagen, z.B. die Wunddokumentation, an die Krankenkassen zur Weiterleitung an den MDK ausdrücklich zukünftig verboten.

4.4 Andere datenschutzrechtliche Bestimmungen

4.4.1 Bundesdatenschutzgesetz (BDSG)

Das Bundesdatenschutzgesetz regelt die Datenverarbeitung sowohl im öffentlichen Bereich, d.h. bei der öffentlichen Verwaltung (Behörden, Selbstverwaltungsorgane etc.) wie auch in der Privatwirtschaft, also bei nicht öffentlichen Stellen.

Wichtig

> Das BDSG ist grundsätzlich auch in jeder privaten Pflegeeinrichtungen oder privaten Krankenhäusern anwendbar.

Zweck des Bundesdatenschutzgesetzes ist es, **den Einzelnen** davor **zu schützen**, dass er durch den Umgang mit seinen personenbezogenen Daten in seinem **Persönlichkeitsrecht** beeinträchtigt wird *(§ 1 Abs. 1 BDSG)*.

Aufbau des BDSG

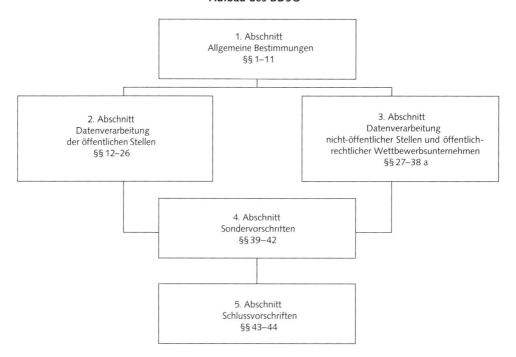

Das Gesetz gestaltet die personenbezogene Datenverarbeitung als sog. **Verbot mit Erlaubnisvorbehalt**.

Wichtig

> Grundsätzlich ist jede Erhebung, Verarbeitung und Nutzung personenbezogener Daten verboten, es sei denn, es liegt ausnahmsweise eine Erlaubnis vor.

Eine Erlaubnis kann zum einen durch

– eine Einwilligung des Betroffenen gegeben sein
– oder aber durch das BDSG
– oder eine andere Rechtsvorschrift, die die Datenerhebung, Verarbeitung oder Nutzung erlaubt oder anordnet.

Zur **Einwilligung** schreibt *§ 4 BDSG* vor, dass diese nur wirksam ist, wenn sie auf einer **freien Entscheidung** des Betroffenen beruht.
Die Einwilligung bedarf prinzipiell der **Schriftform** und natürlich der vorherigen **Belehrung**.

Hinweis: Auch das BDSG unterscheidet zwischen einfachen und besonderen Arten personenbezogener Daten. Insoweit gilt das bereits zum Sozialdatenschutz gesagte.

Im allgemeinen Teil des BDSG sind sodann u.a. noch bestimmte Meldepflichten geregelt, dass es einen Beauftragten für Datenschutz geben muss und welche Aufgaben dieser hat *(§§ 4 f und 4 g BDSG)*.

§ 3 a BDSG enthält zudem den **Grundsatz der Datenvermeidung und Datensparsamkeit**.

Das **Erheben, Speichern, Verändern und Übermitteln** personenbezogener Daten oder ihre **Nutzung** als Mittel für die Erfüllung eigener Geschäftszwecke ist z.B. in einem privat geführten Pflegeheim **zulässig**, wenn dies entweder

– der Zweckbestimmung eines Vertragsverhältnisses oder eines Vertrauensverhältnisses mit den Betroffenen dient,
– zur Wahrung berechtigter Interessen der erhebenden Stelle dient und schutzwürdige Interessen des Betroffenen nicht entgegen stehen
– oder wenn die Daten allgemein zugänglich sind und auch veröffentlicht werden dürften, es sei denn, schutzwillige Interessen des Betroffenen stehen wiederum entgegen.

Das BDSG gewährt den Betroffenen diverse Rechte, die in der nachstehenden Tabelle exemplarisch aufgeführt sind.

Recht der Betroffenen	Öffentlicher Bereich	Nicht-öffentlicher Bereich
Benachrichtigung über Datenverarbeitung	§ 16 Abs. 3, 19 a	§ 33
Auskunft über Daten	§ 19	§ 34
Berichtigung von Daten	§ 20 Abs. 1	§ 35 Abs. 1
Datenlöschung	§ 20 Abs. 2	§ 35 Abs. 2
Sperrung von Daten	§ 20 Abs. 3, 4	§ 35 Abs. 3, 4
Schadenersatz	§ 7, 8	§ 7
Anrufung des Bundesbeauftragten für Datenschutz	§ 21	
Einsicht in Register der Aufsichtsbehörde	§ 38 Abs. 2 Satz 2, 3	
Widerspruch gegen Kontrolle des Bundesbeauftragten für Datenschutz bzw. der Aufsichtsbehörde	§ 24 Abs. 2 Satz 4	§ 38 Abs. 4 Satz 3 i.V.m. §§ 24 Abs. 6 und 24 Abs. 2 Satz 4
Speicherung einer Gegendarstellung	§ 35 Abs. 6 Satz 2, 3	
Widerspruch gegen Werbung sowie Markt- und Meinungsforschung	§ 28 Abs. 4 und § 29 Abs. 4	
Stellung eines Strafantrages	§ 44 Abs. 2	§ 44 Abs. 2

4.4.2 Landesdatenschutzgesetze

Neben dem BDSG gibt es noch Landesdatenschutzgesetze.

Diese regeln allerdings nur datenschutzrechtliche Bestimmungen für **öffentliche Stellen auf Landes- oder Kommunalebene** und gehen insoweit den Regelungen des BDSG vor.

Für den privaten Bereich existieren keine landesrechtlichen Regelungen.

4.4.3 Kirchliche Regelungen

Eine Besonderheit besteht auch noch bei kirchlichen Einrichtungen: Gem. *Art. 140 GG* in Verbindung mit *Art. 137 Abs. 3 WRV* haben die Religionsgesellschaften das **Recht**, ihre **Angelegenheiten selbständig** innerhalb der Schranken der für alle geltenden Gesetze zu **ordnen** und zu **verwalten**. D.h., die Kirchen dürfen ihre Belange selber regeln.

Hinweis: Dies gilt nicht nur für die Kirchen als solche, sondern auch für alle angegliederten öffentlich-rechtlichen wie auch privatrechtlichen Vereinigungen.

Nach herrschender Meinung ist das kirchliche Datenschutzrecht daher dem staatlichen Datenschutzrecht gegenüber vorrangig.

Kirchliches Datenschutzrecht finden wir in Kirchengesetzen über den Datenschutz z.B. im DSG-EKD (Ev. Kirche) bzw. der Anordnung über den kirchlichen Datenschutz in den Diözesen – KDO (Kath. Kirche).

4.4.4 Die arbeitsrechtliche Verschwiegenheitspflicht

Pflegekräfte sind schließlich im Rahmen der sog. **arbeitsrechtlichen Verschwiegenheitspflicht** zu weiterem Schweigen verpflichtet:

Hinweis: Die arbeitsrechtliche Verschwiegenheitspflicht ergibt sich als Nebenverpflichtung aus dem Arbeitsvertrag, selbst wenn sie nicht ausdrücklich vereinbart ist.

Sie erstreckt sich auf **alle Geschäfts- und Betriebsgeheimnisse**. Dies sind alle Tatsachen, die

– in einem Zusammenhang mit dem Geschäftsbetrieb stehen,
– nur einem engen begrenzten Personenkreis bekannt und nicht offenkundig sind,
– und nach dem Willen des Arbeitgebers und im Rahmen eines berechtigten wirtschaftlichen Interesses geheim gehalten werden sollen.

Definition: Unter Geschäftsgeheimnissen versteht man in erster Linie wirtschaftliche Angelegenheiten und unter Betriebsgeheimnissen technische Interna.

Darüber hinaus hat ein Arbeitnehmer auch die Pflicht über die **persönlichen Umstände und Verhaltensweisen** des Arbeitgebers Stillschweigen zu bewahren, wenn eine Offenbarung oder Weitergabe dieser Information ihm Schaden zufügen könnte.

Häufig wird der Umfang der Verschwiegenheitspflicht in Verträgen noch ausgeweitet. Dies ist zulässig. Voraussetzung ist allerdings immer, dass ein betriebliches Interesse an der Verschwiegenheit über die genannten Umstände besteht.

Die Verschwiegenheitspflicht besteht während der Dauer des Arbeitsvertrages. Sie beginnt mit Abschluss des Vertrages und endet mit der rechtlichen Beendigung. Sie kann sich aber auch über das Ende des Arbeitsverhältnisses hinaus erstrecken jedenfalls dann, wenn dies vertraglich vereinbart wird. Eine solche vertragliche Vereinbarung über weitergehende Schweigepflichten ist im begrenzten Rahmen zulässig.

4.5 Die Berücksichtigung in der Praxis

Diese vielfältigen Anforderungen sind trotz der Komplexität in der täglichen Arbeit von Pflegekräften zu bewältigen. Hier sind die **Leitungskräfte** gefordert, einfache und klare **Vorgaben** zu machen. Dies beginnt mit Schulungsmaßnahmen, strukturierten Dienstanweisungen und führt über das Melden/Erkennen von Problembereichen hin zu fortwährenden Aktualisierungen des Wissens in der Einrichtung.

Prinzipiell betrifft der Schutz der persönlichen Daten nicht nur die Weitergabe an Dritte, sondern auch die **Weitergabe** von Informationen **innerhalb einer Einrichtung**. Etwas anderes gilt nur, wenn die Informationen erforderlich sind, um eine ordnungsgemäße Behandlung oder Pflege zu gewährleisten. Dabei muss darauf geachtet werden, dass es nicht zu viele Einschränkungen und Auflagen geben sollte. So kann z.B. innerhalb einer Einrichtung davon ausgegangen werden, dass ein Patient, wenn er sich in eine Behandlung oder in eine Pflegesituation begibt, mit Weitergabe seiner Daten an die Personen, die an der Pflege/Behandlung beteiligt sind oder werden müssen, einverstanden ist. Wenn er dies nicht will, muss er dem Informationsfluss widersprechen.

Beispiel: Wenn ein Patient im Krankenhaus gegenüber der Pflegekraft über Herzbeschwerden klagt, muss die Pflegekraft dies dem Arzt mitteilen, damit eine Untersuchung eingeleitet und die erforderlichen Maßnahmen ergriffen werden können.
Anders wäre es nur, wenn der Betroffene dies ausdrücklich untersagt.

Hinweis: Unsicherheiten entstehen häufig bei der Information von Angehörigen. Für sie gilt aber nichts anderes als im Verhältnis zu jedem anderen Dritten.

Grundsätzlich sind Pflegekräfte **nicht berechtigt**, Daten ihrer Patienten oder der Pflegebedürftigen **an Angehörige** weiterzugeben. Hierfür bedarf es stets der Einwilligung des Patienten/Bewohners. Auch dies sollte klar geregelt werden, damit die Konflikte nicht zwischen der einzelnen Pflegekraft und Angehörigen ausgetragen werden muss. Schriftliche Hinweise, Empfehlungen und Verabredungen bereits im Aufnahmegespräch oder bei entsprechenden Kontaktaufnahmen können hier verständnisfördernd und konfliktvermeidend sein.

Soweit der Patient/Bewohner selber nicht mehr einwilligen kann, muss die Einwilligung des Bevollmächtigten oder Betreuers eingeholt werden. Auch dies sollte durch Verfahrensregelungen vereinfacht werden.

Kritisch ist im pflegerischen Alltag bisweilen der Umgang mit bzw. die **Einsicht** in Aufzeichnungen, also die **Dokumentation**. Lässt man Patientendokumentation z.B. offen liegen, wäre dies ein Verstoß. Aus gleichen Gründen bedenklich ist es auch, wenn Patientendokumentationen am Fußende des Bettes angebracht sind, so dass sie für jeden Besucher oder auch andere Bewohner/Patienten lesbar sind. Hier gibt es viele bessere technische und organisatorische Lösungen, über die man sich informieren sollte.

Ein weiterer Problembereich ist der Austausch mit oder die **Weitergabe** von Informationen an **andere Institutionen**. Zu denken ist hier insbesondere an Auskünfte und Informationen, die man der eigenen Verwaltung, den Kassen oder sogar den Sozialhilfeträgern gibt. Auch hier bedarf es entweder der Einwilligung des Betroffenen oder aber einer gesetzlichen Grundlage, die zur Weitergabe der Daten berechtigt. Für die Pflegekraft selber ist eine solche Grundlage meist aber nicht ersichtlich. Die Entscheidung über die Herausgabe von Daten sollte daher stets der Leitung der Einrichtung vorbehalten bleiben.

> Gemäß *§ 67 a Abs. 4 SGB X* muss der Leistungsträger in den Fällen, in denen er Daten bei einer nicht-öffentlichen Stelle (also z.B. beim Pflegedienst) erhebt, auf die Rechtsvorschrift, die zur Auskunft verpflichtet und sonst auf die Freiwilligkeit der Angaben hinweisen.

Hinweis: In Zweifelsfällen ist bei Anforderungen von Informationen nach der Rechtsgrundlage für die erbetene Auskunft zu fragen und diese zu klären!

Schließlich verlangen die zunehmend automatisierten und sehr weitreichenden technischen Erfassungs- und Verarbeitungsmöglichkeiten. Hier sind in der Praxis **besondere Schutzvorrichtungen**. So müssen **Patientendateien** oder auch **Bewohnerdateien** vor unberechtigtem Zugriff geschützt werden.

Nähere Einzelheiten sowie praktische Hinweise dazu, wie all dies z.B. in einer Dienstanweisung umgesetzt und zusammengefasst werden kann, finden sich beispielsweise in der Veröffentlichung „Datenschutz im Krankenhaus" *(http://www.datenschutz-mv.de/datenschutz/publikationen/informat/ dsimkh/dsimkh.pdf)* des Landesbeauftragten für den Datenschutz Mecklenburg-Vorpommern.

Kapitel 6
Grundsätze zur Verantwortung und Haftung in der pflegerischen Arbeit

In diesem Teil sollen sich leitende Pflegekräfte ihrer Verantwortungsbereiche sicherer werden und Folgerungen aus rechtlichen Überlegungen für die Organisation des pflegerischen Dienstes ziehen können. Auch soll vermittelt werden, welche Sorgfalt beim pflegerischen Handeln verlangt wird und wie sich Fehler in der Pflege zivil- und strafrechtlich auswirken. Die Methodenkompetenz wird dabei durch Bearbeitung von Fallbeispielen erweitert.

Überblick

Lernziele

- Sie kennen die rechtlichen Prinzipien und Grundlagen der Verantwortung
- Die Anforderungen und Grundzüge des Strafrechts können in der täglichen Arbeit umgesetzt werden
- Die Regelungen des Schadensersatzrechtes im Bürgerlichen Gesetzbuch (BGB) zur wirtschaftlichen Abwicklung von eingetretenen Schäden bei Pflegebedürftigen werden verstanden
- Fallbeispiele aus dem Pflegealltag können mithilfe der Methodik der haftungsrechtlichen Prüfung sowohl in strafrechtlicher als auch in zivilrechtlicher Hinsicht gelöst werden

Gliederung

1. Die Bedeutung der haftungsrechtlichen Betrachtungsweise für Pflegedienstleitungen
2. Die Bestimmung von Verantwortungsbereichen
3. Die Verteilung der Zuständigkeits- und Verantwortungsbereiche in pflegerischen Einrichtungen
4. Die Auswirkung fehlerhaften Handelns und die unzureichende Wahrnehmung der Verantwortung: Die rechtliche Haftungsprüfung
5. Die Grundlagen und Prinzipien der strafrechtlichen Haftung
6. Die Grundzüge der zivilrechtlichen Haftung

1 Die Bedeutung der haftungsrechtlichen Betrachtungsweise für Pflegedienstleitungen

Die Arbeit in der Pflege wird zunehmend von rechtlichen Vorgaben und Rahmenbedingungen beeinflusst. Fachlich richtiges Handeln ist ohne Kenntnis der rechtlichen Anforderungen nicht sicher bestimmbar, weil zum Teil sehr **detaillierte Fach- und Berufsregelungen** zu beachten sind.

Ergänzt werden diese speziellen Bestimmungen **durch das Haftungsrecht**. Dort wird nicht nur festgelegt, welche **Rechtsfolgen** eintreten, wenn **fehlerhaft gehandelt** wird. Hier werden auch die **Erwartungen** an ein **einwandfreies Verhalten** des Einzelnen ohne Schaden für andere oder die Gemeinschaft festgelegt. Somit ergeben sich aus dem Haftungsrecht weitere **Verhaltensregeln**.

Deren Rechtsgrundlagen zu kennen reicht aber nicht aus. Sie müssen auch angewendet und umgesetzt werden können. Die **Anwendung** der Rechtsvorschriften **auf den Einzelfall** (und damit die rechtliche Bewertung des Verhaltens) und die dabei angewendete juristische Technik nennt sich **Subsumtion**.

Das ist die Prüfung, ob der sog. Lebenssachverhalt die Voraussetzungen einer rechtlichen Vorschrift erfüllt.

> Die juristische Prüfungsmethodik anwenden zu können, ist **nicht nur** wichtig, um Geschehnisse **nachträglich** rechtlich beurteilen zu können, wie es die Aufgabe von Gerichten ist.
>
> Viel **wichtiger** ist es bereits **im Vorfeld** rechtliche Beurteilungen vornehmen zu können. Denn die vor- bzw. frühzeitige Beachtung der Rechtmäßigkeit, also die **Sicherstellung** der Gesetzmäßigkeit des Handelns **vermeidet Fehlverhalten** in pflegerischen Einrichtungen.

Die **aufgabengerechte Wahrnehmung** von Leitungsfunktionen bedarf also der rechtzeitigen Berücksichtigung der hohen Anforderungen an die **Rechtsförmigkeit** des pflegerischen Handelns oder anders ausgedrückt: der **Berücksichtigung des Haftungsrechts** zur Vermeidung von Haftung.

Juristische Aufgabe im Haftungsrecht

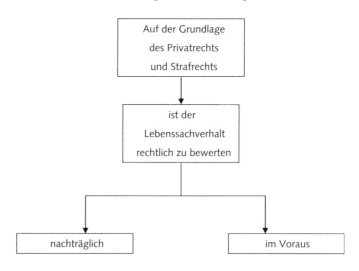

Dabei sind allerdings nicht alle Handlungen von Interesse, es geht vielmehr **nur** um die **Handlungen**, die **rechtserheblich** sind. Das sind meist solche, die Rechtsgüter anderer betreffen.

Juristisch bedeutsame Handlungen lassen sich haftungsrechtlich in erlaubte und unerlaubte Handlungen aufteilen:

– **Unerlaubte** Handlungen sind schon wegen ihres Verbots und der Sanktionen, mit denen das Recht sie in der Regel belegt, rechtserheblich.

– **Erlaubte** Handlungen sind von Bedeutung, weil sie den **zulässigen Handlungsbereich** kennzeichnen.

Hinweis: Zwischen unerlaubten und erlaubten Handlungen zu **differenzieren** ist ein wesentlicher Beitrag zur **Absicherung** der fachlichen Arbeit.

Hinzu kommt die **Zurechnung von Handlungen** unter dem Aspekt der **Verantwortlichkeit**:

Ein und **dasselbe Verhalten** kann bei **unterschiedlich Handelnden** rechtlich in dem einen Fall als unerlaubte Handlung und ein anderes Mal als nicht mit Sanktionen zu versehene Tätigkeit **bewertet** werden (z. B. bei Aktivitäten von Kleinkindern, die nicht rechtlich bestraft werden können).

Merksatz

Neben der Bewertung von rechtmäßigem und unrechtmäßigem Verhalten ist auch die Bestimmung der **Verantwortung** von zentraler Bedeutung im Haftungsrecht.

2 Die Bestimmung von Verantwortungsbereichen

Diese Frage ist sicher eine der häufigsten in der Praxis:

Ein Fuß im Knast?

Darin kommt einerseits die Angst zum Ausdruck für etwas verantwortlich gemacht werden zu können, andererseits aber auch die Hoffnung sich von der Verantwortung befreien oder entlasten zu können.

„Ich übernehme die Verantwortung …"

„Ich lehne die Verantwortung ab …"

199

Diese Hoffnung ist aus juristischer Sicht aber nicht zu erfüllen: Es ist nicht möglich, dass sich jemand selbst verantwortlich macht oder von der Verantwortung auch befreien kann.

Dies belegen schon die praktischen Probleme.

Solche Erklärungen könnten **zeitlich befristet** sein, sodass z.B. also durchaus vorstellbar wäre, dass im Frühdienst Verantwortungsbereiche übernommen werden (etwa weil genug Personal vorhanden ist), im Spätdienst die Verantwortung für Patienten jedoch nur noch teilweise (weil nicht ganz so viel Personal verfügbar ist) besteht und im Nachtdienst möglicherweise wieder eine andere Verantwortungsbereitschaft der Mitarbeiter gegeben wäre. Will man es ins Absurde treiben, dann könnte noch eine weitere Differenzierung innerhalb eines Dienstes oder bei unterschiedlich beginnenden Schichten auch noch zu diversen Dienstzeiten in diesem oder jenem Umfang erfolgen.

Das geht sicher nicht.

Im Übrigen: Wäre es auf diese Art und Weise möglich, die Verantwortung zu übernehmen oder eben auch nicht, und könnte man ohne Wenn und Aber von jeglichen Folgen freigestellt werden, würde es sich empfehlen, stets Erklärungen abzugeben, dass man für sein Tun nicht verantwortlich gemacht werden kann.

Praktisch würde dies dann so aussehen, dass Pflegekraft X einen strafrechtlich relevanten Fehler machen würde, aufgrund ihrer Erklärung, dass sie dafür nicht verantwortlich sei, könnte sie jedoch nicht bestraft werden.

Hat stattdessen Pflegedienstleiter Y oder ein ärztlicher Mitarbeiter Z erklärt, er übernehme die Verantwortung, könnte dies in der weiteren Folge bedeuten, dass einer von beiden oder gar beide für das Fehlverhalten der Pflegekraft evtl. sogar in das Gefängnis müssten, weil sie ja die Verantwortung übernommen haben.

Oder doch nur einer? Oder keiner?

Fazit: Allein auf den **Willen** und die **Erklärung**, Verantwortung zu übernehmen oder abzulehnen, kann es also **nicht** ankommen.

Merksatz

Verantwortung kann nicht einfach so übernommen, abgelehnt, zugewiesen, zurückgenommen, verändert usw. werden.

Übrigens **auch nicht** durch entsprechende schriftliche Erklärungen, wie die sog. **Entlastungsanzeige**. Denn auch dabei handelt es sich um nichts anderes als um die eigene Auffassung Betroffener, die den gleichen Effekt erzielen soll, wie oben dargestellt.

Wäre es jedoch möglich sich allein dadurch von Verantwortung zu befreien, dass ein solches Schreiben aufgesetzt und abgeschickt wird, müsste juristisch jedem empfohlen werden, entsprechende Formulare jederzeit mit sich zu führen.

Nur könnte dann überhaupt noch irgendjemand für irgendetwas zur Verantwortung gezogen werden? Doch allenfalls nur die, die es versäumt hätten, rechtzeitig solche Schreiben aufzusetzen und zu unterschreiben.

Es sollte also deutlich geworden sein, dass mit solchen Formulierungen und auch mit solchen Formularen mehr oder weniger ein absurder Schein von Rechtssicherheit geschaffen wird, der nicht gegeben ist.

> Von Entlastungsanzeigen zu unterscheiden sind **Überlastungsanzeigen**.

Entlastungsanzeigen dienen dazu, sich von den Folgen seines Tuns oder Unterlassens zu befreien. Vor allem haftungsrechtliche Konsequenzen sollen damit ausgeschlossen werden. Überlastungsanzeigen dagegen dienen dazu, Vorgesetzten und anderen **rechtzeitig mitzuteilen**, dass sich eine **Überforderung** andeutet oder bereits eingetreten ist, so dass der **Aufgabenbereich** nicht, nicht mehr vollständig oder nicht mehr fachgerecht ausgefüllt werden kann.

Hierdurch wird **keine Verantwortung transferiert**, doch werden die durch die Überlastungsanzeige Informierten an ihre Verantwortungsbereiche „**erinnert**" und somit aufgefordert, ihren Aufgaben- und Tätigkeiten nachzukommen.

Es handelt sich also nicht um ein Verschieben der Verantwortungsbereiche, sondern nur um eine Form der ordnungsgemäßen **Sicherstellung der Zusammenarbeit**.

Hinweis: In diesem Zusammenhang sind auch die Vorschriften des Arbeitsschutzgesetzes (ArbSchG) von Bedeutung. Gem. *§ 15 Abs. 1 Satz 2 ArbSchG* haben Beschäftigte auch für die Sicherheit und Gesundheit der Pflegebedürftigen zu sorgen und nach *§§ 16, 17 ArbSchG* entsprechende Informations- und Vorschlagsrechte und -pflichten. Bitte lesen Sie diese Vorschriften!

Wie lässt sich **Verantwortung bestimmen**?

Ausgangspunkt der Bestimmung von Verantwortung und des Verantwortungsbereiches ist die **Zuständigkeit**. Sie ist die eine Seite der Medaille, auf deren Rückseite Verantwortung steht. Grenze und Ausmaß des Verantwortungsbereiches ergeben sich aus dem **Aufgaben-, Tätigkeits- und Zuständigkeitsbereich**.

Aus ihnen ergibt sich der **Verantwortungsbereich** …

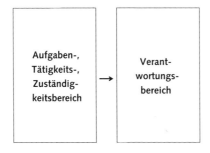

… und, wenn man seinen Aufgaben-, Tätigkeits- und Verantwortungsbereich nicht ordnungsgemäß ausgefüllt hat und damit seiner Verantwortung nicht nachgekommen ist, auch der Haftungsbereich:

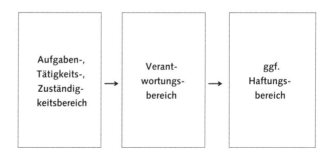

Um also insoweit Klarheit zu bekommen und Abgrenzungen vornehmen zu können, muss der **Verantwortungsbereich bestimmt** sein, der sich wiederum aus dem **Aufgaben-, Tätigkeits- und Zuständigkeitsbereich** ergibt.

Er ergibt sich aus unterschiedlichen rechtlichen Vorgaben mit weiteren differenzierenden Regelungen:

Wesentliche rechtliche Grundlagen der Aufgaben/Verantwortung

Arbeits-/ Berufsrecht	Haftungsrecht	Sozial-/ Gesundheitsrecht
KrPflG, AltenpflG	Zivil-recht / Straf-recht	z. B.: SGB XI, die MuG
Tarifverträge, AVR		
Arbeitsvertrag		
Stellenbe-schreibung		
Dienst-anweisungen		
Spezielle Weisungen		

Um die Haftungsbereiche und -risiken sowohl von Vorgesetzten als auch Mitarbeitern zu bestimmen und ggf. zu begrenzen, bedarf es in erster Linie einer klaren, eindeutigen und präzisen **Zuständigkeitsregelung** bzw. der **Bestimmung** der **Aufgabenbereiche**.

Ein geeignetes Mittel dafür ist eine **Stellenbeschreibung**, die sich aber nicht nur in bloßen formelhaften und allgemeinen Beschreibungen erschöpfen darf.

Es muss auch darauf geachtet werden, dass sich Stellenbeschreibungen mit anderen Regelungen decken, also z.B. mit dem Arbeitsvertrag, Tarifrecht, Berufsrecht, usw. Stellenbeschreibungen dürfen insbesondere **nicht** im Widerspruch zu höherrangigen Rechtsvorschriften stehen. Dies würde anstatt zu einer Klarstellung eher zu weiterer Verwirrung und damit nicht zum gebotenen Maß an Rechtssicherheit beitragen.

3 Die Verteilung der Zuständigkeits- und Verantwortungsbereiche in pflegerischen Einrichtungen

Die Regelung und damit die Bestimmung der Zuständigkeiten speist sich, wie gezeigt, aus vielfältigen Rechtsquellen. Trotzdem können einige Grundaussagen getroffen werden, die die Aufgabenverteilung in einer Einrichtung und damit die Zuständigkeit/Verantwortung beschreiben.

3.1 Die Pflicht des Trägers

Die **wesentliche**, weil allumfassende, **Zuständigkeit** hat zunächst der **Träger** einer Einrichtung.

Diese ergibt sich aus den rechtlichen Vorgaben und den selbst eingegangenen Verpflichtungen (z.B. aus dem Heim-, Pflege- oder Krankenhausvertrag).

Beispiel: Als Beispiel für den Aufgabenbereich eines Trägers (und damit seines Verantwortungsbereichs) sei auf *§ 11 Abs. 1 SGB XI* verwiesen.

Um diesen **Aufgaben** nachzukommen, bedient sich der **Träger** seiner **Mitarbeiter**.

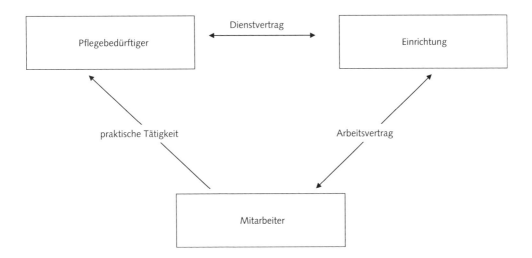

Mit diesen werden **Arbeitsverträge** geschlossen aus denen sich deren Tätigkeiten und damit deren (Teil-)Verantwortung im betrieblichen Gefüge ergibt.

Ergänzt wird diese rechtliche Gestaltung durch **Organisationsregelungen** in der Einrichtung, z.B. durch Stellenbeschreibung und Dienstanweisungen unter Beachtung der rechtlichen Vorgaben, z.B. des Berufs-, Leistungs-, Arbeitsrechts.

Beispiel: Die Grundstruktur in einem Kreiskrankenhaus kann z.B. so aussehen:

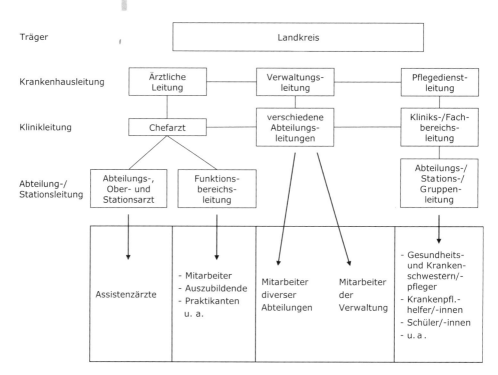

Wichtig

Durch den Träger sind **klare Aufgabenzuweisungen** vorzunehmen, um den Trägerauftrag in der **Praxis** umzusetzen. An diese **Organisation** einer Einrichtung werden **hohe Anforderungen** gestellt:

Um die Aufgaben, die ein Träger übernommen hat, zu erfüllen, darf keine Rücksicht auf sachliche oder personelle Engpässe genommen werden. Auch ist es aus haftungsrechtlicher Sicht nicht möglich Einschränkungen wegen fehlender Ausbildung oder Erfahrung vorzunehmen oder allgemein darauf zu verweisen, dass auch dem besten Mitarbeiter vermeidbare Fehler passieren können. Es darf eine unverzichtbare Basisschwelle der Versorgungsqualität niemals unterschritten werden, wobei jedoch unterschiedliche Standards für unterschiedliche Einrichtungen durchaus anerkannt werden: So kann es etwa unterschiedliche personelle, räumliche und apperative Bedingungen für die Versorgung von Pflegebedürftigen geben, je nachdem welcher Auftrag durch einen Träger zu erfüllen ist. Im Krankenhaus gibt es deshalb entsprechende Differenzierungsmöglichkeiten bei kleineren Krankenhäusern, die zur Basisversorgung vorhanden sind, Spezialkliniken oder den Krankenhäusern mit Maximalversorgung, also etwa Universitätskliniken.

Bereits in einem grundlegenden *Urteil vom 18.06.1985 – VI ZR 234/83 – (NJW 1985, S. 2189 ff.)* hat sich der Bundesgerichtshof (BGH) mit den **Organisationspflichten** bei der Einhaltung von **Standards anästhesiologischer Leistungen** befasst:

Der BGH meinte, dass es bei der Haftung eines Krankenhausträgers nicht darum gehe, welche Forderungen ein Patient im Hinblick auf Stellenschlüssel usw. stellen kann. Vielmehr komme es darauf an festzustellen, ob der Krankenhausträger die vertraglich vereinbarte Leistung dem Patienten hat zukommen lassen und ob, falls er schuldhaft nicht alle von ihm zu verlangenden zumutbaren Anstrengungen zur bestmöglichen medizinischen Betreuung getroffen hat, die Unterlassungen zu einer Schädigung des Patienten geführt haben. Ein Krankenhausträger dürfe sich grundsätzlich nicht damit abfinden, dass er etwa aufgrund schlechter personeller Situation nicht alle Planstellen besetzen kann. Wenn er nicht genügend Personal bekommen kann, hat er notfalls auf eine Ausweitung einer Abteilung zu verzichten und anzuordnen, dass nach Erschöpfung der vorhandenen Kapazitäten Patienten in andere Krankenhäuser zu verweisen sind. Keinesfalls dürfe ein Krankenhausträger vor ihm bekannten Zuständen illegaler Praktiken und sog. Umimprovisationen die Augen verschließen und darauf vertrauen, die in der Klinik tätigen Ärzte und Pflegenden würden mit der jeweiligen Situation schon irgendwie fertig werden und sich nach Kräften bemühen, Patienten trotz allem vor Schaden zu bewahren.

Aus dieser und anderen Entscheidungen lassen sich folgende **Organisationspflichten** eines **Krankenhausträgers** am Beispiel der Organisation des operationsärztlichen Dienstes ableiten:

Im Vordergrund der Organisationspflichten des Krankenhausträgers, die dieser **durch seine leitenden Mitarbeiter** (Chefarzt, Pflegedienstleitung, OP-Leitung usw.) wahrzunehmen hat, steht

- die Überwachung des nachgeordneten Personals,
- das Vorsehen geeigneter Kontrollverfahren,
- bei Auswahl und Einsatz der Mitarbeiter auf deren Qualifikation zu achten,
- sicherzustellen, dass Hinweise an den Krankenhausträger weitergegeben werden, wo organisatorische oder fachliche Schwachstellen sind,
- die Aufstellung von klaren Regeln über Zuständigkeiten und Vertretungen,
- ausreichende personelle und sachliche Ausstattung der Station.

Damit dies gewährleistet ist, obliegt dem Krankenhausträger die **Pflicht**, den leitenden Mitarbeiter selbst

- hinsichtlich der ihnen zudem übertragenen Organisationsaufgaben zu überwachen,
- deren Dienstaufgaben deutlich festzulegen und
- die Kompetenzen abzugrenzen.

Wichtig

> In der Gesetzesbegründung zu *§ 630 a BGB* bzw. dem Patientenrechtegesetz verlangt nun auch der Gesetzgeber grundsätzlich:
> Zuständigkeiten sind klar zu regeln, Kompetenzbereiche von Mitarbeitern sind festzulegen und Vertretungsregelungen für den Fall der Krankheit bzw. des Urlaubs sind sicherzustellen. (BT-Drucks. 17/10488 S. 20).

3.2 Die Aufgaben der leitenden Mitarbeiter

Diese „Durchorganisation" setzt sich auf Ebene der leitenden Mitarbeiter fort. Für die Leitung des ärztlichen und pflegerischen Dienstes ergeben sich dann im weiteren bei der Umsetzung Anforderungen, aus denen wiederum die **Verantwortungsbereiche** – und bei nicht oder nicht genügender Umsetzung – auch die **Haftungsbereiche** bestimmt werden können.

- So haben Chefarzt und Pflegedienstleitung dafür zu sorgen, dass der ärztliche Dienst und das Pflegepersonal die erforderlichen **Qualifikationen** besitzen.
- Es muss **jederzeit** der **Standard von Fachkräften** gewährleistet sein. Daher müssen Fachkräfte im ärztlichen und pflegerischen Bereich auch sonntags und feiertags zur Verfügung stehen.
- Die leitenden Mitarbeiter, vor allem der Chefarzt und die PDL, müssen die **nachgeordneten Ärzte und Pflegekräfte** nicht nur allgemein durch Visiten, sondern auch durch **gezielte Kontrollen** überwachen.
- Die benötigten **medizinischen Geräte** und **Versorgungsmaterialien** wie auch **Medikamente** müssen zur Verfügung stehen.
- Der medizinische und pflegerische Dienst muss mit der **Funktionsweise** und der **Bedienung der Geräte** vertraut sein, regelmäßige **Schulung** des Personals und die regelmäßige **Wartung** der Geräte müssen ebenfalls gewährleistet sein.
- **Aufklärungen** und **Dokumentationen** müssen durchgeführt und überwacht werden. Hierzu sind zur konkreten Umsetzung **Dienstanweisungen** zu erteilen.

Dem leitenden Mitarbeiter obliegt die **Fachaufsicht** über seine ihm zugeordneten Mitarbeiter. Hierzu gehört

- Beobachtung zugeordneter Mitarbeiter durch entsprechende **Visiten**,
- gezielte **Überprüfungen** im Einzelfall oder sporadisch,
- **Belehrung** der Mitarbeiter über typische Gefahren und Fehler,
- **Anleitung** der Mitarbeiter,
- Organisation der **Fortbildung**,
- usw.

Hinweis: Damit die Qualität der pflegerischen Versorgung vorgegeben, bemessen und bewertet werden kann ist es notwendig, diese in einer systematischen Form zu organisieren. Das kann durch Erstellen von **Pflegestandards** erfolgen. Sie sind **allgemeingültige** und akzeptierte **fachliche Normen**, die den Aufgabenbereich nebst Qualität der pflegerischen Arbeit definieren. In ihnen werden **themen- und tätigkeitsbezogene Festlegungen** vorgenommen, was also die Pflegekraft in einer konkreten Situation leisten soll und wie diese Leistung erbracht wird.

Aufgrund des Aufgabenspektrums in der Pflege ist eine generelle Standardisierung allerdings kaum möglich, vielmehr ist allein schon um die Übersicht zu wahren, eine solche der verschiedenen Tätigkeitsgruppen erforderlich, wobei z.B. unterschieden werden kann in allgemeine Pflege oder Grundpflege, spezielle Pflege oder Behandlungspflege, bestimmte diagnose- oder problembezogene Pflege, Sofortmaßnahmen im Notfall usw. Auch können strukturierte Tagesabläufe, Standardpflegepläne oder auch Strukturstandards helfen.

Mit solchen Standards kann der **Aufgabenbereich** soweit **präzisiert** werden, dass die korrekte Handlung in einer genau beschriebenen Situation dargestellt wird.

Allerdings sollte die Konkretisierung nicht so weit in die Tiefe gehen, dass praktisch jede einzelne Handlung (bis hin zur Festschreibung welcher Finger beim Händewaschen zuerst gewaschen werden muss) festgelegt wird, da dies nur unnötige Verstöße durch praktische Abweichungen provoziert. Es sollte ein **verbleibender Entscheidungs- und Umsetzungsspielraum** für die Fachkräfte gewährleistet sein. Standards sollten also mehr **Leitlinien** als Bedienungsanleitungen sein. Bei der Erstellung von Standards darf auch nicht vernachlässigt werden, dass fachliche Vorgaben sich verändern und im Rahmen der Entwicklung Standards stets aktuell zu sein haben. Abgesehen von den Festlegungen der Aufgabenbereiche können Standards zudem auch eine gute Grundlage für Berechnungen zum Zeitaufwand, die Anzahl der notwendigen Pflegekräfte und das benötigte Material sein. Durch Abgleich dieser Vorgaben mit der Pflegepraxis können dadurch auch die Entscheidungsgrundlagen für die Leitungskräfte im Organisationsbereich deutlich verbessert werden.

> **Wichtig**
>
> Wichtige Aufgabe für Leitungskräfte ist die Bestimmung und Konkretisierung von Tätigkeitsbereichen, die die Mitarbeiter für ihre Rechtssicherheit benötigen, weil nur durch Präzisierung der Aufgaben-, Tätigkeits- und Zuständigkeitsbereiche der Verantwortungsbereich des Einzelnen erkannt werden kann.

In der organisatorischen und betrieblichen **Umsetzung** kann in Form von Organisationsrichtlinien, Stellenbeschreibungen, Dienstanweisungen usw. für die Beteiligten ein klares Bild erreicht werden.

Bei einer solchen Vorgehensweise wird zudem dann auch dem unmittelbaren **Interesse der Pflegebedürftigen** Rechnung getragen, damit es nicht zu Lücken (mangels Verantwortungsbewusstsein), zu Überschneidungen (durch unnötigen Doppelaufwand) oder auch zu Missverständnissen in der Versorgung kommt.

Hinweis: Dies ist auch das Ziel des Patientenrechtegesetzes, welches die Rechte der Patienten in den Vorschriften §§ 630 a ff. im BGB bündelt. Dazu wurde im Wesentlichen die Rechtsprechung aufgegriffen aber auch Neues vorgegeben. So soll der G-BA die Richtlinien zum einrichtungsinternen Qualitätsmanagement durch wesentliche Maßnahmen zur Patientensicherheit und Fehlervermeidung ergänzen und Mindeststandards für das medizinische Risiko- und Fehlermanagement festlegen. Über die Umsetzung dieser Maßnahmen sollen sich Interessierte in den Qualitätsberichten der Krankenhäuser zukünftig besser informieren können. Außerdem sind Krankenhäuser zu einem einrichtungsinternen Qualitätsmanagement verpflichtet, zu dem auch die Durchführung eines patientenorientierten Beschwerdemanagements gehört. Auf diese Weise können die Sichtweise sowie die Erfahrungen der Patientinnen und Patienten und deren Angehörigen in das Risiko- und Fehlermanagement eines Krankenhauses einfließen (vgl. *BT-Drucks. 17/ 10488, S. 12*).

4 Die Auswirkung fehlerhaften Handelns und die unzureichende Wahrnehmung der Verantwortung: Die rechtliche Haftungsprüfung

4.1 Der Ansatz der haftungsrechtlichen Bewertung

> **Merksatz**
>
> Hauptziel des Haftungsrechts ist der Integritätsschutz des Einzelnen. Die Rechtsgüter der (pflegebedürftigen) Menschen dürfen grundsätzlich durch niemanden verletzt werden.

Um dies sicher zu stellen und bei Verstößen einen Ausgleich zu schaffen, gibt es im deutschen Recht zwei verschiedene Ansätze:

– Geht es dabei um elementare Verhaltensregeln, greift das **Strafrecht** ein, weil ein Interesse der Gesellschaft und des Staates, also ein öffentliches Interesse daran besteht, dass sich Mitglieder der Gesellschaft nicht verletzen oder sonstigen Schaden zufügen.
– Das **Zivilrecht** dagegen, befasst sich zwar auch mit diesem allgemeinen Rechtsgüterschutz, allerdings eher mit der Zielsetzung, die Verletzung der Rechtsgüter und deren wirtschaftlichen Folgen zu regeln. Dies geschieht durch Bestimmungen zum Schadensersatz und Schmerzensgeld.

Die Verknüpfung dieser beiden Rechtsgebiete erfolgt durch den Teil des Zivilrechts, der als das sog. **Recht der unerlaubten Handlungen** bezeichnet wird; eine andere Bezeichnung dafür ist das sog. **Deliktsrecht**.

Die zivilrechtliche Haftung erfasst auch fehlerhaftes Verhalten im Rahmen von **vertraglich vereinbarten** Dienstleistungen, das zur Beeinträchtigung von Rechtsgütern führt.

Diese sog. Vertragshaftung muss bei Vertragsverstößen daher ebenfalls stets beachtet werden. Vorrangig geht es hierbei um einen **Schadensausgleich** aufgrund der Verletzung der vertraglichen Pflichten.

Die **haftungsrechtliche Bewertung** sollte von Pflegedienstleitungen als notwendiger Bestandteil einer **Vermeidungsstrategie** zum Eintritt dieser Sanktionen angesehen werden.

Sinnvollerweise sollte der aus diesen rechtlichen Vorgaben abzuleitende vorbeugende Schutz von Pflegebedürftigen gegen drohende Verletzungen ihrer Rechtsgüter als wesentliche Aufgabe der Verantwortlichen aufgefasst werden.

In diesem Sinne sollten auch die nachfolgenden Erläuterungen weniger als „Bedrohungspotenzial" sondern mehr als Hinweise für die Erfüllung einer im Vorwege zu erbringenden Aufgabe von Pflegedienstleitungen verstanden werden.

4.2 Die Systematik des Haftungsrechts

Kommt es zu einem Haftungsfall bzw. Schaden beim Pflegebedürftigen können sich zwei Handlungsstränge entwickeln:

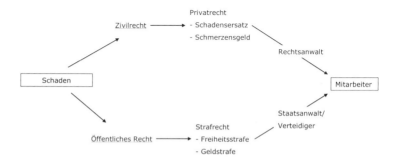

Bei diesen zwei Entwicklungssträngen stehen sich die Betroffenen in unterschiedlicher Art und Weise gegenüber:

Während es im **Strafrecht** um das Verhältnis des Staates zu den Bürgern, also ein **hierarchisches Verhältnis**, geht, wird der **privatrechtliche Schadensausgleich auf gleicher Augenhöhe** zwischen den Bürgern vorgenommen.

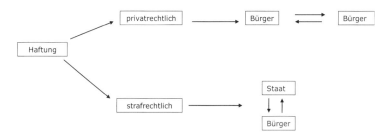

Beispiel: Dies soll an einem Beispiel deutlich gemacht werden:
Stellen wir uns vor, dass eine Pflegekraft einen Pflegebedürftigen durch eine falsch gesetzte Injektion verletzt.

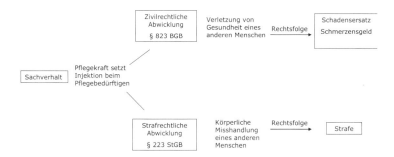

Die entsprechenden **Gerichtsverfahren** unterscheiden sich ebenfalls:
So muss z.B. im Zivilverfahren der Geschädigte grundsätzlich die entscheidungserheblichen Tatsachen beibringen und beweisen.

Im Strafverfahren gilt dagegen die sog. Amtsermittlung (Staatsanwaltschaft und Gericht ermitteln von Amts wegen alle entscheidungserheblichen Tatsachen).

4.3 Die rechtliche Haftungsprüfung

Bei der **Bewertung von Verstößen** gegen entsprechende Pflichten – die übrigens im Strafrecht nicht stets zu einem Schaden bei Patienten führen müssen, wie wir später noch sehen werden – also der **rechtlichen Haftungsprüfung** – wird wie folgt gefragt:

Grundstruktur der Haftungsprüfung

Wer haftet wann und wofür?
Es haftet derjenige, der

- den **Tatbestand** einer Rechtsnorm erfüllt,
- dabei **rechtswidrig** handelt und
- dem **schuldhaftes** Verhalten vorgeworfen werden kann.

Diese Grundstruktur der Prüfung und Bewertung gilt sowohl für das Strafrecht als auch für die zivilrechtliche Würdigung.

5 Die Grundlagen und Prinzipien der strafrechtlichen Haftung

5.1 Die Zielsetzung des Strafrechts

Das Strafrecht hat in unserem Rechtssystem und in der Wahrnehmung der Bürger eine besondere Bedeutung:

Wer im Strafprozess verurteilt wird, hat gegen eine so wichtige Regel verstoßen, dass deren Verletzung nicht oder nicht allein mit materiellem Ausgleich des Geschädigten ausreichend sanktioniert werden kann. Der Täter muss zudem befürchten, nach einer Verurteilung auch noch Einbußen in seinem Ansehen oder in seiner beruflichen Zukunft hinnehmen zu müssen.

Aufgabe des (materiellen) Strafrechts ist es, für den Einzelnen und das Zusammenleben der Bürger wichtige Rechtsgüter zu schützen. Rechtsgrundlage ist das Strafgesetzbuch (StGB), welches erstmalig 1871 in Kraft getreten und seitdem häufig und in vielerlei Hinsicht geändert und überarbeitet worden ist.

Wichtig

> Nicht alle strafrechtlich zu sanktionierenden Verstöße sind im StGB geregelt. Hinzu kommen Regelungen in zahlreichen sonstigen Gesetzen (für den Pflegebereich wichtig z.B. die Heimgesetze, Arzneimittelgesetz, Betäubungsmittelgesetz, Medizinproduktegesetz).

Für das Strafrecht insgesamt gibt es jedoch einige **Prinzipien und Grundsätze**, die unabhängig von der Regelung in den einzelnen Gesetzen zu beachten sind:

* So werden mit der Bestrafung mehrere **Zwecke** verfolgt, die auf unterschiedlichen Theorien beruhen.

Diese Strafzwecke kommen in den gesetzlichen Regelungen jeweils in unterschiedlicher Ausprägung zum Tragen.

* Bestraft werden darf nach *Artikel 103 Abs. 2 GG* eine Tat nur, wenn die **Strafbarkeit gesetzlich bestimmt** war, **bevor** die Tat begangen wurde.
Dieser Grundsatz (*„Keine Strafe ohne Gesetz!"*) soll der Gefahr des Missbrauchs der staatlichen Strafgewalt vorbeugen.
Es muss also jedem **vorher klar** sein, was **verboten** und was erlaubt ist. Daraus folgt dann auch die Notwendigkeit einer stetigen Anpassung strafrechtlicher Vorschriften an die gesellschaftliche oder auch technische Entwicklung.
Der Grundsatz *„Keine Strafe ohne Gesetz!"* ist wegen seiner Bedeutung auch in *§ 1 StGB* wörtlich wiederholt worden.
Die Vorschrift hat drei Komponenten, nämlich, dass eine Bestrafung aufgrund eines **rückwirkenden** Gesetzes **unzulässig** ist, dass strafbares Verhalten in einem Gesetz als solches **bestimmt** sein muss und dass im Strafrecht die entsprechende Anwendung (Analogie) einer Vorschrift auf einen vergleichbaren Fall ausgeschlossen ist. Nur das im Gesetz **ex-**

Die Strafe im Strafrecht

Aufgaben
Regelung menschlicher Beziehungen
Sicherung des Rechtsfriedens
Erziehung, Resozialisierung
Schutz der Rechtsgüter
z.B. von Leben, Körper, Eigentum, den Persönlichkeitsrechten
Schutz vor sozialschädlichem Verhalten

Strafzwecke (Straftheorien)

Absolute	**Relative**
nicht mit bestimmtem Zweck verbunden, Vergeltung, Sühne	Zweck: Verhinderung künftiger Verbrechen

Spezialprävention	**Generalprävention**
Ziele: Abschreckung des Täters, Wiedereingliederung in die Gesellschaft	Ziele: Abschreckung Anderer, Bestätigung des Rechtsbewusstseins

akt bestimmte Verhalten selbst ist strafbar. Anders ausgedrückt: Die Strafgerichte müssen den Gesetzgeber beim Wort nehmen und dürfen nicht über den eindeutigen Wortlaut hinausgehen.

- Ob und wie die **Bemessung** der Strafe in Art und Höhe erfolgt, hängt davon ab, was zur Verwirklichung der o.g. Strafzwecke erforderlich ist. Maßgebend dafür sind die Wertvorstellungen des Staates, der Gesellschaft und seiner Bürger.
  Allerdings gibt es Grenzen, sodass z.B. aufgrund des Rechtsstaatsprinzips **nur** eine **schuldhafte** Tat strafbar sein kann.
  Folge davon ist, dass der Täter schuldfähig sein muss, anderenfalls kann er nicht bestraft werden. Dies gilt z.B. für Minderjährige:

bis unter 14 Jahre	→	strafunmündig
14 bis unter 18 Jahre	→	beschränkt strafmündig
ab 18 Jahren	→	Strafmündig; nach dem Jugendgerichtsgesetz können Heranwachsende (18-20 Jahre) verurteilt werden, wenn es sich um eine typische Jugendverfehlung handelt oder der Heranwachsende nach seiner geistigen und sittlichen Reife noch einem Jugendlichen zur Tatzeit gleichstand.

Hinweis: Das Verbot der Bestrafung schließt nicht aus, dass auch gegenüber einem schuldlosen Täter **Maßnahmen** ergriffen werden können, die, **ohne Strafcharakter** zu besitzen, seine Heilung, Entwöhnung oder ähnlichem dienen und evtl. auch die **Allgemeinheit** vor gefährlichen Personen durch sog. Maßregeln der Besserung und Sicherung **schützen** sollen.

Im Strafrecht gilt zudem das sog. **Verhältnismäßigkeitsprinzip**, wobei die Strafe zu der Schuld des Täters und der Schwere seiner Tat in einem angemessenen Verhältnis stehen muss.

Strukturprinzipien

des deutschen Strafrechts

Keine Strafe ohne Gesetz	Keine Strafe ohne Schuld	Keine Strafe ohne Verhältnismäßigkeit

5.2 Die strafrechtliche Bewertung

Aus diesen Grundprinzipien ergibt sich eine Prüfungsnotwendigkeit, wonach die Bestrafung eines Menschen voraussetzt, dass er

– ein im Gesetz mit Strafe bedrohten **Tatbestand** verwirklicht hat,
– **rechtswidrig**
– und **schuldhaft** gehandelt hat.

Dabei beschreibt der Tatbestand ein als **strafwürdig** anzusehendes menschliches **Handeln** und unterwirft es der staatlichen Strafgewalt. Er bezeichnet die **Verhaltensmerkmale** einer strafbaren Handlung.

Ein Handeln, welches den Tatbestand eines Strafgesetzes realisiert, ist **in der Regel auch rechtswidrig**, weil eben die Rechtsordnung mithilfe des Strafrechts das betroffene Rechtsgut schützen will.

Merksatz

Rechtswidrigkeit entfällt, wenn es sog. Rechtfertigungsgründe gibt. Dies sind solche Gründe, die nach der Rechtsordnung eine tatbestandsmäßige Handlung (also an sich einen Verstoß) als im konkreten Fall ausnahmsweise gerechtfertigt erscheinen lassen.

Wichtig

Die Prüfung der Rechtswidrigkeit ist in der Pflege von besonderer Bedeutung, weil z.B. die Durchführung einer Injektion zwar tatbestandlich eine Körperverletzung darstellt, das strafrechtlich relevante Handeln der Pflegekraft durch die Einwilligung des Patienten aber gerechtfertigt wird. Es gibt dafür also einen Rechtfertigungsgrund.

Neben der Verwirklichung des Tatbestands und der Rechtswidrigkeit muss vor einer Bestrafung auch noch die **Schuld** des Täters festgestellt werden.

Nur dann, wenn einem Täter für sein Handeln eine rechtliche Schuld trifft, ist eine Strafbarkeit möglich.

Schuldformen sind der **Vorsatz** und die **Fahrlässigkeit** (diese Begriffe werden später noch genauer erläutert).

Hinweis: Bei der Prüfung der Schuld ist auch zu festzustellen, ob der Handelnde **strafrechtlich verantwortlich** ist. Das ist nur der Fall, wenn er bei der Begehung seiner Tat das Unrecht einsehen und nach dieser Einsicht handeln kann (Schuldfähigkeit).

Die Verantwortlichkeit kann altersbedingt *(§ 19 StGB)*, wie oben gezeigt, oder aber auch aufgrund von Erkrankungen *(§ 20 StGB)* fehlen.

Dreiteilung der strafrechtlichen Prüfung:

- Tatbestandserfüllung (gesetzliche Bestimmung)
  - objektiv (Erfüllung einzelner der Tatbestandsmerkmale der gesetzlichen Regelung)
  - subjektiv (Vorsatz/Fahrlässigkeit)
- Rechtswidrigkeit der Handlung/des Unterlassens
  - keine Rechtfertigungsgründe
- Schuld

5.3 Das StGB

Gesetzliche Grundlage für diese Prüfungen ist vor allem das StGB.
Dieses besteht aus zwei Teilen:
Der **Allgemeine Teil** enthält jene Vorschriften, die auf alle oder mehrere der im Besonderen Teil geregelten einzelnen Straftatbestände zutreffen oder zutreffen können.
Der **Besondere Teil** handelt von den einzelnen Verbrechen und Vergehen und deren Bestrafung.

Vorschlag: Bitte vollziehen Sie dies anhand des Inhaltsverzeichnisses des Strafgesetzbuches nach und sehen Sie sich den dortigen Aufbau einmal genau an!

Im Allgemeinen Teil werden neben allgemeinen Begriffsbestimmungen auch besondere Erscheinungsformen von Straftaten geregelt.
In *§ 1 StGB* steht der Grundsatz, dass keine Strafe ohne Gesetz verhängt werden darf. In den nachfolgenden Paragraphen wird der **zeitliche** und **räumliche** Geltungsbereich des Gesetzes festgelegt.
Es folgt dann eine Unterscheidung zwischen **Verbrechen** und **Vergehen**.
Verbrechen sind rechtswidrige Taten, die im Mindestmaß mit Freiheitsstrafe von einem Jahr oder mehr versehen sind, Vergehen solche Taten, die im Mindestmaß mit einer geringeren Strafe oder mit Geldstrafe bedroht sind (vgl. *§ 12 StGB*).
Zu beachten ist, dass Straftaten in der Regel nur bei vorsätzlichem Begehen verwirklicht werden können.

Vorsatz heißt Wissen und Wollen der Tatbestandsverwirklichung.

Fahrlässige Tatbestandsverwirklichung kann dagegen **nur dann** bestraft werden, wenn dies im Gesetz ausdrücklich angeordnet ist, z. B. bei der fahrlässigen Körperverletzung.

Fahrlässig handelt, wer einen Tatbestand rechtswidrig und vorwerfbar verwirklicht, ohne die Verwirklichung (bzw. den sog. Erfolgseintritt) zu erkennen oder zu wollen.

Vorwerfbar ist die Tat, wenn der Täter die Tatbestandsverwirklichung bei Einhaltung der im Verkehr **erforderlichen** und **ihm möglichen Sorgfalt** hätte vermeiden können.
Erforderlich ist mithin eine sog. Sorgfaltspflichtverletzung. Diese ist gegeben, wenn Regeln missachtet werden, die ein gewissenhafter und einsichtiger Teilnehmer des betreffenden Verkehrskreises eingehalten hätte, um eine Tatbestandsverwirklichung zu erkennen und zu vermeiden.
Die möglichen **Begehungsformen** von Taten sind ebenfalls im Allgemeinen Teil beschrieben:

- Ein Täter ist zunächst nur derjenige, der die Handlung, die das Strafgesetz beschreibt, **selbst** begeht.
- Hinzu kommt die Rechtsfigur der sog. **mittelbaren Täterschaft**. Täter ist danach auch derjenige, der die Straftat **durch einen anderen** begeht (vgl. *§ 25 StGB*).

Beispiel: Hintermann H vertauscht die Medikamente nicht selber, sondern veranlasst seinen geisteskranken Bruder B, dies zu tun. Das Verhalten des schuldunfähigen B wird dem H zugerechnet.

- Davon wiederum zu unterscheiden ist die Strafbarkeit dessen, der einen anderen dazu bestimmt, eine Straftat zu begehen (**Anstiftung**, vgl. *§ 26 StGB*) oder
- der ihm bei der Tatbegehung durch Rat und Tat hilft (**Beihilfe**, vgl. *§ 27 StGB*).
- Die Erfüllung eines Straftatbestandes kann auch nicht nur durch aktives Tun, sondern ebenso durch **Unterlassen** geschehen (vgl. *§ 13 StGB*). Voraussetzung ist hierfür allerdings, dass der Täter rechtlich verpflichtet war, den sog. „Erfolg" (z. B. die Verletzung des Körpers oder den Tod) abzuwenden, der durch sein Unterlassen eingetreten ist. Dieses nennt man die sog. **Garantenpflicht**.

Die Frage, wann und auf welche Weise eine strafrechtlich relevante Garantenpflicht entsteht, ist zwar weitgehend aber noch nicht abschließend geklärt:
Früher wurden dafür Pflichten aus Gesetz, Vertrag, vorausgegangenem gefährdenden Tun oder aus engen Lebensbeziehungen benannt.
Neuerdings wird versucht, die Begründung dafür auf **besondere Schutzpflichten** für bestimmte Rechtsgüter und auf die **Verantwortlichkeit für** bestimmte **Gefahrenquellen** zurückzuführen.
Für eine **Pflegekraft** besteht die **Garantenstellung** für „ihre" Patienten/Pflegebedürftigen auf jeden Fall sowohl aus **berufsrechtlichen** Re-

gelungen als auch durch **Übernahme von Schutz- und Beistands-pflichten.**

Wenn bestimmte kritische Eingriffe vorgenommen worden sind, kann auch das vorausgegangene **gefährdende Tun** als Ansatz für die Garanten-pflicht in Betracht kommen (z. B. beim Operateur).

> Pflegekräfte, die ein notwendiges Tun gegenüber ihren Patienten unterlassen, können ebenso beurteilt (und bestraft) werden, als ob sie aktiv fehlerhaft gehandelt hätten. Unterlassen und Handeln sind insoweit gleichwertig.

- Bestraft werden kann auch, wenn die Tat nicht vollendet ist, also bei einer versuchten Straftat (vgl. *§ 23 Abs. 1 StGB*).

Wie bereits erwähnt, wird nicht bestraft, wenn ein Rechtfertigungs-grund vorliegt, der es ausschließt, die Tat als Unrecht anzusehen.

Neben der wichtigsten Rechtfertigung im Pflegebereich, der **Einwilligung** des Pflegebedürftigen, gibt es vor allem noch die im Allgemeinen Teil des StGB geregelten klassischen Rechtfertigungsgründe, nämlich **Notwehr** (vgl. *§ 32 StGB*) und den sog. **rechtfertigenden Notstand** (vgl. *§ 34 StGB*).

Hinweis: Die Einwilligung ist in der pflegerischen Arbeit der hauptsächliche Rechtfertigungsgrund und deshalb besonders wichtig. Hintergrund dafür ist der rechtliche Grundsatz, dass ein **Pflegebedürftiger** nur **selbst** über seinen Körper, über Behandlungen und Therapien und auch über die Preisgabe und Verwendung seiner persönlichen Daten zu **entscheiden** hat.

Pflegekraft und Pflegebedürftiger stehen sich ebenso wie Arzt und Patient als **Partner** gegenüber und der Pflegebedürftige/Partner ist nicht Objekt der Behandlung, sondern aus juristischer Sicht handelndes und entscheidendes Subjekt.

Aus juristischer Sicht sind auch pflegerische Maßnahmen oder Behandlungen grundsätzlich als Körperverletzung zu werten (weil jede Verletzung der körperlichen Integrität oder eine Beeinträchtigung des körperlichen Wohlbefindens unabhängig von der Zielsetzung dieser Maßnahmen eine solche tatbestandliche Körperverletzung darstellt). Eine Pflegekraft oder ein Arzt sind hierzu erst und nur dann berechtigt, wenn der Pflegebedürftige/Patient seine wirksame (!) Einwilligung dazu gegeben hat.

Um diesem Anspruch Rechnung zu tragen, besteht die **Einwilligung** aus **drei Komponenten**:

> **Aufklärung** des Patienten
> (in der Krankenversorgung und Krankenpflege durch den Arzt)
>
> + **Einsichtsfähigkeit** des Patienten
>   (nicht gegeben bei Bewusstlosigkeit), die nicht erst bei Volljährigen sondern auch schon bei Jugendlichen gegeben sein kann, wenn diese die Tragweite der Entscheidung/des Eingriffs/der Maßnahmen beurteilen und bewerten können.
>
> + **Einverständniserklärung** des Patienten
>   (schriftlich oder mündlich oder durch sog. schlüssiges Verhalten, z. B. durch Kopfnicken)
>
> = Einwilligung als **strafrechtlicher Rechtfertigungsgrund**

Ein Patient muss stets so **rechtzeitig** über die Risiken von Maßnahmen **aufgeklärt** werden, dass er hinreichend das Für und Wider des Eingriffs in Ruhe **abwägen und entscheiden** kann:

Handelt es sich um schwerwiegende Eingriffe ist die Aufklärung am selben Tag des Eingriffs nicht ohne weiteres rechtzeitig. In weniger schwerwiegenden Fällen kann die Aufklärung am selben Tag ausreichend sein, aber auch dann dürfen dem Patienten der Eingriff und seine Risiken nicht nur beschrieben werden. Es muss vielmehr ausdrücklich die eigenständige Entscheidung über die Behandlung zugestanden werden.

Allerdings gilt auch, dass ein **Patient**, der etwas nicht versteht, **nachfragen** muss:

Wird ein Patient in leicht verständlicher Umgangssprache über mögliche Komplikationen eines Eingriffs informiert und wird auch auf seine ergänzende Fragen eingegangen, reicht dies aus. Versteht ein Patient einige Details nicht, so ist es seine Sache, dies dem Aufklärenden zu verdeutlichen und um eine nähere, für ihn verständliche Erläuterung zu bitten.

Wichtig

> Die für die ordnungsgemäße Einwilligung maßgebende **Aufklärung** ist durch den Einrichtungsträger und auch den Aufklärenden **nachzuweisen**. Da ohne Aufklärung die Behandlung mangels wirksamer Einwilligung des Pflegebedürftigen rechtswidrig ist, ohne dass es auf einen konkreten Behandlungsfehler ankommt, sollte hier sorgfältig vorgegangen werden.

Außerdem ist es durch die Aufregung, die mit solchen Eingriffen bei Patienten und Pflegebedürftigen verbunden ist, nicht selten, dass Pflegebedürftige/Patienten den Inhalt eines Aufklärungsgesprächs innerhalb kürzester Zeit vergessen oder verdrängen. Somit sollte es zum **Standard** gehören, in den **Patienten-/Pflegeunterlagen** zu **dokumentieren**, dass, wann, durch wen und über welche Risiken aufgeklärt worden ist.

Dabei ist generell der Aufklärung mittels **Checkliste** und **Aufklärungsbogen** der Vorzug zu geben.

Die häufig geübte **Praxis**, sich vom Patienten eher allgemein bestätigen zu lassen, dass aufgeklärt worden ist, reicht in den seltensten Fällen aus, weil nachzuweisen ist, worüber im Einzelnen der Pflegebedürftige/Patient informiert worden ist!

Auch die Benutzung **formularmäßiger Bestätigungen** von Pflegebedürftigen/Patienten ist fast immer **unzureichend**, da Formulare zu pauschal verfasst und die Risiken nur zu generell benannt werden.

Eine Unterzeichnung eines solchen Formularbogens beweist auch nicht, dass der Patient/Pflegebedürftige dieses auch gelesen und verstanden hat. Deshalb sollte eine Aufklärung stets nach einer **strukturierten Vorgabe** (Checkliste) durch den Aufklärenden erfolgen, mit entsprechenden Hinweisen auf besondere **spezielle** Risiken und Situationen.

Diese zusätzlichen Informationen sollte der Aufklärende etwa in Form von **Zeichnungen** oder **Ergänzungen** des Formblattes dokumentieren. Dadurch wird der Mangel formularmäßig erstellter Aufklärungsbögen ausgeglichen, da auf diese Art und Weise auf die Besonderheiten des Einzelfalles eingegangen und dieses auch dokumentiert wird.

Selbstverständlich muss auch sein, alle mündlichen Erläuterungen **schriftlich** festzuhalten, sodass sich der Schwerpunkt von der immer noch recht üblichen Unterzeichnung durch den Patienten hin zu einer **Aufzeichnung** durch den **Aufklärenden** verschieben muss.

Von dem Erfordernis einer ausdrücklichen Einwilligung kann in Fällen abgesehen werden, in denen der Patient bewusstlos ist und die Einwilligung daher nicht (rechtzeitig) erteilen kann. Kann man in solchen Fällen annehmen, dass der Patient in der betreffenden Situation einwilligen würde, wenn er bei Bewusstsein wäre, wird die Einwilligung unterstellt (mutmaßliche Einwilligung).

Beispiel: Operation eines Unfallopfers, das bewusstlos ist.

Wichtig

> Die Bedeutung von Informationspflichten, Aufklärung und Einwilligung wird auch dadurch deutlich, dass durch das Patientenrechtegesetz hierzu 3 neue Vorschriften geschaffen wurden; §§ 630 c, d, e BGB. Bitte lesen! Diese greifen die o.g. Grundsätze auf und legen zum Teil das genaue Vorgehen und konkrete Inhalte fest.

5.4 Beispiele aus der Praxis

Die einzelnen Straftatbestände, also die verbotenen Handlungen, sind im besonderen Teil des StGB geregelt und systematisch geordnet. Es würde zu weit führen, hier auf alle Straftatbestände näher einzugehen. Deshalb sollen nur beispielhaft einige Tatbestände aufgezeigt werden, die für Pflegekräfte von Belang sind. Hierzu werden Fallbeispiele besprochen. Die Erarbeitung der juristischen Lösung der Fallbeispiele soll helfen das eigenständige Durchdenken von Alltagssituationen unter Berücksichtigung der Vorgaben des Strafrechts zu fördern.

Hinweis: Die Straftatbestände im StGB werden zudem immer wieder mal aktualisiert und/oder erweitert, je nach Erkenntnis der Notwendigkeit durch den Gesetzgeber. So wurde z.B. 2016 eine Strafvorschrift zur Bekämpfung der Korruption im Gesundheitswesen eingefügt. Nach § 299 a StGB wird dann bestraft, wer als Angehöriger eines Heilberufes im Zusammenhang mit der Ausübung seines Berufes einen Vorteil für sich oder einen Dritten als Gegenleistung fordert, sich versprechen lässt oder annimmt. Das betrifft auch Pflegefachkräfte, vgl. *BT-Drucks. 18/8106.*

Fall 1

> Die Bewohnerin eines Pflegeheims, Frau Müller, wird von der Pflegerin P geschlagen, weil sie sich permanent notwendigen pflegerischen Maßnahmen widersetzt und P dabei zuletzt übel beschimpft hat.
>
> **Aufgabe**
> Bitte überlegen Sie sich, ob sich die Pflegerin strafbar gemacht hat und begründen Sie Ihre Entscheidung.
>
> *Lösung*
> *Es kommt eine Körperverletzung gem. § 223 Abs. 1 StGB in Betracht. (Weitere Straftatbestände sind nicht zu prüfen).*
>
> *Tatbestand*
> *Dazu ist eine körperliche Misshandlung oder eine Gesundheitsbeschädigung erforderlich. In diesem Fall ist zumindest von einer körperlichen Misshandlung (= Störung des physischen und psychischen Wohlbefindens) auszugehen.*

Vorsatz liegt ebenfalls vor, weil P wusste, dass sie Frau Müller schlägt und dies auch wollte.

Rechtswidrigkeit

Die Tat ist rechtswidrig, weil Rechtfertigungsgründe nicht gegeben sind. Das geschilderte Fehlverhalten der Bewohnerin gibt P nicht das Recht zur körperlichen Gewalt.

Schuld

Die Schuld ist ebenfalls zu bejahen. Entschuldigungsgründe sind ebenfalls nicht erkennbar.

Ergebnis

Die Pflegerin hat sich gem. § 223 Abs. 1 StGB strafbar gemacht.

Fall 2

Die 82 Jahre alte Frau Meier ist dement und sehr gangunsicher. Eines Mittags soll die Pflegekraft P. Frau Meier vom Essen in ihr Zimmer begleiten. Diese hat es sehr eilig. Sie fasst Frau Meier nur leicht am Arm und schiebt sie etwas, damit es schneller geht, obwohl ihr bekannt ist, dass Frau Meier beim Gehen langsam an beiden Händen geführt und gehalten werden muss. Frau Meier stürzt daher und bricht sich den Oberschenkelhalsknochen.

Aufgabe

Bitte überlegen Sie sich, ob sich die Pflegerin strafbar gemacht hat und begründen Sie Ihre Entscheidung.

Lösung

P könnte eine fahrlässige Körperverletzung gem. § 229 StGB begangen haben. Wegen fahrlässiger Körperverletzung wird bestraft, wer durch Fahrlässigkeit die Körperverletzung einer anderen Person verursacht hat.

Tatbestand

Voraussetzung für die Tatbestandsverwirklichung ist, dass die P Frau Meier körperlich misshandelt oder an der Gesundheit beschädigt hat.

Unter einer Gesundheitsbeschädigung versteht man das Hervorrufen eines krankhaften Zustandes. Frau Meier hat sich den Oberschenkelhalsknochen gebrochen. Mithin ist ihre Gesundheit beschädigt.

Die Gesundheitsbeschädigung ist auf eine Handlung der P zurückzuführen. Sie hat Frau Meier nicht richtig geleitet. Zum einen war sie zu schnell, zum anderen hat sie sie auch nicht richtig festgehalten. Dies war Ursache für den Sturz.

Die Pflegekraft hat den Vorfall auch zu vertreten. Sie hat fahrlässig gehandelt, d. h. die im Verkehr erforderliche Sorgfalt außer Acht gelassen. Wäre Frau Meier langsam geführt und richtig festgehalten worden, wäre der Sturz und damit die Gesundheitsbeschädigung nicht eingetreten. Eine gewissenhafte Pflegekraft hätte dies beachtet.

Der Sturz war für P auch vorhersehbar und vermeidbar. Sie kannte ihre Einschränkungen und musste zumindest damit rechnen, dass es zum Sturz kommt, wenn sie zu schnell geht. Sie hätte den Sturz auch vermeiden können, wenn sie langsamer gegangen wäre und Frau Meier besser festgehalten hätte.

Daher ist der Tatbestand der fahrlässigen Körperverletzung erfüllt.

Rechtswidrigkeit

Die Pflegekraft hat auch rechtswidrig gehandelt. Ein Rechtfertigungsgrund ist nicht ersichtlich.

Schuld

Darüber hinaus war ihr Vorgehen schuldhaft. Spezielle Entschuldigungsgründe greifen ebenfalls nicht ein.

Ergebnis

Danach hat Pflegekraft P. eine fahrlässige Körperverletzung begangen.

Ergänzung

Die Tat wird gem. § 230 StGB nur auf Antrag verfolgt (Antragsdelikt), es sei denn, dass die Strafverfolgungsbehörde wegen des besonderen öffentlichen Interesses an der Strafverfolgung ein Einschreiten von Amts wegen für geboten hält. Dies wird vorliegend nicht der Fall sein. Zur Strafverfolgung kommt es daher nur, wenn ein Strafantrag gestellt wird. Die Antragsberechtigung ergibt sich aus § 77 StGB.

Fall 3

Der stark angetrunkene Obdachlose O wird in der Notaufnahme des Krankenhauses eingeliefert. Die Pfleger A und B wollen den Obdachlosen gemeinsam in einen Behandlungsraum bringen. Der Obdachlose weigert sich mitzuwirken und schlägt nach A. Dieser schreit O deshalb lautstark an. O stellt darauf hin seine Tätlichkeiten ein und wehrt sich nicht mehr. Trotzdem schlägt A den O anschließend noch mehrere Male mit der Hand ins Gesicht. B unternimmt nichts, um dies zu verhindern, obwohl es ihm möglich wäre. O erleidet einen Nasenbeinbruch.

Aufgabe

A hat sich zweifellos wegen Körperverletzung strafbar gemacht. Wie ist es mit B?

Lösung
Tatbestand

Der objektive Tatbestand der Körperverletzung (§ 223 StGB) ist erfüllt, wenn B den Obdachlosen körperlich misshandelt oder in der Gesundheit beschädigt hat.

Der Obdachlose wurde körperlich misshandelt. Man hat ihm mehrere Schläge ins Gesicht versetzt. Darüber hinaus ist vorliegend auch eine Gesundheitsbeschädigung gegeben, weil seine Nase gebrochen ist.

Die Tathandlung wurde jedoch nicht von B, sondern von A begangen. Gem. § 13 StGB wird aber nicht nur das aktive Begehen einer Straftat bzw. Tathandlung bestraft. Strafbar ist auch derjenige, der es unterlässt einen Erfolg abzuwenden, der zum Tatbestand eines Strafgesetzes gehört, wenn er rechtlich dafür einstehen muss, dass Erfolg nicht eintritt. B hatte es unterlassen, die körperliche Misshandlung bzw. Gesundheitsbeschädigung des Obdachlosen abzuwenden, obwohl ihm dies möglich gewesen wäre. Sein Unterlassen wird aber nur dann wie die Tat bestraft, wenn er rechtlich dafür einzustehen hatte, dass der Erfolg (das Misshandeln des Körpers bzw. die Beschädigung der Gesundheit) nicht eintritt. Es bedarf der sog. Garantenstellung. Die Garantenstellung kann sich aus verschiedenen Umständen ergeben, so z. B. aus vorangegangenem gefährdendem Tun, aus einem besonderen Näheverhältnis oder auch aus der Übernahme und Obhutspflichten. Vorliegend wurde mit Einlieferung des O in das Krankenhaus ein Obhutsverhältnis gegenüber dem Betroffenen begründet, das (auch) von der Pflicht bestimmt ist, den Betroffenen vor weiteren gesundheitlichen Gefährdungen zu schützen. Es handelt sich um eine Garantenstellung kraft Übernahme der Gewähr für das Rechtsgut Gesundheit. B war danach verpflichtet, weitere Schäden von dem Obdachlosen abzuwenden. Er hätte die Körperverletzung verhindern müssen. Der objektive Tatbestand der Körperverletzung ist danach erfüllt.

Gleiches gilt für den subjektiven Tatbestand, der Vorsatz erfordert, d.h. das Wissen und Wollen der Tat. B sah und wusste damit auch, dass sein Kollege den Obdachlosen schlägt. Er hat die Tat damit zumindest billigend in Kauf genommen (sog. bedingter Vorsatz).

Rechtswidrigkeit
Fraglich ist, ob die Tat rechtswidrig war. Es könnte hier der Rechtfertigungsgrund der Notwehr in Betracht kommen, wenn die Tat nur begangen wurde, um einen gegenwärtigen rechtswidrigen Angriff des O abzuwehren. Dies war vorliegend nicht der Fall, da der Obdachlose sich zumindest zu dem Zeitpunkt, als die Tat verübt wurde, nicht wehrte, insbesondere also den Pfleger A nicht mehr angriff.

Schuld
Entschuldigungsgründe sind ebenfalls nicht ersichtlich.

Ergebnis
B hat eine Körperverletzung durch Unterlassen begangen und sich deswegen strafbar gemacht.

Fall 4

Frau Müller erhält durch die Krankenschwester Meyer – ordnungsgemäß verabreicht – eine 1 ml Injektion „Heparin"

a) Frau Müller sagt vorher – wie jeden Abend – nichts
b) Frau Müller – bisher immer ausdrücklich einverstanden – meint diesmal vorher, die Spritze solle man ihr nicht mehr geben, da sie sowieso keine Wirkung zeige.

Aufgabe
Bitte überlegen Sie sich, ob sich die Krankenschwester Meyer strafbar gemacht hat und begründen Sie Ihre Entscheidung.

Lösung
In beiden Fällen kommt eine Körperverletzung gem. § 223 I StGB in Betracht.

(Weitere Straftatbestände sind nicht zu prüfen).

Tatbestand
Dazu ist eine körperliche Misshandlung oder eine Gesundheitsbeschädigung erforderlich. In diesem Fall ist von einer körperlichen Misshandlung (= Störung des physischen und psychischen Wohlbefindens) auszugehen. Vorsatz liegt ebenfalls vor.

Rechtswidrigkeit
Fraglich ist, ob die Rechtswidrigkeit gegeben ist.

a) *Im Fall a) kann von einer Einwilligung ausgegangen werden, damit liegt eine Rechtfertigung vor. Ergebnis: keine Strafbarkeit.*
b) *Im Fall b) hat die Patientin ihre ursprünglich vorliegende Einwilligung verbal widerrufen. Zum Zeitpunkt der Tat (Injektion) lag also keine Einwilligung vor, sodass in diesem Fall die Rechtswidrigkeit gegeben ist.*

Schuld
Schuld ist ebenfalls zu bejahen.

Ergebnis
Die Krankenschwester hat sich hier im Fall b) gem. § 223 I StGB strafbar gemacht.

Fall 5

Die geisteskranke Bewohnerin eines Pflegeheims, Frau B, schlägt die Pflegerin P. B weiß aufgrund ihrer Erkrankung nicht, dass es Unrecht ist, andere Menschen zu schlagen.

Aufgabe
Bitte überlegen Sie sich, ob sich Frau B sich strafbar gemacht hat und begründen Sie Ihre Entscheidung.

Lösung
Es kommt eine Körperverletzung gem. § 223 Abs. 1 StGB in Betracht.
(Weiterer Straftatbestände sind nicht zu prüfen).

Tatbestand
Dazu ist eine körperliche Misshandlung oder eine Gesundheitsbeschädigung erforderlich. In diesem Fall ist zumindest von einer körperlichen Misshandlung (= Störung des physischen und psychischen Wohlbefindens) auszugehen.

Vorsatz liegt ebenfalls vor, weil B wusste, dass sie Frau P schlägt und dies auch wollte.

Rechtswidrigkeit
Die Tat ist rechtswidrig, weil Rechtfertigungsgründe nicht gegeben sind.

Schuld
Fraglich ist aber, ob B schuldhaft gehandelt hat. Gemäß § 20 StGB handelt ohne Schuld, wer bei Begehung der Tat wegen einer krankhaften seelischen Störung, wegen einer tiefgreifenden Bewusstseinsstörung oder wegen Schwachsinns oder einer schweren anderen seelischen Abartigkeit unfähig ist, dass Unrecht der Tat einzusehen oder nach dieser Einsicht zu handeln.

Da B geisteskrank ist und nicht einsehen kann, dass sie andere Menschen nicht schlagen darf und sich damit ins Unrecht setzt, ist sie nicht schuldfähig.

Ergebnis
B hat zwar den Tatbestand der Körperverletzung erfüllt und auch rechtswidrig gehandelt, aber nicht schuldhaft. Sie hat sich daher nicht strafbar gemacht.

Herr Schulz ist Bewohner eines Alten- und Pflegeheims. Häufig kann er nachts nicht schlafen, steht dann auf und geht im Haus umher und stört andere. Eines Abends muss Pflegekraft P. ausnahmsweise alleine Dienst machen. Sie schaut gegen 23.00 Uhr bei Herrn Schulz ins Zimmer und bemerkt, dass dieser schläft. Um sicherzugehen, dass er nachts nicht herumläuft, schließt sie das Zimmer von Herrn Schulz ab. Herr Schulz bemerkt dies, weil er gegen 2.00 Uhr aufwacht und raus will.

Aufgabe
Hat die P sich strafbar gemacht?

Lösung
Die Pflegekraft könnte eine Freiheitsberaubung gemäß § 239 Abs. 1 StGB begangen haben.

Tatbestand
P müsste die Freiheit von Herrn Schulz beraubt haben und zwar durch einsperren oder auf sonstige Weise. Eine Freiheitsberaubung liegt immer dann vor, wenn das Opfer gehindert wird, seinen Aufenthaltsort zu verlassen. Frau P. hat das Zimmer, in dem Herr Schulz sich aufhielt, abgeschlossen und ihn damit im wahrsten Sinne des Wortes eingesperrt und am Verlassen des Aufenthaltsortes gehindert.

Subjektiv verlangt die Freiheitsberaubung Vorsatz, d.h. das Wissen und Wollen der Tat. Die P wusste, dass sie Herrn Schulz einsperrt und ihn damit am Verlassen des Zimmers hindert. Dies war sogar ihr Ziel. Sie hatte damit Vorsatz.

Rechtswidrigkeit
Die P hat zudem rechtswidrig gehandelt. Rechtfertigungsgründe sind nicht ersichtlich, vor allem lag keine Einwilligung vor. Die „gute" Absicht, Störungen zu verhindern, ist kein Rechtfertigungsgrund!

Schuld
Entschuldigungsgründe sind ebenso wenig ersichtlich.

Ergebnis
Die Pflegekraft hat sich also der Freiheitsberaubung schuldig gemacht, die von Amts wegen verfolgt wird. Eines Strafantrages bedarf es hierfür nicht.

Zusatzfrage
Wäre die Tat anders zu beurteilen, wenn die Pflegekraft nicht das Zimmer abgeschlossen hätte, sondern ein Bettgitter hochgezogen oder Herrn Schulz ein starkes Schlafmittel gegeben hätte, damit er nachts nicht herumläuft?

Lösung der Zusatzfrage
Die Alternativen führen zu keinem anderen Ergebnis. Es handelt sich nur um andere Begehungsformen, die letztlich aber alle den gleichen Zweck haben, die Möglichkeit des Herrn Schulz, seinen Aufenthaltsort zu verlassen, einzuschränken. Sie erfüllen ebenso den Tatbestand der Freiheitsberaubung und die weiteren Prüfungspunkte.

Herr Schwarz lebt in einem Altenheim. Er soll an einem Ausflug teilnehmen, der 20,00 € kostet. Herr Schwarz lehnt dies aus Kostengründen ab und mit dem Bemerken, ihm bliebe dann zu wenig Geld für seine Zigaretten.

Die Pflegedienstleitung sagt darauf hin zu ihm:

„Melden Sie sich jetzt für den Ausflug an. Sie rauchen ohnehin zu viel. Wenn Sie sich weiterhin weigern, nehmen wir Ihnen Ihre Zigaretten weg und Taschengeld erhalten Sie für den Monat auch nicht mehr."

Herr Schwarz meldet sich, um dies zu vermeiden, für den Ausflug an.

Aufgabe

Könnte die Pflegedienstleitung sich strafbar gemacht haben?

Lösung

Die Pflegedienstleitung könnte eine Nötigung gem. § 240 StGB begangen haben. Strafbar macht sich danach derjenige, der einem Menschen rechtswidrig mit Gewalt oder durch Drohung mit einem empfindlichen Übel zu einer Handlung, Duldung oder Unterlassung veranlasst.

Tatbestand

Tathandlung ist entweder eine Gewaltanwendung oder das Drohen mit einem empfindlichen Übel. Der Nötigungserfolg ist das erzwungene Verhalten (Handlung, Duldung oder Unterlassung).

Der Erfolg, der vorliegend herbeigeführt werden sollte und wurde, ist die Anmeldung zu einem Ausflug.

Als Tathandlung kommt vorliegend zwar keine Gewaltanwendung in Betracht, aber die Drohung mit einem empfindlichen Übel. Nach herrschender Meinung kommt als relevantes Übel jeder Nachteil in Betracht, der geeignet ist, das Opfer psychisch zu lenken. Vorliegend wurde damit gedroht, dass man Herrn Schwarz die Zigaretten wegnimmt und sein Geld vorenthält. Dies stellt für das Opfer ein empfindliches Übel dar.

Um zu vermeiden, dass er keine Zigaretten und kein Taschengeld mehr erhält, hat Herr Schwarz sich zum Ausflug angemeldet. Die Drohung war mithin Ursache für die Anmeldung.

Subjektiv verlangt die Nötigung Vorsatz hinsichtlich der Tathandlung und Absicht hinsichtlich des Nötigungserfolges. Beides ist vorliegend gegeben. Die Pflegedienstleitung wusste, dass sie Herrn Schwarz droht und hat dies in der Absicht gemacht, ihn zur Anmeldung zum Ausflug zu bewegen.

Rechtswidrigkeit

Die Tat ist auch rechtswidrig. Rechtfertigungsgründe bestehen nicht.

(Hinweis: Bei der Nötigung ist darüber hinaus erforderlich, dass die Tat auch verwerflich ist (§ 240 Abs. 2 StGB). Unter Verwerflichkeit versteht man die Missbilligung des für den erstrebten Zweck angewandten Mittels. Die Beurteilung hängt maßgebend davon ab, ob Mittel und Zweck rechtswidrig oder rechtmäßig sind. Vorliegend ist das Mittel rechtswidrig (Wegnahme von Zigaretten, Vorenthalten von Geld) und der Zweck (Teilnahme am Ausflug) rechtmäßig. In solchen Fällen ist die Tat nur dann nicht verwerflich, wenn der Zweck gewichtig ist und der Eingriff in die Freiheit des Opfers hingegen gering-

füjig. Vorliegend fehlt es bereits an einem gewichtigen Zweck, der die Anwendung rechtswidriger Mittel erlaubt. Damit ist die Tat auch verwerflich).

Schuld
Die Pflegedienstleitung hat auch schuldhaft gehandelt. Entschuldigungsgründe sind nicht ersichtlich.

Ergebnis
Sie hat daher eine Nötigung begangen und wird deswegen bestraft werden.

6 Die Grundzüge der zivilrechtlichen Haftung

6.1 Die Einteilung der Haftungstatbestände

Bei der zivilrechtlichen Haftung geht es um die **materielle Entschädigung** für einen **zugefügten Schaden**.

Die Geltendmachung eines Schadensersatzanspruchs setzt grundsätzlich voraus, dass der Schädiger, also etwa der Träger der Einrichtung, leitende Mitarbeiter oder das Pflegepersonal, gegenüber dem geschädigten Pflegebedürftigen **schuldhaft** seine **Pflicht(en) verletzt** und **dadurch** dem geschädigten Pflegebedürftigen ein **Schaden** entsteht. Rechtsgrundlage dafür ist vor allem das Bürgerliche Gesetzbuch (BGB).

Der Gesetzgeber des BGB hat aus dem römischen Recht ein Regel-Ausnahmeprinzip übernommen:

Eigentlich hat jeder Mensch sein **allgemeines Lebensrisiko selbst zu tragen** (und bekommt z.B. keinen Schadensersatz, wenn er auf einem Gehweg stolpert und hinfällt). Nur wenn **ausnahmsweise jemand anderes** diesen Sturz verursacht bzw. **zu verantworten** hat (z.B. weil er dem Menschen ein Bein gestellt hat oder den Gehweg vor seinem Grundstück nicht vom Glatteis befreit hat) kann Schadensersatz verlangt werden.

Bei der zivilrechtlichen Haftung unterscheidet man die **Haftung aus Vertrag** und die Haftung **wegen unerlaubter Handlung** bzw. Delikt:

– Eine Haftung aus Vertrag(sverletzung) liegt bei Verstößen gegen Vertragspflichten vor, die zu einem Schaden geführt haben.
– Bei Verletzung von Rechtsgütern außerhalb oder unabhängig von Vertragsverhältnissen greift die Haftung wegen unerlaubter Handlungen, soweit diese gegeben sind.

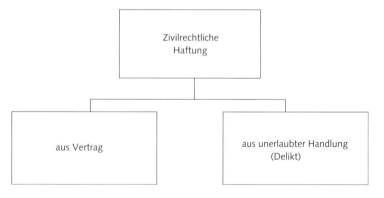

Bei der Haftung aus Vertrag oder unerlaubter Handlung ist weiter zu unterscheiden die Haftung für **eigenes Verschulden** (also desjenigen, der selbst den Schaden verursacht hat) sowie das Einstehenmüssen für ein **Fremdverschulden**. Hierzu kommt es, wenn ein Schaden zwar durch andere verursacht wurde, deren Handeln dem Haftenden jedoch rechtlich zugerechnet wird (z.B. beim Einsatz eigener Mitarbeiter, sog. Erfüllungsgehilfen).

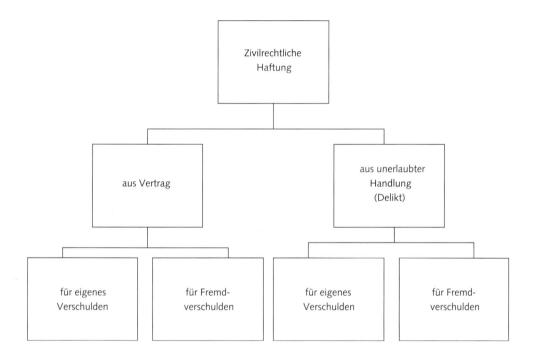

Verletzt ein Krankenhausträger oder ein Heimträger oder ein Pflegedienst als Schädiger **schuldhaft** die ihm obliegenden **vertraglichen Verpflichtungen**, die aufgrund des Krankenhaus-, Heim- oder Pflegedienstvertrages gegenüber dem Pflegebedürftigen eingegangen worden sind und entsteht **dadurch** dem Pflegebedürftigen als Vertragspartner ein **Schaden**, **haftet** dafür grundsätzlich der **Träger** als Vertragspartner.

Der geschädigte Pflegebedürftige kann seinen Schadensersatzanspruch **auch** über die Vertragsverletzung hinaus auf die rechtlichen Grundlagen der **unerlaubten Handlung** stützen, wenn die dort benannten **Voraussetzungen**, z.B. gem. *§ 823 BGB*, gegeben sind. Außerdem gewährt das Gesetz dem geschädigten Pflegebedürftigen auch noch ein **Schmerzensgeld**.

Merksatz

Der rechtliche Leistungserbringer kann für eigenes Verschulden aufgrund zweier Rechtsgrundlagen gegenüber dem Pflegebedürftigen haften.

Neben der Haftung für sog. eigenes Verschulden gibt es auch noch die bereits erwähnte **Haftung für das Handeln von Dritten**:

– Bedient sich z.B. der Krankenhausträger **bei** der **Erfüllung** seiner **vertraglichen Verpflichtungen** gegenüber dem Pflegebedürftigen eines von ihm beschäftigten Mitarbeiters (Erfüllungsgehilfen, wie etwa eine Pflegekraft oder ein Arzt) muss der Krankenhausträger für den von seinem Erfüllungsgehilfen (= Mitarbeiter) dem Patienten zugefügten Schaden in der **gleichen Weise** und im gleichen **Umfang**, wie wenn er selbst dem Geschädigten den Schaden zugefügt hätte, **haften**.
– Dies gilt **auch bei** einer Haftung wegen **unerlaubter Handlung**. Hier muss der Krankenhausträger für die von ihm zur Verrichtung, egal aus welchem Rechtsgrund, bestellten Mitarbeiter (hier als sog. Verrichtungsgehilfen bezeichnet) einstehen, wenn dafür die gesetzlichen Voraussetzungen vorliegen. Diese sind in *§ 831 BGB* geregelt (bitte lesen).
– Auch für den **Mitarbeiter** der Einrichtung als Schädiger besteht eine **Ersatzpflicht**. Mit diesem Mitarbeiter hat der Pflegebedürftige zwar keinen Vertrag abgeschlossen, so dass eine vertragliche Haftung gegenüber diesem Mitarbeiter nicht in Betracht kommt. Aber auch dem Mitarbeiter obliegt die Haftung für eigenes Verschulden aufgrund unerlaubter Handlungen gegenüber dem Pflegebedürftigen, wenn die Voraussetzungen z.B. des *§ 823 Abs. 1 oder 2 BGB* vorliegen.

Damit ist es dem Pflegebedürftigen auch möglich, von der angestellten Pflegekraft **unmittelbar** einen Schadensersatz zu verlangen. Auch steht dem Pflegebedürftigen bei Vorliegen der Voraussetzungen *(§ 253 II BGB)* ein Anspruch auf die Zahlung eines **Schmerzensgeldes** zu.

Hinweis: Im Krankenhaus gibt es beim sog. totalen Krankenhausaufnahmevertrag, also einem Vertrag ausschließlich zwischen Patient und Krankenhausträger, wie es der Regelfall ist, **keine eigene vertragliche Haftung** der eingestellten Mitarbeiter insbesondere **der behandelnden Ärzte** und Pflegekräfte.

Es gibt aber auch die Form des **sog. gespaltenen Krankenhausvertrages**, wo zum einen ein Vertrag zwischen Patient und Krankenhausträger vorliegt und **zusätzlich** ein **privater Arztvertrag** abgeschlossen wird. Hier kann der selbst liquidierende Chefarzt **ebenfalls** aufgrund vertraglicher Haftung **neben dem Krankenhausträger** in Anspruch genommen werden.

Merksatz

Bei einem Fehlverhalten mit Schädigung durch die Pflegekraft kommt sowohl eine Haftung des Einrichtungsträgers aus eigenem Verschulden wegen Vertragsverletzung und unerlaubter Handlung, eine Haftung für seine Mitarbeiter, wiederum wegen Verstoßes gegen die vertraglichen Pflichten und wegen unerlaubter Handlung als auch die Haftung der Pflegekraft selbst für eine unerlaubte Handlung in Betracht.

Grundsätzlich ist eine **Haftung** des Krankenhausträgers dabei **gegeben**, wenn er seine **Organisationspflichten verletzt** und **pflichtwidrige Handlungen** des pflegerischen Dienstes **zulässt**.

Im deliktischen Bereich kann es **Haftungseinschränkungen** zugunsten des Trägers geben, wenn Pflegekräfte sorgfältig ausgewählt und kontrolliert wurden (vgl. *§ 831 BGB*).

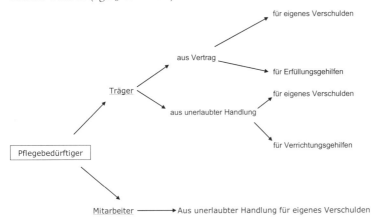

Diese Grundsätze sollen nun bezogen auf die Pflegekräfte und die Vorschriften der Haftung wegen unerlaubter Handlung konkretisiert werden. Die Haftung des Trägers, insbesondere auch aus Vertragsbeziehungen wird im Hinblick auf den ansonsten notwendigen Umfang der Darstellung nicht weiter erläutert.

6.2 Die Haftung aus unerlaubter Handlung

Gem. *§ 823 Abs. 1 BGB* ist zum Schadensersatz verpflichtet, wer vorsätzlich oder fahrlässig das Leben, den Körper, die Gesundheit, die Freiheit, das Eigentum oder ein sonstiges Recht eines anderen widerrechtlich verletzt.

Es lassen sich, wie bei jeder Anspruchsgrundlage, **Tatbestand** und **Rechtsfolge** unterscheiden.

Die Rechtsfolge, die Verpflichtung zum Schadensersatz, ist nur gegeben, wenn der Tatbestand verwirklicht wurde, kein Rechtfertigungsgrund vorhanden ist und schuldhaftes Verhalten vorliegt.

Die Norm des *§ 823 Abs. 1 BGB* wird demgemäß zur **Prüfung** in drei Bereiche eingeteilt:

Prüfung nach § 823 Abs. 1 BGB:

	Verletzungshandlung
Tatbestand:	Verletzung der Rechtsgüter - Leben, Gesundheit, Körper - Freiheit - Eigentum - sonstiges Recht
Rechtswidrigkeit:	kein Rechtfertigungsgrund
Schuld:	Verschulden - Deliktfähigkeit: §§ 827, 828 BGB - Vorsatz oder Fahrlässigkeit: § 276 BGB
	Schaden
Rechtsfolge:	**Schadensersatz: §§ 249 ff. BGB**

227

Voraussetzung ist dabei natürlich immer, dass das **Verhalten** des Schädigers **kausal** (= ursächlich) für die **Rechtsgutsverletzung und** (!) für den konkret eingetretenen **Schaden** ist.

Auch *§ 823 Abs. 2 BGB* dient dem Schutz bestimmter Rechtsgüter. Diese Rechtsgüter werden jedoch nicht, wie in *§ 823 Abs. 1 BGB*, einzeln aufgezählt, sondern sind anderen Gesetzen zu entnehmen, die dem Schutz des Einzelnen dienen.

Erst aus einer **Verbindung mit** einem solchen sog. **Schutzgesetz** ergibt sich dann eine **Schadensersatzpflicht** gem. *§ 823 Abs. 2 BGB*.

Schutzgesetze sind dabei insbesondere die Vorschriften des Strafrechts, aber auch die des Gesundheitsschutzrechts oder des Heimrechts (siehe dazu die vorherige Lerneinheit).

Hinweis: Ein wichtiger Unterschied zwischen den Regelungen in *§ 823 Abs. 1 BGB* und denen in *§ 823 Abs. 2 BGB* ist die Möglichkeit, nach *§ 823 Abs. 2 BGB* den Ersatz sog. reiner Vermögensschäden zu erreichen. Dies ist nach *§ 823 Abs. 1 BGB* nicht möglich, da das Vermögen dort nicht in der Liste der aufgezählten Rechtsgüter enthalten ist.

Somit ergibt sich für *§ 823 Abs. 2 BGB* Folgendes:

	Verletzungshandlung
Tatbestand:	Schutzgesetzverletzung
	Schutzgesetz = Bestimmung privatrechtlicher oder öffentlich-rechtlicher Natur, die nach Sinn und Zweck dem Schutz des Einzelnen dient
Rechtswidrigkeit:	kein Rechtfertigungsgrund
Schuld:	Schädiger hat das Schutzgesetz schuldhaft verletzt. Der Grad des Verschuldens wird durch das Schutzgesetz selbst bestimmt.
	Schaden
Rechtsfolge:	**Schadensersatz: §§ 249 ff. BGB**

Zum Tatbestand der beiden Vorschriften

Auch im Zivilrecht gilt, dass eine **Verletzungshandlung** sowohl durch ein **aktives Tun** als auch durch ein **Unterlassen** (wenn eine Pflicht zum Tätigwerden besteht, Garantenpflicht) begangen werden kann.

Anders als bei der strafrechtlichen Prüfung wird jedoch die subjektive Komponente, also der Vorsatz zur Verletzungshandlung nicht innerhalb des Tatbestandes (als subjektiver Tatbestand) geprüft, sondern unter dem Prüfungspunkt „Schuld".

Dies liegt – vereinfacht ausgedrückt – daran, dass der Verstoß gegen eine Strafnorm im Normalfall nur dann eine Straftat ist, wenn auch der Wille da ist, der Norm zuwiderzuhandeln. Sofern es daran schon fehlt (also insbesondere bei allen fahrlässigen Begehungsweisen), ist die Prüfung einer (vorsätzlichen) Straftat beendet, man muss dann gar nicht erst bis zur Schuld weiterprüfen. Im Zivilrecht dagegen führt, die fahrlässige Begehungsweise als Schuldform regelmäßig auch zur Haftung, es sein denn, etwas anderes ist ausnahmsweise gesetzlich festgelegt oder aber vertraglich vereinbart (also z.B. Haftungsausschlüsse in Allgemeinen Geschäftsbedingungen), vgl. *§ 276 Abs. 1 BGB.*

Rechtswidrigkeit

Bei der Rechtswidrigkeit kommt es im Zivilrecht wie im Strafrecht darauf an, ob ein Rechtfertigungsgrund vorliegt (Wenn ja, ist keine Haftung gegeben).

Rechtfertigungsgründe sind z.B. Notwehr *(§ 227 BGB)*, Selbsthilfe *(§ 229 BGB)* und auch hier wieder vor allem die Einwilligung des Pflegebedürftigen bzw. Verletzten.

Schuld

Das Verschulden richtet sich neben der sog. **Deliktsfähigkeit** insbesondere auch nach der Schuldform, die in *§ 276 BGB* geregelt ist:

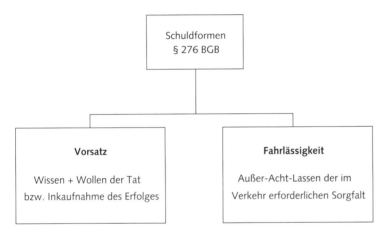

Da die vorsätzliche Schädigung von Pflegebedürftigen durch Pflegekräfte vernachlässigt werden kann, weil es sich dabei um sehr außergewöhnliche Vorkommnisse handelt, die mit der üblichen Pflegepraxis nichts zu tun haben, ist vor allem die **fahrlässige Schädigung** näher zu betrachten.

Als **Maßstab** wird gem. *§ 276 BGB* dazu durch den Gesetzgeber auf die erforderliche **Sorgfalt** abgestellt, ohne dort weiter zu erläutern, was darunter zu verstehen ist.

Allerdings ist nunmehr durch *§ 630 a Abs. 2 BGB* für den Behandlungsvertrag bestimmt, dass der zum Zeitpunkt der Behandlung bestehenden, allgemein anerkannt fachliche Standard zu erfüllen ist. Vom Begriff des Behandlungsvertrages wird zwar nur die medizinische Behandlung umfasst. Damit fallen reine Pflegeleistungen nicht unter diese Vorschrift. Erbringt aber die Pflegeeinrichtung medizinische Behandlungspflege als Leistungserbringer, so sind die Vorschriften der *§§ 630 a ff. BGB* anzuwenden und auch im Übrigen kann dieser Grundsatz auf die Pflege übertragen werden.

Hinweis: Grundlagen des Sorgfaltsmaßstabes

Gesetzliche Vorgaben

– *§ 630 a BGB*
– Krankenpflegegesetz/Altenpflegegesetz

– Sonstige Ausbildungsvorschriften
– Medizinproduktegesetz, besondere Verordnungen, z. B. die Röntgenverordnung
– Heimrecht
etc.

Vertragliche Verpflichtungen

– Versorgungs-/Rahmenverträge
– Pflege-/Krankenhausvertrag
– Behandlungsvertrag
– Qualitätsvereinbarungen mit Kranken-/Pflegekassen
– vereinbarte Richtlinien
etc.

Grundsätze und Richtlinien des G-BA

– z. B. zur häuslichen Krankenpflege, zu Heil- und Hilfsmitteln

Empfehlungen und Stellungnahmen

– Berufsverbände: DBfK
– Deutsche Krankenhausgesellschaft (DKG)
– DIN-Regeln, Hygiene-Vorschriften
– Warnhinweise der Hersteller
etc.

Berufsstandards

– Allgemein anerkannte Berufspflichten
– Pflegestandards
– Fachpublikationen
– Wissenschaftliche Erkenntnisse

Zur Rechtsfolge

Rechtsfolge ist – anders als üblicherweise im Strafrecht – die Pflicht zum **Schadensersatz** und evtl. die Pflicht, **Schmerzensgeld** zu zahlen.

Der **Umfang** des Schadensersatzes richtet sich nach den *§§ 249 ff. BGB*. Danach ist grundsätzlich der **ursprüngliche Zustand** herzustellen (Grundsatz der sog. Naturalrestitution).

Es kann aber auch, wie praktisch am häufigsten, ein **finanzieller Ausgleich** erfolgen.

Bei **Personenschäden** ergibt sich der Umfang des Schadensersatzes aus *§§ 842 ff. BGB*, bei **Sachschäden** nach den *§§ 848 ff. BGB*.

Schmerzensgeld ist gem. *§ 253 BGB* zu bezahlen und zwar in sog. billiger Höhe.

Hinweis: Der Begriff „billig" im Zivilrecht darf nicht etwa im Sinne von „gering" oder „günstig" verstanden werden: Gemeint ist „in angemessener Höhe".

Daraus ergibt sich für die Haftung folgendes Bild:

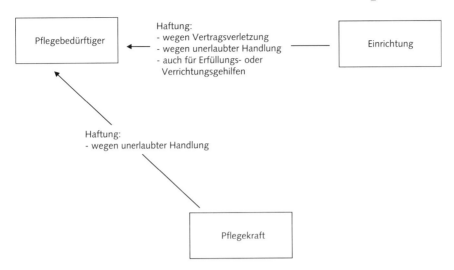

Leistet der Träger als Arbeitgeber dem pflegebedürftigen Geschädigten wegen eines schuldhaften fehlerhaften Handelns der angestellten Pflegekraft Schadensersatz, kann der Arbeitgeber von der angestellten Pflegekraft aufgrund des Arbeitsvertragsverhältnisses die Rückerstattung der gezahlten Schadensersatzbeträge unter bestimmten Voraussetzungen ganz oder teilweise fordern (sog. Rückgriffsanspruch).

Auch ein Arbeitnehmer kann, wenn er als angestellte Pflegekraft direkt vom Geschädigten in Anspruch genommen worden ist, gegen den Arbeitgeber innerbetrieblichen Ausgleich verlangen.

Er kann darüber hinaus verlangen, dass der Arbeitgeber ihn in Höhe seines „Anteils" von der Inanspruchnahme durch der Geschädigten freistellt (sog. Freistellungsanspruch).

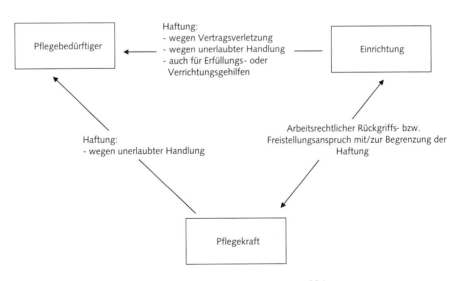

Das **Bundesarbeitsgerichts** (BAG) hat dabei die **Haftung des Arbeitnehmers eingeschränkt**.

Je nach Kategorisierung des Verhaltens des Mitarbeiters sind Grenzen zu beachten und er ist nur „anteilig" haftbar:

Die Haftungsbegrenzung der angestellten Pflegekraft bei durch den Träger veranlassten Arbeiten richtet sich im Wesentlichen nach dem Grad des Verschuldens.

Bei **leichter** Fahrlässigkeit→ haftet die Pflegekraft nicht.

Bei **mittlerer** Fahrlässigkeit→ist der Schaden in aller Regel zwischen Träger und Pflegekraft zu verteilen, wobei bisweilen durch tarifvertragliche Regelungen auch eine Haftungsfreistellung in diesem Bereich der Fahrlässigkeit gegeben sein kann, etwa im öffentlichen Dienst.

Bei **grober** Fahrlässigkeit → trägt die Pflegekraft in der Regel den gesamten Schaden bzw. muss diesen erstatten.

Bei **Vorsatz** → trägt die Pflegekraft den gesamten Schaden bzw. muss diesen erstatten

Daraus ergibt sich also für die Beurteilung von Schadensersatzforderungen folgendes Bild:

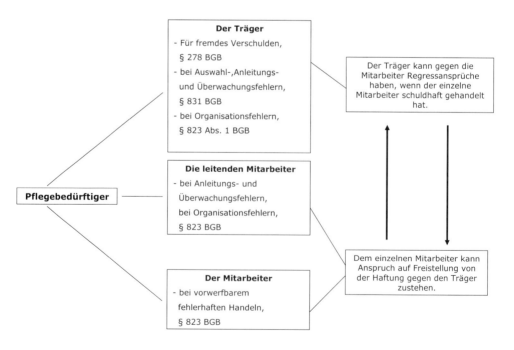

6.3 Beispiele

> Krankenschwester S ist von Patientin P genervt. In einem unbemerk-
> ten Moment stößt sie absichtlich das volle Wasserglas, das sich auf dem
> Nachttisch der P befindet, um, so dass sich der Inhalt über den neuen
> Laptop der P ergießt, der aufgeklappt auf dem Nachttisch steht. Der
> Laptop, der 1500,00 € gekostet hatte, wird hierdurch irreparabel be-
> schädigt.

Frage

Kann P von S Schadensersatz verlangen?

Lösung

a) Anspruch auf Schadensersatz nach § 823 Abs. 1 BGB
*P könnte einen Anspruch auf Schadensersatz gegen S aus § 823 Abs. 1 BGB
haben. Danach ist derjenige zum Schadensersatz verpflichtet, der*

- *das Leben, den Körper, die Gesundheit, die Freiheit, das Eigentum oder
  sonstiges Recht eines anderen verletzt*
- *und zwar widerrechtlich*
- *und schuldhaft (vorsätzlich oder fahrlässig)*

Tatbestand
- *Rechtsgut*
  *Beschädigt wurde der Laptop. Dieser gehörte der P, sodass ihr Eigentum ver-
  letzt wurde.*
- *Verletzungshandlung*
  *Das Rechtsgut wurde von S verletzt, in dem sie Wasser über den Laptop
  goss und ihn dadurch beschädigte.*

Rechtswidrigkeit
*Die Handlung war rechtswidrig, da Rechtfertigungsgründe für das Tun der S
nicht ersichtlich sind.*

Schuld
*S hat auch schuldhaft gehandelt, nämlich vorsätzlich. Sie hat absichtlich das
Wasserglas umgestoßen und wollte den Laptop beschädigen.*
  *S war zudem – mangels gegenteiliger Hinweise – auch in der Lage das Un-
recht ihrer Tat einzusehen und nach dieser Einsicht zu handeln. Sie ist daher
deliktsfähig und spezielle Entschuldigungsgründe sind nicht gegeben.*

Ergebnis
*Folglich ist der Tatbestand des § 823 Abs. 1 StGB gegeben und S ist gegen-
über P zum Schadensersatz verpflichtet. Der Schaden besteht in den auf-
zuwendenden Wiederbeschaffungskosten für das Gerät, also in Höhe von
1500,00 €.*

b) Anspruch auf Schadensersatz nach § 823 Abs. 2 BGB
*Darüber hinaus könnte ein Schadensersatzanspruch auch nach § 823 Abs. 2
BGB bestehen.*
  *Danach ist auch derjenige zum Schadensersatz verpflichtet, welcher gegen
den Schutz eines anderen bezweckenden Gesetzes verstößt.*

Tatbestand

Als Schutzgesetz, gegen das S verstoßen haben könnte, kommt vorliegend § 303 StGB (Sachbeschädigung) in Betracht.

Nach § 303 StGB wird mit Freiheitsstrafe von bis zu 2 Jahre oder mit Geldstrafe bestraft, wer folgende Merkmale erfüllt:

- *Tatbestand*
  - *vorsätzlich*
  - *eine fremde Sache*
  - *beschädigt oder zerstört*
- *Rechtswidrigkeit*
- *Schuld*

S hat das Laptop der P, eine für sie fremde Sache, beschädigt. Sie hat vorsätzlich gehandelt. Rechtfertigungs- oder Entschuldigungsgründe sind nicht ersichtlich. Die Tat ist daher rechtswidrig und schuldhaft begangen, so dass sie eine Sachbeschädigung gemäß § 303 StGB begangen hat.

§ 303 StGB ist auch Schutzgesetz im Sinne des § 823 Abs. 2 StGB. Schutzgesetze sind alle Normen, die zumindest auch dazu dienen sollen, den einzelnen oder einzelne Personenkreise gegen den Verlust eines bestimmten Rechtsguts zu schützen. Dies ist bei § 303 StGB der Fall. Er schützt das Interesse des Eigentümers am Zustand seiner Sachen.

Rechtwidrigkeit

Die Rechtswidrigkeit ist vorliegend indiziert und wurde bereits bei der Schutzgesetzverletzung geprüft.

Schuld

Auch die Schuld ist gegeben, wie ebenfalls bereits oben bei der Schutzgesetzverletzung festgestellt wurde.

Ergebnis

Damit sind auch die Voraussetzungen des § 823 Abs. 2 StGB erfüllt, sodass die S auch aufgrund dieser Vorschrift zum Schadensersatz verpflichtet ist.

Fall 2

Krankenpfleger Heinz misst bei dem Patienten Vogel den Blutdruck, der zu diesem Zeitpunkt ungewöhnlich hoch ist. Er unternimmt trotzdem nichts. Etwa eine halbe bis dreiviertel Stunde später erleidet Vogel einen Schlaganfall, der hätte verhindert werden können, wenn er rechtzeitig behandelt worden wäre.

Frage

Sind Krankenpfleger Heinz und der Träger des Krankenhauses (sein Arbeitgeber) schadensersatzpflichtig?

Lösung

a) Schadensersatzpflicht des Heinz

Vogel könnte gegen Heinz Anspruch auf Schadensersatz aus § 823 Abs. 1 StGB haben. Dazu müsste Heinz

- *das Leben, den Körper, die Gesundheit, die Freiheit, das Eigentum oder sonstiges Recht eines anderen*

– *verletzt haben*
– *und zwar schuldhaft (vorsätzlich oder fahrlässig)*
– *und widerrechtlich*

Tatbestand
– *Rechtsgut*
Bei dem betroffenen Rechtsgut handelt es sich um die körperliche Unversehrtheit des Patienten Vogel, die durch Erleiden des Schlaganfalls beeinträchtigt ist.
– *Verletzungshandlung, Verhalten*
Fraglich ist, ob körperliche Unversehrtheit durch Heinz verletzt wurde. Aktiv gehandelt hat Heinz nicht. Er hat es vielmehr unterlassen, gebotene Maßnahmen einzuleiten. Genau wie im Strafrecht kann auch im Zivilrecht ein Unterlassen ausreichen. Dies ist dann der Fall, wenn eine Pflicht zum Handeln bestand und wenn die Rechtsgutverletzung bei Beachtung dieser Pflicht nicht eingetreten wäre. Krankenpfleger Heinz hatte die Aufgaben den Vogel zu pflegen. In diesem Zusammenhang oblag ihm die Pflicht, bei der Genesung des erkrankten mitzuwirken und diesen vom Eintritt weiterer gesundheitlicher Gefahren zu bewahren. Hierzu bedurfte es unter anderem einer ordnungsgemäßen Krankenbeobachtung und entsprechender Reaktionen hierauf. Es bestand die Pflicht, den Patienten Vogel zu beobachten, was der Pfleger ja auch getan hat, und auf die Beobachtungen angemessen zu reagieren. An letzterem fehlte es vorliegend.

Der Pfleger hatte mithin die Pflicht zum Handeln und hätte die Rechtsgutverletzung bei ordnungsgemäßem Handeln auch abwenden können. Hätte der Pfleger unmittelbar nach Feststellung des hohen Blutdrucks einen Arzt geholt und diesen über seine Feststellung informiert, wäre der Schlaganfall vermieden worden.

Rechtswidrigkeit
Der Pfleger hat rechtswidrig gehandelt. Rechtfertigungsgründe sind nicht ersichtlich.

Schuld
Er hat zudem schuldhaft gehandelt und muss sich zumindest fahrlässiges Verhalten vorwerfen lassen. Er hat nämlich die im Verkehr erforderliche Sorgfalt außer Acht gelassen. Bei Beachtung seiner Sorgfaltspflicht hätte er unmittelbar nach seiner Feststellung einen Arzt rufen müssen.
Er ist zudem deliktsfähig (§§ 828, 829 BGB).

Ergebnis
Pfleger Heinz ist dem Geschädigten zum Ersatz des entstandenen Schadens verpflichtet gem. § 823 Abs. 1 BGB.

Ergänzung

Schaden
Der Schaden besteht in den Kosten der Heilbehandlung und in der Zahlung eines Schmerzensgeldes.
Daneben kommen weitere Schadenspositionen in Betracht. So wäre z. B. ein Verdienstausfall des Geschädigten auszugleichen oder etwaige Entgeltfortzahlungskosten des Arbeitgebers, für die Zeit, in der der Geschädigte nicht ar-

beiten kann. Sollte der Schlaganfall bleibende Schäden hervorrufen, wären auch diese vom Schädiger auszugleichen. Es könnte u. U. sogar zu Renten-zahlungen kommen, wenn der Geschädigte aufgrund des Schlaganfalls dauer-haft nicht mehr arbeiten kann.

b) Schadensersatzpflicht des Krankenhausträgers T

Deliktischer Anspruch

Neben dem Pfleger könnte auch der Träger des Krankenhauses als Arbeitgeber des Pflegers auf Schadensersatz haften aus § 831 BGB. Danach muss der Dienstgeber Schäden, die die Verrichtungsgehilfen bei Ausübung ihrer Tätig-keit verursachen, ausgleichen, soweit er sich nicht entlasten (= „exkulpieren") kann.

Tatbestand

Voraussetzung ist zunächst, dass

– ein Verrichtungsgehilfe des Krankenhausträgers
– bei Ausübung seiner Tätigkeit
– jemandem einen Schaden zugefügt hat.

P wurde von Krankenhausträger dazu eingesetzt, die Patienten zu pflegen. Er ist daher Verrichtungsgehilfe des T.

Er hat bei der Verrichtung seiner Aufgaben einen Fehler gemacht und da-durch P geschädigt (siehe oben).

Rechtswidrigkeit

Widerrechtlich muss vorliegend die Rechtsgutsverletzung durch den Verrich-tungsgehilfen sein. Dies ist der Fall, da keine Rechtfertigungsgründe gegeben sind.

Schuld

Den eingetretenen Schaden muss T ersetzen, es sei denn, er kann sich exkul-pieren. Dies ist der Fall, wenn er nachweisen kann, dass er selber nicht sorg-faltswidrig gehandelt und seine eigenen Sorgfaltspflichten beachtet hat.

Dies ist möglich, wenn er nachweist, dass er den Pfleger Heinz sorgfältig ausgewählt und auch die erforderliche Anleitung und Kontrolle durchgeführt hat oder dass der Schaden auch bei Einhaltung der genannten Sorgfaltspflichten entstanden wäre.

Hierzu ist dem Sachverhalt nichts zu entnehmen.

Vertraglicher Anspruch

Vogel hat zudem einen vertraglichen Schadensersatzanspruch gegen T, weil die Pflicht aus dem Krankenhausaufnahmevertrag, die ordnungsgemäße Behand-lung, verletzt wurde.

Ergänzung

Für den Fall, dass beide auf Schadensersatz haften, haften sie als sog. Gesamt-schuldner. Das bedeutet, der Geschädigte kann von den Schädigern jeweils den vollen Schadensersatz verlangen, insgesamt aber nur einmal. Es steht dem Ge-schädigten dabei frei, welchen Schädiger er in Anspruch nimmt. Regelmäßig wird er sich an den Arbeitgeber halten, der meistens finanzkräftiger ist, soweit die Schäden nicht ohnehin durch Versicherungen (meist über den Arbeitgeber) abgedeckt sind.

Die Mitarbeiterin des ambulanten Pflegedienstes Frau F ist auf dem Weg zur nächsten Patientin. Beim Einparken des Dienstwagens passt sie nicht auf und fährt auf das hinter ihr parkende Auto des D auf. Es entsteht leichter Sachschaden an dem Wagen des D in Höhe von 200,00 €.

Fragen

1. Müssen Pflegekraft und/oder Arbeitgeber für den Schaden des D aufkommen? Bitte prüfen Sie nur Anspruchsgrundlagen nach §§ 823 ff. BGB.
2. Kann P gegebenenfalls verlangen, dass der Arbeitgeber den Schaden ganz oder teilweise übernimmt? Ziehen Sie zur Beantwortung die im Exkurs unter 6.2. dargestellte Rechtsprechung des BAG zu Rate und begründen Sie Ihr Ergebnis auf dieser Grundlage!

Lösung

1. a) Schadensersatzanspruch des D gegen P
Für den Schaden am Drittfahrzeug haftet die Pflegekraft nach § 823 Abs. 1 BGB.

Tatbestand
– Rechtsgut
  Beschädigtes Rechtsgut ist der PKW des D. Es liegt mithin eine Eigentumsverletzung vor.
– Verletzungshandlung
  P hat den parkenden Wagen des D angefahren. Sie hat das Rechtsgut dadurch verletzt.

Rechtswidrigkeit
Rechtfertigungsgründe bestehen nicht.

Schuld
Die P hat fahrlässig gehandelt. Sie hat nämlich die im Verkehr erforderliche Sorgfalt nicht beachtet. Sie hat beim Zurücksetzen des Wagens nicht aufgepasst und den Abstand falsch eingeschätzt.

Ergebnis
Die P ist dem D zum Schadensersatz verpflichtet und muss den Schaden in Höhe von 200,00 € ausgleichen.

b) Schadensersatzanspruch des D gegen den ambulanten Dienst A
In Betracht kommt ein Anspruch aus § 831 BGB.

Tatbestand
Voraussetzung dafür ist, dass

– ein Verrichtungsgehilfe des A
– bei Ausübung seiner Tätigkeit
– jemandem einen Schaden zugefügt hat.

P wurde von A dazu eingesetzt, die Patienten zu pflegen. Sie ist daher Verrichtungsgehilfin des A.
  Sie hat bei Ausübung ihrer Tätigkeit einen Fehler gemacht und dadurch D geschädigt (siehe oben).

Rechtswidrigkeit
Widerrechtlich muss vorliegend die Rechtsgutsverletzung durch den Verrichtungsgehilfen sein. Dies ist der Fall, da keine Rechtfertigungsgründe für P gegeben sind.

Schuld
Den eingetretenen Schaden muss A ersetzen, es sei denn, er kann sich exkulpieren. Dies ist der Fall, wenn er nachweisen kann, dass er selber nicht sorgfaltswidrig gehandelt und seine eigenen Sorgfaltspflichten beachtet hat.

Dies ist möglich, wenn er nachweist, dass er P sorgfältig ausgewählt und auch die erforderliche Anleitung und Kontrolle durchgeführt hat oder dass der Schaden auch bei Einhaltung der genannten Sorgfaltspflichten entstanden wäre.

Hierzu ist dem Sachverhalt nichts zu entnehmen. Da A sich entlasten muss, gehen wir davon aus, dass er dies nicht kann.

Ergebnis
Der D hat auch gegen A einen Anspruch auf Ersatz des Schadens in Höhe von 200,00 €.

Hinweis: Auch hier haften beide als sog. Gesamtschuldner und der Dritte kann sich aussuchen, an wen er herantritt.

2. Erstattungsanspruch der P gegen A
Nach der Rechtsprechung des Bundesarbeitsgerichts kommt es im Falle eines Schadens, der vom Arbeitnehmer anlässlich einer betrieblich veranlassten Tätigkeit verursacht wird, zu einer Haftungserleichterung zu Gunsten des Arbeitnehmers.

Vorliegend ist der Schaden entstanden, als P ihrer Arbeit nachgegangen ist. Zu ihrer Tätigkeit gehörte das Aufsuchen der Patienten mittels Firmenwagen. Folglich greifen die Grundsätze der Haftungserleichterung ein.

Danach ist jetzt zu prüfen, welchen Grad des Verschuldens dem Arbeitnehmer zu Last gelegt wird: Bei leichter Fahrlässigkeit haftet der Arbeitnehmer überhaupt nicht, bei mittlerer Fahrlässigkeit haftet er vom Grundsatz her zur Hälfte und bei grober Fahrlässigkeit in der Regel voll.

Leicht fahrlässig sind die Fehler, die auf ein typisches Abirren der Arbeitsleistung zurückzuführen sind, z.B. Sich-Vergreifen, Sich-Versprechen, Sich-Vertun.

Von einer leichten Fahrlässigkeit wird man vorliegend kaum ausgehen können, zumal im Straßenverkehr und insbesondere beim Rückwärtsfahren erhöhte Anforderungen an den Verkehrsteilnehmer gestellt werden.

Auf der anderen Seite lässt der Sachverhalt aber auch nicht darauf schließen, dass F grob fahrlässig gehandelt hat. Grobe Fahrlässigkeit liegt vor, wenn die im Verkehr erforderlichen Sorgfaltspflichten in besonders schwerem Maße verletzt werden. Grob fahrlässig handelt, wer selbst nahe liegende Überlegungen nicht anstellt und das nicht beachtet, was jedem im konkreten Fall einleuchten muss. Für diese Annahme bietet der Sachverhalt ebenfalls keinen Anlass.

Man wird daher vorliegend von einer durchschnittlichen Fahrlässigkeit ausgehen, die grundsätzlich zur Schadensteilung führt, soweit die Umstände (z. B. bisheriger Verlauf des Arbeitsverhältnisses, Einkommen, Schadenshöhe, Gefahrgeneigtheit der Tätigkeit) keine andere Verteilung rechtfertigen.

Ergebnis

Im Ergebnis werden sich also Arbeitgeber A und Arbeitnehmer F den Schaden am gegnerischen Fahrzeug teilen müssen.

Sollte T von D auf Schadensersatz in Höhe von 200,00 € in Anspruch genommen werden, hätte sie folglich Anspruch darauf, dass A sie in Höhe des Anteils, den A im Innenverhältnis tragen muss (d.h. 100,00 €), von der Inanspruchnahme durch D freistellt. Wenn T den Schaden voll ausgeglichen hat, kann sie verlangen, dass A ihr die Hälfte des Schadens erstattet.

6.4 Das Verhalten bei Haftungsfällen

Was sollte bei Haftungsfällen in der pflegerischen Praxis beachtet werden?

- Wird ein Haftungsfall bekannt, sollte ruhig und **überlegt** reagiert werden.

Üblicherweise erfolgt die Geltendmachung von Haftungsansprüchen durch Schreiben von Rechtsanwälten, die zunächst die Unterlagen über den Vorfall zur Einsichtnahme anfordern.

- Als erste Reaktion darauf ist umgehend die **Haftpflichtversicherung** zu **informieren**, da diese das sog. **Regulierungs- und Prozessführungsrecht** hat. Ab diesem Zeitpunkt sollte auch jede weitere **Korrespondenz** der Versicherung überlassen werden, wobei häufig die Versicherung einen Rechtsanwalt beauftragt (in der Regel nach Absprache mit der Einrichtung) so dass durch dessen Tätigkeit die entsprechende Kombination von Reaktionen der Versicherung und Einrichtungsträger gesichert ist.
- Den **direkten Kontakt** zu dem/der Anspruch stellenden Pflegebedürftigen sollte man **einschränken**, damit nicht etwaige Äußerungen zum Schadensfall als Schuldanerkenntnis oder ähnliches verstanden werden könnten.
- Intern sollten die **Pflege- und Krankenunterlagen** auf Vollständigkeit überprüft werden (vgl. die Anforderungen in *§ 630 f BGB*). Wichtig dabei ist, dass aus den Unterlagen der **gesamte Pflege- und Behandlungsverlauf** für Fachkräfte (also auch evtl. Gutachter vor Gericht) nachvollziehbar sein muss.
  Dokumentationslücken können dabei durch evtl. **Gedächtnisprotokolle** von beteiligten Pflegekräften geschlossen werden, wobei nachträgliche Einträge aber stets als solche eindeutig gekennzeichnet werden müssen, schon um sich nicht dem Verdacht einer Fälschung auszusetzen.

Hinweis: Die notwendigen Unterlagen bei einem Schadensfall sind vollständig vorzuhalten:
Zwar hat grundsätzlich der Pflegebedürftige als Anspruchsteller die **Beweislast** für das vorgeworfene Fehlverhalten und den dadurch bedingten Schadenseintritt. Unter bestimmten Voraussetzungen kann eine lückenhafte Dokumentation aller-

dings zur **Beweiserleichterung** führen und in seltenen – aber durchaus vorkommenden – Fällen kann sogar eine sog. **Beweislastumkehr** zu Lasten des Trägers eintreten, der nun beweisen muss, dass der Schaden nicht auf ein Fehlverhalten von ihm oder seiner Mitarbeiter zurückzuführen ist.

Wichtig

> In *§ 630 h BGB* ist durch das Patientenrechtegesetz eine Regelung zur Beweislast getroffen worden. Bitte lesen! Damit ist zwar keine vollständige Beweislastumkehr eingeführt worden, doch ist die Beweislastumkehr in vier Fällen gegeben:
>
> – Vollbeherrschbares Behandlungsrisiko (Abs. 1)
> – Aufklärung und/oder Einwilligung (Abs. 2)
> – sonstiges Dokumentationsversagen (Abs. 3)
> – fehlende fachliche Befähigung (Abs. 4)
> – grober Behandlungsfehler (Abs. 5).
>
> Diese Regelung ist nicht nur im Krankenhaus, sondern analog auch auf Pflegefehler z.B. im Heim anzuwenden.

Hinweis: Ergänzt wird diese Vorschrift durch *§ 630 c Abs. 2 Satz 2 BGB*, wonach eine Pflicht besteht, dem Patienten einen eigenen oder fremden Behandlungsfehler zu offenbaren. Soweit die Information durch den Behandelnden erfolgt, dem ein eigener Behandlungsfehler unterlaufen ist, darf sie gemäß Absatz 2 Satz 3 zu Beweiszwecken in einem gegen ihn geführten Strafverfahren nur mit seiner Zustimmung verwendet werden. Auf diese Weise soll gewährleistet werden, dass dem Behandelnden aus der Offenbarung eigener Fehler keine unmittelbaren strafrechtlichen Nachteile erwachsen (so die Gesetzesbegründung, *BT Drucks. 17/10488, S. 22*).

Es empfiehlt sich zudem, **Kopien** der vollständigen **Pflege- und Behandlungsunterlagen** anzufertigen, weil die Originalunterlagen evtl. im Rahmen von strafrechtlichen Ermittlungen beschlagnahmt werden können oder auch durch das Gericht im Zivilprozess auf Schadensersatz angefordert werden.

In solchen Fällen ist es notwendig eine Ausfertigung weiterhin zur Verfügung zu haben, zumal auch die Versicherung und der für die Einrichtung und Versicherung tätige Rechtsanwalt entsprechende Unterlagen benötigt.

– Da dem Pflegebedürftigen das **Recht auf Einsichtnahme** in seine Pflege- und Krankenunterlagen zusteht *(§ 630 g BGB)*, ist ihm auf Anforderung gegen **Erstattung der Kosten** eine **Kopie der vollständigen Unterlagen** zu übergeben bzw. zu übermitteln. Deren Herausgabe sollte auch nicht verzögert werden, schon um den Verdacht nicht aufkommen zu lassen, man habe etwas zu verbergen oder die Unterlagen müssten noch „lesbar" gemacht werden.

– Auf Anforderung hin sollten auch **Namen** und **Anschriften** (wobei die Anschrift der Einrichtung ausreichend sein kann) der an der Pflege beteiligten **Pflegekräfte** mitgeteilt werden. Die/der Pflegebedürftige hat einen Anspruch auf diese Informationen, was aber nicht bedeutet, dass weitere Stellungnahmen dazu abgegeben werden müssen. Diese sollten eher unterbleiben.

– Im gesamten Verlauf des Schadensregulierungsverfahrens und erst recht bei einem sich evtl. anschließenden Gerichtsverfahren sollte stets überlegt werden, ob und wie das Verfahren, etwa auch durch einen **Einigungsvorschlag**, beendet werden kann.

Die Stellungnahmen sowohl im vorgerichtlichen als auch im gerichtlichen Verfahren sollten dabei nicht ohne Rechtsberatung erfolgen.
Zudem ist, um das **Risiko abschätzen** zu können, mit der Versicherung, dem Rechtsanwalt und neutralen Fachkräften zu überprüfen, wie die **rechtliche** und **fachliche Bewertung** des Vorfalls aus deren Sicht ist. Denn sowohl im Rahmen des Verfahrens selbst als auch bei der Überlegung zur gütlichen Einigung müssen **Probleme** und **Schwachstellen** erörtert und **erkannt** werden.

Kapitel 7
Berücksichtigung rechtlicher Vorgaben in Pflegepraxis und -management

Überblick

Die Vielfalt der rechtlichen Vorgaben und Rahmenbedingungen muss für die Berufspraxis gebündelt und aus Sicht des Arbeitsablaufes und nicht nach den Differenzierungen der Rechtsbereiche zusammengefasst werden.

Deshalb ist es sinnvoll zum Schluss des Buches einen **Perspektivenwechsel** vorzunehmen und die berufspraktische Vorgehensweise einer rechtlichen Bewertung zu unterziehen. Dazu wird geprüft, inwieweit die rechtlichen Anforderungen zur **Optimierung** der Arbeit in der Pflege genutzt bzw. welche Vorgaben für den **Berufsalltag** daraus abgeleitet werden können.

Dies soll an zwei Beispielen geschehen:
Dem Arbeitsbereich der Pflegeplanung und Dokumentation
und der Berücksichtigung des Willens der Pflegebedürftigen.

Lernziele

– Sie können die rechtlichen Vorgaben auch in Bezug auf konkrete Instrumente und Verfahrensweisen der Berufspraxis überblicken
– Sie sind in der Lage rechtliche Rahmenbedingungen in den Arbeitsablauf einzubeziehen
– Verbesserungen der Arbeitsabläufe und Instrumente können auch aus rechtlichen Vorgaben abgeleitet werden

Gliederung

1. Die Pflegeplanung und -dokumentation aus rechtlicher Sicht
2. Die Berücksichtigung des Willens der Pflegebedürftigen

1 Die Pflegeplanung und -dokumentation aus rechtlicher Sicht

Wenn im nachfolgenden die Pflegeplanung und Pflegedokumentation Thema ist, dürfte Klarheit darüber bestehen, dass ein pflegefachliches System und seine Bestandteile zu bewerten, nicht vorrangig juristische Aufgabe ist.

Allerdings gehört es zur rechtlichen Bewertung abzuklären, ob ein **Planungs- und Dokumentationssystem** im Einklang mit den **rechtlichen Vorgaben** steht.

Deshalb wird zunächst auf die Grundsätze und rechtlichen Grundlagen hingewiesen und anschließend die sich daraus ergebenden Folgerungen über Inhalt und Umfang der Dokumentation abgeleitet.

1.1 Ziel und Grundsätze der Dokumentation

Die Pflegedokumentation ist schon lange mehr als nur eine Gedächtnisstütze:

Als Teil der **Pflegeadministration** – neben Dienstplanung, Bestellwesen usw. – ist sie ein Baustein in der betrieblichen Organisation.

Zudem ist sie das wesentliche Mittel zur **Wiedergabe des Pflegeprozesses** und ebenso **Teil der pflegerisch-medizinischen Infrastruktur** einer ambulanten oder stationären Einrichtung. Aufgrund der arbeitsteiligen Behandlungsabläufe müssen die beteiligten Fachkräfte sowohl bei der horizontalen Arbeitsteilung als auch der vertikalen jederzeit in der Lage sein, durch die Dokumentation alle notwendigen Einzelheiten der bisherigen Behandlung erfassen zu können. Die genaue Beschreibung der Pflegesituation dient der Sicherstellung der notwendigen pflegerischen Maßnahmen, also vor allem dem Patientenschutz.

Entsprechend vielfältig sind die **rechtlichen Anforderungen** an die Pflegedokumentation:

Die juristischen **Grundlagen** erstrecken sich von den Vorschriften des **Berufsrechts** (Alten- und Krankenpflegegesetz, ärztliches Berufsrecht) über das **Sozialrecht** (Heimgesetze, SGB V, SGB XI) bis hin zum **Haftungsrecht** in seinen Ausprägungen in straf- oder zivilrechtlicher Hinsicht.

Schon aus dieser Aufzählung wird deutlich, dass „einfache" Hinweise zur Ausgestaltung der Pflegedokumentation kaum richtig, auf jeden Fall aber nicht vollständig sein können.

Dies gilt auch für vermeintlich einprägsame Schlagworte, z.B. die oft zitierte Aussage: *„Alles was nicht aufgeschrieben wurde, gilt als nicht gemacht"*.

Oder für die inzwischen immer häufiger zu hörenden Hinweise, dass die Pflegedokumentation unbedingt visuell zu erweitern sei, also mithilfe von Fotos ansehnlicher gemacht werden müsse, „um nicht in Beweisnot zu kommen", etwa bei der Frage, wo bzw. in welcher Einrichtung ein Dekubitus entstanden ist.

1.2 Rechtliche Grundlagen

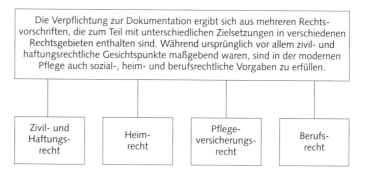

Die Verpflichtung zur Dokumentation ergibt sich aus mehreren Rechtsvorschriften, die zum Teil mit unterschiedlichen Zielsetzungen in verschiedenen Rechtsgebieten enthalten sind. Während ursprünglich vor allem zivil- und haftungsrechtliche Gesichtspunkte maßgebend waren, sind in der modernen Pflege auch sozial-, heim- und berufsrechtliche Vorgaben zu erfüllen.

| Zivil- und Haftungsrecht | Heimrecht | Pflegeversicherungsrecht | Berufsrecht |

1.2.1 Zivil- und Haftungsrecht

Wichtig

Grundsätze der Rechtsprechung des Bundesgerichtshofes:

- Das Führen einer Dokumentation ist vertragliche Nebenpflicht.
  - Sie dient zur Gedankenstütze des Behandelnden/Pflegenden und zur Information anderer Beteiligter und des Patienten/Pflegebedürftigen.
- Es ist alles zu dokumentieren, was behandlungs- oder pflegerelevant ist.

Vorgaben des *§ 630 f BGB* für die Dokumentation der Behandlung:

(1) Der Behandelnde ist verpflichtet, zum Zweck der Dokumentation in unmittelbarem zeitlichen Zusammenhang mit der Behandlung eine Patientenakte in Papierform oder elektronisch zu führen. Berichtigungen und Änderungen von Eintragungen in der Patientenakte sind nur zulässig, wenn neben dem ursprünglichen Inhalt erkennbar bleibt, wann sie vorgenommen worden sind. Dies ist auch für elektronisch geführte Patientenakten sicherzustellen.

(2) Der Behandelnde ist verpflichtet, in der Patientenakte sämtliche aus fachlicher Sicht für die derzeitige und künftige Behandlung wesentlichen Maßnahmen und deren Ergebnisse aufzuzeichnen, insbesondere die Anamnese, Diagnosen, Untersuchungen, Untersuchungsergebnisse, Befunde, Therapien und ihre Wirkungen, Eingriffe und ihre Wirkungen, Einwilligungen und Aufklärungen. Arztbriefe sind in die Patientenakte aufzunehmen.

(3) Der Behandelnde hat die Patientenakte für die Dauer von zehn Jahren nach Abschluss der Behandlung aufzubewahren, soweit nicht nach anderen Vorschriften andere Aufbewahrungsfristen bestehen.

Der Bundesgerichtshof hatte bereits sehr früh, nämlich mit Urteil vom 27. Juni 1978 *(VI ZR 183/76, VersR 1978, 1022 ff. oder BGHZ 72, 132 ff.)* entschieden, dass die **Führung ordnungsgemäßer Krankenunterlagen** eine **ärztliche Pflicht** ist, die sich als **vertragliche Nebenpflicht** aus dem Behandlungsvertrag ableitet.

Die Dokumentationspflicht besteht danach hinsichtlich Anamnese, diagnostischer Maßnahmen, Befunde, Therapien und deren Wirkung.

In seiner Entscheidung vom 18. März 1986 *(VI ZR 215/84, www.recht-der-pflege.de* unter Urteile *VersR 1986, 788 ff. oder NJW 1986, 2365 ff.)* hat der Bundesgerichtshof die **Pflicht zur Dokumentation** auch allgemein auf die **pflegerische Tätigkeit** erweitert.

Die Gerichte gehen davon aus, dass die Dokumentation ein wesentliches **Hilfsmittel** zur **Sicherstellung von Behandlungsabläufen** ist.

Sie ist zum einen **Gedächtnisstütze** für den Behandler, **sichert** aber vor allem auch den ordnungsgemäßen **Behandlungsablauf**, wenn **mehrere Personen** zusammen arbeiten.

In diesem Zusammenhang erfüllt sie auch **Informationsfunktionen**.

Diese Informationen stehen dann nicht nur den an der Behandlung Beteiligten, sondern auch dem Pflegebedürftigen bzw. **Patienten** selber zu.

Er hat daher auch einen **Anspruch auf Einsichtnahme** in die Dokumentation.

Wichtig

Die Rechtsprechung hat der Gesetzgeber mit dem Patientenrechtegesetz aufgegriffen und in *§§ 630 f, g BGB* geregelt. Bitte lesen! Diese Bestimmungen gelten allerdings nicht unmittelbar für die Pflege.

Auswirkungen von Dokumentationsfehlern

- Lücken in der Dokumentation begründen selber keinen Pflege-/ Behandlungsfehlervorwurf.
- Eine Lücke in der Dokumentation kann für den Pflegebedürftigen Beweiserleichterung bis hin zur Beweislastumkehr nach sich ziehen
- Fehlen pflegerisch-medizinisch gebotene Aufzeichnungen, so ist das Unterbleiben der aufzeichnungspflichtigen Maßnahme indiziert.
- Mangelhafte Dokumentation ist ein Qualitätsdefizit, bei weitreichenden Unzulänglichkeiten kann die fachgerechte Versorgung gefährdet sein.

Rechtlich besonders **bedeutsam** ist die Dokumentation im **haftungsrechtlichen** Bereich, bei Geltendmachung von Schadensersatzansprüchen:

Hier erfüllt die Dokumentation zum einen **Informationszwecke** und kann darüber hinaus Auswirkungen auf den Bereich der **Darlegungs- und Beweislast** haben.

Grundsätzlich muss der Geschädigte, der Ansprüche durchsetzen will, nachweisen, dass sein Anspruch besteht. Hierzu gehört regelmäßig auch der Nachweis eines Pflegefehlers sowie der Ursächlichkeit des Fehlers für den eingetretenen Schaden. Zu den durch das Patientenrechtegesetz vorgegebenen Einzelheiten siehe oben unter Nr. 6.4.

Die Dokumentation versetzt den Betroffenen dazu in die Lage **nachzuvollziehen**, was geschehen ist oder was auch nicht geschehen ist.

Da die Dokumentation den **Behandlungs- bzw. Pflegeverlauf** im Wesentlichen zutreffend und umfassend wiedergeben soll, müssen sich hieraus ggf. in Ergänzung mit sonstigen Erkenntnisquellen **alle pflegerelevanten Faktoren** wieder finden.

Hinweis: Wenn z.B. behandlungs- oder pflegerelevante Probleme auftreten, muss sich hierauf ein Hinweis in der Dokumentation finden lassen.

Fehlt es hieran, liegt der Verdacht nahe, dass das Problem als solches nicht gesehen oder die Pflege nicht durchgeführt wurde. Dies kann dann, wie erwähnt, zu **Beweiserleichterung** für den Geschädigten bis hin zur **Beweislastumkehr** führen mit der Folge, dass möglicherweise nicht der Geschädigte den Fehler nachweisen, sondern der (potentielle) Schädiger sich entlasten muss.

Hinweis: Die weit verbreitete Aussage *„Nicht dokumentiert, heißt nicht gemacht!"* ist in ihrer Absolutheit nicht richtig. Es gibt durchaus noch andere Möglichkeiten, die Durchführung etwaiger Maßnahmen anders als durch die Dokumentation nachzuweisen. Gleichwohl wird in den dokumentierten Leistungsdaten vornehmlich ein Instrument der Beweissicherung, dem prozessualrechtlich eine erhebliche Bedeutung zukommen kann, gesehen.

1.2.2 Heimrecht

Das Heimrecht wurde früher im Wesentlichen durch das Bundes-**Heimgesetz** (HeimG) geregelt. Es handelte sich hierbei um ein Gesetz zum **Schutz der Bewohner**.

Aus diesem Blickwinkel heraus waren auch die Vorschriften des Heimrechtes zur Dokumentation zu sehen. Da das Heimrecht nicht mehr bundeseinheitlich geregelt ist (s. dazu Kapitel 4 Nr. 2), wird an dieser Stelle zur Verdeutlichung der Entwicklung zunächst das ehemalige Bundes-Heimgesetz dargestellt und dann exemplarisch das neue Landesrecht Schleswig-Holstein.

Im Bundes-Heimgesetz fanden sich in *§ 11 Abs. 1 Nr. 7* und *§ 13* Vorschriften zur **Pflegeplanung** und **Pflegedokumentation**.

Bundes-Heimgesetz

§ 11 Abs. 1 Nr. 7 HeimG	**§ 13 HeimG**

Pflegeplanung und	Aufgezeichnet werden müssen
Dokumentation	- Angaben zur Person des Pflegebedürftigen
ist Voraussetzung für das	und Pflegebedarf (Nr. 4)
Betreiben eines Heimes	- Arzneimittel (Nr. 5)
	- Pflegeplanung und Pflegeverlauf (Nr. 6)
	- Qualitätssicherung
	- freiheitsberaubende Maßnahmen

§ 11 Abs. 1 Nr. 7 HeimG bestimmte, dass ein Heim nur betrieben werden darf, wenn sichergestellt ist, dass Pflege geplant und die Durchführung dokumentiert wird.

§ 13 HeimG sah dezidierte Aufzeichnungs- und Aufbewahrungspflichten vor.

Von Interesse für die Anforderungen an den Inhalt einer Pflegedokumentation waren in diesem Zusammenhang insbesondere die Bestimmungen in *§ 13 Abs. 1 Nr. 4 bis Nr. 9 HeimG*. Diese schrieben als zu dokumentierende Tatsachen im Einzelnen vor, z. B.:

Nr. 4: Name, Vorname, Geburtsdatum, Geschlecht und der Betreuungsbedarf der Bewohnerinnen und Bewohner sowie bei pflegebedürftigen Bewohnerinnen und Bewohnern die Pflegestufe

Nr. 5: den Erhalt, die Aufbewahrung und die Verabreichung von Arzneimitteln einschließlich der pharmazeutischen Überprüfung der Arzneimittelvorräte und der Unterweisung der Mitarbeiterinnen und Mitarbeiter über den sachgerechten Umfang mit Arzneimitteln

Nr. 6: die Pflegeplanung und Pflegeverläufe für pflegebedürftige Bewohnerinnen und Bewohner

Nr. 7: für Bewohnerinnen und Bewohner von Einrichtungen der Behindertenhilfe, Förder- und Hilfepläne einschließlich deren Umsetzung

Nr. 8: die Maßnahmen zur Qualitätsentwicklung sowie zur Qualitätssicherung

Nr. 9: freiheitsbeschränkende und freiheitsentziehende Maßnahmen bei Bewohnerinnen und Bewohnern sowie Angabe des für die Anordnung der Maßnahmen Verantwortlichen

Nunmehr verlangt das **gültige Recht** z.B. **in Schleswig-Holstein** im sog. Selbstbestimmungsstärkungsgesetz in *§ 14 Abs. 1 Nr. 3* für den Betrieb einer stationären Einrichtung „für Bewohnerinnen und Bewohner mit Pflegebedarf **Pflegeplanungen** auf(zu)stellen und deren Umsetzung **verständlich und übersichtlich auf(zu)zeichnen**". Diese Anforderungen sind gemäß *§ 20 des Selbstbestimmungsstärkungsgesetzes* zu prüfen. Die Durchführung der Prüfung wird durch eine Richtlinie konkretisiert, die neben Anwendungshinweisen auch konkrete Prüfungspunkte und Fragen umfasst.

In dieser Richtlinie wird in den Anwendungshinweisen dabei ausdrücklich festgestellt und vorgegeben: „Eine wichtige Forderung an die Prüfungsrichtlinie zielt auf **Bürokratievermeidung**. Untersuchungen … haben ergeben, dass sich stationäre Einrichtungen bei … ihrer Pflegedokumentation an ihnen bekannten oder vom ihnen vermuteten Anforderungen der Prüfungsinstanzen orientieren. Sie folgen zum Teil Anforderungen ohne davon überzeugt zu sein, dass diese **fachlich notwendig** sind. Festgestellt wurde insgesamt ein beträchtlicher Umfang an **Überdokumentation**", der **vermieden werden soll** (z.B. durch Doppel-Mehrfach-Dokumentation, ungeeignete Vorgaben von Skalen, Routinemessungen).

Demgemäß soll bei unterschiedlichen Auffassungen zwischen Prüfinstanz und Einrichtung fachlich verhandelt werden, um die erforderlichen Anforderungen und deren Umsetzung festzustellen.

Dies wird z.B. auch in den Prüfungsfragen berücksichtigt, wo unter Nr. 15 zur Prozessqualität folgender Hinweis vermerkt ist: „Liegt für jede Bewohnerin/jeden Bewohner eine aussagekräftige Informationssammlung vor? … Der Aufbau des Dokumentationssystems und die Platzierung des Eintrags innerhalb des Systems sind der Einrichtung überlassen … die Ziele sind dokumentiert. … Die Durchführung der Maßnahmen wird angemessen dokumentiert. Der Nachweis erfolgt in einer inhaltlich geeigneten und zeitsparenden Form."

Nicht unüblich ist auch in anderen Bundesländern ein Verweis auf die Vorgaben nach dem SGB XI und die in den untergesetzlichen Normen festgelegten Qualitätsmaßstäbe und Expertenstandards, wobei hinsichtlich der Dokumentation meist nur allgemein festgelegt wird, dass die Planung, der Verlauf und die Auswertung individueller Pflege- und Betreuungsprozesse aus den Aufzeichnungen der Einrichtung erkennbar sein müssen (vgl. *§ 16 Abs. 1 S. 2 Nr. 7 WTG* für das bereits in Kapitel 4 exemplarisch benannte Recht in Berlin).

> Durch die Ablösung des Bundes-Heimgesetzes gibt es auf Länder-ebene nun neue und moderne Regelungen im Heimrecht. Diese er-möglichen in der Regel nicht nur eine Vereinfachung der Pflegedo-kumentation, in Einzelfällen, wie in Schleswig-Holstein, wird sie sogar ausdrücklich („zeitsparend") eingefordert.

1.2.3 Pflegeversicherungsrechtliche Vorgaben

Pflegeversicherungsrecht

Gesetzliche Regelungen	§ 113 Abs. 1 S. 4 Nr. 1 SGB XI	§ 114 a Abs. 3 S. 3, 5 SGB XI
Unter-gesetzliche Regelungen	Maßstäbe und Grundsätze für die Qualitätssicherung in der stationären Pflege (MuG)	Rahmenverträge gem. § 75 SGB XI und im Landesrecht, z.B. § 16 WTG Berlin
Sonstige Regelungen	MDK Anleitungen zu Prüfungen in Einrichtungen	Qualitätsprüfungsrichtlinien (QPR) für die stationäre Pflege Pflegetransparenzverein-barung stationär (PTVS) Begutachtungs-Richtlinien (BRT) zur Pflegebedürftigkeit

Vorrangiges **Ziel** des Pflegeversicherungsgesetzes ist die **Sicherstellung** der **Versorgung** der Pflegebedürftigen.

Dabei soll zum einen ein möglichst hohes Maß an **Qualität** erreicht werden, zum anderen dürfen **wirtschaftliche Gesichtspunkte** aber nicht außer Acht gelassen werden.

Unter diesem Blickwinkel sind Inhalt und Umfang der Dokumentati-onspflichten zu beurteilen.

In den gesetzlichen Vorschriften selbst ist allerdings kaum etwas Kon-kretes zu Inhalt und Umfang von Dokumentationen enthalten.

Allerdings werden durch *§ 113 Abs. 1 SGB XI* hinsichtlich der Anforde-rungen an eine Dokumentation zur Qualitätssicherung die Mitglieder der pflegerischen Selbstverwaltung aufgefordert, in den MuG „eine **praxist-augliche**, den Pflegeprozess unterstützende und die Pflegequalität fördernde **Pflegedokumentation**" mit den dazu notwendigen Anforderungen zu re-geln, wobei „die über ein für die Pflegeeinrichtungen **vertretbares und wirtschaftliches Maß nicht hinausgehen** dürfen.". Dies wurde durch recht abstrakte Grundlinien erfüllt und den Einrichtungen wird **kein be-stimmtes** Pflegemodell und **-dokumentationssystem** vorgeschrieben.

> Jedes Pflegedokumentationssystem, das fachlich geeignet ist und die Funktion der Informationserfassung und -weitergabe erfüllt, ent-spricht damit auch den sozialrechtlichen Anforderungen.

Neben der Angst vor Haftung war und ist insbesondere bei Einrichtungsleitungen stets die Sorge gegeben, dass eine vereinfachte Dokumentation sich negativ auf die Ergebnisse der Prüfungen auswirkt. Bereits seit 2013 verlangt aber schon der Gesetzgeber in *§ 114 a Abs. 3 S. 3 SGB XI*: „Bei der Beurteilung der Pflegequalität sind die Pflegedokumentation, die in Augenscheinnahme der Pflegebedürftigen und Befragungen der Beschäftigten … sowie der Pflegebedürftigen … angemessen zu berücksichtigen.". Damit entspricht die Rechtslage aus pflegeversicherungsrechtlicher Sicht insofern auch weitgehend derjenigen, die aus haftungsrechtlicher Sicht gegeben ist. Vermeintliche Lücken in einer vereinfachten Dokumentation können also durch die weiteren vom Gesetzgeber vorgeschriebenen Erkenntnisquellen ggf. geschlossen werden.

Auf **untergesetzlicher Ebene** sind zu nennen:

Maßstäbe und Grundsätze für die Qualität und Qualitätssicherung in der stationären Pflege vom 27.05.2011 (MuG)

„3.1.3 Pflegeplanung und -dokumentation

Die vollstationäre Pflegeeinrichtung fertigt eine individuelle Pflegeplanung und legt erreichbare Pflegeziele, deren Erreichung überprüft wird, fest. Die Pflegeplanung muss der Entwicklung des Pflegeprozesses entsprechend kontinuierlich aktualisiert werden.

*Die Pflegedokumentation dient der **Unterstützung des Pflegeprozesses**, der **Sicherung der Pflegequalität** und der **Transparenz der Pflegeleistung**.*

*Die Pflegedokumentation muss **praxistauglich** sein und sich am Pflegeprozess orientieren. Veränderungen des Pflegezustandes sind aktuell (bis zur nächsten Übergabe) zu dokumentieren.*

*Die **Anforderungen** an sie und insbesondere an den individuellen Dokumentationsaufwand **müssen verhältnismäßig sein** und dürfen für die vollstationäre Pflegeeinrichtung über ein vertretbares und wirtschaftliches Maß nicht hinausgehen.*

Das Dokumentationssystem beinhaltet zu den folgenden fünf Bereichen Aussagen, innerhalb dieser Bereiche werden alle für die Erbringung der vereinbarten Leistungen notwendigen Informationen im Rahmen des Pflegeprozesses erfasst und bereitgestellt.

Diese Bereiche sind:

- *Stammdaten,*
- *Pflegeanamnesen/Informationssammlungen inkl. Erfassung von pflegerelevanten Biografiedaten,*
- *Pflegeplanung,*
- *Pflegebericht,*
- *Leistungsnachweis.*

Das Dokumentationssystem ist in Abhängigkeit von bestehenden Pflegeproblemen im Rahmen der vereinbarten Leistungen ggf. zu erweitern. ".

In den **sonstigen Regelungen** finden sich u.a. folgende Vorgaben:

Qualitätsprüfungs-Richtlinien (QPR) für die stationäre Pflege

„4. Prüfungsverständnis und Durchführung der Prüfung

***Informationsquellen**/Nachweise zur Prüfung einrichtungsbezogener Kriterien sind:*

- *die Auswertung der Dokumentation,*
- *Beobachtungen während der Prüfung,*
- *Auskunft/Information durch die Mitarbeiter,*
- *Austritt/Information der Pflegebedürftigen/Bewohner. …*

Die Bewertung … erfolgt schwerpunktmäßig auf Grundlage der Auswertung der Dokumentation und der Beobachtungen in der Einrichtung. Sofern nach deren Auswertung Zweifel an der Erfüllung eines Kriteriums bestehen, werden zusätzlich – soweit möglich – Hinweise von Mitarbeitern und Pflegebedürftigen / Bewohnern mit einbezogen …"

Pflege-Transparenzvereinbarung stationär (PTVS)

(Anlage zum Schiedsspruch der Schiedsstelle Qualitätssicherung Pflege) Anlage 3 (Vorwort zur Ausfüllanleitung)

„Die vorliegende Ausfüllanleitung soll beschreiben, wann ein Kriterium durch den Prüfer als erfüllt oder nicht erfüllt zu bewerten ist. … Zu prüfen und zu bewerten sind die systematische und regelhafte Erfüllung der Kriterien. Pflegeplanung und Dokumentation sichern dabei handlungsleitend die professionelle Tätigkeit der Mitarbeiter in der Pflege.

Die internationale und nationale **Forschungslage** *weist darauf hin, dass die* **Pflegedokumentation alleine keine geeignete Datengrundlage** *für die umfassende Bewertung der Qualität pflegerischer Leistungen darstellt, weil Pflegende ggf. mehr Aktivitäten durchführen als sie dokumentieren. Dies gilt insbesondere für die Darstellung der Unterstützung des Alltagslebens der Bewohner in der stationären Pflegeeinrichtung (z. B. Kommunikation). In den Ausfüllanleitungen werden kriteriumsbezogen alle für die Bewertung infrage kommenden Informationsquellen / Nachweise aufgeführt und in die Prüfung der Qualität einbezogen.*

Offensichtliche Ausnahmefehler in der Planung oder Dokumentation (z. B. fehlendes Handzeichen) führen nicht zu einer negativen Beurteilung des Kriteriums oder der Gesamtbeurteilung der stationären Pflegeeinrichtung, da sie beim pflegebedürftigen Menschen keine Auswirkungen haben. …

Die Prüfung der bewohnerbezogenen Kriterien erfolgt anhand der Ausfüllanleitungen. Informationsquellen / Nachweise sind:

– *Inaugenscheinnahme des in die Stichprobe einbezogenen pflegebedürftigen Menschen,*
– *Auswertung der Pflegedokumentation,*
– *Auskunft / Information / Darlegung (Darstellung und Begründung anhand des konkreten Lebenssachverhalts) durch die Mitarbeiter,*
– *Auskunft / Information der Bewohner oder teilnehmende Beobachtung.*

  …

Die **Bewertung** *der bewohnerbezogenen Kriterien erfolgt schwerpunktmäßig auf Grundlage der* **Inaugenscheinnahme** *und der* **Pflegedokumentation***. …*

Sofern nach Auswertung der Inaugenscheinnahme bzw. der Dokumentation Zweifel an der Erfüllung eines Kriteriums bestehen, werden zusätzlich – soweit möglich – Hinweise von Mitarbeitern und des Bewohners miteinbezogen.

  …

Die Bewertung der einrichtungsbezogenen Kriterien erfolgt schwerpunktmäßig auf Grundlage der Auswertung der Dokumentation und der Beobachtungen in der stationären Pflegeeinrichtung. Sofern nach deren Auswertung Zweifel an der Erfüllung eines Kriteriums bestehen, werden zusätzlich – soweit möglich – Hinweise von Mitarbeitern und Bewohnern miteinbezogen. ".

Begutachtungs-Richtlinien (BRi) zur Pflegebedürftigkeit

Grundsatz: Der Gutachter hat sich ein umfassendes und genaues Bild zu machen.

„D 2.2 Fremdbefunde

Die vorliegenden Befundberichte sind zu prüfen und auszuwerten, ob sie bedeutsame Aufgaben über …

– *die Art und den Umfang des Pflegebedarfs enthalten.*

  Hierzu sind im Begutachtungsverfahren vorgelegte Berichte zu berücksichtigten, wie

– *Pflegedokumentationen …"*

Wichtig

> Alle untergesetzlichen und sonstigen Regelungen (Rahmenverträge, MuG, QPR, …) sind im Sinne der §§ 113 ff. SGB XI auszulegen.

1.2.4 Die Entbürokratisierung der Pflegedokumentation

Wegen der umfangreichen Vorgaben ist, wie aufgezeigt, die ursprünglich als Arbeitsmittel genutzte Pflegedokumentation zum Prüfungsinstrument geworden.

Die Prüfer der Heimaufsichten und des MDK nutzen die Pflegedokumentation als Kontrollinstrument bis hin zur Grundlage von Pflegenoten. Genutzt wird die Dokumentation durch die Pflegekassen und Sozialämter auch zur Sicherstellung des leistungsgerechten Vergütungsanspruches, also als Abrechnungsgrundlage.

Diese zusätzlichen Aufgaben führen zunehmend zu einem Spannungsverhältnis zwischen Aufwand und Nutzen im pflegerischen Alltag. Die Dokumentationspflicht wird in den Einrichtungen sehr häufig als unnötige und zeitraubende Arbeitsbelastung empfunden und geht auf Kosten wertvoller Pflege- und Behandlungszeit.

Im Jahr 2013 ist das Ergebnis einer Studie des Normenkontrollrates der Bundesregierung veröffentlicht worden, wonach inzwischen der Aufwand für die Dokumentation ca. 13% der Gesamtarbeitszeit einer Pflegekraft entspricht. Insbesondere das Ausfüllen von Leistungsnachweisen wird jährlich weit über 400 Millionen Mal durchgeführt. Der Erfüllungsaufwand, der sich aus den Vorgaben zur Pflegedokumentation ergibt, beträgt rund 2,7 Milliarden Euro jährlich (zu den Einzelheiten s. Projektbericht zum Erfüllungsaufwand im Bereich Pflege, März 2013, S. 36, 112 ff., abzurufen unter http://www.bundesregierung.de/Webs/Breg/DE/Themen/Buerokratieabbau/2012–06–22-projektbericht.html?nn=392426).

Wichtig

> Den Umfang der Pflegedokumentation einzugrenzen war und ist das Ziel eines Projekts des Bundesgesundheitsministeriums (BMG) zur Entbürokratisierung der Pflege, welches durch die Ein-Step (Einführung des Strukturmodells zur Entbürokratisierung der Pflegedokumentation) Initiative des Pflegebevollmächtigten der Bundesregierung fortgeführt wird. Das Projekt und die Initiative wurden und werden durch eine Juristische Expertengruppe begleitet, die in zwei sog. „Kasseler Erklärungen" in den Jahren 2014 und 2015 zum notwendigen Umfang der Pflegedokumentation Stellung genommen hat. Ergänzt wurden die beiden Kasseler Erklärungen aktuell im März 2016 durch Hinweise zu den Nachweispflichten im Rahmen der Pflegedokumentation für zusätzliche Leistungen der Betreuung und Aktivierung gemäß SGB XI für stationäre Pflegeeinrichtungen (zu finden unter www.ein-step.de/recht/literatur).

Hinweis: *Durch das von der Ombudsfrau entwickelte neue Konzept einer Pflegedokumentation i. Vm. einer strukturierten Informationssammlung konnte im Rahmen eines Praxistests belegt werden, das nach subjektiver Einschätzung in der ambulanten Pflege mehr als 40% und hinsichtlich der Datensammlung mehr als 35% Zeitersparnis möglich sind. In der stationären Pflege lagen die geschätzten Werte bei mehr als 50% bzw. bei mehr als 30%.*

In den **Kasseler Erklärungen** wird dargelegt, dass unter Einhaltung der zivil- und strafrechtlichen Rahmenbedingungen diese **Reduzierung des Dokumentationsaufwandes** durchaus **rechtmäßig** ist, ohne einerseits den Pflegebedürftigen/Patienten die ggf. notwendigen Informationen vorzuenthalten und andererseits eine Erhöhung des Haftungsrisikos bei Pflegenden und Pflegeeinrichtungen hervorzurufen.

Im Bereich der sogenannten **Behandlungspflege** (der Begriff ist zwar in der Pflegepraxis und -wissenschaft umstritten – siehe dazu Näheres vorn im Kapitel 2 unter Nr. 4.3 –, im Sozial- und Haftungsrecht aber nach wie vor gebräuchlich) wird es weiterhin grundsätzlich für notwendig erachtet, an einer umfassenden Verfahrensweise (mit fortlaufender Abzeichnung der durchgeführten Maßnahmen durch diejenige Person, die sie erbracht hat und ggf. entsprechender ergänzenden Hinweise im Pflegebericht) festzuhalten. Aber auch hierbei erstreckt sich die Dokumentationspflicht nur auf die wichtigsten diagnostischen und therapeutischen (Pflege-)Maßnahmen sowie auf die wesentlichen Verlaufsdaten.

Routinetätigkeiten sind nicht stets zu dokumentieren.

Im Bereich der **Grundpflege**, also bei regelmäßig wiederkehrenden Versorgungsabläufen, ist eine solche Vorgehensweise mit sogenannten Einzelleistungsnachweisen im stationären Bereich nicht notwendig. Auf die täglichen Eintragungen im Pflegebericht kann dann zudem verzichtet werden, wenn die zu erbringenden Leistungen auf der Grundlage einer individuellen strukturierten Informationssammlung und daraus abzuleitenden Pflegeplanungen beruhen. Hier müssen dann nur noch Abweichungen von diesen Planungen dokumentiert werden.

> Das neue Strukturmodell stellt die notwendigen Bestandteile der Pflegedokumentation zur Verfügung, aber teils nicht durch (mehrfach) tägliche Abzeichnungen, sondern durch Nicht-Vermerk einer Abweichung.
>
> Die Entwicklung des Modells erfolgte unter (maßgeblichem!) Einbezug von GKV-Spitzenverband und MDS (Lenkungsgremium) und in der Pressemitteilung des Lenkungsgremiums vom 04.07.2014 wurde festgestellt: Das Strukturmodell ist mit den derzeit geltenden MuG und den QPR vereinbar.

Dementsprechend bewertete der Geschäftsführer des MDS, dem Spitzenverband der MDKs, auf den 10. Forum Pflege und Vernetzung:

„Die heutigen Pflege-Dokumentationssysteme gehen weit darüber hinaus, was nötig ist und auch über das, was die Prüfungsinstanzen zur Prüfung brauchen."

Problematisch im Hinblick auf die vereinfachte Pflegedokumentation bleiben im Pflegeversicherungsrecht allerdings die **Vorgaben zur Abrechnung** der erbrachten pflegerischen Leistungen:

Daraus jedoch abzuleiten, eine Vereinfachung der Pflegedokumentation wäre kein erstrebenswertes Ziel ist der falsche Ansatz. Stattdessen muss die Verknüpfung von Dokumentation und Abrechnungsbeleg auf den Prüfstand.

– So schreibt schon jetzt das Gesetz in *§ 85 Abs. 3 SGB XI* lediglich vor, dass ein Heim bei den **Pflegesatzverhandlungen** zum **Nachweis** seiner Leistungen u.a. die Pflegedokumentation vorlegen muss. Das Gesetz geht in diesem Punkt also schlicht davon aus, dass eine solche existiert.

– *§ 104 SGB XI* gibt vor, dass die Leistungserbringer verpflichtet sind, die zur Durchführung der Aufgaben der Pflegekassen und ihrer Verbände **erforderlichen Angaben aufzuzeichnen und** den Pflegekassen sowie den Verbänden oder den mit Datenverarbeitung beauftragten Stellen **zu übermitteln**. Hier geht es also im Kern um die sog. Leistungsdaten nach dem Pflegeversicherungsgesetz und deren Überprüfung sowie die Sicherstellung der Pflege mit allen dazugehörigen Bereichen, wie der Zusammenarbeit mit den Leistungserbringern, der Qualitätssicherung etc. Doch erfordern diese eine so umfangreiche Pflegedokumentation wie in der Vergangenheit?

Es müssten doch eigentlich nur die wesentlichen Daten nachgewiesen werden, z.B. wie:

– Im Falle der Abrechnung pflegerischer Leistungen nach *§ 105 SGB XI* demgemäß die Leistungsbringer verpflichtet sind, die **erbrachten Leistungen** nach Art, Menge und Preis einschließlich der Tages- und Uhrzeit der Leistungserbringung **aufzuzeichnen**.

Nähere Einzelheiten hierzu bestimmen nach dem Gesetz die Spitzenverbände der Pflegekassen im Einvernehmen mit den Verbänden der Leistungserbringer, die also eine Reduzierung des Dokumentationsaufwandes auch in vergütungsrechtlicher Hinsicht befördern könnten. Da es hier um vergütungsrechtliche Fragen geht, muss der Schwerpunkt in der Aufzeichnung der erbrachten Leistung, die dann auch abgerechnet werden soll, liegen und nicht bei der (pflegefachlichen) Dokumentation.

Hinweis: Im stationären Bereich ist der vergütungsrechtliche Aspekt ohnehin zu vernachlässigen, weil hier regelmäßig keine gesonderte Abrechnung einzelner pflegerischer Leistungen stattfindet, anders als im ambulanten Bereich.

254

Leistungsnachweise auch für grundpflegerische Maßnahmen sind zudem erforderlich, wenn dies in den **Rahmenverträgen** verlangt wird und solche als Teil der Pflegedokumentation aufgefasst werden (vgl. z.B. den Rahmenvertrag für Berlin in § 16). Auch hier müssen zukünftig Änderungen in den Normen vorgenommen werden, etwa dahingehend, dass die Leistungsnachweise als Abrechnungsgrundlage, wie auch in anderen Branchen nicht Teil der fachlich orientierten Pflegedokumentation sein müssen, so dass hinsichtlich der Dokumentation sich der Aufwand für die Pflegekräfte deutlich verringern kann. Denn solange die Abrechnungsvorschriften die tägliche Abzeichnung von Modulen vorschreiben, kann es eine effektive Vereinfachung nicht geben.

Wichtig

> Für den ambulanten Bereich gilt die vereinfachte Pflegedokumentation im Grundsatz auch, da hier aber die Dokumentation auch gleichzeitig als Abrechnungsnachweis genutzt wird, ist eine andere und somit nicht reduzierbare Vorgehensweise z. Zt. noch notwendig. Dies gilt jedenfalls dann, wenn dies zur Sicherstellung der Vergütungsansprüche erforderlich ist bzw. zur Überprüfung derselben durch die Vergütungspflichtigen. Dies wäre für die Zukunft aber durchaus zu überdenken, damit auch im ambulanten Bereich eine knappe und aussagekräftige Pflegedokumentation nur im gebotenen zeitlichen Umfang und im Hinblick auf die Kernaufgaben einer Dokumentation möglich ist.

1.2.5 Regelungen im Krankenversicherungsrecht

Das Leistungserbringungsrecht des **SGB V** enthält anders als im Pflegeversicherungsrecht keine Konkretisierungen zur Dokumentation, und zwar weder in *§ 132 a* selbst noch in den Richtlinien des G-BA über die Verordnung häuslicher Krankenpflege nach *§ 92 Abs. 1 S. 2 Nr. 6* (dort wird nur das Einsichts- und Eintragungsrecht der Ärzte in „die Pflegedokumentation" bestimmt, vgl. § 7) und auch nicht in der Bundesrahmenempfehlung gem. *§ 132 a Abs. 1* vom 10.12.2013. Die Verträge nach *§ 132 a Abs. 2 SGB V* sehen in aller Regel den Einzelleistungsnachweis nur als Abrechnungsgrundlage vor.

1.2.6 Berufsrechtliche Vorgaben

Im **EU-Recht** werden weder in der neuen Fassung der Richtlinie über die Anerkennung von Berufsqualifikationen *(2005/36/EG)* noch in der Anlage V. 2. (Ausbildungsprogramm und Ausbildungsnachweise für Krankenschwestern und Krankenpfleger, die für die allgemeine Pflege verantwortlich sind) Vorgaben zur Dokumentation gemacht.

Im deutschen Recht wird in *§ 3 Abs. 2 Nr. 1 a KrPflG* das **Ausbildungsziel** in der **Krankenpflege** dahingehend u.a. festgelegt, dass die Dokumentation der Pflege eigenverantwortlich auszuführen ist. Sie steht dabei im Zusammenhang mit der Erhebung und Feststellung des Pflegebedarfs, der Planung, Organisation und Durchführung der Pflege. Hinzu kommt die eigenverantwortliche Ausführung der Evaluation und die Sicherung und Entwicklung der Qualität der Pflege *(§ 3 Abs. 2 Nr. 1 b KrPflG)*. In der **Ausbildung- und Prüfungsverordnung für die Berufe in der Krankenpflege** findet sich ein **Hinweis auf** die **Dokumen-**

tation nur in *§ 15 Abs. 1* zum praktischen Teil der Prüfung. Danach hat ein Prüfling alle anfallenden Aufgaben einer prozessorientierten Pflege einschließlich der Dokumentation und Übergabe zu übernehmen. Entsprechendes gilt gemäß *§ 18* auch für die Prüflinge in der Kinderkrankenpflege. In der Anlage 1 zur Ausbildungs- und Prüfungsverordnung gibt es keine weiteren konkreten Hinweise zur Dokumentation. Es wird jedoch vom theoretischen und praktischen Unterricht verlangt, dass die Auszubildenden u. a. ihr Pflegehandeln nach dem Pflegeprozess zu gestalten haben und befähigt werden, Pflegemaßnahmen auswählen, durchführen und auswerten zu können, wobei dazu gehört, den Erfolg pflegerischer Interventionen zu evaluieren und zielgerichtetes Handeln kontinuierlich an den sich veränderten Pflegebedarf anzupassen (unter A Nr. 2).

Im **Altenpflegegesetz** finden sich **keine Angaben zur Pflegedokumentation**. In *§ 3* wird als Ausbildungsinhalt verlangt, die sach- und fachkundige, den allgemeinen anerkannten pflegewissenschaftlichen, insbesondere den medizinisch-pflegerischen Erkenntnissen entsprechende, umfassende und geplante Pflege durchführen zu können *(Abs. 1 Nr. 1)*. Darüber hinaus soll die Ausbildung dazu befähigen, mit anderen in der Altenpflege tätigen Personen zusammen zu arbeiten und diejenigen Verwaltungsarbeiten zu erledigen, die in unmittelbarem Zusammenhang mit der Aufgabe in der Altenpflege stehen *(Abs. 1 Satz 3)*. In der **Altenpflegeausbildungs- und Prüfungsverordnung** befindet sich in *§ 10 Abs. 1 Nr. 1* zum schriftlichen Teil der Prüfung die Vorgabe, die **Pflege** alter Menschen planen, durchführen, **dokumentieren** und evaluieren zu können. Damit ist die Dokumentation Prüfungsgegenstand. Auch in der Anlage 1 zur Verordnung wird als Ausbildungsinhalt des theoretischen und praktischen Unterrichts in der Altenpflege die Pflege alter Menschen zu planen, durchführen, dokumentieren und evaluieren zu können, verlangt (A Nr. 1.2).

> Zusammenfassend ist somit festzustellen, dass durch die europa- sowie die bundesgesetzlichen Regelungen und die ergänzenden Ausbildungs- und Prüfungsverordnungen keinerlei konkrete Vorgaben für Umfang und Inhalt der pflegerischen Dokumentation festgelegt werden.

Als **indirektes Berufsrecht** auf Bundesebene wird das Leistungserbringungsrecht, insbesondere das der Krankenversicherung und Pflegeversicherung, verstanden und bezeichnet. Die dort zu findenden Vorgaben zur Dokumentation sind oben aus sozialrechtlicher Sicht bereits benannt.

Vier Bundesländer (**Saarland**, **Hamburg**, **Bremen** und **Sachsen**) haben **Berufsordnungen für Pflegefachkräfte** erlassen. Damit sind u. a. entsprechend den akademischen Heilberufen auf gesetzlicher Grundlage Regelungen geschaffen werden, in denen Aufgaben, Pflichten und angemessenes Verhalten der jeweiligen Berufsgruppe beschrieben wird. Exemplarisch wird die Regelung in Sachsen dargestellt, da diese die neuste Berufsordnung mit Inkrafttreten am 16.12.2012 darstellt. In dieser wird der **Dokumentation** mit § 6 eine **eigene Vorschrift** gewidmet.

„1. Pflegefachkräfte haben die von ihnen erbrachte Pflegetätigkeit in strukturierter Form zu dokumentieren. Die Dokumentationen haben vollständig, nachvollziehbar, zeit- und handlungsnah, leserlich und fälschungssicher signiert zu erfolgen. Einen im Arbeitsbereich installiertes Dokumentationssystem ist zu verwenden.

2. Dem Pflegeempfänger und den im Rahmen der Befreiung der Schweigepflicht benannten Personen ist auf Verlangen Einsicht in die ihn betreffenden Pflegedokumentationen zu gewähren. Auf Verlangen sind dem Pflegeempfänger Kopien der Unterlagen gegen Erstattung der Kosten zu überlassen. “.

Anders als in den anderen Berufsordnungen sind in dieser keine Sanktionen bei Verstößen vorgesehen.

Da also auch in den **Berufsordnungen kein bestimmtes Dokumentationssystem verlangt** wird, sondern nur die Pflicht in strukturierter Form zu dokumentieren und dazu ggf. ein im Arbeitsbereich installiertes standardisiertes Dokumentationssystem zu verwenden, ist unter pflegefachlichen Gesichtspunkten zu bestimmen, ob eine vereinfachte Pflegedokumentation diesen Ansprüchen genügt. Aus juristischer Sicht gilt dafür letztlich nichts Anderes als die benannte Rechtslage im Haftungsrecht und Sozialrecht, zumal die Verordnungsgeber mit diesen Regelungen gerade keine konkrete Vorgabe für ein bestimmtes Dokumentationssystem oder eine bestimmte Art und Weise der Dokumentation gemacht haben.

1.3 Inhalt, Zeitpunkt, Form und Umfang der Dokumentation

Was ist nun praktisch aus all diesen rechtlichen Vorgaben abzuleiten?

Hauptzweck und Ziel der **Pflegedokumentation** ist die **Sicherstellung einer ordnungsgemäßen Pflege** ist. Sie ist also auch der Maßstab für den Inhalt und den Umfang einer Pflegedokumentation.

Die Dokumentation muss sich auf alle für die Pflege erheblichen Fakten erstrecken, wobei die Dokumentation so geführt sein muss, dass jede mitwirkende Pflegefachkraft und Mitglieder anderer Berufsgruppen, etwa des ärztlichen Dienstes, klare Erkenntnisse über den Gesundheits- und Pflegezustand, die bisherigen Maßnahmen sowie ihre Wirkungen und über noch vorzunehmende Maßnahmen jederzeit erhalten. Der **Pflegeprozess** muss damit **klar erkennbar** sein. Solche Erkenntnisse müssen sich jedoch nicht alleine und nur aus der Dokumentation gewinnen lassen, sondern im **Zusammenspiel mit weiteren Informationsquellen**, auch und insbesondere mit einer **strukturierten Informationssammlung**.

Umstände, die für die Pflege nicht relevant sind, müssen nicht erkennbar und dokumentiert werden. Dem entspricht es, dass die Dokumentation auch ausreichend ist, wenn nicht jede einzelne Maßnahme erfasst wird, sondern Hinweise auf standardisierte Verfahren gegeben werden. Dies gilt jedenfalls dann, wenn abweichende Geschehensabläufe gesondert vermerkt werden.

Grundsätzlich notwendige Erkenntnisse

– Zustand des Pflegebedürftigen bei Aufnahme und Versorgung/Betreuung.
– Festlegung der vorgesehenen pflegerischen Interventionen.
– Feststellung der durchgeführten Maßnahmen und deren Ergebnisse.

Wichtig

– Zu den in diesem Zusammenhang notwendigen Erkenntnissen gehören Angaben zur **Person** des Pflegebedürftigen, wie Name, Vorname, Geburtsdatum, Geschlecht, Pflegestufe nach dem SGB XI und eine Pflegeanamnese, Feststellungen zum Pflege- und Betreuungsbedarf.

– Dazu gehört vor allem auch die **sog. Pflegeplanung** als Herzstück des Pflegeprozesses (incl. Feststellung der Ressourcen und Festlegung von Pflegezielen), ggf. Pflegebericht, die Erfassung von Pflegehilfsmitteln, die Erfassung von Behandlungspflegemaßnahmen, die Aufbewahrung von Arzneimitteln und Angaben zu Fixierungsmaßnahmen sind ebenfalls erforderlich.

– Weiter muss nachvollzogen werden können, was für die Durchführung einer ordnungsgemäßen Pflege erforderlich ist. Dies sind z.B. prophylaktische Maßnahmen, Beobachtungen und Fakten über die körperliche Befindlichkeit etc. und ggf. ein Überleitungsbogen.

Merksatz

Umstände, die für die Pflege nicht relevant sind, müssen auch nicht dokumentiert werden!

Steht danach der Inhalt fest, stellen sich die weiteren Fragen, **wann**, in welcher **Form** und **von wem** etwas zu dokumentieren ist und vor allen Dingen **wie umfangreich**:

Wann?

Grundsätzlich hat eine Dokumentation von Pflegemaßnahmen **zeitnah** zu erfolgen. Da die Dokumentation in Verbindung mit den weiteren Erkenntnisquellen dazu dient nachfolgende Pflegekräfte über den aktuellen Stand zu informieren, müssen relevante Sachverhalte natürlich spätestens **vor dem Schichtwechsel** aufgezeichnet werden.

Form

Die Dokumentation muss **schriftlich** erfolgen, wobei allerdings auch eine Dokumentation mit dem PC, Laptop oder Tablet möglich ist. Sie muss zudem übersichtlich sein. Es empfiehlt sich daher, ein klar gegliedertes Dokumentationssystem zu wählen, das einem Fachmann/einer Fachfrau erlaubt, in kurzer Zeit die erforderlichen Informationen zu erhalten.

Durch wen?

Aus rechtlicher Sicht ist grundsätzlich nicht erforderlich, dass eine bestimmte Person die Dokumentation vornimmt. Es ist aber erforderlich, dass die Dokumentation **individualisierbar** ist, d.h. klar zu erkennen ist, wer, wann welche Planungen gemacht oder Maßnahmen durchgeführt hat.

Daher sollte die Dokumentation von der zuständigen Pflegekraft, die auch die Maßnahmen durchführt, geführt werden.

Dritte sind grundsätzlich **nicht verpflichtet**, Aufzeichnungen in die Pflegedokumentation vorzunehmen, so insbesondere nicht der **Arzt**. Auch er muss dokumentieren, man kann ihm aber nicht vorschreiben, in welchem System. Soweit das Abzeichnen von ärztlichen Anordnungen durch den Arzt selber nicht erfolgt, sollten die ärztlichen Anordnungen von den Pflegekräften aufgenommen werden. Das nochmalige Vorlesen dieser Anordnung und die nochmalige Bestätigung durch den Arzt dient dabei der Vermeidung von Übermittlungsfehlern und ist aufgrund des Umstandes, das der Arzt nicht gezwungen werden kann seine Anordnungen selber abzuzeichnen, als praktikabler Weg zur Erfassung derartiger Anordnungen anerkannt.

Umfang der Aufzeichnungen

Der Umfang der Aufzeichnungen hat sich an dem eigentlichen Ziel auszurichten. Es geht darum, **jederzeit Einblick** in den **Pflegestand** und **Pflegeverlauf** zu geben.

Dazu gehört, dass die Pflegedokumentation als solche übersichtlich geführt wird, sonst wäre eine jederzeitige Information nicht möglich.

Darüber hinaus sollte nur das aufgezeichnet werden, was tatsächlich pflegerelevant ist und dies in der gebotenen Kürze, da die Pflegedokumentation schließlich leicht einen umfassenden Überblick geben soll. Es nützt nicht, wenn Pflegekräfte oder Ärzte seitenlange Romane durchlesen müssen.

Die Pflegedokumentation muss nicht so aufgebaut sein, dass jeder sie versteht. Es reicht, wenn fachkundige Dritte, d.h. also Pflegefachkräfte oder Ärzte, mit den Angaben etwas anfangen können (vgl. *BGHZ 99, 291 und BGH NJW 94, 77*).

Bei Verweisen auf Standards sollten diese, klar bestimmbar und auf jeden Fall einsehbar sein.

Besondere Vorkommnisse oder **subjektive Empfindungen des Patienten** müssen dargestellt werden, wenn sie pflegerelevant sind. Dabei sollte darauf geachtet werden, sich kurzer, knapper und neutraler Ausdrücke zu bemühen und keine herabwürdigenden Formulierungen zu gebrauchen.

Merksatz

Grundsätze für die Führung der Dokumentation		
Wann	→	zeitnah, spätestens vor Schriftübergabe
Wie	→	schriftlich, übersichtlich, klar gegliedert
Durch wen	→	grundsätzlich durch die handelnde Pflegekraft
Wie ausführlich	→	kurz und knapp, keine langen Ausführungen, Verweis auf Standards möglich und wünschenswert, neutrale Ausführungen, keine diskriminierenden Formulierungen, verständlich für fachkundige Dritte

Hinweis: Eine Pflegedienstleitung sollte sich darüber im Klaren sein, dass sich der positive Effekt einer Reduzierung des bürokratischen Aufwandes durch eine Effektierung der Dokumentation nicht zu einer anders artigen Überforderung der Pflegekräfte in sein Gegenteil verkehrt. So ist auch auf die Pflegehilfskräfte Rücksicht zu nehmen, die eine nicht unerhebliche Gruppe in der Pflege darstellen, und auch insoweit muss sichergestellt bleiben, dass die mit dem Dokumentation-System verbundenen Ansprüche durch die damit arbeitenden Pflegehilfskräfte erfüllt werden können.

Denn last but not least gilt bei allen Veränderungen/Verbesserungen am System:

> ### Der Wert der Pflegedokumentation
>
> bemisst sich nicht nur nach ihren Bestandteilen und Inhalten,
>
> sondern auch nach der Integration
> in den Arbeitsablauf der Fachkräfte!

2 Die Berücksichtigung des Willens der Pflegebedürftigen

2.1 Die Aufgaben der Pflegenden und das Selbstbestimmungsrecht der Pflegebedürftigen

Maßstab für die **Qualität** der Pflege ist der zu betreuende und zu versorgende **Mensch**. Dieser mit seinen Ansprüchen und Rechten ist das Ziel einer qualitätsvollen Arbeit/Pflege. Deshalb ist der Mensch Mittelpunkt und Qualitätsmaßstab pflegerischer Arbeit.

Juristischer Ausgangspunkt für die **Patientenrechte** ist das **Grundgesetz** (GG).

Art. 2 Abs. 1 GG legt fest, dass jeder das Recht auf die freie Entfaltung seiner Persönlichkeit hat, soweit er nicht die Rechte anderer verletzt:

> ### GG
>
> *Art. 2*
> *(Allg. Handlungsfreiheit + Persönlichkeitsrecht):*
>
> *(1) Jeder hat das Recht auf die freie Entfaltung seiner Persönlichkeit, soweit er nicht die Rechte anderer verletzt und nicht gegen die verfassungsmäßige Ordnung oder das Sittengesetz verstößt.*

Dieses sog. **Selbstbestimmungsrecht** gilt auch in Pflegeeinrichtungen und Krankenhäusern und zwar jederzeit. Es ist zugleich **Voraussetzung und Ziel** der pflegerischen Tätigkeiten.

> Pflegebedürftige sind Subjekte und nicht Objekte der Pflege und Behandlung, was bedeutet, dass der Pflegebedürftige selbst zu entscheiden hat, was geschehen oder unterbleiben soll!

Es ist nach wie vor für einige professionelle Helfer nur schwer verständlich, wenn z.B. Pflegebedürftige fachliche Maßnahmen verweigern, doch darf nie vergessen werden, dass das Selbstbestimmungsrecht abgeleitet aus der Verfassung und konkretisiert in weiteren Rechtsvorschriften, das zentrale Grundrecht eines jeden Einzelnen ist.

§ 2 des Pflegeversicherungsgesetzes, also des **SGB XI**, macht dies deutlich:

> *SGB XI*
>
> *§ 2*
>
> *(Selbstbestimmung):*
>
> *(1) Die Leistungen der Pflegeversicherung sollen den Pflegebedürftigen helfen, trotz ihres Hilfebedarfs ein möglichst selbständiges und selbstbestimmtes Leben zu führen, das der Würde des Menschen entspricht.*

– Demgemäß ist grundsätzlich **vor** medizinisch-pflegerischen Eingriffen eine **rechtswirksame Einverständniserklärung** des Patienten **nach Aufklärung** durch den Arzt notwendig.

Hinweis: Dieser Rechtsgrundsatz ist durch das Patientenrechtegesetz ins BGB ausdrücklich in den *§§ 630 c, 630 e und 630 d* aufgenommen worden.

– Eine solche Einwilligung ist auch bei Entscheidungen über die Behandlung und Pflege **nicht (mehr) einwilligungsfähiger** Pflegebedürftiger grundsätzlich erforderlich.

Fehlt sie, können sich Pflegekräfte und Ärzte strafbar machen.

– Voraussetzung für die Einwilligung ist dabei neben der Information, rechtlich genannt die **Aufklärung** *(§ 630 e BGB)*, die sog. **Einwilligungsfähigkeit**, also das Verständnis für die zu treffende Entscheidung, und die ausdrückliche oder konkludente **Einverständniserklärung** durch den Pflegebedürftigen/Patienten.

Hinweis: Die Abhängigkeit der pflegerischen medizinischen Maßnahme von dem vorherigen Einverständnis des Betroffenen wird nicht selten so diskutiert, als ob es eine unterschiedliche Interessenlage zwischen den professionellen Helfern und den Pflegebedürftigen bzw. den Patienten gibt. Dabei wird jedoch außer Acht gelassen, dass gerade die fachliche Tätigkeit nur diesem Ziel verpflichtet ist.

§ 3 Abs. 1 des Krankenpflegegesetzes beschreibt deshalb als **Ausbildungsziel** für Gesundheits- und Krankenpflegekräfte nicht nur die fachlich zu erlangende Kompetenz, sondern **verlangt** ausdrücklich die **Berücksichtigung** der „Selbständigkeit und Selbstbestimmung der Menschen". Nichts anderes gilt für die Altenpflege.

> *KrPflG*
>
> *§ 3*
>
> *(Ausbildungsziel):*
>
> *(1) Die Ausbildung … soll entsprechend dem allgemein anerkannten Stand pflegewissenschaftlicher, medizinischer und weiterer bezugswissenschaftlicher Erkenntnisse fachliche, personale, soziale und methodische Kompetenzen zur verantwortlichen Mitwirkung insbesondere bei der Heilung, Erkennung und Verhütung von Krankheiten vermitteln. … **Dabei sind** die unterschiedlichen Pflege- und Lebenssituationen sowie Lebensphasen und **die Selbständigkeit und Selbstbestimmung der Menschen zu berücksichtigen** (Ausbildungsziel).*

Deshalb kann es insoweit **keine unterschiedlichen Interessenlagen** geben.

Was es allerdings gibt, sind **unterschiedliche Vorstellungen und Bewertungen**. Auch die **Kompetenzen** sind ungleich verteilt, weil Pflegefachkräfte ohne Zweifel besser über das fachlich Notwendige Bescheid wissen, als die betroffenen Pflegebedürftigen und Patienten.

Wichtig

> Das fachliche Kompetenzgefälle darf nicht dazu führen, dass den Kompetenzträgern das Recht erwächst, Entscheidungen ohne oder sogar gegen den geäußerten Willen der Pflegebedürftigen zu treffen.

- Ein weiteres **Problem** ergibt sich, **wenn** der **Betroffene** selbst **nicht** (mehr) **in der Lage** ist, seinen **Willen zu äußern**. Dann müssen Andere entscheiden, falls keine auch für diese Situation gültige Entscheidung des Pflegebedürftigen selbst vorliegt.

Wonach sollen sich aber dann die Entscheidungen richten?

- Nach den pflegerischen und medizinischen Möglichkeiten, nach der eigenen Auffassung?
- Was ist, wenn die Vorstellung der Beteiligten nicht übereinstimmen?
- Was ist, wenn Willenserklärungen der Pflegebedürftigen vorliegen, diese aber schon älter oder nicht genau auf die vorliegende Situation bezogen sind?

Aus **rechtlicher Sicht** geht es dann um das Ausbalancieren zweier Einflussgrößen:

Im Spannungsverhältnis

- Das **Selbstbestimmungsrecht** des Pflegebedürftigen (und seine Grenzen).
- Die **Fremdbestimmung** durch Ärzte, Pflegekräfte, Angehörige, etc. (und ihre Grenzen).

Auch hier lautet der juristische Lösungsansatz eindeutig so, dass der **Autonomie des Betroffenen** zentrale Bedeutung zukommt.

Jedoch bedeutet Selbstbestimmung auch **Selbstverantwortung**.

Aus dem Recht zur **Selbstbestimmung** folgt für den Einzelnen die Pflicht zur **Selbstverantwortung** in Form der **Vorsorge**.

Selbstverantwortung wiederum setzt zu bestimmende **Fähigkeiten** (etwa die Fähigkeit zur eigenverantwortlichen Willensbildung) voraus.

Und: Selbstverantwortung kann zu einer für den Einzelnen **untragbaren** Bürde werden.

Das Prinzip der Selbstbestimmung bedarf deshalb sowohl der **unterstützenden Absicherung** als auch der (allerdings die Gefahr von Fremdbestimmung heraufbeschwörenden) **Ergänzung** durch das Prinzip der **Hilfe**.

Der damit unausweichliche Spagat zwischen (Recht zur) Selbstbestimmung (mit der Gefahr der Selbstschädigung) einerseits und Schutz und Fürsorge für den Betroffenen (mit der Gefahr der Fremdbestimmung) andererseits, muss bewältigt und ses muss owohl die Patientenautonomie als auch die Patientenversorgung sichergestellt werden. Dies hat der Gesetzgeber auch durch das Patientenrechtegesetz mit seinen vielfältigen Bestimmungen zu Informationspflichten der Behandler vor Eingriffen erneut deutlich gemacht.

Das Prinzip der **Selbstbestimmung** bedarf der **Ergänzung** durch das Prinzip von **Schutz** und **Fürsorge**.

2.2 Die Vereinbarkeit von Pflegequalität, Wirtschaftlichkeit und Leistungen mit der Würde der Patienten

Ziel der Leistungen nach dem Sozialrecht und auch der Qualitätssicherung im Gesundheitswesen ist immer, die **bestmögliche Versorgung** der Patienten nach dem Stand der Wissenschaft zu gewährleisten.

Aber auch hier gilt, wie es der Gesetzgeber vorschreibt:

> *§ 11 Abs. 1 SGB XI*
>
> *Die Pflegeeinrichtungen pflegen, versorgen und betreuen die Pflegebedürftigen, die ihre Leistungen in Anspruch nehmen, entsprechend dem allgemein anerkannten Stand medizinisch-pflegerischer Erkenntnisse. Inhalt und Organisation der Leistungen haben eine humane und aktivierende Pflege unter Achtung der Menschenwürde zu gewährleisten.*

Ebenso verlangt *§ 70 SGB V* für die **Krankenversorgung** eine humane und bedarfsgerechte Versorgung, also eine solche, die auf dem **Bedarf** des einzelnen Patienten und nach seinen **Vorstellungen** ausgerichtet ist.

Nichts anderes gilt für das **Heimrecht**, dessen Zweck es ist, die Würde sowie die Interessen und Bedürfnisse der Bewohnerinnen und Bewohner von Heimen vor Beeinträchtigungen zu schützen, und die Selbständigkeit, die Selbstbestimmung und die Selbstverantwortung der Bewohnerinnen und Bewohner zu wahren und zu fördern.

Dem ist durch **Qualitätssicherungsmaßnahmen** Rechnung zu tragen.

Dabei müssen **alle Bausteine** so zusammengefügt und **koordiniert** werden, dass Patienten eine optimale Diagnostik und Therapie erhalten, die den Menschen in den Mittelpunkt stellt.

Wichtig

> Hinweise zu Qualitätsverbesserung sind stets darauf ausgerichtet, eine stärkere Patientenorientierung vorzunehmen und eine Verbesserung auch durch interprofessionelle Zusammenarbeit zu erreichen.

So verstanden, wird dann auch nicht nur die Qualität der Versorgung sondern auch die Wirtschaftlichkeit verbessert.

Dies wird bereits auf den ersten Blick deutlich, wenn **unnötige** diagnostische oder therapeutische **Maßnahmen**, also auch ungewollte, **vermieden** werden:

Pauschale und generelle Maßnahmen und Methoden, nicht selten also die sog. **Routinemaßnahmen**, sind ohne hinreichende Berücksichtigung des Einzelfalles mit **Folgewirkungen** verbunden, die zwar auf den ersten Blick einen Einspareffekt vermeintlich deutlich machen, mittel- und langfristig jedoch Folgekosten haben, auf die am Anfang unberechtigterweise gar nicht so geachtet wird.

Beispiel: Hierfür mag die **Fixierung** als Beispiel dienen:
Fixierungsmaßnahmen werden angewendet, um Pflegebedürftige vor Schaden zu bewahren und unter ökonomischen Gesichtspunkten scheint dieses zunächst sinnvoll zu sein, weil Folgekosten durch ärztliche und Krankenhausbehandlungen bei Unfällen oder auch Stürzen vorgebeugt wird bzw. diese vermieden werden. Dagegen ist auch nichts einzuwenden, wenn alle Beteiligten damit einverstanden sind.

Problematisch wird dies jedoch dann, wenn entgegenstehende Wünsche von Patienten aus vermeintlich fachlichen Gründen unberücksichtigt bleiben. Nicht nur, weil dies rechtlich kritisch zu bewerten ist, wie wir gesehen haben, sondern auch, weil pflegefachlich dabei etwas zu oberflächlich bewertet wird.

Denn es gibt mit der Fixierung verbunden auch **Risiken**, die **Folgeschäden** mit sich bringen können und wohl auch werden:

So hat die schweizerische Gesellschaft für Gerontologie darauf hingewiesen, dass mechanische Fixierung und chemische Ruhigstellung unabhängige und zusätzliche Sturzrisiken sind, selbst wenn sie zur Kontrolle bekannter anderer Risikofaktoren eingesetzt werden (z.B. im Falle von Demenz, neurologischen und rheumatologischen Krankheitsbildern, Seh- und Hörbehinderung, Depression, Unruhe, schwere Allgemeinerkrankung, mehrerer vorangegangener Stürze, etc.).

Solche Maßnahmen, die die Selbstbestimmung einschränken, setzen gleichzeitig die Lebenszufriedenheit und Leistungsfähigkeit der Betroffenen massiv herab.

Zudem können mit einschränkenden Maßnahmen Stürze und sekundäre Verletzungen ohnehin nicht in jedem Fall verhindert werden und die massive Reduktion von sedierenden und bewegungsbeschränkenden Mitteln hat im übrigen gezeigt, dass es weder in Krankenhäusern noch in Heimen noch im häuslichen Milieu einen deutlichen Anstieg von Stürzen und seine Folgen mit sich brachte.

Gleichzeitig waren bei Institutionen, welche kaum Körperfixierung oder pharmakologische Sedierung einsetzten, eher weniger Sturzereignisse oder Sturzfolgen zu verzeichnen.

Vor allem die **individuelle Entscheidungsfindung** muss für jede einzelne Person nebst interdisziplinärer Evaluation maßgebend sein, was sich im Vorwege in der Stellung eines **individuellen** schriftlichen **Pflege- und Betreuungsplanes** ausdrückt, der Informationen und die Begründung von Entscheidungen gegenüber den betroffenen Pflegebedürftigen oder zum Beispiel deren Betreuer oder Angehörigen mit einbezieht.

Solche Schritte sind zunächst aufwändig und damit vermeintlich teurer. Berücksichtigt man jedoch die notwendigen Überwachungsmaßnahmen, den Aufwand bei freiheitsentziehenden Einschränkungen, der sich aus solchen Maßnahmen ergibt, und das gleichwohl stets vorhandene Restrisiko, sowie die beschriebenen Folge- und Nebenwirkungen, ist eine **Fixierung auch pflegefachlich** und unter wirtschaftlichen Gesichtspunkten eher **problematisch**.

Wichtig

> Das Gebot der Wirtschaftlichkeit kann und darf das Recht auf Menschenwürde nicht außer Kraft setzen, sodass es nur unter Einhaltung dieses verfassungs-, berufs- und leistungsrechtlichen Grundsatzes rechtmäßig angewendet werden kann.

Das *Oberlandesgericht Koblenz* hat z.B. demgemäß am 21.03.2002 *(abgedruckt in: Pflegerecht 2002, S. 373 ff.)* dazu festgestellt, dass sich zwar möglicherweise nahezu jeder Unfall durch weit ergreifende Sicherungsmaßnahmen vermeiden lassen kann. Ein allumfassender Schutz kann jedoch in derartigen Fällen im **Spannungsfeld** zwischen **Freiheitsrecht** einerseits und dem **Recht auf körperliche Unversehrtheit** andererseits nicht gewährt werden.

Zudem hätte dies möglicherweise monatelange dauerhafte Fixierungen (in dem entschiedenen Fall im Rollstuhl) zur Folge, das mit dem Konzept eines Altenheims nicht zu vereinbaren ist, da es sich nicht auf die sichernde Verwahrung der ihm anvertrauten Senioren beschränkt, sondern das Verfassungsgebot ernst zu nehmen und den alten Menschen einen würdevollen Lebensabend zu gestalten hat.

Es ist nun mal **nicht möglich** und eben auch nicht zulässig, **jedwede Gefährdung** von Pflegebedürftigen **auszuschließen** und nur dann, wenn konkrete notwendige Erkenntnisse es erforderlich machen präventiv tätig zu werden, müssen diese eingeleitet werden.

Merksatz

> Als Fazit lässt sich feststellen, dass die Beachtung des Selbstbestimmungsrechts zum einen selbstverständlich auch ein gebotener Maßstab für die Qualität und Qualitätssicherung ist und zum anderen nicht im Widerspruch zum Gebot der Wirtschaftlichkeit steht.

Mittel- und langfristig betrachtet, ist sie ggf. sogar eher geeignet, um das Verhältnis Kosten und Nutzen richtig bzw. rechtmäßig zu bewerten und zu gestalten.

2.3 Die Bedeutung und Einbeziehung von Patientenverfügung und Vorsorgevollmacht in die pflegerische Arbeit

Es reicht nun aber nicht aus, stets das Gebot der Achtung der Selbstbestimmung des Patienten zu betonen. Es wurde auch bereits darauf hingewiesen, dass damit für den Einzelnen auch ein Gebot zur Wahrnehmung der **Selbstverantwortung** verbunden ist.

Dieses betrifft nicht nur eine gesundheitsförderliche Lebenshaltung, sondern auch die Wahrnehmung von Möglichkeiten, **rechtzeitig** und frühzeitig für Situationen, in denen akut der Wille nicht mehr abgefragt, bzw. erklärt werden kann, **Vorsorge** dahingehend zu treffen, dass auch in solchen Situationen die **Entscheidung des Patienten** verbindlicher **Maßstab** für die Medizin und Pflege ist.

Als **Vorsorgemöglichkeit** für den Einzelnen haben sich drei juristisch tragfähige unterschiedliche Instrumente herausgebildet:

- Die **Patientenverfügung**
- Die **Vorsorgevollmacht**
- Die **Betreuungsverfügung**

Ergänzt werden diese durch die **Erklärung zur Organspende**.

Möglichkeiten der Vorsorge

Patientenverfügung

Schriftliche Festlegung eines einwilligungsfähigen Volljährigen für den Fall seiner Einwilligungsunfähigkeit, ob er in bestimmte, zum Zeitpunkt der Festlegung noch nicht unmittelbar bevorstehende Untersuchungen seines Gesundheitszustandes, Heilbehandlungen oder ärztliche Eingriffe einwilligt oder untersagt *(§ 1901 a BGB)*.

Vorsorgevollmacht

Bevollmächtigung einer Person des Vertrauens, die im Fall eigener Entscheidungs- und Handlungsunfähigkeit für den Vollmachtserteilenden rechtswirksam handeln kann.

Betreuungsverfügung

Benennung einer Person des eigenen Vertrauens für den Fall, dass das Vormundschaftsgericht wegen eigener Entscheidungs- und Handlungsunfähigkeit einen Betreuer einsetzt. Zusätzliche Wünsche für den Fall einer Betreuung möglich.

Erklärung zur Organspende

Hierdurch kann einer Organspende im Voraus zugestimmt, widersprochen oder die Entscheidung einer benannten Person übertragen werden.

Besonders wichtig in der pflegerischen Berufstätigkeit ist die **Patientenverfügung.**

Die Patientenverfügung ist eine **vorsorgliche Verfügung** für die pflegerische medizinische Betreuung. Sie macht den behandelnden Ärzten und Pflegekräften **Vorgaben für konkrete Situationen**, z.B. welche Behandlungen bei einer Erkrankung durchgeführt oder welche auf keinen Fall angewendet werden sollen.

Hinweis: Am 1. September 2009 wurde eine gesetzliche Regelung der Patientenverfügung geschaffen, die die Verbindlichkeit einer solchen Verfügung nach jahrelangem Streit im Bundestag „von Gesetzes wegen" deutlich macht.

Der Text des *§ 1901 a BGB* lautet:

„§ 1901 a

Patientenverfügung

(1) Hat ein einwilligungsfähiger Volljähriger für den Fall seiner Einwilligungsfähigkeit schriftlich festgelegt, ob er in bestimmte, zum Zeitpunkt der Festlegung noch nicht unmittelbar bevorstehende Untersuchungen seines Gesundheitszustandes, Heilbehandlungen oder ärztliche Eingriffe einwilligt oder sie untersagt (Patientenverfügung), prüft der Betreuer, ob diese Festlegungen auf die aktuelle Lebens- und Behandlungssituation zutreffen. Ist dies der Fall, hat der Betreuer dem Willen des Betreuten Ausdruck und Geltung zu verschaffen. Eine Patientenverfügung kann jederzeit formlos widerrufen werden.

(2) Liegt keine Patientenverfügung vor oder treffen die Festlegungen einer Patientenverfügung nicht auf die aktuelle Lebens- und Behandlungssituation zu, hat der Betreuer unter Beachtung des mutmaßlichen Willens des Betreuten zu entscheiden, ob er in eine ärztliche Maßnahme nach Absatz 1 einwilligt oder sie untersagt. Der mutmaßliche Wille ist aufgrund konkreter Anhaltspunkte zu ermitteln. Zu berücksichtigen sind insbesondere frühere mündliche oder schriftliche Äußerungen, ethische oder religiöse Überzeugungen, sonstige persönliche Wertvorstellungen und das Schmerzempfinden des Betreuten. Um solche Anhaltspunkte zu ermitteln, soll der Betreuer nahen Angehörigen und sonstigen Vertrauenspersonen des Betreuten Gelegenheit zur Äußerung geben, sofern dies ohne erhebliche Verzögerung möglich ist.

> *(3) Die Absätze 1 und 2 gelten unabhängig von Art und Stadium einer Erkrankung des Betreuten.*
> *(4) Die Absätze 1 bis 3 gelten auch für Bevollmächtigte."*

Die Nutzung von Patientenverfügungen war bisher sicher noch nicht befriedigend, durch die gesetzliche Regelung ändert sich dies allmählich. Aber selbst wenn Patientenverfügungen in der Vergangenheit vorlagen, wurden diese nicht selten unbeachtet gelassen. Dies mag zum einen daran gelegen haben, dass die meist in juristischen Formeln ausgedrückte Willenserklärung kaum oder gar nicht in die medizinische bzw. pflegerische Sprache übersetzt werden konnte. Auch mag es daran gelegen haben, dass die Verfügungen nicht konkret genug waren.

Die Verbindlichkeit ist nun jedoch eindeutig.

Allerdings gilt auch weiterhin, dass **je konkreter die Willensäußerung**, sowohl bezogen auf die ärztlichen Behandlungsmaßnahmen, als auch bezogen auf die vor Augen stehende Erkrankung, **desto höher die Akzeptanz jenseits der Verbindlichkeit** der Willensäußerung.

Doch wird sich kaum jemand mit allen möglichen Erkrankungen und in Frage kommenden Therapien auseinandergesetzt haben können und dies alles auch noch unabhängig von der dann jeweils maßgebenden konkreten Situation.

Deshalb empfiehlt es sich auch nach der gesetzlichen Regelung sehr viel stärker **nur** auf **einige wesentliche Maßnahmen** abzustellen und vor allem das **Wert- und Wunschprofil** deutlich zu machen. Hierbei könnte z.B. unterschieden werden, zwischen verschiedenen Stadien, also etwa dem Bereich der Pflegebedürftigkeit und dem Sterbeprozess.

Sinnvoll erscheint auch, dass in der Verfügung deutlich wird, dass man insbesondere **nicht gewünschte konkrete Behandlungsmaßnahmen** mit einem beratenden Arzt **erörtert** hat.

Wichtig

> Von **Katalogen** ist ebenso **abzuraten**, wie von lediglich sehr **allgemein gehaltenen Äußerungen**, wie die Ablehnung lebensverlängernder Maßnahmen. Beides ist weder hilfreich, noch dokumentiert es die notwendige intensive Auseinandersetzung.

Auch sollte die Patientenverfügung mehr eine **Leitlinie** als eine Gehoder Verbotsregelung sein.

Dies würde durchaus zu einer **höheren Akzeptanz** unabhängig von der gesetzlichen Pflicht einer solchen Verfügung führen, was Befragungen unter Geltung des früheren Rechts bei Ärzten als auch Krankenschwestern belegen.

Dabei wurde immer wieder deutlich, dass klar geäußerte **Wertvorstellungen** und **Ziele** eher akzeptiert werden als Verbote.

Hinweis: Seit 2009, als die Patientenverfügung erstmals gesetzlich geregelt wurde, haben immer mehr Bürger eine solche verfasst. Damals hatten 15% eine Patientenverfügung verfasst, 2014 waren es nach Angaben des JfD Allensbach mit 28% fast doppelt so viele. Weitere 45% planen, eine Patientenverfügung zu verfassen. Die Sensibilität für das Thema nimmt mit dem Alter deutlich zu: Von den 60-Jährigen und Älteren hat jeder zweite eine Patientenverfügung, weitere 34% planen eine solche für sich. Das Portal zur Medizinethik www.ethikzentrum.de/verfuegungen.htm verfügt über viele verschiedene Muster, die sich individuell zuschneiden lassen. Auch das Bundesjustizministerium hat von Experten formulierte Textbausteine veröffentlicht: www.bmj.bund.de.

Gleichwohl wird eine Patientenverfügung allein niemals die notwendige Klarheit und Präzision schaffen können, die für alle denkbaren Fälle gilt, und es wird deshalb mit Recht empfohlen, **Kombinationen** vorzunehmen.

Merksatz

Es ist es sinnvoll, z.B. die Patientenverfügung mit einer Vorsorgevollmacht zu kombinieren, so dass durch die Bevollmächtigung ergänzend der Wille des Verfügenden deutlich gemacht und umgesetzt wird.

Mit der **Vorsorgevollmacht** ermächtigt jemand eine andere Person dazu, im Namen und mit Wirkung für den Vollmachtgeber Erklärungen abzugeben, zu denen der Vollmachtgeber selbst in Folge z.B. altersbedingten Verlust der Geschäftsfähigkeit nicht mehr in der Lage ist.

Diese Vollmacht kann sich sowohl auf Entscheidungen über **pflegerische und medizinische Maßnahmen** als auch auf andere **wichtige Geschäfts- und Lebensbereiche** wie Bankgeschäfte oder die Bestimmung des Wohnortes beziehen.

Ziel ist es, durch eine oder mehrere **Vertrauenspersonen** die Durchsetzung der eigenen Interessen sicherzustellen.

Hinweis: Seit 2005 gibt es das **Zentrale Vorsorgeregister** (ZVR) als Registrierstelle für private sowie notarielle Vorsorgevollmachten, Betreuungsverfügungen und Patientenverfügungen. 2015 haben 3 Mio. Bürgerinnen und Bürger ihre Vorsorgeurkunde im ZVR registriert.

Durch das ZVR können Vorsorgeurkunden im Betreuungsfall schnell gefunden werden.

Gerichte können vor Anordnung einer gesetzlichen Betreuung beim ZVR anfragen und klären, ob es eine Vorsorgeurkunde gibt. Diese Anfrage ist **zu jeder Zeit** und dadurch **selbst in Eilfällen** noch möglich. Das Gericht kann mit den vorhandenen Informationen die Entscheidung treffen, die dem in der Vorsorgevollmacht bzw. Betreuungsverfügung niedergelegten Willen entspricht. **Ärzte, Krankenhäuser, usw. haben** allerdings **keinen direkten Zugriff**. Braucht ein Arzt aber zum Beispiel die **Einwilligung zu einer das Leben gefährdenden Operation** und beantragt beim Gericht die Bestellung eines Betreuers, kann das Gericht dem Arzt mitteilen, dass eine Vertrauensperson vorhanden ist, an die er sich wenden kann. Auch ohne die Registrierung muss das Gericht zwar ermitteln, ob es Verfügungen gibt. Muss aber die Operation bald durchgeführt werden, kann das Gericht keine umfangreichen Ermittlungen anstellen und muss einen Betreuer bestellen. Nicht die gewünschte Vertrauensperson trifft dann die weitreichende Entscheidung über die medizinische Behandlung, sondern evtl. ein vom Gericht bestellter Fremder.

Deshalb ist die **Registrierung jeder Vorsorgeurkunde** im ZVR **zur Verwirklichung der Selbstbestimmung sinnvoll**. Näheres unter www.vorsorgeregister.de, auch zu Mustertexten.

Weitere Informationen gibt es auch unter www.vulnerable-adults-europe.eu zu Vorsorgevollmachten, Patientenverfügungen und Schutzmaßnahmen in 22 europäischen Ländern.

Gut:

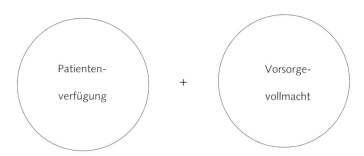

Patienten-

verfügung

+

Vorsorge-

vollmacht

Notwendig: Die Einbeziehung in den pflegerischen Alltag

Aber all dieses ist noch zu optimieren, wenn auch hier durch die professionellen Helfer **Hilfestellung** gegeben wird:

– So sollte am Anfang eines jeden Krankenhausaufenthaltes, beim Einzug in ein Heim oder einer Aufnahme von Pflegetätigkeiten nach **Patientenverfügungen** gefragt und diese ggf. ebenso wie Kopien von Vollmachten **hinterlegt** werden.
– Auch **Hausärzte** sollten grundsätzlich Kopien erhalten, weil Hausärzte in der Regel bei einem Notfall verständigt werden und so auf die Existenz solcher Verfügungen hinweisen können bzw. den Bevollmächtigten benachrichtigen können.
– Gleiches gilt für die nächsten **Verwandten**, auch, um Konflikten mit dem Bevollmächtigten (falls dieser kein Verwandter ist) weitestgehend vorzubeugen.

Insgesamt ist es **notwendig**, dass für Pflegekräfte und Ärzte es normal wird, **systematisch bei Aufnahme** in die Einrichtung oder Aufnahme von Pflege- oder Behandlungsmaßnahmen nach solchen Verfügungen oder Regelungen zu **fragen**:

– Dies führt nicht nur zu einer verbesserten **Berücksichtigung des Willens** des Pflegebedürftigen, sondern im Laufe der Zeit auch zu einer **Selbstverständlichkeit** im Umgang mit den jetzt noch eher nicht ausreichend häufig vorkommenden Verfügungen.
– Es **erleichtert** dann auch die **Arbeit**, wenn Entscheidungen zu treffen sind und dafür entsprechende Anhaltspunkte und Bevollmächtigte vorhanden sind, sodass dem Willen des Patienten adäquat entsprochen werden kann.

Gleiches gilt **bei Erarbeitung von Standards** und sonstigen Regelungen von Pflege- und Behandlungsabläufen:

Auch dort sollte die Einbeziehung solcher Unterlagen und Bevollmächtigter berücksichtigt werden, damit in jeder Phase des Arbeitsablaufs stets eine entsprechende Berücksichtigung des Willens des Betroffenen sichergestellt wird.

Dazu sollten **pflegerische Routinen** immer wieder **in Frage gestellt** werden, zumal dann, wenn sich dadurch auch in der Pflege Praktiken ein-

Besser:

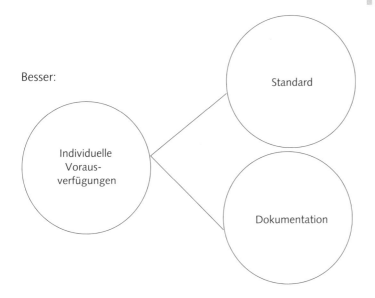

bürgern, bei denen Rechtspositionen der auf Pflege angewiesenen Menschen nicht ausreichend beachtet werden.

In der **Reflektion der Routinen** liegt deshalb auch die **wichtigste Qualitätssicherungsmaßnahme** insoweit für den pflegerischen Alltag.

Auch muss stets deutlich werden, dass vorrangig **Pflegebedürftige** von der fachlichen Notwendigkeit der beabsichtigten Maßnahmen zu **überzeugen** sind und soweit irgend möglich die **Einsichtsfähigkeit** dazu **herzustellen** ist.

Wichtig

> **Auch in Grenzsituationen:**
>
> Der Pflegebedürftige hat selbst zu entscheiden, was geschehen oder unterbleiben soll.

Hinzu kommen die **organisatorischen Maßnahmen**, z. B. die Zusammenfügung von Patientenverfügung und Vorsorgevollmachten mit der Pflege- und Behandlungsdokumentation bzw. den Krankenakten und der Pflegeplanung.

Merksatz

Die wichtigste Grundregel, wie sie auch durch das Bundesverfassungsgericht bereits formuliert wurde, lautet:

Der Wille des Kranken ist oberstes Gesetz
(voluntas aegroti suprema lex)

und hat absoluten Vorrang vor dem Grundsatz

Die Gesundheit des Kranken ist oberstes Gesetz
(salus aegroti suprema lex)

Kapitel 8
Zusammenfassung und Schlusswort

Es ist (hoffentlich) deutlich geworden, dass die **rechtlichen Anforderungen** an Personen und Institutionen im Pflegebereich deren **tägliche Realisierung/Umsetzung verlangen.** Notwendig dafür ist das **Verständnis** für die besondere Bedeutung von **Recht als Bestimmungsfaktor** in der pflegerischen Arbeit und im Management.

– Doch **Recht** ist nicht nur als zu erfüllende Vorgabe anderer Institutionen zu betrachten, sondern auch als **Mittel der Gestaltung** und der Arbeit **im Management** zu begreifen.
– **Die berufsrechtlichen Grundlagen** der Tätigkeit und der Zusammenarbeit von Pflegekräften und Ärzten bestimmen die Berufspraxis und **bedürfen der betrieblichen Konkretisierung,** z.B. hinsichtlich der Möglichkeiten und Grenzen der Delegation ärztlicher Tätigkeiten an Pflegekräfte.
– Ein stets **aktueller Überblick** über das **Sozialrecht** und das **Sozialgesetzbuch** insbesondere mit seinen Regelungen des Krankenversicherungs- und Pflegeversicherungsrechts ist **unverzichtbar,** schon weil durch die vielfältige Einbindung der Leistungserbringer in das Sozialleistungsrecht nicht nur die rechtlichen sondern auch die pflegefachlichen und wirtschaftlichen Anforderungen sowie die organisatorischen Notwendigkeiten, z.B. bei Umsetzung einer vereinfachten Pflegedokumentation, sonst nicht hinreichend erkannt und bewältigt werden können.
– Gleiches gilt für die **ordnungsrechtlichen Regelungen** in der Arbeit als Pflegemanagerin/Pflegemanager, weil Verpflichtungen gegenüber dem Staat zu erfüllen sind, die dieser bei Bedarf durch Ordnungsmittel, also z.B. Anweisungen, Sanktionen, Untersagung (von Tätigkeiten oder den Betrieb von Einrichtungen) etc. einfordert.
– Die **rechtlichen Prinzipien** und **Grundlagen** der **Verantwortung,** die Anforderungen und Grundzüge des **Strafrechts** und die Regelungen des **Schadensersatzrechtes** zur wirtschaftlichen Abwicklung von eingetretenen Schäden bei Pflegebedürftigen **bestimmen** schließlich auch die **tägliche Arbeit** und werden **ergänzt** durch die **speziellen Anforderungen** an die **Aufsichtspflicht** in der **Organisation der Pflege** und die **Rechtsgrundlagen** des Selbstbestimmungsrechts der Pflegebedürftigen einschließlich des Betreuungsrechts und der Grundlagen, die im Patientenrechtegesetz zum Ausdruck kommen**.**

Vor allem im Pflegemanagement ist dazu die **Fähigkeit erforderlich,** die Vielfalt der **rechtlichen Vorgaben** und Rahmenbedingungen für die **Berufspraxis** zu **bündeln** und aus Sicht des **Arbeitsablaufes** und nicht nach den Differenzierungen der Rechtsbereiche **zusammenzuführen.**
Dieser reflektierende, also wissenschaftliche, Umgang mit dem Recht war das primäre Ziel dieser Darstellung, nicht (nur) der Erwerb spezieller Rechtskenntnisse oder mit anderen Worten:

Nicht nur Kenntnis sondern auch Erkenntnis!

Sachverzeichnis

Sachverzeichnis

Sachverzeichnis